Friedrich-Martin Balzer
Gert Wendelborn

Heinz Kappes

Friedrich-Martin Balzer / Gert Wendelborn

"Wir sind keine stummen Hunde"
(Jesaja 56, 10)

Heinz Kappes (1893 - 1988)

Christ und Sozialist
in der Weimarer Republik

Pahl Rugenstein Nachfolger

Copyright 1994 by Pahl-Rugenstein Verlag Nachfolger GmbH
Breite Str. 47 53111 Bonn
Tel. 0228/63 23 06 Fax 0228/63 49 68

Alle Rechte vorbehalten

ISBN 3-89144-197-5

Satz: Arnold Bruns, Volker Hirsekorn
Druck: Interpress

Die Deutsche Bibliothek - CIP-Einheitsaufnahme

Balzer, Friedrich-Martin:
Wir sind keine stummen Hunde : Heinz Kappes 1893 bis 1988 Christ und Sozialist in der Weimarer Republik / Friedrich-Martin Balzer ; Gert Wendelborn. - Bonn : Pahl-Rugenstein, 1994
  ISBN 3-89144-197-5
  NE: Wendelborn, Gert:

Inhalt

Vorbemerkung 7

Friedrich-Martin Balzer:
Parallele Leben - Heinz Kappes und Erwin Eckert (Jahrgang 1893) 10

Gert Wendelborn:
Das Ringen von Heinz Kappes um die
Verwirklichung des Reiches Gottes auf Erden 36

Quellen

(1)	An die Freunde im Pfinzgau (1925)	152
(2)	"Und ist doch kein Friede" (Predigt vom 20. Dezember 1925)	154
(3)	Sonnenwende - Wendezeit (1926)	155
(4)	"Ich sende Euch" Synodalrede vom 9. März 1927	157
(5)	Ergeht Gottes Wort an unsere Zeit - durch uns?" Predigt im Eröffnungsgottesdienst des 4. Bundeskongresses in Mannheim (1928)	162
(6)	"Tut Buße!" (Predigt, 1929)	165
(7)	Die Revolution in Permanenz erklärt (1929)	167
(8)	Wir und die sozialistische Jugend (1929)	172
(9)	Der Kampf in der Hardt (1929)	179
(10)	Der theologische Kampf der Religiösen Sozialisten gegen das nationalsozialistische Christentum (1931)	183
(11)	"Wir sind der Sturm, wir sind der Sieg" Solidarität mit Eckert (1931)	197
(12)	Der Fall Eckert (1931)	204
(13)	Unsere Stellung zum Marxismus Antwort an das MdR Dr. Ing. Schmechel (DNVP) (1932)	210
(14)	Jugend ohne Hoffnung (1931)	215
(15)	"Laßt Euch versöhnen mit Gott!" Letzte Predigt vor Religiösen Sozialisten (Karsamstag 1933)	221
(16)	"Der Geist macht lebendig" - Pfingstpredigt (1933)	224
(17)	Zum rechten Verständnis des evangelischen Bischofsamtes Brief an den Landesbischof Kühlewein vom 18. Juli 1933	227
(18)	"Hat sich unwürdig erwiesen und schuldig gemacht" Urteil des Kirchlichen Dienstgerichtes vom 1. 12. 1933	229
(19)	"Freuet Euch, daß Ihr mit Christus leidet!" Predigttext vom 7. Januar 1934	238

(20)	"Araber und Juden" Memorandum an die Jewish Agency (1938)	242
(21)	Über die Reich-Gottes-Gemeinde Brief an Leonhard Ragaz (1938)	246

Quellennachweise / Auswahlbibliographie 248
Kurzbiografie Heinz Kappes 250
Zu den Herausgebern und Autoren 252
Personenverzeichnis 253

Vorbemerkung

Verschiedenes bewegt uns, wenn wir diesen Band der Öffentlichkeit vorlegen. Ausgangspunkt unserer Bemühungen ist das Gedenken an Heinz Kappes anläßlich seines 100. Geburtstages im vergangenen Jahr. Unser Buch beschäftigt sich in Analyse und Dokumententeil vor allem mit seiner ersten Lebenshälfte, geprägt durch seine Wirksamkeit unter den Religiösen Sozialisten. Deren Lebenswerk zu erhellen, bleibt eine bedeutsame Aufgabe. Der Leser erfährt in diesem Buch vieles, was ihm so zuvor nicht zugänglich war. Manches wurde aus den Archiven erstmals erschlossen, anderes aus inzwischen nur noch schwer erreichbaren Zeitschriften erneut zum Druck gebracht. Der Quellenteil versetzt den Leser in die Lage, sich selbst ein exaktes Bild zu machen. Die in diesem Band ausgewählten Quellen sind jeweils vollständig abgedruckt. Schreibweise und Zeichensetzung wurden angepaßt.

Heinz Kappes gehörte besonders im Zeitraum von 1925 bis 1933 zu jenen deutschen evangelischen Pfarrern und Theologen, die die gesellschaftliche und kirchliche Krisensituation sensibler als andere erfaßten. Sie fühlten sich dadurch zu aktivem Wirken herausgefordert, wollten in ihrem Denken wie in dem daraus abgeleiteten Handeln eine Alternative aufzeigen, die aus der Sackgasse herausführen, neue Wege befreiend erschließen konnte. Der Sieg des Hitlerfaschismus 1933 beendete für ihn und andere die bisherige Zielstellung, doch blieben Grundmotive erhalten. Andere wie Emil Fuchs und Karl Kleinschmidt suchten ihren bisherigen Weg, der auch für sie 1933 unterbrochen wurde, später unter gründlich veränderten Bedingungen in der DDR fortzusetzen. Alle aber trieb ihr Bemühen weg aus der sorglosen, geschützten Existenz eines durchschnittlichen Amtsträgers, hinein in Unbekanntes und Ungesichertes, das mit großen Risiken auch für ihre persönliche Existenz verbunden war und manche geradezu vor Zerreißproben stellte.

Jedes Buch hat - direkt oder eher verborgen - eine auch aktuelle Zielsetzung. Wer so konzentriert wie wir dem Wirken Religiöser Sozialisten in der Weimarer Republik und zur Zeit der Machtübertragung an den Hitlerfaschismus durch die Machteliten in Staat und Gesellschaft seine Aufmerksamkeit zuwendet, der tut es gewiß gerade im gegenwärtigen geschichtlichen Augenblick nicht, weil er das Wirken für Frieden, reale Demokratie, soziale Gerechtigkeit und gegen braune Barbarei für unsinnig und gegenstandslos hält. Er tut es vielmehr, weil er diesem Wirken nach der epochalen Niederlage des Sozialismus in Europa wachsende Bedeutung zuerkennt und weil er gerade den - um die notwendige Gewinnung einer neuen Qualität bemühten - antifaschistischen Kampf für äußerst aktuell und von bleibender Gültigkeit hält. Freilich: wir befinden uns, sofern wir zu den "Irregulären" gehören, zur Zeit in einer Phase des Tastens und Suchens. Das kann nicht anders sein. Aber auch Heinz Kappes und seine Freunde und Weggefährten tasteten sich voran, ohne daß ihre Parteilichkeit darunter gelitten hätte. Gerade auch darin sind sie für uns heute so aufschlußreich.

Geschichte ist allerdings stets im direkten Sinne unwiederbringlich. Auch die Bewegung der Religiösen Sozialisten wird so niemals wiederkehren, und wir wünschen dies auch gar nicht. Aber die Grundintentionen ihrer Handlungsträger bleiben im Vollsinne relevant. Die sozialen Menschenrechte bleiben ein Postulat christlicher Nächstenliebe, und zwar in weltumfassendem Sinne. Der Friede bleibt das wichtigste Lebenserfordernis der Menschheit in einer noch weithin friedlosen Welt. Die Durchsetzung von realer Demokratie in Staat, Kirche und Gesellschaft, für die religiöse Sozialisten in der Weimarer Republik einstanden, bleibt in einem Land, in dem demokratische Traditionen nur schwach entwickelt sind, ein beharrlich weiter zu verfolgendes Ziel. Die immer neue Verwirklichung von Humanität auch im gesellschaftlichen Rahmen gegen Nationalismus, Rassismus und Antisemitismus bleibt notwendig, ist aber auch möglich, wenn alle verantwortungsbewußten Kräfte hier zusammenstehen.

Geschichte und auch Kirchengeschichte sind leider großenteils die Geschichte von Niederlagen. Unermeßliche Anstrengungen scheinen oft vergeblich gewesen. Indes täuscht dieser letztlich oberflächlich bleibende Eindruck. Geschichtliche Prozesse spielen sich geheimnisvoller und komplexer ab, als uns das lieb ist. Sie erfordern mehr denn je Geduld wie Konsequenz, langen Atem wie Beharrlichkeit, Berücksichtigung zeitgeschichtlicher Notwendigkeiten, die auch Kompromisse einschließen kann, wie unbeirrbare Prinzipientreue. Geschichtliches Handeln, wenn es denn durchdacht und bewußt verantwortet ist, ist niemals sinnlos. Nichts von dem, was einmal errungen wurde - gedanklich wie faktisch -, geht wirklich verloren. Geschichtliches Dasein ist gewiß mit viel Leid, ja gelegentlich mit Qualen verbunden, denn gerade jähe geschichtliche Wendungen greifen scheinbar erbarmungslos auch in individuelle Biographien ein. Dies macht aber Geschichte auch so interessant, ja so aufregend. Kappes analysierte, aber er blieb nicht dabei. Man fand ihn stets unter den Engagierten. Erkenntnis und Handeln bildeten für ihn eine unauflösliche Einheit. Und es war neben all den dabei gewonnenen Erkenntnissen und Erfahrungen seine aus einem lebendigen Glauben gespeiste Hoffnung, die ihn nicht ermüden ließ, die ihn besonnen und entschieden zugleich sein ließ.

Heinz Kappes war kein bequemer Zeitgenosse. Er bewegte sich nicht auf den von seiner Kirchenleitung festgelegten Bahnen. Aber allein das Jahr 1933 verbietet es, ihm daraus einen Vorwurf zu machen. Jeder kann heute wissen, wohin diese Bahnen geführt haben. Der Hirtenbrief des Badischen Oberkirchenrates ließ am 2. April 1933 von allen Kanzeln verkünden: "Was wir seit Jahren gehofft und ersehnt haben, ist gekommen: Unser deutsches Volk hat sich in seiner großen Mehrheit zu einer starken nationalen Front zusammengeschlossen und sich einmütig hinter die Männer gestellt, die das Oberhaupt unseres Reiches zur Führung des deutschen Volkes berufen hat." In unübersehbarem Gegensatz hierzu sah Kappes in seiner prophetisch hellsichtigen Glaubenserkenntnis das Unheil der Jahre 1933 bis 1945 voraus, als er in seiner Pfingstpredigt formulierte: "Wer über das Jetzt in die Zukunft schaut, wer mit Augen Gottes, die Unkraut und Weizen zu sondern verstehen, auf das Saatfeld unseres Volkes schaut, der sieht mit Angst in drohende Katastrophen, der sieht den Satan triumphieren, der sieht ein Totenfeld, wo heute neues, starkes Leben zu sein scheint."

"Zugegeben", diejenigen, die das "Dritte Reich" als "Geschenk und Wunder Gottes" dankbar begrüßten, "waren nicht für alles, was geschah, aber jedenfalls für Deutschland über alles unter dem Hakenkreuz. Wer damals aufbegehrte [so wie Heinz Kappes, d.Verf.], leuchtet heute und so lange Menschen leben werden, wie ein Fixstern im Dunkel der Zeit. Aber da keine Nation sich vor allem aus Märtyrern und Selbstmördern zusammensetzt, war damals, wenn überhaupt, nur ein einheimischer Widerstand von großen Dimensionen zu erwarten, als es kostspieliger wurde mitzumachen statt sich zu wehren. Die deutsche Katastrophe von 1933 hätte man nicht nachher, sondern nur vorher aufhalten können. Nicht après le déluge, sondern avant le déluge. Schon deswegen darf die Suche nach der Blutspur weder in den erhabenen Höhen des Geistes beginnen noch dort aufhören. Die Fährte muß vielmehr zur Vorgeschichte führen, in der die Urquelle des Übels aufzuspüren ist."[1] Und Keime und Ursachen möglichen neuen Unheils finden sich auch in der zweiten Republik des größer gewordenen Deutschland.

Dabei benötigt gerade das so oft als Protestantismus bezeichnete evangelische Bekenntnis diejenigen, die wirklich protestieren: nicht anarchistisch, vielmehr so, daß die von Gottes Wort ausgehende heilsame Beunruhigung, die durch ein Volks- und Staatskirchentum fast regelmäßig neutralisiert und irdischen Wünschen der in Staat, Gesellschaft und Kirche Herrschenden zuliebe zumindest entschärft wird, ausgehalten wird, so daß sein Zu- und Anspruch aufs neue voll zur Geltung kommen. Die Großkirchen gleichen heute weithin dürrem Land. Aber die neue Reformation wird kommen, und manche ärgerliche und verkannte Gestalten auch der Kirchengeschichte des 20. Jahrhunderts werden neu beredet werden.

Dem Karlsruher Oberbürgermeister, dem Hessischen Ministerium für Wissenschaft und Kunst, der Badischen Landeskirche und dem "Freundeskreis Heinz Kappes e.V." sowie Ludwig Simon, Giselher Löffler und Eckhardt Karnasch danken wir für die Druckkostenzuschüsse, die die Veröffentlichung der überfälligen Aufarbeitung erst möglich machten. Die Hoffnung von Karl Barth aus dem Jahre 1933, man werde, "wenn einmal wieder ruhigere Zeiten und sachlicheres Denken ins Land ziehen", auf die Haltung der Badischen Landeskirche gegenüber ihren religiös-sozialistischen Pfarrern einerseits und dem Nationalsozialismus im Jahre 1933 andererseits zurückkommen, hat sich schließlich erfüllt.

Theologie in der zersplitterten Welt ist ihrem Wesen nach kontrovers, weil sie entweder auf die Aufrechterhaltung oder Aufhebung von sozialer und menschlicher Unterdrückung, materiellem und psychischen Elend im Weltmaßstab angelegt ist. Möge das vorliegende Buch vor allem von den "Mühseligen und Beladenen" angenommen werden als Hilfe wider die Resignation der Linken.

Göhren-Lebbin, den 5. August 1994

---

[1] Heinz Kamnitzer, Wer Ohren hat zu hören, der höre! Epitaph auf meinen Vater, in: Weissenseer Blätter, 3/1994, S.12-23, hier: S. 19.

Friedrich-Martin Balzer: Parallele Leben
Heinz Kappes und Erwin Eckert (Jahrgang 1893)[1]

"Wem um die Sache zu tun ist, der muß Partei zu nehmen wissen, sonst verdient er, nirgends zu wirken."
Johann Wolfgang Goethe in "Einleitung in die Propyläen"

"Denn es müssen Parteien unter euch sein, auf daß die, so rechtschaffen sind, offenbar unter euch werden."
(1. Korinther 11, 19)

Je rascher wir dem Ende unseres Säkulums näherkommen, desto nachdrücklicher fragt wohl jeder nach Bilanz und Wertungen sowie nach sinnvollen persönlichen Lebensentscheidungen und Zukunftsorientierungen. Wer spürt nicht auch, wie gerade unsere Zeit wieder einmal in besonderem Maße persönlichen Mut und Überzeugungstreue, individuelle Einsatzbereitschaft für humanistische Ideale und letzlich auch die demokratische Zivilcourage jedes einzelnen in einer erschütterten Gesellschaft erfordert. Zu fragen ist ganz grundsätzlich nach der Lebenskraft von Idealen einer friedliebenden, demokratischen, zutiefst menschlichen Gesellschaft.

Manche nennen das 20. Jahrhundert ein "kurzes" Jahrhundert. Es sei mit dem Ersten Weltkrieg und der russischen Oktoberrevolution 1917 in Erscheinung getreten und mit den Ereignissen der Jahre 1989/90 bereits abgelöst worden - ein kurzes, aber ereignisreiches und vor allem folgenreiches Jahrhundert.

Unser Jahrhundert kennt vor allem mehr Opfer als Sieger, mehr Unrecht als Recht, mehr Geschlagene und Tote als alle anderen Epochen der Menschheitsgeschichte. Es kennt riesige Berge von Toten und Ermordeten und ein unerhörtes Ausmaß an materiellen Verlusten. Und es birgt ein mögliches Ende der zivilisierten Welt in sich - ökologisch, ökonomisch, militärtechnisch, aber auch geistig und kulturell. Die Menschheit scheint ihre Fortschrittsperspektive verloren zu haben. Sie trudelt orientierungslos und hilflos vor sich hin.

Was auch immer die letzten und ausschlaggebenden Ursachen solcher Entwicklungen sein mögen, wer auch immer für sie verantwortlich zu machen ist - in Politik und Gesellschaft standen auf der "rechten" Seite stets jene Kräfte, die ihnen nichts entgegensetzten, die sich eher mit ihnen arrangierten oder sie sogar voranzutreiben suchten, die sie ihren wirtschafts- und parteienegoistischen Zielen, koste es was es wolle, nutzbar machen wollten. Im "Kampf gegen rechts" und gegen jeglichen Rechtsextremismus äußerte sich daher stets die Notwendigkeit eines humanistischen Rin-

---

[1] Überarbeitete und erweiterte Fassung eines Vortrages, den der Autor am 100. Geburtstag von Heinz Kappes, am 30. November 1993, auf Einladung des Evangelischen Schuldekanats in Pforzheim unter dem Titel "Pfarrer gegen rechts - Erwin Eckert und Heinz Kappes (Jahrgang 1893)" gehalten hat.

gens um Toleranz und Gerechtigkeit, um Frieden und Völkerverständigung, um Freiheit und Demokratie.

Heinz Kappes und Erwin Eckert, die ihr Leben und Wirken diesem Kampf widmeten und hier vorgestellt werden sollen, kamen in ihrer Zeit immer wieder zu einer für sie betrüblichen, aber aufrüttelnden Einschätzung: "Kirche und Pfarrer stehen rechts". Die Kirche erschien ihnen der Aufgabe entfremdet, ein "Instrument des heilbringenden göttlichen Veränderungswillens"[2] zu sein. Für sich selbst gelangten sie jedoch zu einer wichtigen gegenteiligen Lebensentscheidung. Sie suchten als protestantische Pfarrer nach einem anderen politischen Standort, sie nahmen ihre christliche Verantwortung und Moralauffassung ernst, sie wollten Demokraten und Sozialisten sein, sie wollten Faschismus verhindern.

Wäre der Begriff nicht bereits belegt, könnte für Kappes und Eckert weitgehend von einem "parallelen Leben" gesprochen werden, das nicht identisch, aber in beträchtlicher Übereinstimmung verlief. Es handelt sich gewissermaßen um zwei Leben in einem Sinne, in einer Entscheidung und Orientierung. Beide gehören der zwischen 1880 und 1900 geborenen Generation des Expressionismus an.[3] In keine schulmäßige theologische und politische Lehrbuchsystematik hineinpassend, wurden sie bei aller Differenzierung zu Sprachrohren des expressionistischen Lebensgefühls, zu Wortführern des historischen Übergangs und Umbruchs. Daß der Verfallszustand der spätkapitalistischen Gesellschaft "nicht andauern könne und sich das Leben der Menschen von Grund auf ändern müsse, war gemeinsame Grundstimmung der Vorkriegszeit". Sie haben "1914 den Kriegsausbruch als Beginn der Änderung, als Umbruch zur Erneuerung empfunden und hektisch gefeiert. Zeitwende und Weltende waren die Inhalte dieser Erwartungshaltung, die Jugend sollte das Neue schaffen, das Ideal einer besseren Welt verwirklichen." Was da erwartet wurde, war in seinen Ursprüngen, insbesondere bei Kappes, "eher anarchistisch als sozialistisch", "eher mystisch als politisch" gedacht. Ihr Weg führte vom Expressionismus jedoch nicht zum Prä- und Pro-Faschismus, sondern zum Antifaschismus und Sozialismus. Ihre Sprachgebärde als Theologie der Zeitwende ist "pathetisch". "Dreifach entfaltet sich dieser Gestus: als Schock, als revolutionärer Schwung, als eschatologische Erwartung."[4] Ihr "Problembewußtsein, ihre Fähigkeit zur Assoziation des Fernliegenden

---

2 Gert Wendelborn, Zu Erwin Eckerts Predigten, in: Friedrich-Martin Balzer (Hrsg.), Ärgernis und Zeichen, Erwin Eckert - Sozialistischer Revolutionär aus christlichem Glauben, Bonn 1993, S.166.

3 Diese produktive und naheliegende Anregung - immerhin deuten die Verbindung von Kappes zu Martin Buber und Eckert zu Ernst Blochs "Thomas Müntzer" darauf hin -, Kappes und Eckert in diesem Kontext zu sehen, verdanke ich Hans Heinz Holz und seiner Aufsatzsammlung zu Walter Benjamin "Philosophie in der zersplitterten Welt", Bonn 1992, insbesondere S. 7-48; folgenden Zitate und sprachlichen Wendungen sind dort entlehnt.

4 Es dürfte kein Zufall sein, daß das einzige Faszikel, das Kappes nach seiner Rückkehr aus der Emigration in Palästina nicht dem Evangelischen Oberkirchenrat überließ, die Bezeichnung "Eschatologischer Realismus" trug.

Heinz Kappes, 1933 (Privatarchiv Balzer)

1926 1940

Erwin Eckert (Privatarchiv Balzer)

nach 1945 1958

und Heterogenen", ihr geschichtstheologisches "Pathos für einen vollen Begriff von Menschheit" müssen "aus der vibrierenden Spannung der geistigen Auseinandersetzungen ihrer Zeit, aus der Unruhe der ihre gesellschaftlichen Bindungen sprengenden bürgerlichen Avantgarde verstanden werden". In beiden finden wir also "ein biographisch Gemeinsames: die in der expressionistischen Revolte Zusammengeschlossenen, so sehr sie auch unter sich differieren mochten und sich sogar befehdeten, stehen außerhalb der Gesellschaft, die sie ablehnen, verachten, bekämpfen. Sie führen ihren Feldzug gegen die Bürgerlichkeit nicht auf dem Boden und mit den Mitteln der bürgerlichen Ordnung, sondern sind Außenseiter, aus freien Stücken ausgebrochen oder durch den Machtspruch der Ordnungsmächte ausgestoßen: und, bürgerlich geblieben, werden sie Verrückte oder Bohémiens - in Opposition zum Bürgertum aber Anarchisten oder Revolutionäre." In ihnen manifestiert sich "der Protest gegen die schlechte Wirklichkeit und das reine Streben nach Besserem". Sie nehmen die Deklassierung bewußt auf sich, weil sie "nur im Durchgang durch sie Neues antizipieren" können. "Umwälzung des Bestehenden, Errichtung einer neuen, besseren Gesellschaft, die von Krieg und Ausbeutung, von Knechtschaft und Elend frei ist" - das sind die Inhalte ihrer theologischen und politischen Suchbewegung, die "aus der Negation der bloßen Auflehnung aufbricht in eine positive Zielsetzung". Das verpflichtende Erbe des Humanismus war im ersten Weltkrieg und in der Nachkriegszeit vergessen und verraten worden. Sie aber richteten ihre eschatologische Erwartung auf das "ganz Andere". Transzendenz wird bei ihnen säkularisiert, wird nicht mehr ausschließlich als "Leben nach dem Tode", sondern als "Verwirklichung" gedacht. Ihre Inhalte haben stark ur-christliche und jüdisch-messianische Züge. Die Idee der "Gemeinde" tritt an die Stelle der Realität des Staates, und sie gilt als Trägerin der Erlösung.

Der Zufall machte das Jahr 1893 zu dem ihrer Geburt. Nicht nur Historiker wissen, wie dies ein Hineingeborenwerden und ein Hineinwachsen in den nationalistischen Geist des Wilhelminischen Reiches bedeutete. Der herrschende Geist dieser deutschen Zeiten war der des Nationalismus, der sich gerade in den frühen 90er Jahren des vorigen Jahrhunderts ausformte und entfaltete, der in dieser Zeit seine prägende organisatorische Fixierung erfuhr und sich auf seiner rechtesten Seite rassistisch-antisemitisch zu gebärden begann. In diese Zeit fällt - um nur ein Beispiel zu erwähnen - die Gründung des berüchtigten "Alldeutschen Verbandes" 1891, der 1893 eine neue deutsche "Nationalpartei" ins Leben rufen wollte und sich zu einem maßgeblichen ideologischen Wegbereiter des ersten deutschen "Griffs nach der Weltmacht" aufschwang, der vor Hitler den extremsten völkischen Nationalismus betrieb und nach "Deutschlands Erneuerung" strebte. Dies war übrigens ein häufig verwendeter alldeutscher Slogan jener Zeit - wie würde er wohl heute lauten? Vielleicht: "Deutschlands Rückkehr in die Normalität und seine weltpolitische Verantwortung"?

Das geistige und politische Klima, in dem beide heranwuchsen, ließ sie schließlich im August 1914 voller Begeisterung in den ersten Weltkrieg ziehen - sowohl den von seinem deutschnationalen Elternhaus geprägten Heinz Kappes als auch den jungen Sozialdemokraten Erwin Eckert. Es erwies sich als eine falsche Entscheidung, die beide getroffen hatten. Doch sie erwiesen ihre Größe, indem sie es bald erkannten und sich nicht der Erkenntnis widersetzten, wie wenig der deutsche Nationalismus eigenen Ansprüchen standhielt: Weder denen des christlichen Humanismus noch denen der bürgerlichen Revolutionsideale - Freiheit, Gleichheit, Brüderlichkeit - und nicht einmal denen des Patriotismus.

Die Kriegsrealität ließ beide - wie viele, viele andere auch - zu überzeugten Kriegsgegnern werden. Als solche beschritten sie in der Weimarer Zeit einen Weg, der schließlich zu ihrem zwangsweisen Ausschluß aus dem Pfarrdienst führte. Ihre Entfernung von einem angeblich nationalen, in Wirklichkeit aber nationalistischen und militaristischen Denken, das auch im deutschen Protestantismus verankert war, geschah unter dem steigenden Druck der Rechten, aber auch in langen, schmerzvoll erfahrenen und widersprüchlichen Erkenntnisprozessen. Ihre Abkehr von den Rechten ließ sie Hoffnung und Alternativen bei den Linken suchen. Sie mußten sich "links" orientieren, um wirkungsvoll gegen rechts agieren zu können. Und schließlich kämpften sie gegen rechts, um christlich-humanistisch, demokratisch und sozialistisch bleiben zu können.

Heinz Kappes - der in Tübingen, Berlin und Heidelberg studiert, in der deutschen Hauptstadt auch Rosa Luxemburg gehört hatte und dem Wingolf beigetreten war - kehrte aus dem Krieg hoch dekoriert und schwer verletzt zurück. Aber ehrlich bekannte er bald: "Ich habe im Kriege Abstand von diesem ganzen Geist, dem nationalistischen Geist und dem Geist des Militarismus, gefunden." Das viele Blut mußte angeblich sein "wegen der Erzbecken und Kohlegruben" [eine Anspielung auf das Septemberprogramm Bethmann-Hollwegs]. "Ist das ein Gegenwert für Menschenleben? Der furchtbare Wahnsinn des Mordens hat mich vollwach gemacht", bekennt Kappes 1922 vor dem Heidelberger Wingolf, um 1932, als sich der Nationalsozialistische Deutsche Studentenbund im Wingolf durchsetzte, wieder auszutreten. 1934 glaubt er in seiner Weihnachtspredigt in Jerusalem "von dem im Todeskrampf liegenden Zeitalter imperialistischer, kapitalistischer, egoistischer Prägung" schon sprechen zu können. Kappes ließ es aber bei der Erkenntnis, daß Kriege das Produkt miteinander ringender Konkurrenten seien, nicht bewenden. Den Mächten, die sich dabei von nackten Machtinteressen leiten ließen, habe die Kirche Gottes Gesetz entgegenzuhalten, das die Ausschließung von Politik, Wirtschaft und Kultur vom Gehorsam gegen Gottes Gebot nicht dulde. "Gott will, daß *allen* Menschen geholfen werde und sie zur Erkenntnis der Wahrheit kommen" (1.Tim. 2,4). Friede als fundamentales Menschenrecht, ohne dessen Gewährleistung sämtliche anderen Menschenrechte zur Phrase verkommen, ist bei Kappes als solches bereits deutlich benannt, Jahrzehnte bevor die Mehrheit der anderen Christen in Deutschland dies zu begreifen begannen, wobei inzwischen viele wieder dabei sind, es wieder zu vergessen. Die, die den Weltkrieg selbst durchlitten hätten, so forderte damals Kappes, müßten handeln, bevor die Generation der Wissenden aussterbe. Alle hätten ja einmal im Schlachtgetümmel das Gelübde abgelegt, wenn ihnen das Leben geschenkt werde, dieses für den Frieden zu opfern.

1924 trat er in die SPD ein. 1926 wurde er Stadtverordneter der SPD Karlsruhe, 1930 als Kandidat des linken, antimilitaristischen Flügels der SPD Stadtrat. 1926 - 1933 war er religiös-sozialistisches Mitglied der badischen Landessynode. Sein inneres Motiv für sein politisches Engagement war neben der Gewißheit von der Notwendigkeit des Kampfes gegen den Faschismus die Überzeugung, daß es Auftrag der evangelischen Botschaft sei, "ein Reich Gottes unter den Menschen, für die Menschen, durch die Menschen eben auf der Erde in dem konkreten Leben zu verwirklichen".[5] Als Redner warb er auf zahlreichen Versammlungen von Konstanz bis Aachen für die SPD und den Bund der Religiösen Sozialisten, wurde Mitglied des badischen Landesvorstandes und einer seiner führenden Repräsentanten. Zu den ersten Auseinandersetzungen mit der Kirchenbehörde kam es im Jahre 1926. Die Kirchenbehörde nahm Anstoß an dem Thema eines Vortrages, den er am 16. Januar 1926 in Ispringen gehalten hatte. Es lautete: "Wider die Kirchen, die das Evangelium verraten."

Als der Evangelische Oberkirchenrat am 1. Juni 1926 die badischen Geistlichen anwies, "daß sie sich im Gottesdienst und bei sonstigen Anlässen in der Behandlung der Frage der Fürstenenteignung die größte Zurückhaltung auferlegen, insbesondere aber *jedes Eintreten für die entschädigungslose Fürstenenteignung unterlassen* sollen"[6], schrieb Kappes am 7. Juni an den Oberkirchenrat: "Gegen den Erlaß des Evangelischen Oberkirchenrates vom 1. Juni 1926 sehe ich mich aus Gewissensgründen gezwungen, Stellung zu nehmen. Ich lehne es ab, mich in dieser Weise in meinem persönlichen und öffentlichen Eintreten für die Fürstenenteignung binden zu lassen"[7]. Am 12. Juni 1926 hielt daraufhin der deutsch-nationale Kirchenpräsident Kappes "ungehöriges Verhalten"[8] vor und verwarnte ihn. Am 18. Oktober 1926 wurde Kappes erneut eindringlich ermahnt, sich "strengste Zurückhaltung bei seinem Eintreten für Sozialismus und Sozialdemokratie"[9] aufzuerlegen.

Kappes wahrte zwar stets Zurückhaltung in der Wortwahl und suchte seine politischen Gegner nie zu verletzen. Von einmal leidvoll erworbenen Erkenntnissen und Positionen wich er trotz der Ermahnungen seiner Kirchenbehörde jedoch nicht zurück. Am 11. Jahrestag der Novemberrevolution hielt er eine Rede im großen Festsaal in Karlsruhe, die den bezeichnenden Titel trägt "Die Revolution ist in Permanenz erklärt".[10] Darin verband er revolutionäre mit evolutionären Elementen politischer Ziel-

---

5 Tonband. An Äußerungen wie dieser lassen sich die genuin demokratischen Positionen bei Kappes festmachen.
6 zit. nach: Anklageschrift; vgl. F. M. Balzer, Die religiösen Sozialisten an der Seite von SPD und KPD für die entschädigungslose Fürstenenteignung 1925/26, in: ders. Klassengegensätze, a.a.O., S.109-146.
7 zit. nach: Anklageschrift.
8 ebd.
9 ebd.
10 SAV 1929, Nr. 50, S. 371ff.

setzung und vermied klarsichtig und im Widerspruch zu starken Tendenzen in der KPD eine krude Absage an die bürgerliche Demokratie einerseits und den Widerruf revolutionärer Zielstellung andererseits. Anknüpfend an den bürgerlichen Idealismus von 1848 forderte er, "daß die Gewalt im Staat wirklich vom Volk ausgeht, nicht vom Kapital," und "daß das Ziel der politischen Gestaltung der Dienst am Ganzen des Staates ist, nicht die Unterwerfung des Staates unter Privatinteressen."[11]

Nach den Septemberwahlen 1930 sah es Kappes für seine Pflicht an, in Wort und Schrift "*gegen die deutsche Freiheitsbewegung*",[12] wie die Anklageschrift des Jahres 1933 sich auszudrücken beliebte, aufzutreten. In dem 1931 von dem Marburger Theologen Georg Wünsch herausgegebenen Sammelband "Reich Gottes - Marxismus - Nationalsozialismus" veröffentlichte Kappes die Abhandlung "Der theologische Kampf des religiösen Sozialismus gegen das nationalsozialistische Christentum", in dem er die soziale Demagogie der Nazis brillant offenlegte. Die von den religiösen Sozialisten klar benannte Alternative "Christus- oder Hakenkreuz" sei viel wirkungsvoller als allerlei vorsichtige Fragezeichen, die wohlmeinende bürgerliche Theologieprofessoren hinter die Grundsätze der völkischen Bewegung gesetzt hätten. Im politischen Bereich hätten sich die Nationalsozialisten dem Staatsabsolutismus, Imperialismus, Terror und Rassenhaß verschrieben und führten alles Denken auf das "Blut" zurück. Damit aber verfälschen sie das Evangelium. Der Rassegedanke sei als Rassedünkel zum beherrschenden ideologischen Überbau geworden und verleihe der arisch-germanischen Rasse das Recht auf Weltherrschaft und Unterdrückung angeblich minderwertiger Rassen. Die Militarisierung der jungen Generation sei erklärtes Ziel der Nazis. Ihr diktatorischer Militärstaat bedeute eine Absage an jede Demokratie. Der Alldeutsche Hugenberg und die Schwerindustrie erblickten in ihnen trotz mancher Tarnung willkommene Bundesgenossen. In Wahrheit würden die Nazis in der Krise militant gewordene Massen, die ihre Loyalität gegenüber etablierten nichtkatholischen bürgerlichen Parteien aufgekündigt hatten, zur Stabilisierung des Kapitalismus nutzen. Mit verdächtiger Leidenschaft behaupteten NS-Pfarrer immer wieder, das Evangelium habe mit Abrüstung und Abschaffung des Krieges nichts zu tun. Die Nazis verwandelten das Sinnbild der vergebenden und rettenden Liebe Gottes für alle, das Kreuz, in ein Zeichen selbstgerechter und hochmütiger Ausschließlichkeit, ja des Hasses und der Gewalt, was schlimmstmögliche Lästerung sei. Der mit dem Götzendienst des Nationalismus aufs engste verbundene Gewaltgedanke schreie mit einer noch nie dagewesenen Frechheit sein Credo in die Welt. Die sogenannte "neue Dreistigkeit" des heutigen "Geschichtsrevisionismus", wie er beispielsweise in den Kreisen um den Historiker Rainer Zitelmann gefordert wird, ist offensichtlich so neu nicht; ihr Wesen durchschauten bereits jene Pfarrer, von denen bisher die Rede war.

Frontstellungen gegen rechts finden sich auch bei Erwin Eckert, einem Kirchen- und Volkstribun, der Tausende in die Kirche und später Hunderttausende in die Ver-

---

11 ebd.
12 ebd. Hervorhebung vom Verfasser.

sammlungssäle zog.[13] Geboren am 16. Juni 1893 im badischen Zaisenhausen war er der älteste Sohn von 8 Kindern. Nach dem Umzug seiner Eltern im Jahre 1898 nach Mannheim besuchte Eckert hier das Humanistische Gymnasium und studierte Theologie und Philosophie in Heidelberg, Göttingen und Basel. 1911 trat er bereits der SPD bei. 1914 meldete er sich unter dem Einfluß des von ihm verehrten Mannheimer sozialdemokratischen Reichstagsabgeordneten Ludwig Frank freiwillig zum Krieg. Seine Kriegserlebnisse, die er in der Gefängnishaft 1933 in Düsseldorf niederschrieb, spiegeln seine Wandlung vom Kriegsfreiwilligen zum entschiedenen Kriegsgegner.[14] Nach dem mit Auszeichnung bestandenen theologischen Examen wurde er zunächst Vikar in Pforzheim, 1922 Pfarrer in Meersburg und 1926 auf eigenen Wunsch Pfarrer an der Trinitatis-Kirche in Mannheim. 1920 hatte er in Pforzheim den "Bund evangelischer Proletarier" gegründet und 1924 die Arbeitsgemeinschaft der religiösen Sozialisten Deutschlands in Meersburg ins Leben gerufen. Diese wurde 1926 in den "Bund der religiösen Sozialisten Deutschlands" umgewandelt, dessen geschäftsführender Vorsitzender er von 1926 bis 1931 war.[15] Gleichzeitig war er Schriftleiter des wöchentlichen Bundesorgans "Sonntagsblatt des arbeitenden Volkes", das ab 1931 "Der Religiöse Sozialist" hieß und zuletzt eine Auflage von 17 000 Exemplaren erreichte. Seine antimilitaristische Haltung (u.a. gegen den Panzerkreuzerbau 1928 und gegen das SPD-Wehrprogramm von 1929), seine Parteinahme für die UdSSR (u.a. als einziger Abgeordneter auf dem Deutschen Evangelischen Kirchentag 1930 in Nürnberg, der der SPD angehörte) und seine kämpferische Agitation auf Reisen durch ganz Deutschland brachten ihn in zunehmenden Konflikt mit der Kirche. Diese entfernte ihn nach zahlreichen Disziplinar- und Ordnungsstrafen und drei Kirchlichen Dienstgerichtsverfahren schließlich am 11. Dezember 1931 aus dem Kirchendienst. Mit der gleichen Konsequenz wie gegenüber der Kirche verhielt sich Eckert gegenüber der SPD, die ihn 1931 wegen seiner Solidarität mit der linken Opposition ausschloß. Der Bund schließlich glaubte, Eckert als Kommunisten - mit Rücksicht auf die SPD - nicht länger im Vorstand halten zu können.

Bereits 1925 trat Eckert im "Sonntagsblatt des arbeitenden Volkes" dem "ganzen völkischen Wahnwitz"[16] energisch entgegen und brandmarkte den Antisemitismus.[17] Hellsichtig warnte Eckert wenige Wochen später vor dem "Bund für deutsche Kirche", der die "Eindeutschung des Christentums" propagierte, denn die "Jesusreligion"

---

13 Siehe das unter der Leitung von Kurt Pätzold herausgegebene Lexikon "Biographien zur deutschen Geschichte von den Anfängen bis 1945", Berlin 1991, S. 119f.

14 vgl. Erwin Eckert, Impressionen aus dem Ersten Weltkrieg, in: Friedrich-Martin Balzer (Hrsg.), Ärgernis und Zeichen, Bonn 1993, S. 29-80.

15 Zur Tätigkeit Erwin Eckerts im Bund der Religiösen Sozialisten siehe Friedrich-Martin Balzer, Klassengegensätze in der Kirche, Erwin Eckert und der Bund der Religiösen Sozialisten Deutschlands, mit einem Vorwort von Wolfgang Abendroth, Bonn ³1993.

16 SAV 1925, Nr. 19, S. 31.

17 EE, Bund für deutsche Kirche, in: SAV 1925, Nr. 23, S.47.

sei nicht semitischen, sondern "arischen" Geistes. Allzu lang, so Eckert schon 1925, habe die Kirche diese frühen Warnungen vor der "Ausschaltung des alten Testaments" in den Wind geschlagen.[18]

Die Reihe der frühzeitigen Frontstellungen Eckerts gegen die Verfälschung des Evangeliums und gegen die antidemokratische Vergiftung des öffentlichen Lebens ließe sich verlängern. Zu Beginn des 5. Kongresses der religiösen Sozialisten 1930 in Stuttgart sagte Eckert: "Man versucht durch einen vielstimmigen Appell an die Urteilslosen, durch den Appell an den Rasse-Instinkt, den Nationalhaß, an kleinbürgerliche Besitzerfreude und an den Militarismus, die Urteilslosen auch in der Arbeiterschaft zu einer Schutztruppe der kapitalistischen Front zu machen, deren imperialistische Gelüste, deren Schrei nach der bürgerlichen Diktatur nur noch mühsam verheimlicht und unterdrückt werden kann. [...] Die Zeichen der Zeit schrecken jeden ehrlichen Christen. Mussolini hat mit dem Papst ein Konkordat geschlossen, in Deutschland preisen sich die Faschisten als die Retter des positiven Christentums an [...] Alles Zeichen einer heraufziehenden Gefahr, gegen die es Front zu machen gilt im Namen eines ehrlichen Christentums."[19]

Da Eckert - auf seine staatsbürgerlichen Rechte und seine christlichen Pflichten beharrend - *nicht* gewillt war, sich an die Redeverbote des Evangelischen Oberkirchenrats zu halten, wurde er am 6. Februar 1931 mit sofortiger Wirkung vom Amt suspendiert. Am 14. Juni 1931 wurde das Redeverbot gegen Eckert nicht nur nicht aufgehoben, sondern Eckert wurde wegen "Unbotmäßigkeit" zu einer empfindlichen Geldstrafe verurteilt. Hätte es nicht eine breite Solidaritätsbewegung in Baden gegeben, bei der 100 000 Bürger durch ihre Unterschrift ("Protestanten protestiert!") die Wiedereinsetzung des suspendierten Pfarrers in sein Amt forderten, Eckert wäre bereits im Juni 1931 seine Kanzel genommen worden. An dem Willen des Evangelischen Oberkirchenrates mangelte es jedenfalls nicht. Ein halbes Jahr später, am 11. Dezember 1931, war es dann soweit. Der Eintritt Eckerts in die KPD ließ vollends Rücksichten fallen. Eckert wurde endlich und endgültig, unehrenhaft und ruhegehaltlos aus dem Dienst der Evangelischen Kirche Badens entfernt. Eine förmliche Rehabilitierung Eckerts steht noch aus.

Naturgemäß ergaben und ergeben sich aus Kappes' und Eckerts tätigem Leben, aus den ihnen zugrundeliegenden Zielvorstellungen Fragen, die damals häufig direkt an ihn gestellt wurden, Fragen, die andere heute, sechs Jahrzehnte später und nach einem Epochenumbruch sondergleichen, gern an ihn bzw. in seinem Namen stellen würden, um wieder aus Krisennot sowie aus eigener Zerrissenheit und neuerlicher Orientierungslosigkeit heraustreten zu können. Diese Fragen lassen sich in drei Komplexen zusammenfassen. Der erste lautet: Wie kommen Menschen, gleich ob Christen oder anderen Glaubens, zu ihrem "Kampf gegen rechts"? Zweitens: Wie kommt "so einer" wie Eckert, den man eigentlich in einer bestimmten, anscheinend fest umrissenen

---

18 EE, Rundschau, in: SAV 1925, Nr. 23, S. 47.
19 EE, Eröffnungsrede auf dem 5. Kongress in Stuttgart, in: SAV 1930, Nr. 32, S. 251f.

Lebensposition angekommen weiß, dennoch dazu, sich noch einmal neu zu entscheiden, die Grundfesten bisheriger Tätigkeit zu erschüttern und sich zu einem zweifellos höchst außergewöhnlichen Schritt zu entschließen? Der dritte Komplex hätte den Reaktionen auf Eckerts Eintritt in die KPD zu gelten, den Antworten, die seine Mitmenschen auf eine Entscheidung gaben, die sie in der Regel selbst nicht zu vollziehen in der Lage waren oder sogar aus vielfältigen Gründen ablehnten.

Die zeitgenössische Presse hat sich wenig bemüht, nach den eigentlichen, nach den tieferen Gründen zu suchen. Vordergründiges, Spektakuläres lag ihr schon damals wesentlich näher. Pragmatisch-politischer Sinn, mitunter auch ein direkter parteiegoistischer Auftrag diktierten die Feder. Wen wundert es daher, daß nirgendwo auf eine Predigt Bezug genommen worden ist, die Erwin Eckert am 5. Juli 1931 gehalten hatte und die er unter dem beziehungsreichen Titel "Der Auftrag Gottes an unsere Zeit"[20] in dem noch von ihm redigierten Organ des "Bundes der religiösen Sozialisten" just an jenem Tag veröffentlichte, an dem sein Übertritt zur KPD im Bundesorgan mitgeteilt wurde. Diese aufschlußreiche Predigt war die erste, die er nach dem kirchlichen Dienststrafverfahren und seiner fünfmonatigen Amtsenthebung wieder halten durfte, ihre Veröffentlichung sein letzter Beitrag, der in einer Zeitung erscheinen durfte, die in ihrem Kopf das Motto trug: "Durch christlichen Glauben zu sozialistischem Kampf! Durch sozialistischen Kampf zu christlichem Glauben!"[21]

Man wisse, so begann er in klagend-anklagendem Ton, wegen der vielfältigen Wirren der Zeit "bald nicht mehr aus und ein in der verwirrenden Fülle der angepriesenen Wege, die uns aus der äußeren und inneren Not der Gegenwart herausführen sollen." Eckert hielt der Weimarer Gesellschaft, die 1931 auf einem Tiefpunkt ihrer wirtschaftlichen, politischen und geistigen Krise angekommen war, ungeschminkt den Spiegel vor und suchte nach Haltepunkten, um selbst nicht irre an seiner Zeit zu werden. Wir lesen da die folgenden, in ihrem aktuellen Beziehungsrahmen kaum zu überbietenden Sätze: "Der einzelne erkennt immer mehr seine Ohnmacht den großen Aufgaben der Zeit gegenüber. Man vertraut dem politischen Parteigetriebe nicht mehr, dem Parlament nicht mehr... Das Verlangen nach einer höheren Schau, nach dem Willen Gottes wird immer größer, nach einer absoluten Erkenntnis, die sich nicht wieder irrt, die uns nicht wieder enttäuscht, die nicht wieder noch größeres Elend, noch größere Sinnlosigkeit des Lebens heraufbeschwört."

All seine Hoffnung setzt er auf "Suchende, unruhig Gewordene, ... Erschütterte, Erschreckte". Doch wo soll, wo will er sie finden? Er fragt: "Sind es die Gebildeten unseres Volkes, der Völker, sind es die, die Zeit haben und Geld? Sind es die Menschen in ihrer bürgerlichen Ängstlichkeit, Naturen, die zittern vor der Zukunft, wenn eine akute Gefahr droht? Ich sage: Nein. Ach, sie sind so beruhigt, sind nicht von der

---

20 Erwin Eckert, Der Auftrag Gottes an unsere Zeit, in: Der Religiöse Sozialist, 1931, vom 4. Oktober 1931.

21 Zit. nach: Der Religiöse Sozialist, Sonntagsblatt des arbeitenden Volkes, 13. Jg., Nr. 40 vom 4. 10. 1931, S. 167.

Unruhe gejagt, sie suchen nicht das *Kommende* zu begreifen, sondern das *Vergehende* zu erhalten. Die Suchenden sind da, wo mit ernster Verstandesarbeit aus den Ordnungen und Gesetzen des gesellschaftlichen Lebens der Menschen, aus ihren Fehlern nach den kaum keimenden Ansätzen eines Neuwerdens, eines Andersseins gesucht wird, gesucht wird nach dem, was wichtig zu tun ist."

Schließlich definiert Eckert als Gottes Auftrag an die Menschen seiner Zeit das Suchen und Neuwerden, das Anderssein, das bewußte Ausschauhalten nach einer Alternative zu jenem Bestehenden, das aus vielen Gründen einer strikten Ablehnung zu verfallen hat: *"Lasset ab von aller Ungerechtigkeit.* Hört auf mit der Unterdrückung der Armen und Schwachen. *Schaffet eine Ordnung,* die jeden als ein Kind Gottes, als einen Menschen leben läßt. Gebt, was Gott für alle geschaffen, die Felder und Wälder, die Bergwerke und Fabriken, allen zurück, daß es für alle verwaltet werde und keiner mehr hungern und verzweifeln muß und nicht weiß, wo er schlafen soll. *Keiner sei Herr,* keiner Knecht und Sklave. Nicht vornehm - gering sollen sie sein. Dienet einander, jeder nach seiner Gabe, in Freiheit und Gemeinschaft, in der Verantwortung vor dem Ganzen und vor Gott. *Haltet Frieden, tötet den Krieg!* Warum baut ihr Panzerkreuzer, warum redet ihr von Aufrüstung, warum verherrlicht ihr die Vernichtung des Lebens, der Völker? Rüstet ab, dient dem Frieden ohne Rücksicht auf die anderen Völker, was sie tun und was sie wollen. *Verachtet die Verlogenheit der heutigen Kultur,* die Menschen zugrundegehen läßt, Seelen vergiftet, ja in der teuflischen Macht des Hasses, der Zwietracht versinken läßt."

Unmittelbar anschließend heißt es in dieser vorausschauenden, aber das ganze Ausmaß der Verfolgungsmaßnahmen von Kirche und Staat keineswegs erfassenden Predigt: "Das ist eine für die alte, für unsere Zeit doch so neue Botschaft vom Reiche des Friedens und der Gerechtigkeit, der Freude in dem heiligen Geist. Sie werden uns verlachen, die das nicht begreifen, die Überklugen, die Mächtigen der Welt, die Wirtschaftsführer, die Reichen, die Einflußgewaltigen und die, die es werden wollen, ja, sie werden uns für töricht und weltfremd erklären, die heutigen Führer der Kirche werden uns Schwärmer, gefährliche Demagogen nennen. Was tut's? Mir scheint, daß wir unseren Auftrag erfüllen müssen."[22]

Eckert stellte - konsequent, wie er es zu sein sich angewöhnt hatte - *alles*, tatsächlich *alles*, in Frage. Die ihn quälenden Tabus erkannte er nicht länger an, gleich ob sich diese aus kirchlich-institutioneller Gebundenheit oder aus sozialdemokratisch-parteipolitischer Geborgenheit ableiten ließen. Es drängte ihn aus tiefstem Innern, den schlimmen Zustand der Welt nicht lediglich zu kritisieren, er wollte selbst aktiv und anders als bis dahin zu deren Veränderung im Sinne der christlichen Gebote beitragen. Auf keinen Fall wollte er so lange im Gewohnten verharren, bis es zu spät sein würde, bis andere - wie durchaus für alle absehbar - die Welt zugrunde gerichtet hätten. Sein antimilitaristisches Denken, sein sich in der verheerenden Wirtschaftskrise verstärkt artikulierender Antikapitalismus, seine zunehmende Furcht um eine unzurei-

---

22 Ebenda. Hervorhebungen des Originals in Sperrdruck.

chende antifaschistische Gesinnung in der Kirche - die nationalsozialistischen Pfarrern mehr und mehr offenherzig begegnete -, der Abscheu vor allem Egoismus in der überwiegenden Mehrzahl der deutschen Parteien sowie nicht zuletzt sein eigener unbändiger Wille, die *Massen* aufzurütteln,[23] aus ihrer Gleichgültigkeit zu reißen, um nicht hilflos der sich brutalisierenden und faschisierenden Gesellschaft in Deutschland ausgeliefert zu sein - all diese Überlegungen und Maximen bestimmten schließlich seine Lebensentscheidung.

Was muß geschehen, "... wenn die Geschichte nicht ihren Sinn verlieren soll?", fragte er seine Zuhörer in Karlsruhe.[24] Jeder Mensch habe im Chaos der Zeit die "Verpflichtung, ... zu warnen, zu mahnen - aber nicht nur zu warnen und zu mahnen, sondern zu *kämpfen* um eine Änderung des Gegenwärtigen."[25] In seinem Kampf entschied er sich für Bundesgenossen, die andere ablehnten - ob mit oder ohne Recht, sei dahingestellt. Auf jeden Fall war er im Bunde mit Antifaschisten, an deren Seite und auch in ihren Reihen. Seinen Schritt rechtfertigte er auch mit folgendem Argument: Die KPD habe er sich früher gewissermaßen als einen "Sauerteig" vorgestellt, der neues Leben in die Arbeiterbewegung bringt, eines Tages aber doch wieder zur Sozialdemokratie stößt. Im Augenblick jedoch gehe es um die Einheitsfront "gegen Not und Reaktion, gegen die Kräfte, die das Alte wieder aufrichten wollen."[26] Mit erstaunlicher Deutlichkeit und in erheblichem Gegensatz zu den offiziellen Verlautbarungen vieler KPD-Führer warnte er vor Hoffnungen, "daß die Weltrevolution übermorgen ausbricht"[27], sowie vor einer Unterschätzung der Macht des Kapitals: "Das Gefährlichste für die proletarische Bewegung ist, in Selbstüberschätzung die Macht der gegnerischen Kräfte zu unterschätzen."[28] Gerade deshalb schien es ihm so bitter notwendig, alle Kräfte der Arbeiterbewegung zu vereinen und sie zu einem einheitlichen Handeln zu bewegen. In der Gründung einer weiteren Partei, der Sozialistischen Arbeiterpartei, durch seine Freunde Max Seydewitz und Kurt Rosenfeld sah er keinen erfolgversprechenden Ausweg aus der Situation, eher eine Vertiefung der politischen und organisatorischen Zerrissenheit.

Es war ein langer Weg voller Überlegungen und quälender Selbstbefragung, der ihn zum Schritt vom 3. Oktober 1931, zum Eintritt in die Kommunistische Partei

---

23 vgl. Lenins Charakterisierung eines Demokraten aus dem Jahre 1912: "Der Demokrat vertritt die Masse der Bevölkerung. Er ... glaubt an die Bewegung der Massen, an ihre Kraft, an ihre Gerechtigkeit und fürchtet diese Bewegung keineswegs." (zit. nach: Dieter Fricke (Hrsg.), Deutsche Demokraten 1830-1945, Köln 1981, S. XII.

24 Stenografische Niederschrift der Rede von Pfarrer Eckert-Mannheim in der Versammlung der KPD am 9. Oktober 1931 in der Festhalle Karlsruhe, in: Friedrich-Martin Balzer (Hrsg.), "Ihr Kleingläubigen, warum seid Ihr so furchtsam?" - Äußerungen von Erwin Eckert und Heinz Kappes 1931 in Karlsruhe, Bonn 1993, S. 6.

25 ebenda, S. 7.

26 ebenda, S. 12.

27 ebenda, S. 17.

28 ebenda, S. 18.

Deutschlands, geführt hat. Freunde wie Feinde sahen sich nun gefordert, Stellung zu nehmen zu diesem "Ärgernis", eigene Entscheidungen zu überdenken und neu zu prüfen. Nimmt man die Geschichte als Ganzes von ihren Einzelheiten her, dann sah sich eigentlich die *Weimarer Republik auf den Prüfstand* gestellt. Wohin entwickelte sich diese? Welchen Weg, welchen Ausweg aus der Krise bot sie an? Oder bot sie statt eines Ausweges nur einen Weg an, der unweigerlich zu einem Krieg führen mußte, u.a. gegen die UdSSR gerichtet, wie an zahllosen besorgniserregenden Anzeichen erkennbar war? In der Weimarer Republik und vor allem *gegen sie* vollzogen sich richtungweisende Entscheidungen in großer Zahl: Faschistische und rechtskonservative Kräfte vereinten sich zur berüchtigten "Harzburger Front", was Hitler und seine NSDAP weiter "hoffähig" und salonfähig werden und deren barbarischen Terror noch weiter aufblähen ließ. Ein "protestantisches Harzburg" nannte übrigens Kappes zurecht die Koalition von Positiven und "DC" in der badischen Synode ab 1932. Die Brüning-Regierung bildete sich in einem weiteren Schritt nach rechts um. In der Sozialdemokratie waren jene Kräfte, die glaubten, mit Brüning Hitler erfolgreich bekämpfen zu können und die eigene Rolle als die eines "Arztes am Krankenbett des Kapitalismus" verstehen zu sollen, im Frühherbst 1931 sogar dazu bereit, um des eigenen Tolerierungs- und Anpassungskurses willen über die ungeliebten Oppositionellen aus den eigenen Reihen endgültig den Stab zu brechen.

Auch in der KPD, der Erwin Eckert durchaus nicht unkritisch gegenüberstand, - so sprach er beispielsweise in allen seinen Reden und Schriften niemals vom "Sozialfaschismus"[29] -, reiften nach dem verhängnisvoll-fehlerhaften Ja zu dem von der NSDAP initiierten Volksbegehren gegen die Preußen-Regierung vom August dieses Jahres folgenreiche Entscheidungen heran. Diese sollten entweder einer Befestigung der schlimmen sozialfaschistischen Thesen oder einem antifaschistischen Aufbrechen verhärteter Frontsetzungen gelten.

Auch in der Frage nach der Bereitschaft zu verantwortungsvollem Handeln läßt sich der Weimarer Gesellschaft wiederum sowohl der Kappes'sche als auch der Eckert'sche Spiegel vorhalten. Es zeigt sich in der Entscheidung des einzelnen das Ganze, es offenbart sich angesichts der persönlichen Entscheidungen vor allem die Schwäche *aller* demokratischen Kräfte gegenüber dem Ansturm der braunen Heerscharen. Der deutsche Antifaschismus sollte seine eigentliche Bewährungsprobe *nicht* bestehen; dies war bereits an den Ereignissen des Herbstes 1931 abzulesen, bevor sich seine Niederlage am 20. Juli 1932 und am 30. Januar 1933 *tatsächlich* vollzog. In seinen Reihen wuchs eher das Gegeneinander als die dringend erforderliche Bereitschaft aller, nach jenem Nenner zu suchen, der alleinige Grundlage zur Verhinderung der voraussehbaren Errichtung der nationalsozialistischen Schreckensherrschaft und des Weges zum 1. September 1939 hätte sein können. In seinen Reihen wuchsen immer noch Verdrängung und Verweigerung gegenüber der bedrohlichen Realität. Den

---

29 Als kritikwürdig empfand Eckert an der KPD deren Gewerkschaftspolitik, die Abhängigkeit von Moskau, die weltanschauliche Unduldsamkeit und die militante Haltung.

meisten der Beteiligten galt der auf sich selbst bezogene, mitunter recht kleinlich anmutende Streit *mehr* als die Gemeinsamkeit antifaschistischer Zielsetzung.

Ja, Eckerts Mitwelt reagierte in vielem zwar durchaus verständlich, erwartungsgemäß, im historischen Sinne jedoch völlig unzulänglich. Ausgrenzung des jeweils anderen Antifaschisten, so schien das bevorzugte Motto zu lauten. Bedrückend ist es, lesen zu müssen, wie wenig die eigentliche Lebensgefährdung durch den mächtig und immer bedrohlicher näher rückenden Faschismus als Kriterium angenommen worden ist. Wirkliche Gerechtigkeit wurde Eckert daher kaum zuteil, weder von denen, die er verlassen hatte, noch von jenen, zu denen er gekommen war, - obwohl sie alle, die da Stellung nahmen, *nicht* in den Dunstkreis der NSDAP gehörten.

Zahllos häuften sich haltlose, untergeordnete Argumente, als er seinen Übertritt zur KPD bekannt gab. Liest man die Zeitungsmeldungen und Kommentare jenes in jeder Hinsicht heißen Herbstes des Jahres 1931, in einem der schlimmsten und bis heute kaum richtig erforschten Jahre der großen Weltwirtschaftskrise, liest man die Briefe von Freunden und Bekannten, so fällt es schwer, den Eindruck gewinnen zu wollen, als befände man sich mitten in der großen, alles entscheidenden und alles beherrschenden Auseinandersetzung zwischen Faschismus und Antifaschismus. Natürlich sticht uns Heutigen leichter ins Auge, woran es damals mangelte. Natürlich ist, wenn wir uns in jene Zeit hinein versetzen, deutlich zu erkennen, wie Eckerts Bekenntnis zu den Zielen und zur Partei des Kommunismus zwar wie eine Bombe einschlug, auf Begeisterung oder auf Entsetzen stieß, jedoch auch Eckert mit seinem Bemühen um eine antifaschistische Volksfront die Machtübertragung an den Hitlerfaschismus nicht mehr verhindern konnte.

Die Kirchenleitung in Baden setzte ihm rasch den Stuhl vor die Tür. Die Meldung von Eckerts Eintritt in die KPD war kaum verbreitet, da folgte ihr der Beschluß der Evangelischen Kirchenregierung Badens, Pfarrer Eckert seines kirchlichen Amtes zu entheben. Erneut wurde ein Disziplinarverfahren gegen ihn eingeleitet, dessen Ausgang nicht zu bezweifeln war. Das kirchliche Dienstgericht in Karlsruhe entließ Eckert endgültig am 11. Dezember 1931 aus dem Dienst der Kirche. Es verbot ihm, sich weiterhin Pfarrer zu nennen oder nennen zu lassen, und entzog ihm sogar den Anspruch auf Altersversorgung.

Die sachlichen Argumente gegen diese Maßnahmen verhallten ungehört. Es fruchtete weder der Hinweis auf die parteipolitische Neutralität der Kirche noch der auf die praktizierte Duldung von Pfarrern, die sich zur NSDAP bekannt und in kirchlichen Räumen sogar das Hakenkreuzbanner entrollt hatten. Ebensowenig half der Hinweis darauf, daß sich die KPD mit der Aufnahme Eckerts grundsätzlich darauf festgelegt hatte, in ihren Reihen nicht länger eine weltanschauliche Uniformität zu verlangen. Vom Tisch wurde gewischt, was Ernst Schneller im Auftrag der KPD der "Bruderschaft sozialistischer Theologen" offiziell mitgeteilt hatte: "Beim Übertritt des Genossen Eckert zur Kommunistischen Partei sind ihm wegen seiner Zugehörigkeit zur Kirche und wegen seiner Tätigkeit als Pfarrer keinerlei Bedingungen gestellt worden."[30]

Nicht viel anders reagierten führende Sozialdemokraten. Der Chefredakteur der Mannheimer "Volksstimme" stellte die Einheit der SPD weit über das antifaschistische Anliegen aller Strömungen der deutschen Arbeiterbewegung und des bürgerlich-demokratischen Lagers. Sein Vorwurf galt hauptsächlich der Tatsache, daß Eckert offensichtlich bereits vor seinem Eintritt in die KPD mit Vertretern dieser Partei Kontakt aufgenommen und insofern noch als Mitglied der Sozialdemokratie die Brücke zu den Kommunisten betreten habe.

Im "Bund der religiösen Sozialisten" gärte und brodelte es. Es blieb *nicht* lange bei der zunächst getroffenen Entscheidung, daß Eckert zwar als Vorsitzender des Bundes, jedoch nicht gänzlich aus dessen Leitung ausscheiden sollte. Erstmalig sah der Bund seine oftmals deklarierte parteipolitische Neutralität einer ernsthaften Prüfung unterzogen. Er sollte diese nicht bestehen. Auch ihm schien es letzlich unmöglich zu sein, an seiner Spitze nicht nur sozialdemokratische Genossen, sondern auch einen Kommunisten zu wissen. Die Ablehnung überwog, allenfalls blieb es bei einem gewissen Verständnis für Eckert. Nur vergleichsweise wenige aus dem Bund fanden sich bereit, Eckert auf jeden Fall zu halten oder ihm gar auf seinem Weg zu folgen. Ebenso eindeutig wie erfolglos war dagegen der Protest der Bundesfreunde gegen seine Dienstentlassung.

Erwin Eckert sprach 1931/1932 auf unzähligen Veranstaltungen der KPD und des "Bundes der Freunde des neuen Rußlands". Für ihn begann ein gehetztes Leben, ein Leben sozusagen aus dem Koffer, ein Leben, das fast ausschließlich aus Reisen und Reden, Reden und Reisen bestand. Finanzielle Probleme plagten ihn und seine Familie, von der er sich getrennt sah. Nach einigen Monaten sah er sich dem Zusammenbruch nahe.[31]

Doch sein unbändiger Wille hielt ihn aufrecht. Er wollte seine Zuhörer - sie zählten in der Regel mehrere Tausend - nicht enttäuschen. Wellen von Sympathie, Begeisterung und Stolz schlugen ihm entgegen. Er wird begrüßt als einer, der "angekommen" ist, der Altes und Überholtes mit Erfolg hinter sich gelassen habe. Er sieht die wachsenden Wähler- und Mitgliederlisten der Partei, hofft auf weitere, noch größere und entscheidende Erfolge.

Insgesamt läßt sich wohl behaupten, daß die Kommunistische Partei Deutschlands den bis dahin beispiellosen Eintritt eines Pfarrers in ihre Reihen zwar als solchen mit größter Aufmerksamkeit bedacht und aufgenommen hat, von ihr jedoch das Eckert'sche "Ärgernis" zu engherzig aufgefaßt worden ist, - als sei es allein an die Adresse der Kirche oder an die der Sozialdemokratie gerichtet gewesen. Ein folgenreiches Mißverständnis!

Es trifft zu, wenn in einer ersten Besprechung von "Ärgernis und Zeichen" festge-

---

30 Siehe: Dokumente zum Fall Erwin Eckert, in: Zeitschrift für Religion und Sozialismus, 1932, S. 17.
31 Erwin Eckert an Elisabeth Eckert vom 16. September 1932. In: Privatarchiv Eckert.

stellt wurde, daß Eckert "nicht nur als religiöser Sozialist, als Antifaschist und Kämpfer für eine breite Einheitsfront, sondern auch *als selbstbewußter Benutzer seines eigenen Kopfes innerhalb der Partei* für etwas, was hätte sein können, aber nie Wirklichkeit wurde,"[32] stehe. "Trotzdem und gerade deshalb nennt ihn Helmut Ridder einen 'politischen Realisten',[33] weil das, wofür Eckert stand, zwar nicht siegte, aber die (Wirklichkeit gewordenen) Gefahren und ihre denkbare Überwindung immer richtig benannte."[34]

Mitten in der Zeit der großen Weltwirtschaftskrise, die angesichts des rasanten Aufstiegs der deutschen Faschisten bei ihren Gegnern "Lebensentscheidungen" neuer Dimensionen erforderte, nahm die Parallelität im Leben beider Pfarrer zu und zugleich ab. Sie hatten weitgehend übereingestimmt in ihrem Ringen zugunsten der embryonalen Demokratie von Weimar, sie hatten sich beide für die organisierte deutsche Sozialdemokratie entschieden. Nun aber verlangte ihr Kampf gegen rechts, da er bisher nur wenig hatte bewirken können, weitere Entscheidungen. Kampf gegen rechts - diese Übereinstimmung blieb bestehen und vereinte beide in gegenseitiger Solidarität, unabhängig von den unterschiedlichen politischen Entscheidungen, die sie trafen.

Als die badische Kirchenregierung im Frühjahr 1931 die Entlassung Eckerts aus dem Kirchendienst betrieb, veröffentlichte der sozialdemokratische "Volksfreund" einen Artikel von Kappes mit der Überschrift "Wir sind keine stummen Hunde!" Dort hieß es: "Eckert ist kein stummer Hund! Und keine Kirchenbehörde wird ihn stumm machen. Seine Waffe ist das aufrüttelnde Wort, nicht die Waffen- und Terrorgewalt wie bei seinen Gegnern. Seit Jahren hat er mit klarer Erkenntnis auf die drohende Gefahr hingewiesen, die für die Zukunft unseres Volkes durch die nationalsozialistische Agitation heraufzieht. Er muß reden! Weiß man beim Oberkirchenrat nichts mehr von dem prophetischen Müssen der Berufenen, welche durch den Dunst der heimtückischen Lügen, halben Wahrheiten und Vernebelungen hindurchdringen und um der Wahrheit willen sich mit ganzer Kraft einsetzen müssen? Hat man bei der Kirchenbehörde den Instinkt für den unerbittlichen Ernst und die rücksichtslose Wahrhaftigkeit verloren, mit der Eckert um des Gewissens willen kämpft? Wenn man dies alles bei der Kirchenbehörde nicht merkt, so merken es doch die Tausenden aus dem sozialistischen Proletariat, die zusammenströmen, wenn Eckert ... redet... Sollen wir etwa die wahren Gründe nennen, weshalb der Kirchenpräsident und seine positive Partei den sozialistischen Pfarrer Eckert dem Stahlhelm und den Nationalsozialisten opfern will? Werfen die Kirchenwahlen 1932 schon ihre Schatten voraus? Wir sind keine stummen Hunde! Ich stehe solidarisch neben Eckert und mit mir noch andere sozialistische Pfarrer in Baden. Um die Liste der von mir für die Zukunft übernom-

---

32 Werner Rätz, Erwin Eckert - Christ und Kommunist, in: ak 354 vom 5. Mai 1993 (Hervorhebung F.-M.B.).

33 Helmut Ridder, Zur europäischen Dimension des Vermächtnisses von Erwin Eckert, in: Friedrich-Martin Balzer (Hrsg.), Ärgernis und Zeichen, a.a.O., S. 376.

34 Siehe Anmerkung 32.

menen Reden gegen den Nationalsozialismus muß sich der Oberkirchenrat ebenfalls selbst bemühen. Wer jetzt schweigen kann, von dem gilt das Jesajawort: ‚Stumme Hunde sind die, die nicht strafen können, sind faul, liegen und schlafen gerne.' Wir [aber] reden und wecken."[35]

Als gegen Eckert der Prozeß wegen seines Übertritts zur KPD gemacht wurde, appellierte Kappes eindringlich an das Dienstgericht, Eckert nicht seines Amtes zu entheben. "*Aus der deutschen Kirchengeschichte der drei letzten Generationen lassen sich unzählige Beweise dafür erbringen, daß das Christentum zu einem Instrument der kapitalistischen Gesellschaft erniedrigt wurde.*"[36] Die Haltung des Königl. Konsistoriums gegenüber Blumhardt sei ebenfalls ein Beweis für die verhängnisvolle Rolle, "*welche die Staatskirche als Instrument des Klassenkampfes von oben gegen das Proletariat spielte*".[37] "*Gegen diese Tatsachen helfen keine Proklamationen. Da hilft nur der gelebte Gegenbeweis. Und dieser ist zwingend, wenn die Kirche nicht nur theoretisch überparteilich ist, sondern wenn sie es geradezu fordert, daß ihre Geistlichen auch auf der Seite der Unterdrückten stehen, und wenn voller Ernst mit der Verkündung des ‚ganzen Evangeliums' gemacht wird, welches den Unterdrückten das Heil und den Unterdrückern das Gericht predigt.*"[38] Die Kirchenleitung hörte nicht auf die Mahnung von Kappes. So stürzte der 30. Januar 1933 über beide, über alle Antifaschisten herein ...

Als der sogenannten "nationalen Regierung"[39] die politische Macht übertragen wurde, haben die evangelischen Kirchen nach den Worten von Paul Althaus "die deutsche Wende ... als ein Geschenk und Wunder Gottes begrüßt".[40] Die Wahlen vom 5. März 1933, so der "Hirtenbrief" der badischen Landeskirche, hätten gezeigt, "daß unser Volk aus seinem lähmenden Todesschlaf erwacht und daß es gewillt ist, sich der vernichtenden Todesmächte zu erwehren und denen zu folgen, die es zur Freiheit, zur Gerechtigkeit, zu deutscher Treue und zur Gottesfurcht zurückführen wollen."[41] Die badische Kirchenleitung sah darin "im letzten Grunde nicht Menschenwerk, sondern Gottes Hand und seinen Gnadenruf an unser Volk: 'Ich habe dich einen kleinen Augenblick verlassen [in der Weimarer Republik, F.M.B], aber mit großer Barmherzigkeit will ich dich [unter dem Hakenkreuz, F.M.B.] sammeln' (Jes. 54, 7)".[42]

---

35 ebd.
36 H. Kappes, "Ihr Kleingläubigen, warum seid Ihr so furchtsam?, in: Der Religiöse Sozialist (RS), Nr. 48, S. 200, Hervorhebung vom Verfasser.
37 ebd. Hervorhebung vom Verfasser.
38 ebd. Hervorhebung vom Verfasser.
39 Anklageschrift.
40 Paul Althaus, Die deutsche Stunde der Kirche, 2. Aufl. 1934, zit. nach: Ernst Wolf, Die evangelischen Kirchen und der Staat im Dritten Reich, Zürich 1963, S. 28 f.
41 Hirtenbrief des Badischen Oberkirchenrates, in: Gesetzes- und Verordnungsblatt, Nr. 6, S.47, vom 29. 3. 1933. Der vollständige Text ist in diesem Band wiedergegeben.
42 ebd. S. 48.

Kappes bewies auch unter den neuen Verhältnissen antifaschistische Solidarität, und das nicht nur gegenüber Eckert. Als die Frau des ehemaligen badischen SPD-Kultusministers Adam Remmele im August 1933 starb, schrieb er einen Brief an den "Genossen Remmele", der sich zu dieser Zeit im Konzentrationslager Kislau befand, nachdem die Nazis ihn in großem Triumphzug durch Karlsruhe dorthin geschleift hatten.[43] Der Kondolenzbrief von Kappes schloß mit den Worten: "Ich weiß mich Ihnen in diesen schweren Zeiten verbunden. Ich weiß, daß Sie innerlich ungebrochen sind und die Kraft haben, andere, welche das schwere Schicksal niederwerfen will, aufzurichten. Um die große Sache des Sozialismus ist immer viel gelitten worden. Und sie gewinnt aus dem, was für sie geopfert wird, allein ihre Durchschlags- und Siegeskraft. Auch die, die passiv dulden, helfen ihr groß Teil mit. Denn ihre Lage weckt die Gewissen der anderen. Es ist stellvertretendes Leiden."[44] Auf Grund dieses Briefes wurde Kappes am 21. August 1933 verhaftet und in das Bezirksgefängnis Pforzheim eingeliefert. Der "Pforzheimer Anzeiger" vom 22. August 1933 berichtete über die Verhaftung von Kappes unter der triumphierenden Überschrift "Der Pfarrer von Büchenbronn nach Kislau gebracht" und schrieb: "Pfarrer Heinz Kappes wurde gestern nachmittag gegen 5 Uhr aus seiner *Behausung* in Büchenbronn nach Kislau ins *Sammellager* überführt. Damit fand seine Seelsorgertätigkeit, die er seit Mai dieses Jahres in Büchenbronn ausübt, ein rasches Ende. Kappes war zu Zeiten des *Novembersystems* als 'religiöser Sozialist' in marxistischem Sinne tätig und *vergiftete* als Landesjugendpfarrer in Karlsruhe die Seelen des jungen Geschlechts. Am 29. April 1933 kam der Marxist nach Büchenbronn. An Pfingsten fühlte er sich getrieben, in der Predigt das neue Regiment zu kritisieren. Er meinte, die Regierung behandle Adam Remmele ungerecht. Diese Ausgießung des roten Geistes erregte bei der *nationalgesinnten* Bevölkerung Anstoß. Die Kirchenregierung sowie die Polizei verwarnten den Pfarrer streng. Trotzdem hatte der Pfarrer die Stirn, an Adam Remmele in Kislau ein Schreiben zu senden, in dem er diesen ob seines Schicksals bedauert und dementsprechende Bemerkungen über die Karlsruher Regierung anknüpft. *Die Karlsruher Regierung gab daraufhin dem Pfarrer Gelegenheit, sich ins Kislau mündlich mit Herrn Remmele auszusprechen.*"[45] Diese ausführlich wiedergegebene Berichterstattung soll nicht dazu dienen, aus Kappes nachträglich einen Marxisten zu machen. Seine Marxismusrezeption war zweifellos begrenzt, diffus und eklektisch - auch wenn er 1932 gegenüber einem Mitglied der badischen Synode, der den Marxismus - wie schon so oft und bis auf den heutigen Tag - für tot erklärt hatte, mit dem Satz "Der Marxismus lebt" entgegentrat.

Der badische Minister des Innern teilte am 22. August der Kirchenbehörde mit, daß

---

43 Siehe: Fritz Salm, Im Schatten des Henkers, Vom Arbeiterwiderstand in Mannheim gegen faschistische Diktatur und Krieg, Frankfurt/Main 1973, Mannheimer Arbeiterwiderstand in Bildern.
44 zit. nach: Anklageschrift.
45 Pforzheimer Anzeiger vom 22. August 1933. Hervorhebungen von F.M.B.

Pfarrer Kappes trotz seines Versprechens, "von einer weiteren Betätigung in der Sozialdemokratie Abstand zu nehmen und loyal bei dem Aufbau des neuen Staates mitzuarbeiten, neuerdings in einem Brief an den ehemaligen Minister Remmele, derzeit Kislau, sich ganz eindeutig zu den Zielen der Sozialdemokratie bekennt und Remmele aufzurichten und zu stützen versucht".[46]

Die Kirchenleitung enthob Pfarrer Kappes sofort seines Dienstes, erreichte jedoch, daß Kappes - gegen seinen Willen - nicht in das Konzentrationslager Kislau "überführt", sondern nach zehn Tagen aus der Gefängnishaft entlassen wurde. Die staatliche Behörde sprach ein Ortsverbot für Büchenbronn über ihn aus und stellte ihn unter Polizeiaufsicht. Gleichzeitig eröffnete die Kirchenregierung das Dienstgerichtsverfahren gegen ihn und führte in der Anklageschrift zur Begründung aus: "Nachdem die SPD durch Staatsgesetz verboten ist und *auch die Kirche* es begrüßen muß, daß damit den zweifelsfrei auch von der SPD unterstützten oder doch geduldeten atheistischen und kirchenfeindlichen Bestrebungen ein Ende gesetzt ist, stellt eine Verbundenheitserklärung mit diesem sozialdemokratischen Sozialismus deshalb ein Dienstvergehen ... dar, weil durch ein solches Verhalten der Ernst des geistlichen Amtes verletzt und Pfarrer Kappes sich der Achtung und des Vertrauens, die sein Beruf erfordert, unwürdig erwiesen hat."[47]

Offenbar ganz in Einklang mit dem Ernst des geistlichen Amtes war es, daß der Landesbischof Kühlewein wenige Tage später in allen Gottesdiensten anläßlich der "Volksabstimmung" über den Austritt Deutschlands aus dem Völkerbund von allen Kanzeln verkünden ließ: "Unser Volk soll zeigen, daß es geschlossen hinter dem Führer steht und aus ganzem Herzen seiner Politik zustimmt... Die evangelische Bevölkerung unseres Landes hat Gelegenheit, an diesem Tag ein Bekenntnis der *Treue und Dankbarkeit gegen unseren Führer abzulegen, den Gottes Gnade in schwerster Notzeit uns geschenkt hat und der für das Wohl und für die Zukunft unseres deutschen Volkes und damit auch unserer evangelischen Kirche seine ganze Kraft einsetzt. Ich rufe daher alle Glieder unserer evang. Kirche Badens auf*, am 12. November an ihrem Teil mitzuhelfen, *daß dieser Tag eine einmütige Kundgebung rückhaltlosen Vertrauens zu dem Werk Adolf Hitlers werde.*"[48]

Am 1. Dezember 1933 wurde Pfarrer Kappes wegen seiner Parteinahme für die ersten Opfer des Faschismus schuldig gesprochen und zwangspensioniert. Am darauffolgenden Tag verfügte die staatliche Behörde die Ausweisung von Kappes aus Baden und verhängte das Berufsverbot. Bevor Kappes 1935 definitiv nach Palästina auswanderte, um dort als Quäker für die Verständigung und Freundschaft zwischen Arabern und Juden zu wirken, lebte er in Deutschland das Leben eines Verfemten und Verfolgten. Die Verteidigungsrede seines Verteidigers vor dem Kirchlichen

---

46 ebd.
47 Anklageschrift.
48 Aufruf des Landesbischofs zum 12. November, in: Gesetzes- und Verordnungsblatt für die Vereinigte Ev.-Protestantische Landeskirche Baden, Nr. 21, vom 7. November 1933, S. 139.

Dienstgericht knüpfte an das Hesekiel-Wort an: "Ich habe Dich zum Wächter über Dein Volk gesetzt, und ich werde von Dir Rechenschaft fordern, wenn Du meine Botschaft nicht ausgerichtet hast. Hast Du aber meine Botschaft ausgerichtet, dann wird mein Urteil über die gehen, die nicht auf mein Wort gehört haben."

Wie wir bereits sahen, ging Eckert einen anderen, einen ebenfalls antifaschistisch zu nennenden Weg.[49] Aber beide landeten in den Gefängnissen und Zuchthäusern der deutschen Faschisten, die sie als Antifaschisten sahen und keinerlei Anstalt machten, zwischen ihnen zu differenzieren.

Wenn die innerkirchlichen Gegner in Gestalt der "Kirchlich-Positiven Blätter" Eckert und Kappes 1930 in eine Reihe mit Müntzer und Karlstadt stellten,[50] so sollte dies zwar eine Verunglimpfung sein, die beide als im Grunde undiskutabel bewertete. Ihr Grundvergehen in den Augen des kirchlichen Establishments wurde mit dem Begriff des Schwärmertums bzw. der Schwarmgeisterei umschrieben: des angeblich illusionären Hinwegsehens über vermeintlich mit dem Sündersein des Menschen gegebenen unabänderlichen Zwangsläufigkeiten irdischen Daseins. Doch zumindest in den evangelischen Kirchen in der DDR wurde Müntzer anläßlich der Müntzer-Jubiläen 1975 und 1989 endlich weithin rehabilitiert,[51] und auch im Hinblick auf Karlstadt kommt die moderne Kirchengeschichtsforschung zu wesentlich differenzierteren Ergebnissen.[52] Heute erkennen auch Christen, daß es Müntzer und Karlstadt zentral um die Durchbrechung des kirchlichen (und gesellschaftlichen) Status quo ging, wo dieser Gottes Auftrag (und gesellschaftlicher Verwirklichung menschlicher Werte) im Wege stand. Auf diesem Hintergrund gewinnt der Vergleich zwischen Müntzer und Karlstadt, Eckert und Kappes einen positiven Sinn, wenn ihre Gegner diesen auch nicht wahrhaben wollten. Dabei war Kappes gegenüber Eckert der geistlich tiefgründigere, aber auch der moderatere, so wie es Karlstadt gegenüber Müntzer war. Das schloß bei Kappes wie bei Karlstadt die gelegentliche Suche nach einem Kompromiß ein, der nicht in jedem Fall ganz unproblematisch war. Doch zeigt gerade der Briefwechsel Kappes-Eckert, daß Unterschiede innerhalb gleicher oder doch ähnlicher Zielstellung nicht verwischt, sondern offen diskutiert wurden.[53] Kappes bewunderte an Eckert den uns "Bürgerlichen" fehlenden Sinn für die Triebkräfte und Psyche des Proletariats.[54] Auch hinter seinen oft sehr hart klingenden Worten stehe ein absolut

---

49 Zu Eckerts weiterem Lebensweg im "Dritten Reich" und nach 1945 siehe die Kurzbiografie in: Friedrich-Martin Balzer (Hrsg.), Ärgernis und Zeichen, Bonn 1993, S. 386.

50 vgl. Balzer/Schnell, Der Fall Erwin Eckert, Bonn [2]1993, S. 15f.

51 vgl.: Thomas Müntzer, Anfragen an Theologie und Kirche, hrsg. im Auftrag des Sekretariats des Bundes der Evangelischen Kirchen in der DDR von Christoph Demke, Evangelische Verlagsanstalt, Berlin 1977.

52 vgl. Ulrich Bubenheimer, Art. Karlstadt, in: Theologische Realenzyklopädie, Bd. 17, Berlin/New York 1988, S. 649ff.

53 vgl. Balzer, Klassengegensätze in der Kirche, [3]1993, S. 240ff.

54 vgl. ebda, S. 71, Anm. 47.

lauterer Charakter, der mehr persönliche Opfer als die allermeisten Menschen für seine Sache gibt, der bis ins Tiefste überzeugt ist von dem, was er sagt.[55] Trotz gelegentlicher Distanzierung von Eckert setzte sich Kappes immer wieder - u.a. als theologischer Verteidiger Eckerts in allen kirchlichen Dienstgerichtsverfahren - für diesen ein und stellte sich schützend vor ihn. Später gab er zwar Eckert politisch preis, erkannte aber dessen Entwicklung als politisch stringent an. Selbst die gelegentliche Verwischung der Grenze zwischen Agitation und Demagogie bei Eckert suchte er aus dessen ungeheurer Vitalität verständlich zu machen. Andererseits muß Kappes' Weigerung auch in diesen Jahren, die Entwicklung in der jungen Sowjetunion zum Kriterium der eigenen gesellschaftlichen Zielsetzung zu machen, in ihrem Wahrheitsmoment in der gegenwärtigen Phase des Geschichtsprozesses neu gewürdigt werden, zumal seine Stellung zur Sowjetunion offenbar eine differenzierte war. Kappes erkannte offenbar damals, daß die Entwicklung des Kapitalismus noch lange nicht abgeschlossen sei, daß also mit seinem Absterben in nächster Zukunft nicht gerechnet werden könne. Auch fürchtete er 1931 offenbar eine bürgerkriegsartige Situation mit großen Opfern an Menschenleben, wenn man gemäß der damaligen kommunistischen Taktik die gesellschaftliche Entwicklung forcieren wolle. Auch der in West- und Mitteleuropa errungene durchschnittliche Lebensstandard und bestimmte kulturelle Werte des "Abendlandes" könnten bei einseitiger Ausrichtung auf das sowjetische Modell gefährdet werden. Unverkennbar ist jedoch auch, daß Kappes bei dieser Haltung unter dem Einfluß des von der Führung der SPD proklamierten bloßen Reformismus stand. Zugleich wehrte er mit seiner Haltung die Gefahr einer einseitig politischen Instrumentalisierung des Bundes der Religiösen Sozialisten ab. Diese Gefahr sah er z.B. in Eckerts Wochenübersichten im "Sonntagsblatt des arbeitenden Volkes" bzw. im "Religiösen Sozialisten" gegeben. Zugleich waren bei Kappes bei dieser Haltung damals auch taktische Erwägungen leitend: Er wollte der offiziellen Kirche keinen Vorwand liefern, die Religiösen Sozialisten aus der Kirche herauszudrängen, zumal er damals noch die Durchsetzung in ihr auf parlamentarisch-synodalem Wege für möglich hielt. Eckerts Weg hielt er prinzipiell für legitim, beschrieb das Verhältnis der im Bund der Religiösen Sozialisten Verbleibenden zu diesem nach seinem Eintritt in die KPD aber als ein Neben- statt des bisherigen Miteinanders. Gegen Eckerts drohende, unehrenhafte Entfernung aus dem Kirchendienst protestierte Kappes historisch überlegen und aktuell überlegt, aber vergeblich.[56] Die persönlich-freundschaftliche Verbundenheit zwischen Kappes und Eckert blieb auch über die Jahre des antifaschistischen Widerstandes in Gefängnis und Zuchthäusern bzw. in der

---

55 ebda, S. 78, Anm. 66.
56 vgl. Heinz Kappes, "Ihr Kleingläubigen, warum seid Ihr so furchtsam?" Ein Wort an die Kirche zum Fall Eckert, in: RS 1931, Nr. 48, S.200 und "Wird Eckert abgesetzt?", in: Volksfreund (SPD-Tagespresse) vom 10. Dezember 1931. Beide Stellungnahmen sind jetzt zugänglich in der Broschüre: Friedrich-Martin Balzer (Hrsg.), "Ihr Kleingläubigen, warum seid Ihr so furchtsam?" - Äußerungen von Erwin Eckert und Heinz Kappes 1931 in Karlsruhe, Bonn 1993, S.43

Emigration erhalten, wie ein Brief von Kappes aus dem Exil in Palästina an den badischen Staatsrat und KPD-Vorsitzenden Eckert aus dem Jahre 1946 belegt.[57] Zu einer persönlichen Wiederbegegnung und einem Briefwechsel kam es zwar erst 1967 durch die gemeinsame Unterstützung des Versuchs, die aus dem öffentlichen und kirchlichen Bewußtsein verdrängte Geschichte der Religiösen Sozialisten in den 60er Jahren aufzuarbeiten. Es war Kappes, der den badischen Bischof Heidland dazu bewegte, bei der Beerdigung Eckerts einen Kranz der badischen Landeskirche niederlegen zu lassen und dazu beizutragen, der Witwe Eckerts zusätzlich zu der großen Solidarität, die Eckert und seine Familie durch zahlreiche Kommunisten erfuhr[58], einen würdigen Lebensabend im Altersheim zu ermöglichen. Es war schließlich der 91jährige Heinz Kappes, der anläßlich des Todes von Elisabeth Eckert[59] noch einmal an Eckerts frühzeitige Warnungen vor dem drohenden Verhängnis erinnerte.

Die Parallelität in beider Kampf gegen rechts war 1933 zu einer persönlich sehr bitteren geworden. Ihr individuelles Schicksal spiegelt aber zentrale gesellschaftliche Probleme sowie zentrale Fragen nach den Inhalten unserer geschichtlichen Erinnerung wider. Heinz Kamnitzer, der letzte Präsident des PEN-Zentrums in der DDR, meinte einmal: *"Unser historisches Gedächtnis ist witzlos, wenn es nur speichert, was gewesen ist, und nicht erinnert, was möglich ist."*[60] Ich füge hinzu: im Guten und im Schlechten. Und über seinen Freund und Genossen Erwin Eckert schrieb Heinz Kamnitzer: "In der Tat, Erwin Eckert ist einzigartig gewesen in deutschen Landen - leider. Als ich nach dem englischen Exil nach Berlin zurückkehrte, ist es Liebe auf den ersten Blick gewesen. Der großartige Kerl ist allerdings für mich schon vorher eine Legende gewesen, zumal die deutsche Geschichte kaum noch einen Pastor und Parteigenossen zugleich kennt. Aber nicht deswegen mochten wir uns gegenseitig. Er wurde mir so nah, weil dieser verwegene Hühne mit der Baßstimme sich für seinen himmlischen und irdischen Glauben mit offenem Visier schlug, ohne Pardon zu geben und die Folgen zu fürchten, und dabei so voller Mitgefühl vor allem für die Lasttiere der Gesellschaft gewesen ist [...]. Dazu kam der Frohsinn seiner Natur, verbun-

---

57 Brief von Heinz Kappes aus Jerusalem an Erwin Eckert in Freiburg vom 27.8.1946. Darin heißt es u.a.: "Seit einigen Monaten weiß ich durch die Karlsruher Freunde, daß Du lebst und in der frz. Zone tätig bist. Wie sehr habe ich mich darüber gefreut, denn daß Du den Naziterror überlebtest, kommt mir wie ein Wunder vor. Einmal ging ein Gerücht, daß Du im Rat der Antinazis in Rußland [gemeint ist das "Nationalkomitee Freies Deutschland", F.M.B.] tätig warst, der sich nach Stalingrad bildete. *Ich hoffte, daß es wahr sei*, konnte aber nichts genaues erfahren." Der Brief befindet sich im Privatarchiv Erwin Eckert. Hervorhebung F.M.B.

58 siehe Walter Ebert, Erinnerungen an Erwin Eckert, in: Erwin Eckert, Pfarrer und Kommunist, Zeitzeugen erinnern sich, herausgegeben vom Mannheimer Gesprächskreis Geschichte und Politik e.V. c/o Hans Hohmann, Am Kelterberg 11, 69493 Großsachsen, 1993, S.109f.

59 vgl. die Beerdigungsrede von F.-M. Balzer "Treue - Liebe - Mut", in: Miszellen zur Geschichte des deutschen Protestantismus, Gegen den Strom, in: Marburg 1990, S. 209f.

60 Heinz Kamnitzer, Abgesang mit Herzschmerzen, Berlin 1993, S. 96.

den mit dem Prinzip Hoffnung, um das ich ihn noch immer beneide."[61] Eckerts eigene Worte, gesprochen bei der Beerdigung des ehemaligen Mannheimer KPD-Reichstagsabgeordneten Paul Schreck im Jahre 1948, lesen sich heute wie ein Vermächtnis: "Werdet nicht müde, verzagt nicht, es gibt keine höhere Aufgabe als die, an der wir stehen" - seien wir nun linke Christen, Sozialisten, Kommunisten oder liberale Demokraten.

Einer von ihnen, der liberale Demokrat Leonhard Froese, ist nach dem Studium des Lebens und Wirkens von Erwin Eckert zu der Überzeugung gelangt, daß Erwin Eckert in jedes Geschichtsbuch gehört, das die deutsche Geschichte dieses Jahrhunderts behandelt. "Denn er - der ehemalige Kriegsfreiwillige und spätere Antimilitarist und Kämpfer für den Frieden, der ehemalige Pfarrer und spätere KPD-Funktionär, der ehemalige Bürgerlich-Liberale und ehemalige SPD-Mann und spätere engagierte Antifaschist und Kommunist, der ehemalige Verfolgte eines deutschen Regimes und spätere Inhaber höchster Ämter in einem deutschen Land - darf für sich beanspruchen, eine Art Fanal der zeitgenössischen deutschen Politik geworden zu sein! Erwin Eckert gehört in jenes Kapitel des 'anderen, demokratischen Deutschland', das nicht nationalistisch, nicht militaristisch, nicht fremdenfeindlich und nicht antisemitisch ist. Ein Kapitel, das wir heute im Begriff sind, wieder zuzuschlagen."[62]

Der gegenwärtige historische Augenblick scheint daher weniger denn je geeignet, Eckert und auch Kappes wieder ins Gedächtnis zu rufen und ihr Vermächtnis lebendig zu machen. Für den Unvoreingenommenen steht außer Frage: Immer noch und schon wieder steht die Kirchenmehrheit wie 1918, 1933 und 1945 auf derselben Seite gegen die Linke, ganz gleich, ob sie stark oder schwach ist.

Welche Schwierigkeiten der deutsche Protestantismus mit dem sog. "Fall Eckert" im Jahre 1993 hat, macht die Kürzung eines Beitrages in dem "Deutschen Allgemeinen Sonntagsblatt" deutlich, in dem es heißen sollte, die Kirche "täte gut daran, den 'Fall Eckert' aufzugreifen und zu Ende zu diskutieren, erscheint Eckert doch von geradezu bedrängender Aktualität: das zeigen die derzeitigen Debatten um die Rolle der Kirchen in der Dritten Welt (mithin die Frage der christlichen Kapitalismus-Kritik), um das Verhältnis von Kirche und Staat (mithin um die Kirchensteuer), um die Stellungnahmen der Kirchen zum Frieden (also zur Friedensbewegung) und zum Krieg (ergo Militärseelsorge), aber auch zum Verhältnis von Christentum und Sozialismus/Kommunismus (bei der Debatte um Kirche im Sozialismus...)."[63]

Verfolgt man die Geschichte der 1914/18 gescheiterten deutschen nationalistischen Bemühungen, so läßt sich heute sicher sagen, daß alle Versuche seiner deutschnatio-

---

61 Brief von Heinz Kamnitzer an den Verfasser vom 8. Juni 1991.
62 Leonhard Froese, Demokratie - Christentum - Sozialismus, Leben und Wirken Erwin Eckerts, in: TOPOS, Internationale Beiträge zur dialektischen Theorie, 2/1993, S. 165-177.
63 Siehe: Reinhard Hübsch, "Eure Predigt ist Geschwätz - und Ihr wißt es nicht", in: "Deutsches Allgemeines Sonntagsblatt" Nr. 47 vom 19. November 1993, S. 17. Die hier zitierte Passage wurde vom DAS jedoch nicht abgedruckt.

nalen, rechtskonservativen und rechtsextremistischen Übersteigerung zunächst gescheitert sind, wenn auch erst nach unermeßlichen Opfern. Dafür steht in erster Linie das Jahr 1945, aber offensichtlich auch die Tatsache, daß es in der zweigeteilten Welt unter den Bedingungen der Systemkonkurrenz im Kalten Krieg wirksame Korrektive für nationalistische Euphorie und Gewaltbereitschaft gegeben hat.

Allerdings haben auch die Versuche zu seiner Überwindung durch die verschiedensten Formen von (pazifistischem, christlichem, antifaschistischem und vor allem von "proletarischem") Internationalismus eine Niederlage erlitten, was sicher für die Kirchen- und Theologiegeschichte von erheblicher Bedeutung sein dürfte. Um zwei erschreckende Beispiele von der Tagung der Evangelischen Akademie aus Anlaß des 100. Geburtstages von Erwin Eckert zu nennen: Es war im April 1993 dort die Rede davon, daß die Zeit der "KZ-Theologie" eines Dietrich Bonhoeffer vorbei und es stattdessen angesagt sei, die "strukturellen Gemeinsamkeiten" von Nationalsozialismus und Barth'scher Theologie herauszuarbeiten. Hier feiert die im Zeichen der Entspannungspolitik schon tot-geglaubte Totalitarismus-Theorie des Kalten Kriegs neue Triumphe, die ja nicht nur gegen Sozialisten und Antifaschisten, sondern auch gegen die nicht- und antikapitalistischen Seiten der Kirchengeschichte gerichtet ist. "Das kann doch nur besagen, daß es maßgebliche Kräfte in der Kirche gibt, die die bisherige verbale Wertschätzung Barthianischer Theologie und/oder auch den Respekt vor der religiös-sozialistischen Option als das sehen, was es von seiten vieler 'Kirchenführer' tatsächlich funktionell gewesen ist: ein Ausweis gegenüber den Siegermächten über *unsere* internationale Reputierlichkeit im kirchlichen Bereich. Das hält man jetzt nicht mehr für nötig. Weg mit dem 'Siegerrecht' und Diskreditierung der rationalen, artfremden Theologie."[64]

Pfarrer müssen in erster Linie wieder gegen links sein, so lautet die Botschaft der Eppelmann, Gauck und Heitmann. Die Welle einer konservativen Umdeutung der Geschichte macht auch keineswegs vor den Kirchen halt, wie die oben aufgeführten Beispiele der Evangelischen Akademie Badens zeigen. Auch ökumenisch drängt sich der Eindruck auf, daß die in den 80er Jahren mühsam erworbenen Positionen des Weltkirchenrates über Frieden, Gerechtigkeit und Bewahrung der Schöpfung stückweise über Bord geworfen werden. Schon gibt es wieder sich breitmachende Vorstellungen von einem "gerechten Krieg". Die Bemühungen zahlreicher Pfarrer und Kirchenverantwortlicher um Unterstützung und Förderung gerade der menschlichen Ansprüche des Sozialismus stehen ebenso vor dem Kadi der neuen "Sieger" der Geschichte wie die Sozialisten selbst.

200 Jahre nach der Großen Französischen Revolution ist die Entwertung konstitutiver Elemente der alten Bundesrepublik, über die bis 1989 weithin Übereinstimmung herrschte, in vollem Gange: der Sozialstaat, die Linie außenpolitischer und militärischer Zurückhaltung und die Integration in westliche Normen- und Entscheidungszusammenhänge werden abgebaut. Das neue (alte) Deutschland soll östlicher, prote-

---

64 Wolf-Dieter Gudopp in einem Brief vom 24. April 1993.

stantischer werden. Wehe dem Protestantismus, der hierin einen kurzfristigen machtpolitisch-klerikalen Vorteil erblicken zu müssen meint.

Die Erinnerung an die Pfarrer Eckert und Kappes, die beide im Jahr 1933 als abgesetzte Pfarrer das Gefängnis erleben mußten, macht es lebenswichtig, wenn wir nicht gänzlich in die Zeit vor 1914 mit all seinen Konsequenzen zurückgeworfen werden wollen, eine Antwort auf die Frage zu suchen, weshalb es denn überhaupt notwendig war und ist, immer wieder gegen rechts zu sein, weshalb historisch unser Jahrhundert immer wieder danach zu befragen ist, was wer wann und wie etwas gegen rechts unternehmen mußte. Es galt doch, schlimmes Unheil zu verhüten oder wenigstens einzudämmen.

Der notwendige und allen humanistisch denkenden Menschen aufgezwungene Kampf gegen rechts - das könnte schließlich auch als ein hilfreiches Mittel gegen jeglichen Nationalismus, gegen Fremdenhaß, gegen Chauvinismus und gewaltbereiten Expansionismus verstanden werden. Am politischen Horizont der letzten Jahre dieses Jahrhunderts zeichnet sich eher eine in ihren Folgen noch gar nicht absehbare Stärkung aller Übel des Nationalismus als dessen Überwindung ab.

Das Motto der kleinen Broschüre "Ihr Kleingläubigen, warum seid Ihr so furchtsam" von Ernst Bloch lautet: "Nur jenes Erinnern ist fruchtbar, das zugleich erinnert, was noch zu tun ist." Es gibt viel zu tun, wenn wir nicht erneut wie nach 1848, nach 1918, nach 1933, nach 1945 und nach 1989 auf dem Trümmerhaufen einer verfehlten rechten und gescheiterten linken Politik zu sitzen kommen wollen.

Gert Wendelborn:
Das Ringen von Heinz Kappes um die Verwirklichung des Reiches Gottes auf Erden

In einem Privatbrief aus dem Jahre 1980 wies der greise Heinz Kappes darauf hin, daß große Gestalten der Kirchengeschichte sowohl von Jubiläumsrednern als auch von Verfassern biographischer Darlegungen ihres Lebenswerkes leicht verzeichnet würden. Zum einen werde alle Geschichtsschreibung stets vom subjektiven Standpunkt des betreffenden Historikers und der jeweiligen Zeiturteile aus verfaßt. Objektiv wäre allein eine Selbstdarstellung. Fast bin ich versucht, ihm selbst hier ins Wort zu fallen und zweifelnd zu fragen: Sind selbst Rückblicke auf das eigene Lebenswerk in jeder Hinsicht objektiv, oder können sich nicht auch hier unbemerkt die Tatbestände verzerren? Aber wie dem auch sei: Die Warnung von Kappes ist von jedem Historiker und Biographen ernst zu nehmen. Ganz besonders ist seine Klage über eine kühle distanziert-akademische Betrachtung eines Lebens voller Kämpfe und Leiden zu beherzigen, mit der der Autor sogar einen Doktor-Titel erwerben kann, obwohl er selbst völlig fern vom Engagement und der Praxis seines "Helden" mit allen daraus erwachsenen existentiellen Konsequenzen bleibt. Schon in einem Privatbrief aus dem Jahre 1972 erinnert Kappes an Heinrich Heines Wort "Aus meinen großen Schmerzen wachsen die kleinen Lieder" und kritisiert die Tendenz einer intellektualistischen Forschung, die dargestellte Person in ein abstraktes Prokrustesbett zu zwängen, während vom persönlichen Engagement, "das uns ins Gefängnis, zur Absetzung, zum armseligen Leben im Exil, aber immer weiter in den aktiven Dienst führte", nur wenig anklinge.

Diese Darstellung seines Lebenswerkes möchte in solche Fehler nicht verfallen. Sie erwächst vielmehr aus großem Respekt vor diesem Werk, ja aus der Erkenntnis, daß Heinz Kappes als ein vollmächtiger Zeuge der Wahrheit in einem dezidiert theologischen Sinne in die Kirchengeschichte eingegangen ist. Das akademische Herangehen an dieses Werk kann dann einzig den Zweck verfolgen, die Darstellung so verläßlich und präzise wie möglich werden zu lassen.

Herkommen und Jugend

Heinz (eigentlich Martin Heinrich) Kappes entstammte wie viele Pfarrer seiner Generation einem theologisch konservativen und deutsch-nationalen Pfarrhaus. Sein Vater, Kirchenrat Georg Kappes (1863-1931), hatte freilich auch starke soziale Neigungen und offenbar gute Beziehungen zu seiner Bauerngemeinde. Auch war er Gründer von Schülerheimen. Einer der Freunde des Vaters, Heinz' Pate Martin Wenck, war Freund und Biograph Naumanns. Heinz wurde im badischen Fahrenbach, einem Dorf im Odenwald, geboren. Auch die Atmosphäre auf seinem Kleinstadtgymnasium in Wertheim, wo er im Jahre 1911 die Reifeprüfung mit sehr gutem Ergebnis abschloß, beschrieb er 1973 in seinem Gespräch mit Friedrich-Martin Balzer in der Rückschau

Heinz Kappes, 1988 (Foto F.- M. Balzer)

als nationalistisch. So verwundert es nicht, daß Heinz Kappes wie Erwin Eckert und unzählige andere Jugendliche bei Ausbruch des 1. Weltkrieges sich sofort freiwillig zum Militärdienst meldete. Davor aber lagen bereits 6 Semester Theologiestudium in Tübingen und Berlin. Adolf Schlatter wird in dem mir vorliegenden Material von Kappes einmal erwähnt, aber sonst scheinen seine akademischen Lehrer jedenfalls nicht prägend auf ihn gewirkt zu haben. Er studierte neben Theologie auch Orientalistik und begann früh Arabisch zu lernen. Dies freilich entsprang ebenfalls einem geistlichen Impuls. Kappes war nämlich von der Mission des Johannes Lepsius im Vorderen Orient, auf die ihn schon sein Vater hingewiesen hatte, und seiner Hilfe für die verfolgten Armenier so gefesselt, daß er in seine Fußstapfen treten wollte. Er wollte in die Islam-Mission gehen, bezeichnenderweise mit der Begründung, dies sei eine denkbar schwere Arbeit. In Berlin konnte er immerhin auch Rosa Luxemburg hören. Wie viele andere Theologiestudenten trat er in den Wingolf ein, verließ ihn aber enttäuscht 1932 wegen dort vorherrschender unüberwindbarer reaktionärer Tendenzen.

Als Kriegsfreiwilliger kam er in das Karlsruher Artillerieregiment. Er verbrachte alle 4 Kriegsjahre an der Westfront. Er wurde 1915 zum Leutnant befördert und erhielt 4 militärische Auszeichnungen, darunter das EK I und II. Mehrmals wurde er verwundet. In der Sommeschlacht 1916 erlitt er einen Kopfschuß, an dessen Folgen er lebenslänglich zu tragen hatte. Besonders in den 1920er Jahren erlebte er häufig epilepsieartige Krämpfe, die er vergeblich geheimzuhalten suchte, und auch seine Nerven hatten erheblich gelitten. Überhaupt darf man daraus, daß er das 95. Lebensjahr erreichte, nicht auf einen kerngesunden Menschen schließen. Offenbar rang er seine unermüdlichen, großen Leistungen einem oft kranken Körper ab.

Martin Wenck, der Freund Naumanns und zeitweilige badische Geistliche, machte ihn 1916 auf den Gedanken eines Verständigungsfriedens aufmerksam und gewann ihn dafür durch präzise Informationen. Aus dem Krieg kam er wie Eckert als überzeugter Pazifist und Antimilitarist, so daß er sich früh Friedensgruppierungen wie dem Weltbund antimilitaristischer Pfarrer anschloß, wenn er auch 1919 noch deutschnational wählte. Wie in der Folgezeit im Pfarrdienst unterhielt er aber schon in seiner Militärzeit enge Beziehungen zu einfachen Menschen, in diesem Fall zu den Soldaten, und es war bedeutsam für seine folgende Entwicklung, daß er erstmals persönlich mit Menschen aus dem Proletariat zu tun hatte. Oft hat er auf diesen langjährigen direkten Kontakt von Mensch zu Mensch hingewiesen, um zu zeigen, daß seine sozialpolitische Position nicht im Theoretischen verharrte, ja gar nicht primär von einer Theorie bestimmt wurde.

Nach Rückkehr von der Front beendete Kappes 1919 sein Theologiestudium in Heidelberg (1. theologische Prüfung im Mai 1919). Noch im Urteil des kirchlichen Dienstgerichtes vom 1. Dezember 1933 wird darauf hingewiesen, daß er sein 2. theologisches Examen im November 1919 mit der Note "recht gut" als zweiter unter 19 Kandidaten abschloß.

Nachdenken über das Kriegserlebnis

1922 schilderte auch Kappes in einer vom Heidelberger Wingolf herausgegebenen Broschüre seine persönlichen Kriegserlebnisse. Er ließ dabei anhand ausgewählter Beispiele die Fakten ganz für sich sprechen, verzichtete fast auf jede Kommentierung, machte aber durch seine lebendige Erzählweise die Härte und Grausamkeit des Geschehens deutlich. Zunächst sprach er freilich von der ersten Ablösung nach sieben Monaten Fronteinsatz im Mai 1915, als er "Frühling, Frieden und Frauen" mit durstigen Augen und hungernder Seele in sich hineintrank "nach Wintermonaten von Schmutz, Stellungskampf, Schanzen, Unterstandsenge und Verlusten", sich am Ausreiten in maifrische Wälder ebenso erfreute wie an Büchern. Er berichtet auch von Predigten in der Stellung vor Katholiken, Protestanten und Juden, so über I. Joh. 5,4. Dann aber schildert er die Sommeschlacht des Jahres 1916, als sich das Tal mit Leichen füllte und er selbst im tiefen Unterstand in seinem Blut lag. Er beschreibt die Fahrt in einem Sanitätsauto, das als letztes an die Frontlinie gelangt war, in rasendem Tempo durch Granatlöcher und die Operation, bei der ihm, noch bevor das Chloroform zur Wirkung kam, ein haselnußgroßer Splitter aus dem Hinterkopf entfernt wurde und er das Meißeln am Schädelknochen spürte, bevor er als einer der Letzten mit noch offen liegendem Gehirn unter dem Stärkeverband aus dem kurz darauf zerschossenen Lazarett abtransportiert wurde. Er berichtet von einem Gasangriff und von den nicht minder schweren Erlebnissen im August 1917 vor Verdun, als er mit den letzten sechs Kanonieren die verlorene Stellung verließ. Nachdem er beschrieben hat, wie die Linie mit unendlichen Verlusten gehalten wurde, kommentiert er erstmals offen: "Das viele Blut 'muß' sein wegen der Erzbecken und Kohlengruben. Ist das ein Gegenwert für Menschenleben? Der furchtbare Wahnsinn des Mordens hat mich vollwach gemacht." Doch in der Heimat habe man noch immer nichts verstanden, als er davon nach Hause berichtete.

Noch in Jerusalem kam Kappes am 1. Advent 1934 auf das Weihnachtsfest 1914 an der Somme zu sprechen, weil ihn der dortige Propst gebeten hatte, in seiner Ansprache an eigene Weihnachtserlebnisse anzuknüpfen. Hier heißt es ganz klar: "Der Weihnachtstag hatte mich hellsichtig gemacht für die Sünde des Krieges." "Die Weihnachtsbotschaft erklang nicht mehr als romantischer Stimmungszauber, sondern als Gebot des Königs der Welt, des Friedensfürsten, als Forderung, die unerbittlich Ernst ist." Schon damals habe er gespürt, dieser Krieg müsse der letzte gewesen sein, "wenn anders die für die Geschichte verantwortlichen christlichen Völker nicht Verrat an ihrem Herrn üben wollen".

Am 15. März 1925 hielt Kappes die Gedächtnisrede auf dem Karlsruher Ehrenfriedhof unter dem Titel "Weltkrieg und Republik" beim südwestdeutschen republikanischen Tag. Seine Ausführungen muten hochgestochen idealistisch an und scheinen zunächst keinen konkreten politischen Hintergrund zu haben, doch letztere Annahme erweist sich im Laufe der Lektüre als irrig. Er spricht vom Senken der Fahnen vor den über 2 Millionen Gefallenen. Er spricht von der Schuld, die Stimmen der

Toten im Alltag nicht mehr hören zu wollen, "weil wir zu feige waren, weil wir vergessen wollten". Die Stimme der Toten frage aber "wie ein zweischneidend Schwert", wie man ihr Erbe gewahrt habe. "So müssen wir sühnen, indem wir das Schmerzvolle wieder tun, den Weg in die Hölle zurückkehren: Alle Schrecken, alles namenlose Grauen, alles Elend und Hunger, Gas, Trommelfeuer, Dreck, Wunden, jegliches Martyrium der Seele und des Leibes in seiner unmittelbaren Furchtbarkeit müssen wir wieder erleben." "Nicht Mut, sondern Feigheit ist es, wenn man heute schon das wahre Gesicht dieses Weltkrieges vergessen hat und nur noch ein verlogenes, von Romantik und Manöverbegeisterung verfälschtes Gesicht sieht." Es bedeute eine Entwertung aller Opfer, wenn man leichtfertig von dieser größten Katastrophe der Menschheitsgeschichte spreche und für einen zukünftigen begeistere. Als Kriegsbegeisterung und alle Illusion verflogen, "als der Hurrapatriotismus nur noch bei Heimatstrategen, Drückebergern und Kriegsgewinnlern zu finden war", da hielt die Soldaten nur noch die Vision einer neuen Ordnung aufrecht. "Unser Kriegsziel war nicht Belgien, nicht die Erzbecken und Kohlengruben, nicht Kolonien und Weltmacht, aber etwas viel Größeres: ein neues Deutschland, ein neues Europa, eine neue Welt!" Das beglückende Erlebnis der Kameradschaft in Not und Tod sei zum Symbol für die kommende Gemeinschaft geworden, auch als "Klassenüberwindung in der Wirtschaft, als Völkerbund zwischen den Nationen". Sie verteidigten nicht das Alte, das ihnen immer wertloser wurde, sondern gaben ihr Leben für ein grundlegend Neues, dabei wissend: "aber welche Gnade wäre es, am Neuen mit allen Kräften mitschaffen zu dürfen, einmal wieder aufzubauen, statt immer zu zerstören". Offensichtlich will Kappes mit solchen Darlegungen in kühner Umfunktionierung des offiziell Verkündeten dem damaligen Geschehen noch nachträglich einen Sinn abtrotzen, der auch heutiger Frustration entgegenwirkt: "Da war der Fluch gegen Gott, der den Krieg zuläßt, gewandelt in die demütige Erkenntnis des Gottesgerichts über menschliche Schuld und in den Berge versetzenden Glauben an einen neuen Völkerfrühling, der nach solchem Todeswinter durchbrechen muß!" In diesem Sinne sei es diesseits und jenseits des Stacheldrahts zur Abkehr vom Kriegsgeist und "von dem im Todeskrampf liegenden Zeitalter imperialistischer, kapitalistischer, egoistischer Prägung" gekommen. In diesem Sinne starben Gefallene hüben und drüben "mit dem Blick in das gelobte Land der Zukunft, das ihre Füße nicht mehr betreten durften". In diesem Sinne seien auch die Fahnen zu senken vor den nach dem Krieg unter Mörderhand Gefallenen, eine deutliche Anspielung auf das Schicksal Erzbergers, Rathenaus und vieler anderer zu Demokraten Geläuterter. Kappes spricht in diesem Zusammenhang als Überzeugungsdemokrat in der Abkehr vom Alten und Abgetanen vom "Bekenntnis zum neuen Deutschland, zur deutschen Republik", zur Weimarer Verfassung, vom Streben nach einer Neuordnung der Wirtschaft, vom Frühling der Jugendbewegung, der Hoffnung auf ein innerlich erneuertes Großdeutschland, der Schau einer Schicksalsgemeinschaft "Pan-Europa" und dem aufrichtigen Willen zur Versöhnung aller Völker. Das Symbol dieses Glaubens seien die Farben schwarz-rot-gold. Kappes schließt mit dem verpflichtenden Satz "Nun erst spüren wir die ganze Wucht der Verantwortung, die auf uns lastet."

Im Vikariat

Kappes bat die Landeskirchenbehörde um Anstellung in einer proletarischen Gemeinde, da durch den Tod von Lepsius und die Kriegsfolgen an eine Verwirklichung seines ursprünglichen Planes vorerst nicht mehr zu denken war. Er wollte nun in seiner badischen Heimat eine ähnlich schwere Aufgabe erfüllen. Am 17. März 1920 wurde er unter die badischen Pfarrkandidaten aufgenommen. Sein Vikariat absolvierte er zunächst kurzfristig in zwei kleinen Orten, dann aber von April 1920 bis zum 1. Mai 1922 in einem Proletarierviertel Mannheims bei Pfarrer Dr. Ernst Lehmann (1861-1948), der von Friedrich Naumann (1860-1919) herkam und stark sozial interessiert war, auch den religiösen Sozialisten beitrat, wenn er auch nicht in engerem Sinne geistig zu ihnen gehörte. Eckehart Lorenz hat in einem instruktiven Buch "Kirchliche Reaktionen auf die Arbeiterbewegung in Mannheim 1890 - 1933. Ein Beitrag zur Sozialgeschichte der evangelischen Landeskirche in Baden"[1] sein dortiges Wirken ausführlich beleuchtet. Schon hier stieß Kappes zu den religiösen Sozialisten, die sich in Baden "Badischer Volkskirchenbund evangelischer Sozialisten" nannten. In deren Mannheimer Ortsgruppe war Lehmann Beisitzer im Vorstand und Kappes Schriftführer. Noch in Mannheim trat Kappes auch 1922 in Verbindung mit der SPD, der er von 1924 bis 1933 angehörte, während der ältere Lehmann diesen Schritt erst 1930 vollzog. Lehmann war ein Vetter Rathenaus (1867-1922). Seine Lutherkirche lag in der proletarisch geprägten Mannheimer Neckarvorstadt, so daß Kappes hier schon durch viele Besuche Arbeiterhaushalte mit ihren drückenden Lebensbedingungen genau kennenlernte. Auch für das Lungenspital war er zuständig, so daß auch seine Fürsorgearbeit hier einsetzte. Er suchte in der Gemeinde Hilfe für besonders Bedürftige zu organisieren.

Vor allem aber engagierte er sich, darin Emil Fuchs[2] und Günther Dehn[3] nicht unähnlich, in der Jugendarbeit. Wie viele Pfarrer jener Zeit war Kappes zu dieser Zeit auch stark von der Jugendbewegung beeinflußt. Schon von daher hatte er viel Sinn für den emotionalen Aspekt der Lebensbetrachtung. Die Jugendbewegung konnte, weil sie politisch nicht festgelegt, vielmehr gefühlsbetont-idealistisch war, ihre Protagonisten später in entgegengesetzte Lager führen, doch eignete sich Kappes schon hier seine lebenslange Zielstellung vom neuen Menschen in einer neuen Gesellschaft an. Das erleichterte ihm den Zugang zu den Religiösen Sozialisten beträchtlich. Von Anfang an vertrat er also ein tiefgreifendes Reformprogramm, das sich nicht auf die Beschäftigung mit dem einzelnen beschränken konnte und deshalb vom Ansatz her die Begrenzung des Amtsverständnisses der großen Mehrzahl der damaligen Pfarrer durchbrach, aber auch nie vom Einzelmenschen absehen wollte und deshalb davor

---

1 Sigmaringen 1987, vgl. meine Rezension in der Deutschen Literaturzeitung Bd. 110, 1989, Sp. 316-319.
2 vgl. seine Autobiographie "Mein Leben", Bd. 2, Leipzig 1959, S. 39ff.
3 vgl. seine Autobiographie "Die alte Zeit, die vorigen Jahre", München 1964, S. 185ff.

gefeit war, das Geistliche zugunsten des Politischen zu instrumentalisieren. Der Zugang zu den Religiösen Sozialisten wurde ihm auch dadurch erleichtert, daß diese in ihrer Anfangszeit politisch und weltanschaulich keineswegs festgelegt waren und auf die Klärung in freier Diskussion großen Wert legten. Nicht zufällig war Kappes an vielen Diskussionsabenden persönlich beteiligt. Lorenz[4] weist darauf hin, daß diese Situation auch objektiv bedingt war. Die alten Lösungsversuche, wie sie die "Positiven" anboten, waren ihren Mitgliedern unglaubwürdig geworden, so daß der Bund Suchenden neue Orientierung verhieß. Doch verschiedenste Sozialismus- und Demokratievorstellungen rangen hier noch miteinander, und diese "Stimmung" der Anfänge blieb auch später unter der programmatischen Oberfläche bestehen. Auch auf Kappes machte Gustav Landauer (1870-1919), der Märtyrer der kurzzeitigen Bayerischen Räterepublik, großen Eindruck. Lorenz dürfte im Recht sein mit seiner Feststellung, daß Kappes und andere junge evangelische Geistliche von der Möglichkeit eines nichtmaterialistischen Sozialismus, von der zentralen Stellung von Geist, Person und Willen in seinem Denken und von einer Wertschätzung einzelner Motive des Christentums fasziniert waren in Abhebung vom nüchternen Verweis auf ökonomische Strukturen und Gesetze bei Marx und dem ebenso nüchternen politischen Taktieren vieler sozialdemokratischer Politiker. Kappes kam auch mit Jugendgruppen der politischen Linken verschiedenster Färbung in intensiven Kontakt. Er sprach vor ihnen etwa zum Thema "Gegen einen materialistischen Marxismus, für einen Sozialismus organischer Gemeinschaften, aufgebaut auf dem lebendigen Geist" und ließ u.a. Lieder von Kurt Eisner (1867-1919) in religiösen Friedensfeiern singen.

Schon das Thema dieses Vortrags weist aber auch auf seine Nähe zu den Bestrebungen des "Neuwerkkreises", denen er unter den badischen Volkskirchlern besonders nahe stand. Auch dies verband ihn an sich mit Dehn[5], zu dem sich trotzdem wohl nie eine engere Verbindung ergab, wie noch eine distanzierte Äußerung in einem Privatbrief des Jahres 1933 verrät. Dies ist insofern schade, als der "Fall Dehn"[6] objektiv ebenso wie der "Fall Eckert" bereits zum Kirchenkampf gehörten, der also nicht erst 1933 begann, wobei Dehn und Eckert auf Seiten der wahren Kirche standen. Die Distanz zu Dehn mag mit der Distanz von Kappes und anderen religiösen Sozialisten[7] zur Dialektischen Theologie zusammenhängen, die Kappes offenbar nur kurze Zeit durchbrach. Diese war bedingt dadurch, daß die Religiösen Sozialisten

---

4 ebenda, S. 119f.
5 a.a.O., S. S.230ff.
6 a.a.O., S. 247ff. Beilage zum Standpunkt 1983, H. 1 mit Beiträgen von Walter Bredendiek, Werner Prokop, Wolfgang Wiefel, Eberhard Winkler u. Rosemarie Müller-Streisand. Joachim Rohde: "Emil Fuchs und der 'Fall Günther Dehn'" in: "Ruf und Antwort. Festgabe für Emil Fuchs zum 90. Geburtstag", Leipzig 1964, S. 172-181 (mit Lit.), die von Hartmut Ludwig zum "Fall Dehn" veröffentlichten Briefe von und an Karl Barth (Standpunkt 1981, H. 11, S. 304ff) u. Christoph Schwöbel: "Karl Barth - Martin Rade. Ein Briefwechsel", Gütersloh 1981, S. 250-263.
7 vgl. Fuchs, a.a.O., S. 165ff.

theologisch dem freilich äußerst komplexen Phänomen des theologischen Liberalismus verhaftet blieben, dies freilich in einer sehr spezifischen Ausgestaltung, daß sie in ihren politischen Erkenntnissen den Vertretern der Dialektischen Theologie weit voraus waren und diese auch wohl noch mehr von Gogarten als von Barth und dem objektiven Gefälle seiner Theologie in dem von ihm eigentlich gemeinten Sinne her verstanden, freilich auch dadurch, daß Barth und seine Freunde damals -auch in Verbindung mit ihrem theologischen Lehramt - so sehr mit dem theologischen Neuaufbruch befaßt waren, daß darüber in den 1920er Jahren ihr politisches Engagement ganz in den Hintergrund trat. Jedenfalls ging es dem Neuwerkkreis um eine sozialistische Lebensgestaltung in einer Siedlungsgemeinschaft Gleichgesinnter. Die Landeskirchenbehörde erhob schon früh Bedenken gegen die politische Betätigung von Kappes, doch er schrieb ihr am 6. März 1922, er sei aus Gewissensgründen Sozialist.

In seinem Selbstporträt im Westdeutschen Rundfunk am 13. August 1978 hat Kappes darauf hingewiesen, daß man sich in der Mannheimer Gemeinde zwar letztlich erfolgreich um die Anstellung sozial ausgebildeter SozialfürsorgerInnen bemüht hätte, er hier aber zu der Erkenntnis gelangt sei, daß mit karitativer Arbeit allein die sozialen Probleme nicht zu lösen seien. Dies sei der Sinn seiner Bereitschaft auch zu politischer Betätigung gewesen. Was die Jugendarbeit betrifft, so wirkte Kappes bei der Zusammenführung von zwei Jugend- und Mädchenbünden zum "Bund Deutscher Jugendvereine" beträchtlich mit. Hier kam er auch mit Wilhelm Stählin in Berührung und schloß mit ihm Freundschaft. Schrittmacher war der junge Kappes auch bei der Aufführung von Krippen- und Mysterienspielen in Kirchen, wobei er auch seine erste Frau Else Kern kennenlernte, mit der er 1922-1948 verheiratet war. Aus dieser Ehe stammen seine 1924-1928 geborenen Kinder, die später in den USA und England lebten.

Karlsruher Pfarramt

Am 7. Mai 1923 trat Kappes sein Karlsruher Pfarramt an, nachdem die Kirchenleitung es wegen seiner Sympathie für den Sozialismus abgelehnt hatte, ihn mit der Leitung des Melanchthonstifts in Wertheim zu betrauen, eine Einwirkung auf die Jugend in sozialistischem Sinne fürchtend, und blieb hier ca. ein Jahrzehnt lang tätig. Seine Schwerpunkte waren hier die Jugend- und die karitative Arbeit. Er hatte den Status eines Jugendpfarrers. Schon am 1. August 1922 war er als Vikar an die Schloßkirche nach Karlsruhe gekommen und hatte sich bei seiner ersten Predigt einen Rüffel seines ihm an sich gewogenen Vorgesetzten zugezogen, weil er bei der Auslegung des Gleichnisses vom barmherzigen Samariter diesen mit der heutigen Wirksamkeit der Gewerkschaften verglich, die sich der Not der Arbeiterschaft angenommen hätten. Er war Vorsitzender der Arbeitsgemeinschaft Karlsruher Jugendbünde, leitete aber auch die karitative Arbeit in Karlsruhe. Als solcher führte er die Erneuerung der kirchlichen Fürsorgetätigkeit, die er schon in Mannheim begonnen hatte, weiter. Er entfernte sich dabei von den alten, meist pietistisch geprägten Vereinen.

Gemeindeglieder wurden zur Übernahme eigener Verantwortung bei Pflege und Hilfe in Sozialfällen in enger Zusammenarbeit mit kommunalen und anderen staatlichen Behörden erzogen. Kappes betonte in seinem Gespräch mit Balzer am 2. November 1973, daß die badische Landeskirche in diesem Tätigkeitsfeld vorbildlich für die evangelische Kirche in ganz Deutschland wurde.

Er arbeitete aber auch mit der Arbeiterwohlfahrt und der kommunistischen Roten Hilfe zusammen. Als die Landesregierung die Bordelle aufhob, schuf Kappes gegen den Widerstand des Oberkirchenrats auch ein Heim zur Resozialisierung von Prostituierten, das ein weiblicher Kapitän der Heilsarmee aus Berlin leitete. Kappes arbeitete auf sozial-karitativem Gebiet auch mit dem besonders versierten Friedrich Siegmund-Schultze (1885-1969) eng zusammen.[8] Er und der gleichfalls in Berlin tätige Carl Mennicke (1887-1959), dort einer der führenden Religiösen Sozialisten, sandten Kappes einen dem Proletariat entstammenden sozialdemokratischen Sozialarbeiter aus Bielefeld, was seinen Gegnern eine Angriffsfläche bot.

Die praktische Arbeit blieb von nun an stets sein Hauptbetätigungsfeld. Er fuhr auch auf die umliegenden Dörfer - man befand sich noch in der besonders schwierigen Inflationszeit -, um Bauern für hungernde Stadtkinder zu interessieren, auch für der Erholung bedürftige Kleinkinder oder in den Großen Ferien zu beschäftigende Schulkinder. Besonders schlimm war auch die Lage von Familien, die aus dem Elsaß vertrieben waren und hier in einer "fast menschenunwürdigen Siedlung" wohnten. Ein kleiner religiös-sozialistischer Kreis kam regelmäßig im kleinen Saal seines Bürogebäudes zusammen. Sie feierten in bewußter Anknüpfung an die Jerusalemer Urgemeinde auch Agapen, also Liebesmahle, zu denen jeder Nahrungsmittel zur Verteilung untereinander mitbrachte. Es folgten Lesungen aus Reden von Blumhardt und Ragaz und deren Auslegung. Die Gemeinschaft in diesem Kreis von 50 bis 60 Menschen, die so etwas wie eine Kerngemeinde war, wurde als beeindruckend empfunden. Seine Mitarbeit in der SPD, in der Stadtverordnetenversammlung 1926 und als Stadtrat von 1929-1933 gestaltete Kappes so, daß er hier seine Erfahrungen aus der diakonischen Arbeit mit einbringen konnte. Eine Kandidatur zu den Reichstagswahlen 1932 lehnte er ab, während er im Karlsruher Rathaus in einer Fülle von Kommissionen und Ausschüssen mitwirkte. Als der Oberbürgermeister ihn am 6. April 1933 von seinem Amt als Stadtrat auf seinen Antrag hin entpflichtete, teilte er ihm schriftlich mit, daß damit auch seine Tätigkeit in folgenden Gremien beendet sei: Fürsorgeausschuß, Arbeits- und Beschwerdeausschuß für das Fürsorgeamt, das Jugendamt und die Kriegsbeschädigten- und Kriegshinterbliebenenfürsorge, Ausschuß für Gefährdetenfürsorge, Krankenhauskommission, Personalkommission (als Stellvertreter), Tuberkuloseausschuß, Beratender Ausschuß für Beschwerdefälle in Fürsorgesachen, Ausschuß des Vereins Jugendhilfe, Preisausschuß des Mittelbadischen Milchzusammenschlusses und Verwaltungsrat des Waisenhauses.

---

8 vgl. John S. Conway: Between Pacifism and Patriotism - A Protestant Dilemma: The Case of Friedrich Siegmund-Schultze in: Evangelische Theologie 1983, H.3, S. 87-113.

Mitstreiter im Bund der Religiösen Sozialisten

Kappes gehörte dem Vorstand des Badischen Volkskirchenbundes Evangelischer Sozialisten an und engagierte sich hier in starkem Maße. Er publizierte im "Sonntagsblatt des arbeitenden Volkes" (SAV) bzw. "Der Religiöse Sozialist" (RS) ebenso wie in der "Zeitschrift für Religion und Sozialismus" (ZRS) seit 1925, sprach auf zahlreichen Versammlungen der SPD wie des Bundes und gehörte seit 1926 der religiös-sozialistischen Fraktion in der badischen Landessynode als deren jüngster Abgeordneter (einige Monate jünger als Eckert) an, wo er auch für die Fraktion das Wort ergriff. Im Schlußgottesdienst des Bundeskongresses in Meersburg hielt er die Predigt.[9] Zwei Jahre später gestaltete er auf dem 4. Bundeskongreß in der Mannheimer Trinitatiskirche den Eröffnungsgottesdienst.[10] Auf der internationalen Führerkonferenz 1929 in Köln gab er neben Emil Fuchs den grundlegenden Bericht. Beteiligt war er im Juni desselben Jahres an der "Jungevangelischen Tagung für Kirchenpolitik" in Marburg[11], die der Erkundung möglicher Gemeinsamkeiten mit dem Neuwerk, dem Bund Deutscher Jugendvereine, den Christdeutschen, den Freunden der "Christlichen Welt", der Berneuchener Konferenz, der Sydower Bruderschaft und der Konferenz jüngerer Hannoverscher Pastoren diente. Nach Eckerts Entlassung aus dem Kirchendienst am 11. Dezember 1931 war er der einzige religiös-sozialistische Abgeordnete des Deutschen Evangelischen Kirchentages, ohne als solcher freilich noch wirksam werden zu können. Christoph Blumhardt (1842-1919) und Leonhard Ragaz (1868-1945) beeinflußten ihn geistig am stärksten, wie er bis ins hohe Alter hinein immer wieder bezeugte, nachdem er während des Studiums in Berlin bereits mit dem Kreis um Naumann Fühlung aufgenommen hatte. Die Lektüre Blumhardts gehörte bis zu seinem Tode zu seinen täglichen Lebensfreuden, und er las auch gern anderen daraus vor, zuletzt Else Lehle, der Arzthelferin in Stuttgart, die ihn in ihre Wohnung aufnahm und bis zum Tode umsorgte, als er seine zweite Frau, die Niederländerin Riek Liesveld, die er schon aus gemeinsamer Arbeit in Palästina kannte, 1977 durch Tod verloren hatte und 1981 auch noch gezwungen wurde, seine Karlsruher Wohnung aufzugeben. In einer Buchbesprechung des 3. Bandes der Predigten und Andachten Blumhardts[12] hat er über die Gründe hierfür am ausführlichsten Rechenschaft abgelegt. Er lese aus diesem Band auch vor jungen Menschen, die der Kirche ablehnend gegenüberstehen, und vor Arbeitern, die die landläufige kirchliche Verkündigung nicht mehr hören können. Sie alle habe Blumhardt stark beeindruckt, obwohl er doch kein blendender Rhetoriker sei, einen massiven Biblizismus vertrete und christozentrisch statt psychologisch argumentiere. Hier werde ungeachtet des

---

9 SAV 1926, Nr. 37 vom 12. 9. 1926.
10 SAV 1928, Nr. 33 vom 12. 8. 1928.
11 ZRS 1929, H. 3, S. 52f.
12 ZRS 1929, H. 3, S. 55-57.

zeitgebundenen pietistischen Sprachgewandes[13] nicht einfach Theologie weitergegeben, sondern Zeugnis von er- und gelebtem Leben abgelegt und Gottes Wort auf die konkrete Lage des Menschen bezogen. Der Brief vom 11. August 1982 an den alten Kampfgefährten Ludwig Simon weist in dieselbe Richtung, nur daß Kappes den Lobpreis Blumhardts jetzt verbal anders artikuliert. Kappes konnte Blumhardt persönlich nicht mehr kennenlernen, wohl aber Ragaz, den er öfters in Zürich besucht haben muß und den er auch als Leiter der Internationalen Führerkonferenz der Religiösen Sozialisten in Köln vom 1. bis 3. November 1929 rühmt.[14] An Ragaz, dessen "Neue Wege" er regelmäßig las, beeindruckte ihn die geistliche Substanz nicht minder als das praktische Vorbild: er hatte seine Professur an der Universität Zürich niedergelegt und lebte jetzt in bescheidenen Verhältnissen in einem Arbeiterviertel, baute dort auch Volksbildungsarbeit auf und besaß auch international eine große Ausstrahlungskraft.

Die Spezifik des Wirkens von Kappes im Volkskirchenbund ist zweifellos richtig getroffen, wenn dieser im Rückblick in einem Brief an Balzer vom 1. Mai 1972 schrieb: "Wir hatten damals nicht nur politisch und kirchenpolitisch zu kämpfen, sondern es war ein spiritueller Kampf ähnlich dem, den Jesus gegen die Pharisäer zu kämpfen hatte. Diese Auseinandersetzung lag weit über dem kirchenpolitischen Bereich." Freilich waren Gottes Gnadengaben auch im Bund naturgemäß unterschiedlich verteilt, wie Kappes 1973 im Gespräch mit Balzer bei der erstaunlich plastischen Schilderung der Eigenart seiner damaligen Mitkämpfer sichtbar werden läßt. So beschreibt er Eduard Dietz (1866-1940) als einen Mann aus einer anderen, größeren Kultur, die bei den Jüngeren durch den 1. Weltkrieg abgebrochen worden sei. Erwin Eckert (1893-1972) liebte den Kampf, brachte dem Gegner nicht ungern Wunden bei, besaß große Schlagfertigkeit, Beredsamkeit und physische Kraft, aber auch einen Instinkt für Macht und für die Ausnutzung der Situation. Er konnte die Massen mitreißen und besaß eine große Ausstrahlungskraft, war zugleich aber erstaunlich zart und liebevoll auch Kindern gegenüber. Hanns Löw dagegen blieb im Grunde unpolitisch, betrieb aber eine um so intensivere praktische Sozialarbeit in seinem Arbeiterviertel von Karlsruhe. Bei Heinrich Dietrich (1886-1953) empfand Kappes das politisch-taktische Element, aber anders als bei Eckert im Sinne sozialdemokratischer Kompromißpolitik, als zu ausgeprägt.

Religiös-sozialistische Sondergottesdienste

Regelmäßig hielt Kappes in Karlsruhe und auch an anderen Orten religiös-sozialisti-

---

13 Um eine differenzierte Sicht pietistischer und evangelikaler Ausprägungen des christlichen Glaubens bin ich bemüht in meinem Büchlein "Gottes Wort und die Gesellschaft. Zum Verhältnis von Frömmigkeit und sozialer Verantwortung bei den Evangelikalen", Reihe Fakten/Argumente des Union-Verlags, Berlin 1979.
14 SAV 1929, Nr. 47, S.349f., Nr. 48, S.357f, Nr. 49, S.365f.

sche Gottesdienste, besonders am 1. Mai und am 2. Sonntag im Advent, den die Religiösen Sozialisten als Weltfriedenstag begingen, wobei sie als Gruppierung in Deutschland einen Aufruf der Stockholmer Weltkirchenkonferenz der Bewegung für Praktisches Christentum 1925 aufgriffen. In Karlsruhe erreichte er dabei 1000 bis 1500 Teilnehmer, so daß die Kirche überfüllt war, und auch Arbeiterchöre wirkten mit. Die Mitwirkung von Arbeitergesangvereinen außer bei den eigentlichen liturgischen Stücken zeigt, wie ansprechbar beträchtliche Teile des Proletariats auf eine ihnen nahe, zeitbezogene christliche Verkündigung und Gemeinschaftsgestaltung noch waren. Laien wirkten auch als Sprecher mit. Solche Gottesdienste wurden gern unter das die Religiösen Sozialisten zentral interessierende Thema der Umwandlung der bestehenden Ordnung in eine Ordnung der Gerechtigkeit gestellt.

Wie sehr solche Gottesdienste Kappes innerlich beschäftigten und in welchem Maße er an diese Frage auch theoretisch-hermeneutisch statt rein praktisch heranging, beweist sein Aufsatz "Sozialistische Gottesdienste"[15]. Hier geht er davon aus, daß die Gottesdienstformen in der evangelischen Kirche wandelbar sind. Kultusraum und -formen entstammten stets der jeweiligen Zeit, Sinn des Gottesdienstes aber sei zu allen Zeiten die Vergegenwärtigung des Ewigen in der Zeit. Kappes sprach offen die Gefahr an, daß der Gottesdienst auf diese Weise verweltliche. Diese Gefahr sei in der Zeit der extremen Aufklärung und des Kulturprotestantismus akut geworden. Ebenso groß aber sei die Gefahr der Sinnentleerung, wenn die Form von Gottesdienst und Verkündigung wie im katholischen und orthodoxen Bereich verabsolutiert werde. Da Gottes Wort lebendig sei, könne auch die Gottesdienstform jederzeit neugestaltet werden. Man könne aber nicht mit bloß liturgischen Mitteln dem Übel begegnen - eine Überzeugung, die Kappes offenbar mit Recht von den gelegentlich hochkirchlichen liturgischen Bewegungen unterscheidet. Ähnlich Thomas Müntzer[16] wies Kappes darauf hin, daß naturgemäß auch der Sonntag sinnentleert sei, wo die kapitalistische Gesellschaftsordnung den Sinn des Alltags für das Proletariat zerstört habe. Hier richte auch eine noch so brillante Rhetorik des Pastors als solche nichts aus. Die alten Sitten seien zudem einem schnellen Zerfall ausgesetzt. Das ändere sich aber, wo das Proletariat selbst Formen zur seelischen Erbauung finde. Theologisch gewiß nicht unproblematisch weist Kappes in diesem Zusammenhang auf Demonstrationszüge, das Gemeinschaftsbewußtsein in einer Massenversammlung, das Gepacktwerden durch einen Redner, den Rhythmus der "Tendenzchöre", Sonnenwendfeuer und Feste hin. Überall schwinge hier etwas von echter religiöser Ergriffenheit mit. Es gehe zentral um die Neugestaltung als Heiligung der profanen Welt. Solche Feiern seien aber nicht ein raffiniertes Mittel, das Proletariat wieder für die Kirche einzufangen. Traditionelle Agende und Gesangbuch wirkten als Fesseln. Nicht das subjektive Sehnen des einzelnen nach Erlösung sei hier prägend, sondern das soziale Sehnen. Auch Jesus habe

---

15 ZRS 1929, H. 1, S. 49-56.
16 vgl. meinen Aufsatz "Theologische Motive für Müntzers politisches Handeln", in: Prediger für eine gerechte Welt. Zum 500. Geburtstag von Thomas Müntzer, Berlin 1989, S. 29-40.

an den Messiasglauben seiner Zeitgenossen angeknüpft. Unsere Zeit werde wie einst die Reformationszeit ihre eigenen Choräle in Dichtung und Komposition finden. Die neuen Formen seien durch keine Ordnung festgelegt, sondern müßten beweglich bleiben. Im rechten Abendmahl rufe das Haupt die Glieder auf zu erneuter Verantwortung untereinander und vor der Menschheit, während bei der bisherigen Abendmahlsfeier das Individualistische den Gemeinschaftscharakter erstickt habe, so daß es zu einem Gemeindebewußtsein kaum noch komme. Man gehe aber mit solchen Gedanken nur mit größter Zurückhaltung an die Öffentlichkeit.

Gottes Reich in dieser Welt

Obgleich Kappes ein Praktiker war, hatte er doch genaue Vorstellungen über die theologischen Motive seiner Positionsbestimmung, die im folgenden erörtert werden sollen. Leitend in theologischer Hinsicht war für ihn wie für andere Religiöse Sozialisten zweifellos sein Verständnis des Reiches Gottes. Es ging ihm darum, die aktuelle, diesseitige Bedeutung dieses biblischen Leitbegriffs zurückzugewinnen, nachdem der Begriff in der landläufigen Kirchlichkeit allzu sehr entschärft, neutralisiert und verflüchtigt, in einer falschen Weise vom irdischen Leben getrennt worden war. Damit hatte er gut verstanden, daß nach Jesu Verkündigung Gottes Herrschaft schon jetzt und hier in einer höchst dynamischen Weise anbricht, wenn auch Ursprung und letztes Ziel transzendent sind. Gern berief sich Kappes auch auf die Bitte des Vaterunsers, Gottes Wille möge im Himmel wie auf Erden geschehen. Damit proklamierte er zugleich Gottes Herrenrecht auf seine Schöpfung im Sinne der Entmächtigung aller dämonischen Gewalten, dies aber in einem dezidiert ethischen und sozialen Sinne. Man wird in mancher Hinsicht an die lateinamerikanische Befreiungstheologie erinnert.[17] Auch dort ist das Reich Gottes als Ergebnis der Befreiung von persönlicher Schuld wie von Elend und Unterdrückung Gegenstand intensiver Sehnsucht und Hoffnung in einer erbärmlichen Welt wie Kampfziel der im Dienst des Befreiers stehenden Menschen. Gottes Reich sei unter den, für und durch die Menschen auf der Erde im konkreten Leben zu verwirklichen.

Ausdruck dieses Glaubens war schon sein Artikel "Sonnenwende-Wendezeit"[18] aus dem Jahre 1926. Christus richte Gottes Herrschaft auf Erden auf, kämpfe als der Heiland der Unterdrückten für Gerechtigkeit und Menschenbruderschaft. Dem Kampf um Gottes Reich entspricht der Glaube an das Ergriffensein von Gottes umwandelndem und neuschaffendem Geist. Kappes spricht von der Feuertaufe des Geistes, der die neue Zeit heraufführe und jetzt nahe sei. Durch die Taufe des Johannes ließen sich die Massen weihen als eine neue Gemeinde von Wartenden, die ihr Leben auf die neue Ordnung hin umstellen wollten. Der Täufer verwies sie nicht auf das

---

17 vgl. meinen Aufsatz: "Verändern, nicht erdulden. Theologie der Befreiung" in der "Wochenpost" Nr. 20 vom 20. 5. 1988, S. 16f.
18 SAV vom 27. 6. 1926.

Jenseits, denn er war kein Schwärmer, sondern stellte soziale Forderungen. Buße war für ihn nicht der "flüchtige Rausch einer Minderwertigkeitsstimmung", sondern die radikale Umstellung des Denkens und Handelns und ein willensstarker Neuanfang. Man kann nur entweder dem bösen, gottlosen Geschehen den Lauf lassen oder sich kämpfend dem drohenden Verhängnis entgegenwerfen.

Dieser Kampf ist Ausdruck des rechten Gottesglaubens, der Gott Gott sein läßt und fest mit seiner Realität rechnet. Wer an Gottes Reich glaubt, glaubt an seinen Sieg. Widersinn und Gewalt dürfen in Gottes Schöpfung nicht endlos triumphieren. Wir glauben an den Auferstandenen als Sieger und als Führer zum Sieg. Der Geist versetzt uns, wie Kappes im Meersburger Gottesdienst des Bundes ausführte, freilich auch in "gesegnete Unruhe", ist wie ein verzehrendes, reinigendes und belebendes Feuer, wie ein Funke aus lodernder Glut, der das Gewissen aus der bisherigen Erstarrung herausreißt. Der Geist erweist sich in und an uns als übermächtig, so daß wirklich Glaubende unter einem göttlichen "Müssen" stehen, ergriffen sind. So sei die Spannung zwischen Warten und Eilen, Quietismus und Aktivismus unauflöslich. Gottes Reich ist die denkbar stärkste Infragestellung der heutigen irdischen "Ordnungen", die von ihm als Chaos entlarvt werden. Gott reißt uns aus ihnen heraus, treibt uns zum Widerstand und zur antezipierten Freiheit, die aber nach "materieller" Verwirklichung drängt. Diesen Geist erschaffen wir nicht selbst, sondern müssen ihn erbitten, um von ihm geleitet zu werden, aber er wirkt sich dann selbst in Fabriken und auf Schlachtfeldern aus. Durch seinen Geist bändigt Gott die satanischen Mächte.

Aus dem 19. Jahrhundert stammende liberale Akzente des Reich-Gottes-Verständnisses werden freilich erkennbar, wenn Kappes in einer Synodalrede am 9. März 1927[19] Gottes Reich definiert als die in den von Christus beherrschten Gewissen wirkliche eigentliche, sittliche Ordnung der Welt, der Maßstab, der unbedingt gelten müsse. Daß Gottes Herrschaft auf dieser Erde nie einfach wahrgenommen werden kann, sondern geglaubt werden muß, wird von ihm und anderen Religiösen Sozialisten nicht ausreichend reflektiert. Im Kern aber bedeutet, wie er auf dem 4. Bundeskongreß des Bundes hervorhob, Gottes Reich verwirklichen schlicht, Gottes Willen zu tun. Nur innerhalb dieses Kampfes findet der einzelne Sinn und Erfüllung seines Lebens. Der Dienst in der profanen Welt drängt deshalb aber den einzelnen auch zur Gemeinschaft, die den Ermüdenden und Zweifelnden neue Kraft gibt. So werde ein Hunger wach nach der Kraft des Reiches Gottes, die wieder zum Lebensbrot für den Alltag werde, und auch die Bibel werde neu verständlich, wie Kappes im Aufsatz über sozialistische Gottesdienste ausführt. Der geistliche und politische Kampf um die Verwirklichung des Reiches Gottes entreißt den einzelnen Glaubenden nicht nur der Isolierung, sondern auch dem Egoismus, der sich auch in traditioneller Gläubigkeit leicht in sublimer Weise durchhält. Es gebe ein gotteslästerliches, habgieriges "Beten" der Egoisten, die nur an sich denken und einen eingebildeten "Gott" zum Knecht ihrer armseligen menschlichen Wünsche erniedrigen. Dieses "Beten" habe das wirkliche

---

19 SAV 1927, Nr. 12, S.58-60.

Beten in Verruf gebracht. Das falsche Gebet sage: "Gib mir, ich will", das wahre Gebet aber: "Nimm mich, Dein Wille geschehe!" Im Vaterunser bitten wir ja auch um *unser* täglich Brot, und jeder sei mitverantwortlich, wenn der andere kein täglich Brot habe, sollen doch nach der biblischen Verheißung alle "Leben und volles Genüge haben" (Joh. 10,10). Zugleich legt Kappes in seinem noch zu erörternden Aufsatz gegen den Faschismus Wert auf die Feststellung, die religiös-sozialistische Bewegung habe niemals Reich Gottes und Sozialismus verwechselt. Auch sonst gibt es Hinweise darauf, daß Kappes auch in dieser Zeit die Gefahr eines Bindestriches zwischen Reich Gottes und Sozialismus durchaus gesehen hat. Positiv kennzeichnete er seine und seiner Freunde Haltung seiner Kirchenbehörde gegenüber 1933 als "eschatologischen Realismus".[20] Im letzten Gottesdienst der Religiösen Sozialisten Badens am Karsamstag 1933 in Karlsruhe faßte Kappes in seiner Predigt noch einmal sein Reich-Gottes-Verständnis mit dessen existentiellem Gehalt präzise zusammen: Quer durch die zeitbedingten Frontbildungen vollziehe sich die eigentliche Scheidung der Geister im Sinne der Seligpreisungen Jesu zwischen denen, die Sehnsucht haben nach dem Heiligen Geist, die Frieden stiften, sanftmütig und barmherzig sind und nach Gerechtigkeit hungern, mithin den Menschen der Gottesliebe, die als Panier das Zeichen Gottes vor sich sehen, einerseits und der noch unerlösten Menschheit, die in Selbstsucht, Genuß, Gewalt und Haß, damit aber auch in Elend, Leid, Not und Schuld verharre, die im Widerspruch gegen ihre Bestimmung lebe, sich noch in der Gewalt der Zerstörungsmächte befinde, die Gottes ganze Schöpfung verderben. Gott aber will die herrliche Freiheit seiner Kinder. Er gibt der Front gegen die Zerstörungsmächte Jesus als Führer, der diesen Mächten Abbruch tut, indem er heilt, entsühnt, eine Kampfgemeinde sammelt und mit ihr bis in die innersten Bezirke dieser Mächte vorstößt, wo zuvor der Tod regierte. Ein unerhörtes Leben brach in diesem "galiläischen Frühling" um Jesus herum auf.

Prophetischer Glaube

Indem Kappes Gottes Reich als Zielvorstellung auf das innigste mit der Wirksamkeit des Hl. Geistes verband, betonte er auch stark das prophetische Element im Glauben. Es ist die geistliche Vollmacht, die Zeichen der Zeit recht zu deuten und so rechte Wegweisung zu geben. Von hier her muß auch sein Eintreten gegen Dogmatismus verstanden werden. Gewiß schwingt in ihm auch die liberale Abneigung gegen klare gedankliche Fixierungen des Glaubens mit. Aber entscheidend ist die Erkenntnis, daß nur der Geist lebendig macht, der Buchstabe aber, wenn wir auf ihn fixiert bleiben, tötet. In diesem Sinne rief er den Synodalen in der schon erwähnten Rede zu, es wäre schlimm, wenn bei den nächsten Wahlen zur Landessynode nur die alten Parolen ver-

---

20 So die Bezeichnung jenes Faszikels der "Sammlung Pfarrer Kappes", die Kappes als einzige nicht dem Evangelischen Oberkirchenrat in Karlsruhe nach 1948, sondern Friedrich-Martin Balzer übergab.

gangener Jahre wiederkehrten. Sie hatten zwar alle einmal ihr Recht, da sie aus dem Ringen mit ihrer Zeit geboren wurden. Wenn sie aber am Leben erhalten würden über die Zeit ihres Lebensrechtes hinaus, verhallten sie ohne Echo. 1929 stellte Kappes in einem Artikel[21] dogmatisch-ideologische Streitfragen, an denen nur die Pfarrerschaft interessiert sei, dem Evangelium der Tat und der Liebe entgegen. In der Blumhardt-Rezension heißt es, dieser biete keine Theologie, sondern er- und gelebtes Leben.

Einsatz für Gottes Reich als Überwindung eigener Schwäche

Indem Kappes in die Kampffront für Gottes Reich zu integrieren suchte, übersprang er nicht illusionär die Begrenztheit des Menschen. Von menschlichem Versagen, von Schwäche und Schuld und damit von der Sünde auch des einzelnen ist bei ihm sehr wohl die Rede, nicht zuletzt in seinen Ausführungen innerhalb des Bundes. Aber der Kampf gegen die eigene Sünde ist stets integriert in den Kampf gegen die große Sünde der jetzigen gottlosen Ordnung einer verkehrten Welt, wie sich auch der einzelne Glaubende gerade in der Integration in den Kampf für Gottes Reich aus seiner Sündenverfallenheit erhebt.

Darum stellte er seine Predigt auf dem Meersburger Bundeskongreß unter das Motto: "Selig sind die Bettler um den Hl. Geist, denn sie haben teil an Gottes Königreich." Der Bettler habe gar nichts, sei verzweifelt, sehe nur den Abgrund, aber dieser erweise sich als der Abgrund Gottes und des Lebens. An ihm werde das Lebensgesetz des Geistes wirksam. "Wer verzweifelt ist, ist getröstet! Wer arm ist, ist reich! Wer bittet, dem wird gegeben! Wer sich abstirbt, der wird lebendig!" Auf den damit verbundenen Opfergedanken in der Nachfolge des gekreuzigten Auferstandenen komme ich an späterer Stelle zurück. Für den Menschen vor Gott sind Furcht und Zittern charakteristisch, denn er weiß, daß mit unserer Macht nichts getan ist. "Trotzdem wagen wir den Weg, obwohl alles, was wir tun, fragwürdig ist."

Wir tun es aufgrund der Sendung durch den, der verheißen hat, alle Tage bei uns zu sein. Auch in der Predigt auf dem Mannheimer Bundeskongreß unterstrich Kappes, angesichts des Ewigen gebe es für den Menschen nur die Haltung des Erschreckens, weil der Glaube das Ende der Selbstsicherheit sei. Nur durch ein Erschrockensein wie bei Jeremia hindurch könnten wir zur Unerschrokenheit der Sendboten Gottes gelangen. In seiner Betrachtung "Tut Buße!"[22] erinnert Kappes aber an Schlatters Wort im Kolleg, Buße sei eine frohe Sache. Ein selbstgerechter Kritiker anderer könne man freilich nicht mehr sein, wenn man Gottes Bußruf vernommen habe. Man wisse dann vielmehr, daß wir unnütze Knechte (Luc. 17,10) und allzumal Sünder (Röm. 3,23) sind. Mit dem Wissen um die menschliche Begrenztheit und Sündhaftigkeit war aber für Kappes auch die Erkenntnis verbunden, von der er im letzten Gottesdienst der Religiösen Sozialisten 1933 sprach, daß wir mit unseren Fra-

---

21 SAV 1929, Nr. 10, S. 75-77.
22 SAV 1929, Nr. 48, vom 1. 12. 1929.

gen nur den äußersten Rand der Finsternis erreichen, das Licht der Antwort aber nur von Gott kommen könne.

Das Kirchenverständnis

Was ergibt sich aus diesem Reich-Gottes-Verständnis für die Kirche? Sie ist selbstverständlich mit Gottes Reich nicht identisch, schon gar nicht als Institution. Ihre einzige Aufgabe besteht vielmehr darin, Menschen zur Verwirklichung dieses Reiches zu sammeln. Sie steht also als rechte Kirche einzig im Dienst am Reiche Gottes, ist sein entscheidendes Instrument. An dieser Aufgabe ist die Institution Kirche kritisch zu messen, und von hierher muß sie, wenn sie dieser Aufgabe nicht entspricht, offen kritisiert werden.[23] Kappes wußte aber, daß die rechte Kritik an der Institution Kirche nur von innen kommen kann, daß es also zu allen Zeiten und gerade in der jetzigen Entscheidungsstunde um den wahren Kirchenkampf als das geistige Ringen zwischen wahrer und falscher Kirche geht, auch wenn er diese Begriffe nicht verwandte und sich bewußt hütete, Kirchenmänner lieblos von oben her abzukanzeln. Typisch für Kappes - was sehr sympathisch berührt - ist vielmehr sein Wissen um die Solidarität der Schuld ebenso wie um die notwendige Entscheidung angesichts eines eindeutigen Entweder-Oder. Entschiedenheit und gelegentlich harte Töne sind so verbunden mit einer stets dialogischen Haltung. Kappes hütete sich vor ungerechten Simplifizierungen und Verallgemeinerungen, und er hörte nicht auf, um Andersdenkende in der Kirche, die ja deren erdrückendes Übergewicht im Amtsbereich ausmachten, zu werben. Zur rechten Nachfolge Jesu gehört der geistig-geistliche Kampf voller Entschiedenheit, aber auch voller Besonnenheit, während die administrative Unterdrückung Andersdenkender durch kirchenleitende Behörden gerade das Zeichen einer Kirche ist, die noch dem letztlich satanischen Gewaltdenken verhaftet bleibt und sich die bisherigen weltlichen Kampfmethoden im Dienst an der eigenen Macht nutzbar macht. Kappes wußte auch, was die Bekennende Kirche im Kirchenkampf unter dem Hitlerfaschismus gleichfalls zu lernen hatte, daß die rechte Kirche nicht unsichtbar in *dem* Sinne sein darf, daß sie die sichtbare Kirche ihrer angeblichen Eigengesetzlichkeit überläßt, daß sie also nicht eine gleichsam platonische Gemeinschaft frommer Einzelseelen außerhalb des Schlachtgetümmels in individueller Selbstbeschränkung sein darf.

Konkret meinte Kappes, wie er unmißverständlich immer wieder dartat, mit der Kirche, die ihren Aufgaben in seiner Zeit nicht gerecht wurde, eine Staats- und Volkskirche im falschen Sinne, eine verbürgerlichte Kirche im Bunde mit den Herrschenden, die sich zur Linderung der Not auf Caritas und persönliche Mildtätigkeit

---

23 Vgl. jetzt die prinzipiellen Erwägungen von Dieter Kraft: "Kirche im Kapitalismus" (Weißenseer Blätter 1994, H.1, S.30ff). Zum ganzen Ausmaß der Einbindung der Institution Kirche in das kapitalistische Gesellschaftssystem vgl. Claus-Dieter Schulze: "Kirche als Körperschaft öffentlichen Rechtes..." (Weißenseer Blätter 1992, H.3, S.8ff.).

beschränkte, eine somit gebundene Kirche, unfrei, Gottes Auftrag zu erfüllen. Diese Kirche mußte die Verbindung zum Proletariat verlieren, die sie nur zurückgewinnen könne, wenn sie sich bei tätiger Verkündigung der Nähe des Reiches Gottes auch des proletarischen Elends parteilich annehme. Zwar gebe die Kirche gelegentlich vor, parteipolitisch neutral zu sein. Aber abgesehen davon, daß das nicht zutreffe, könne es im Klassenkampf gar keine Neutralität geben, da Gott den Unterdrückern das Gericht, den Unterdrückten aber die Befreiung ansage. Die Kirche dürfe zwar nicht in einem falschen Sinne parteiisch sein, sie müsse aber im rechten Sinne parteilich sein.[24]

In seiner Stellungnahme zum Hauptbericht der Kirchenleitung vor der Landessynode am 9. März 1927 fragte Kappes nach dem rechten und falschen Verständnis von ecclesia militans. Die Zerfleischung zwischen den einzelnen kirchlich-kirchenpolitischen Parteien innerhalb der Synode, an der Kappes sehr litt, müsse aufhören. Damit meinte er vor allem die zugespitzte Polemik der in theologischer wie politischer Hinsicht konservativen Kirchlich-Positiven Vereinigung, die nach Ende des 1. Weltkriegs zum bestimmenden Faktor in der badischen Kirchenleitung geworden war, während die Kirchlich-Liberale Vereinigung bei prinzipieller Übereinstimmung mit den Positiven in politischer Hinsicht mehr zum Ausgleich und zu Kompromissen tendierte. Die heutige Welt sei in gegensätzliche, miteinander kämpfende Gruppen gespalten, handele es sich nun um Nationen, Parteien, Klassen oder Konfessionen. In diesen Kämpfen siege immer der Stärkere, während der Schwächere majorisiert werde. Die Macht bestimme das Recht durch die von ihr geschaffenen Gesetze. Man müsse sich deshalb auf den Standpunkt der Minorität stellen, um zu einem objektiven Ergebnis zu gelangen. Wenn ein Mitglied der Kirchenregierung die innere Kraft aufbringe, unparteiisch zu entscheiden, überwinde er die Dämonie des Machtwillens und baue an der wahren Gemeinschaft der Gläubigen. Man müsse loskommen von einer bloß taktischen, ideenlosen, letztlich dämonischen Kirchenpolitik. Bloße Taktiker würden wie die Grabeswächter auf Grünewalds Auferstehungsbild beiseite geschleudert werden, während aus dem Grab die Wirklichkeit einer neuen Kirche aufsteige, die mitten in den Realitäten unseres Daseins lebensvoll wächst. Diese Kirche wird wirklich Kirche des Evangeliums sein, Salz der Erde. Wie das Salz sich auflöst, geht diese Kirche ein in das Jetzt und Hier ihrer Erdgebundenheit und heiligt so die Erde als Gottes Schöpfung. Jesus meinte nicht, daß das Salz ein Klumpen bleiben soll, an dem die Menschheit sich den Magen verdirbt. Er wollte nicht, daß die Gemeinde der Jünger gegenüber der Welt Machtpolitik betreibt in *dem* Sinne, daß sie ihre klerikalen Interessen gegen die Welt durchsetzt.

Er wollte vielmehr eine Kirche des Dienstes an Liebe, Wahrheit und Gerechtigkeit. Kirche ist von Jesus abgefallen und zu einem Nichts geworden, wenn sie ihr Eigenes sucht. Die Kirche in ihrer irdischen Erscheinung muß sich immer wieder selbst aufheben. Gottes Auftrag richtet sich an die Gesamtkirche, sofern sie Kirche des Evan-

---

24 vgl. mein Büchlein "Versöhnung und Parteilichkeit. Alternative oder Einheit?", Reihe Fakten/Argumente des Union-Verlags, Berlin 1974.

geliums sein will. Rechter Dienst geschieht ohne Eigentinteresse, selbstlos. Deshalb sei der Appell eines Abgeordneten bei den Gehaltsverhandlungen der Synode: "Ihr werdet nun gut bezahlt, kommt!" ein böses Wort gewesen. Pfarrer, die ein idyllisches Leben führen wollen, kann eine wirklich evangelische Kirche nie brauchen. Sie könne nur den Mutigen zurufen: "Wenn ihr frei, allein aus eurem Gewissen heraus mit unserer Zeit und ihren Dämonien ringen wollt, kommt!" Solche Pfarrer werden freilich auch dem Kirchenregiment unbequem sein. Selbst Seelsorge ist keine gemütliche Angelegenheit, sondern Mitleiden und Überwinden aus der Kraft des größten Seelsorgers der Welt. Ewig sei, wie Evangelische prinzipiell immer gewußt hätten, allein der Auftrag der Kirche, ihre Form aber sei wandelbar, weil zeitgebunden. Evangelische Pfarrer sind keine Beamten und auch nicht von einer hierarchischen Obrigkeit Abhängige wie der katholische Klerus. Entscheidend für sie kann allein ihr an Gott gebundenes Gewissen sein. Noch in einem Brief vom 8. August 1981 an seinen früheren Kampfgefährten und lebenslangen Freund Ludwig Simon spitzt der greise Heinz Kappes scharf zu: Jesus wollte Menschen, die Gottes Reich sind und es ausstrahlen, während er gewiß keine Kirchen wollte. So müßten "wir Pfarrer" immer wieder die Kirchenmauer durchbrechen.

Schon 1925 wandte sich Kappes in diesem Sinne, da er wegen Erkrankung einer Einladung zu einem Vortrag nicht hatte folgen können, schriftlich "An die Freunde im Pfinzgau".[25] Sein Thema war "Die kirchliche Not der Gegenwart". Hier war er durchaus um eine differenzierte Sicht der gegenwärtigen kirchlichen Situation bemüht. An den Anfang stellte er deshalb Zeichen dafür, daß sich die Kirche in einer Epoche des Aufschwungs befinde: demokratische Verfassung, rege Mitarbeit von Laien vor allem in den Großstadtgemeinden, finanzielle Selbständigkeit, Erhaltung und Ausbau aller Anstalten der Inneren Mission nach besseren Methoden als je zuvor, Einrichtung des städtischen Jugend- und Wohlfahrtsdienstes, eine ständig wachsende, imponierende kirchliche Jugendarbeit, Zunahme der Gemeindevereine, Kirchenchöre, kirchlichen Blätter und Zeitschriften, der religiösen Literatur, der Evangelisationen, apologetischen Vorträge und Missionsveranstaltungen, Erneuerung in der Theologie, der Zusammenschluß der deutschen evangelischen Landeskirchen und ihre soziale Botschaft vom Betheler Kirchentag 1924. Dem stünden aber die leeren Kirchen in Mitteldeutschland und in den norddeutschen Großstädten gegenüber. Die Kirchlichkeit der Bauern und Kleinbürger sei oft ohne religiöse Stoßkraft. Die sozialistische Arbeiterschaft und weite Kreise des höheren und mittleren Bürgertums verhielten sich gleichgültig und begnügten sich mit einer passiven Mitgliedschaft. Die Säkularisierung nehme immer weiter zu. Zügellose Unsittlichkeit breite sich aus. Das öffentliche Leben löse sich völlig von einer Gewissensbindung. Die führenden Kirchenmänner seien ohne Verständnis für die geistige Krise der Zeit, für Sozialismus und Jugendbewegung. Man wolle oder könne nicht hinter dem erbitterten Protest in diesen Bewegungen den Willen zur Neuordnung erkennen. Die Kirchen seien in ihrer Mehrheit

---

25 SAV 1925, Nr. 22, S. 43f.

reaktionär geblieben und suchten lebendige Strömungen in sich zu neutralisieren. So flüchtete man sich oft in leere Betriebsamkeit. Die Kirche sei im Bewußtsein vieler Vorwärtsstrebender zu einer belanglosen Sekte geworden, da sie nicht das ist, was sie ihrem Wesen nach sein müßte. Wer gegen die jetzige Kirche protestiere, habe keine geringere Basis als das Evangelium. Eine neue Reformation müsse kommen.

In seiner Antwort an den Synodalen und Reichstagsabgeordneten Schmechel[26] spitzt Kappes sogar zu der polemischen Feststellung zu, selbst Lenins Behauptung, daß die Religion eines der widerwärtigsten Phänomene auf Erden sei, bestehe "gegenüber mächtigen Entartungserscheinungen in der geschichtlichen Kirche zu recht". Oft sei Christus in der Kirchengeschichte gekreuzigt worden. Christen hätten so allen Anlaß, jene "Religion" zu überwinden, um das Evangelium von Christus als eine wirkliche Erlösungsmacht in die Welt hinauszutragen. Es sei auch heute nicht ausgemacht, wo Gott stehe und wo der wahre Unglaube sei. Die Versöhnungsbotschaft von Christus hätte eine ganz andere Resonanz bei den Mühseligen und Beladenen gefunden, wenn die Kirche ihre Machtbündnisse mit den Herrschenden beizeiten aufgegeben hätte.

Für eine wahrhaft freie Kirche

Aus solchen Feststellungen ergab sich für Kappes nicht die Loslösung aus der institutionellen Kirche, sondern das Eintreten für ihre Befreiung aus der welthaften Gebundenheit. Hanfried Müller hat gut herausgearbeitet, daß das auch Erwin Eckerts eigentliches Ziel war.[27] In diesem Sinne formulierte Kappes in seiner schon mehrfach erwähnten Synodalrede, eine gläubige Kirche empfinde es als unerträglich, daß sie auf den Krücken staatlicher Hilfe gehen solle. Auch in finanzieller Hinsicht habe sie nur so viel Vollmacht, als die ihr zur Verfügung stehenden Gelder freiwillig gezahlt würden. Der Glaube kenne auch auf materiellem Gebiet das Wagnis, den Beginn eines großen Werkes auf "Kredit" (was ja von credere = "glauben" komme) in der Gewißheit, daß Gott es schon nicht stocken lassen werde. Das jetzige kirchliche Finanzgebaren sei dagegen kaum ein "gläubiges". In der Zeit der Notverordnungskabinette wies Kappes auch mehrmals hellsichtig darauf hin, daß sowohl das Vorgehen gegen Eckert als unbequemen Mahner und Kritiker als auch die vornehme Zurückhaltung gegenüber bzw. sogar Sympathie für den Nationalsozialismus weithin in einem Kleinglauben begründet seien, der sich den Bestand der Kirche nur mit Hilfe weltlicher Stützen vorstellen könne. Historisch-dialektisch denken und handeln könne eine Kirchenleitung nur, wenn sie aus dem Glauben handele, sich unabhängig mache von

---

26 RS Nr. 20 vom 15. 5. 1932, S. 78f.

27 vgl. "... Um Gerechtigkeit willen verfolgt" in: Friedrich-Martin Balzer (Hrsg.): "Ärgernis und Zeichen. Erwin Eckert - Sozialistischer Revolutionär aus christlichem Glauben". Bonn 1993, S. 153-160.

kirchlichen Parteibindungen.[28] Und schon in einem frühen Friedensaufsatz[29] heißt es, es sei gottlos, wenn die Kirche politische Ereignisse und Einrichtungen, die allein unter der weltlichen Eigengesetzlichkeit stehen, religiös verherrliche.

Diese Befreiung der Kirche aus welthaften Bindungen aber ist dialektisch mit einer Parteinahme für die Unterdrückten verbunden. Sie hat den Verzweiflungsschrei der Schwachen aufzugreifen. Das Evangelium darf den Armen nicht gepredigt werden, damit sie sich über ihr Elend hinwegtäuschen und auf ein besseres Jenseits hoffen. Tatsächlich standen[30] auch immer Pfarrer an der Spitze der Unterdrückten und waren Bannerträger im Kampf um Gerechtigkeit.

Die Umkehrung des traditionellen Ketzerbildes

Von daher mußte sich für Kappes ähnlich wie einst für Gottfried Arnold (1666-1714)[31] das traditionelle kirchliche Ketzerbild geradezu ins Gegenteil verkehren, obgleich der nüchterne Kirchenhistoriker bei diesem ungemein komplexen Phänomen zu starker Differenzierung genötigt ist. In seiner Rede auf der Protestkundgebung der Religiösen Sozialisten in Mannheim am 19. Februar 1931[32] bekannte sich Kappes zu den Ketzern, die schon immer den Kampf gegen die institutionalisierte Kirche aus Glauben an den lebendigen Gott geführt hätten. Sie waren immer die Träger einer kommenden Kirche und sind es auch jetzt. Kappes erinnerte in diesem Zusammenhang an die Stellung der alttestamentlichen Propheten und der Apostel in ihrem religiösen Umkreis, aber auch an manche tapferen Kirchenväter in der Frühzeit des römischen Staatskirchentums. Er erinnerte weiter an Albigenser[33], Waldenser[34], Hussiten[35] und Täufer[36]. Aber auch die Reformatoren hätten als Ketzer gegolten.[37] Kap-

---

28 s. Friedrich-Martin Balzer (Hrsg.): "Ihr Kleingläubigen, warum seid Ihr so furchtsam? Äußerungen von Erwin Eckert und Heinz Kappes 1931 in Karlsruhe", Bonn 1993, S. 42.
29 SAV Nr. 50 vom 20.12.1925, S. 161f.
30 ZRS 1931, S. 272.
31 vgl. Renate Riemeck (Hrsg.): Gottfried Arnold: "Unparteiische Kirchen- und Ketzerhistorie", Leipzig 1975.
32 vgl. F.-M.Balzer/K.U.Schnell,: "Der Fall Erwin Eckert. Zum Verhältnis von Protestantismus und Faschismus am Ende der Weimarer Republik" Köln 1987, 2. Aufl. Bonn 1993, S. 120ff.
33 vgl. Arno Borst: "Die Katharer", Stuttgart 1953 und mein Buch "Franziskus von Assisi", Leipzig sowie Wien/Graz/Köln 1977, 2. Aufl. 1982, S. 34ff.
34 vgl. Amedeo Molnár: "Die Waldenser. Geschichte und europäisches Ausmaß einer Ketzerbewegung", Berlin 1980 sowie meine Rez. im Standpunkt 1981, H. 7, S. 194ff.
35 vgl. Josef Smolík: "Erbe im Heute. Gesammelte Aufsätze zur Kirchengeschichte, Praktischen Theologie und Ökumenik, Berlin 1982, S. 13ff und mein dortiges Nachwort S. 241ff.
36 vgl. Hans-Jürgen Goertz: "Die Täufer", Berlin 1988 und meine Rez. in der DLZ Bd. 110, 1989, Sp. 889ff, sowie meinen Vortrag "Taufe und Heiliger Geist bei Wiedertäufern und Baptisten" in: "Taufe und Heiliger Geist. Vorträge auf der 14. Baltischen Theologenkonferenz in Järvenpää, Finnland, Juni 1975" = Schriften der Luther-Agricola-Gesellschaft A 18,

pes fordert in diesem Zusammenhang, eine "Kirchengeschichte von unten" abzufassen, die im Grunde immer noch auf sich warten läßt. Viele Bevollmächtigte Gottes, so führte Kappes schon 1928 auf dem Mannheimer Bundeskongreß aus, wurden von der Kirche verfolgt und z.T. sogar getötet. Auch in der Stellungnahme von Kappes zum "Fall Eckert" unter der Überschrift "Ihr Kleingläubigen, warum seid Ihr so furchtsam?"[38] heißt es aus aktuellem Anlaß, das endgültige Urteil spreche Gott durch die Geschichte und er habe in der Vergangenheit meist den Ketzern Recht gegeben, die die Kirche verdammt und ausgeschlossen habe. Noch am 8. Dezember 1985 schrieb Kappes an seinen Landesbischof ganz in diesem Sinne, über die Wahrheit entscheide immer erst die Zukunft, und er befremdete offenbar noch im Alter durch einen Vortrag mit dieser Tendenz Pfarrer seiner Landeskirche, die nach seinem eigenen Eindruck eisig reagierten.

Ökumenische Gesinnung

Kappes war ein früher Vertreter des ökumenischen Gedankens, als dieser noch alles andere als selbstverständlich war. In seiner Synodalrede vom 9. März 1927 sprach er von guten Beziehungen zu katholischen Freunden. Die katholische Frömmigkeit habe ihre Würde und Berechtigung. Andererseits gebe es leider innerhalb der evangelischen Kirche Deutschlands starke katholische Tendenzen, die zu bedauern seien. Damit nahm Kappes schon in den 1920er Jahren dem Geist der Reformation widersprechende Tendenzen im deutschen Protestantismus wahr, die heute erst recht virulent geworden sind und sich zu Unrecht auf den ökumenischen Geist berufen. Kappes erkannte auch bereits, daß die schleichende Katholisierung der deutschen evangelischen Kirchen klerikal motiviert ist. Man spreche gern von politischer Vertretung evangelischer Belange, evangelischer Schulpolitik u.ä. Dem stellte er die Mahnung entgegen, sich nie vom "römisch-imperialistischen" Katholizismus auf die evangeliumsfeindliche Ebene konfessioneller Machtpolitik drängen zu lassen, "denn wir verleugnen dabei das wahre Wesen der evangelischen Kirche." Dagegen warb er[39] für eine Karlsruher Zusammenkunft deutscher und französischer Christen über evangelische Einheit, die sich die Überwindung nationalistischer Schranken in beiden Ländern im Dienst an guter Nachbarschaft zum Ziel setzte. Sie stehe in vollem Einklang mit der Arbeit des Weltbundes für Freundschaftsarbeit der Kirchen und mit der Stockholmer Weltkonferenz von 1925.[40] Und der ökumenische Gedanke wird im

---

Helsinki 1979, S. 61-88.
37 vgl. etwa mein Buch "Martin Luther. Leben und reformatorisches Werk", Berlin und Wien/Graz/Köln 1983, S. 73ff.
38 in der gleichnamigen von Balzer herausgegebenen Broschüre, S. 31ff.
39 s. SAV Nr. 17.
40 vgl. meinen Art. "Praktisches Christentum (Life and Work)" im Theologischen Lexikon, Berlin 1978, S. 333ff, 2. Aufl. 1981, S. 410ff sowie meinen Vortrag "Nächstenliebe und

Sinne der ursprünglichen Wortbedeutung von Ökumene als bewohnter Erde ausgeweitet, wenn Kappes in der Blumhardt-Rezension feststellt, angesichts des Wirkens des Pfingstgeistes gebe es nur *eine* Christenheit, keine Konfessionen, nur *eine* Kirche, keine theologischen Richtungen, nur *eine* Menschheit, keine Nationen und Klassen. In seiner Betrachtung "Religiöse Feier für den Weltfrieden"[41] wies Kappes auch auf die in der katholischen Kirche beachtlich gewachsene Bereitschaft zum Einsatz für den Weltfrieden hin. So habe sich im November 1928 in den "Stimmen der Zeit" der deutsche Professor an der Universität Tokio Jacob Overmann SJ für die Zusammenarbeit aller Religionen für den Frieden eingesetzt, weil er im Zusammenhang mit dem Emanzipationsprozeß auf den bisher kolonial unterdrückten Erdteilen eine ungeheure Kriegsgefahr wahrnehme.

Rechte Mission

Von letzterer Feststellung her erschließt sich auch leicht die Stellung von Kappes zur Mission, die in ihrem Recht jetzt durch die ungemein erhellende Studie von Horst Gründer "Welteroberung und Christentum. Ein Handbuch zur Geschichte der Neuzeit"[42], dem künftigen Standardwerk für die innige Beziehung von Mission und Kolonialismus seit dem Mittelalter, vollauf bestätigt wird. Kappes ließ sich dadurch aber nicht zur Negierung der Mission als Wesensäußerung rechter Kirche verleiten und distanzierte sich hier auch behutsam von Eckert. Erstaunlich konzentriert äußerte er zu dieser Frage in wenigen Sätzen vor der Landessynode am 9. März 1927 seine Überzeugung, die sich heute in den Kirchen weithin durchgesetzt hat und nie wieder vergessen werden darf: "Christliche" Völker brachten der Welt die Nöte des Kapitalismus und Imperialismus. "Oft sandten sie hinter den Schritten, die wegebahnend die Missionare in ein fremdes Land gingen, ihre Soldaten und Händler." Gegen die gesamte bisherige Kolonialpolitik müssen wir protestieren. Aus Gewissensgründen gehört unsere Sympathie ganz den um ihre Freiheit kämpfenden Völkern, damals vor allem in Asien. Mission durch Prediger, Lehrer und Ärzte kann nur selbstloser Dienst an den dortigen Völkern sein. Diese Aufgabe endet, sobald diese Völker eigene Kirchen gründeten. "Wir tragen solidarisch an der Schuld der weißen Rasse in der Welt." Jeder Dienst an und in der Äußeren Mission müsse ein Abtragen dieser großen Schuld sein. Ganz ähnlich heißt es in der Rezension des Buches von Wilhelm Mensching "Im vierten Erdteil. Kulturfragen Amerikas"[43], der Verfasser habe "zu viel mit dem Herzen von dem wahren Wesen der Neger, der Indier, der Chinesen aufgenom-

---

Fremdenhaß in ökumenischer Sicht" in der Broschüre "Nächstenliebe und Fremdenhaß. 27. Konferenz der Hochschultheologen der Ostseeländer vom 13. bis 16. Juni 1988 in Güstrow", Rostock 1989, S. 41ff.
41 ZRS 1930, S.8-20.
42 Gütersloh 1992.
43 ZRS 1930, S. 71.

men, als daß er den Dünkel der weißen Rasse gegenüber den farbigen und damit ihren Anspruch auf Kolonien noch irgendwie aufrechterhalten könnte".

Hier taucht aber auch bereits der heute in der Weltmissions- und ökumenischen Bewegung so einflußreiche Gedanke auf, wer Mission treiben wolle, müsse auch bereit sein, von den fremden Völkern zu lernen. Man könne dort überraschende Reichtümer der Seele und des Geistes finden, Gaben, die für eine wirkliche Kultur in der Welt unentbehrlich sind. In diesem Zusammenhang meint er auch, die religiös-sozialistische Bewegung breche überall in der Welt spontan und unabhängig durch, was sich gerade in den letzten beiden Jahrzehnten in eigengeprägten Theologien in Lateinamerika, unter den Afroamerikanern, in Afrika und Asien voll bestätigte.

Neues Ethos

Daß Heinz Kappes viel früher als die meisten anderen Christen heute als fast selbstverständlich geltende Einsichten vorwegnahm, beweist, wie hier nur am Rande angeführt werden soll, auch sein Eintreten für eine neue Pädagogik und die Ablehnung der Todesstrafe. Mittels einer neuen Pädagogik, die auch an Erkenntnisse und Erfahrungen der Jugendbewegung anknüpfte, sollte die weithin abgerissene Verbindung zur Jugend wiederhergestellt werden. Bei seiner Forderung einer Erziehung zur Gemeinschaft berief er sich in der bereits mehrmals genannten Synodalrede ausdrücklich auf Johann Heinrich Pestalozzi (1746-1827), den "Heiligen der evangelischen Kirche". An die Stelle einer machtpolitisch erzwungenen Konfessionsschule müsse eine wahrhaft evangelische Schule treten, in der der Religionsunterricht kein abgesondertes Fach sei, sondern ein lebendiger Glaube zum Herzstück des gesamten Unterrichts werde. Eine Pädagogik müsse wirklich der freien Entwicklung des Kindes und damit der Zukunft in Liebe dienen. Daß der Pfarrer, unterstützt von Laien, ein wirklicher Freund der Jugend und Helfer auf ihrem Weg ins Leben werde, sei angesichts der heillosen Zerrüttung des Familienlebens besonders dringlich. Mit der Jugend "muß er ihre Kämpfe durchfechten, ihre Zweifel ernst nehmen, mit ihr altgewordene Formen ablehnen, mit ihr um die Gestaltung des Lebens ringen". Dabei dürfe der Jugend nicht das Rückgrat gebrochen werden, der Erziehung müsse also alles Repressive fehlen, so daß wirklich eine junge Gemeinde entsteht, die in die Fußstapfen unseres Kampfes treten kann. In dem zu tätiger Buße aufrufenden Artikel unterscheidet Kappes gleich eingangs zwei völlig unterschiedliche Erziehungsmethoden. Die eine kenne als Ausgangspunkt nur das strenge "Du sollst!", erzeuge damit aber nur Schrecken, Angst und Minderwertigkeitsgefühle. Auch die Gnade, die sie schließlich walten läßt, sei nur die Gnade eines Richters, von dem keine erbarmende und erlösende Liebe ausströme. Diese Erziehungsmethode finde sich in der Bußpraxis aller Religionen. Kappes erinnert an die jüdischen Pharisäer mit ihren unzähligen kasuistischen Gesetzesforderungen, die christlichen Mönche mit ihren Bußübungen, die jesuitischen Beichtväter mit ihren Exerzitien und die protestantischen Eiferer mit ihren Heiligkeitsgeboten. Ihr Bußruf habe einen düsteren, harten, niederschmetternden Klang. Jesus ging wie die begnadeten Erzieher aller Zeiten einen anderen Weg. Er schafft zuerst Vertrauen, Hoffnung und Zuversicht, richtet auf, reißt die Sünder über sich hinaus, entfaltet bisher unerkannte, das Opfer lohnende Ziele und entbindet damit Glaubenskraft. Hier wird der Bußruf zu einer frohen Botschaft. Und noch im hohen Alter schreibt Kappes an den Pädagogen Balzer: "Du kannst Kindern eine gewisse Disziplin auferlegen, sie in eine bestimmte Form trimmen, auf einen gewünschten Pfad lenken, doch solange du ihr Herz und Wesen nicht gewinnen kannst, erzeugt die Gleichförmigkeit dieser aufgezwungenen Regeln eine scheinheilige und herzlose, schablonenhafte und häufig feige Willfährigkeit."

Das letztlich selbe Streben nach einem humaneren Ethos bestimmte Kappes auch, als er für die religiös-sozialistische Fraktion deren auch von anderen Synodalen prinzipiell gebilligten und dennoch von der Synode abgelehnten Antrag, die Abschaffung der Todesstrafe zu fordern, begründete.[44] Kappes verwies hier auf den Justizmord an Saccho und Vanzetti 1927 in den USA, berief sich vor allem aber auf ein Wort des Starez Sossima in Dostojewskijs "Brüder Karamasow": "Ein jeder von uns ist in allem schuldig, ich aber mehr als alle anderen." Das Neue Testament wisse von einer Solidarität der Schuld, sei doch die Schuldfrage sehr oft an andere als den Täter zu richten, wie der Gnade. Oft erlebe man erst, wenn man innerlich an den Rand des Todes geführt werde, die Gnade als das zentrale Gut des Lebens.

Die Zeitanalyse

Kappes fällt ein durchaus negatives Urteil über die Lebensbedingungen für die Masse der Menschen in seiner Zeit in klarer Erkenntnis, daß diese ihre Ursache in der herrschenden Wirtschafts- und Gesellschaftsordnung haben. Seine Zeitanalyse ist mithin dezidierte Kapitalismus- und auch Imperialismus-Kritik. Vor allem bestreitet er dieser Gesellschaftsform, daß sie wirklich eine Ordnung darstelle. Sie sei vielmehr das Chaos des Kampfes aller gegen alle im Zeichen der Raubtiermoral des Stärkeren. Solche Erkenntnisse kommen denen erstaunlich nahe, die Hanfried Müller 1993 in seinem Vortrag zum 175. Geburtstag von Karl Marx äußerte.[45] Dort heißt es etwa, der Kapitalismus regeneriere sich dem Urwald gleich von selbst, wo immer die sozialistische Kultivierung erlahme.[46] Müller spricht von der verkehrten Weltanschauung als Produkt und Konservierungsmittel einer verkehrten Welt und der richtigen Weltanschauung als Bedingung ihrer Veränderung.[47] Wenn Kappes davon spricht, daß in dieser "Ordnung" Gott total ausgeschaltet sei, weil Gewalt vor Recht gehe, so stimmt dies voll mit meinen persönlichen Erfahrungen als früherer DDR-Bürger seit 1990 überein. Früher hatten wir bekennenden Christen es mit dezidierten welt-

---

44 SAV 1929, Nr. 14, S. 108-110.
45 "Gratulation eines Außenseiters zum 175. Geburtstag von Karl Marx", Weißenseer Blätter 1993, H. 2, S. 30ff.
46 ebenda, S. 35.
47 ebenda, S. 32.

anschaulichen Atheisten zu tun, und ich verkenne nicht, daß damit gravierende Probleme verbunden waren. Aber was abgrundtiefe Gottlosigkeit, die nichts anderes als den Trieb nach Profiten kennt, anrichtet, das müssen wir bereits kurze Zeit nach dem Anschluß an das bürgerliche Deutschland als ganz neue existentielle Erfahrung einer Leidenssituation durchleben. Kappes durchschaut auch die Zusammenhänge zwischen der imperialistischen Gesellschaftsform und dem 1. Weltkrieg, wenn er in seinem Aufsatz "Sonnenwende-Wendezeit" formuliert: "Im Weltkrieg verbluteten die Millionen, damit letztlich die Kapitalisten der Siegerstaaten und unsere Kriegsgewinnler die Beute teilen." Millionen Hände schaffen ihr schweres Tagewerk freudlos, weil "der Hauptertrag ihrer Arbeit den wenigen zufließt, welche Macht auf Macht häufen, den Markt, die Presse und die Politik beherrschen." Hier sind auch die wirklichen Machtverhältnisse in einer bürgerlichen Demokratie präzise durchschaut. Besonders klagt Kappes die millionenfache Arbeitslosigkeit an. Er dringt aber auch über die soziale Frage hinaus zur kulturell-geistigen Krise als ebenfalls aus dem Kapitalismus erwachsen vor. Auch bei Eckert finden sich gerade in seinen Predigten solche Töne.[48]

Im Gottesdienst des Meersburger Bundeskongresses führte Kappes aus, die gegenwärtigen Lebensordnungen in Gesellschaft, Wirtschaft und Politik seien irrsinnig, weil alles auf "das freie Spiel der Kräfte" und damit auf den Sieg der brutalen Gewalt aufgebaut sei. Das "Recht" sei Klassenrecht, die Arbeit habe keine Würde mehr, der Mensch sei geschändet, Kultur, Volkstum, Sitte und alle geistigen Bindungen seien in einem fast rettungslosen Verfall begriffen. Am deutlichsten werde dies an der Wirtschaft sichtbar, die die meiste Einzel- und Massennot verursache. Sieger gebe es in diesem Kampf nur für kurze Zeit, da es sich um einen Kampf aller gegen alle mit dem Ziel der Vernichtung aller handle. In der Synodalrede vom 9. März 1927, in der sich freilich auch Töne einer konservativen Kapitalismus-Kritik finden, heißt es, der Egoismus werde im Kapitalismus als das letztlich Entscheidende, als die Triebfeder alles Strebens sanktioniert. Dies sei in Wahrheit das hybride Streben, durch den babylonischen Turmbau Gott gleich zu werden. Diese Überzeugung ist hier wie andernorts bei Kappes freilich mit der Meinung verbunden, in Überwindung der Aufklärung und der Säkularität müsse der Glaube wieder zur beherrschenden Triebkraft der gesamten Gesellschaftsgestaltung werden. Hier zeigt sich die Problematik des religiössozialistischen Bindestrichs. Doch gelang es auch der Bekennenden Kirche ein Jahrzehnt später großenteils nicht, diesen Klerikalismus in veränderter Form zu überwinden, und dies wiederum wirkte sich in der DDR negativ auf die Kirchenpolitik mancher Kirchenmänner aus, die sich selbst in der Traditionslinie der BK verstanden und ihr in Wahrheit biblisch-innerkirchlich gemeintes Wächteramt als Bevormundung der Gesellschaft mißverstanden. Es ist damit freilich das ungemein komplizierte Grundproblem der rechten Zuordnung des Geistlichen und Politischen verbunden, das immer neuer Klärung bedarf.[49]

---

48 vgl. meinen Aufsatz "Zu Erwin Eckerts Predigten" in der von Balzer herausgegebenen Festschrift S.161ff.

49 vgl. den wegweisenden Aufsatz von Hanfried Müller "Beziehung zwischen theologischer und politischer Existenz des Christen heute" in der Festschrift zum 75. Geburtstag von Wal-

Doch sind wir mit Kappes wieder ganz einig, wenn er in seiner noch zu erörternden Rede auf einer Revolutionsfeier der SPD am 10. November 1929 in Karlsruhe[50] erklärte: Alle Toten, die seit dem Prometheus der Sage, der den Menschen das Feuer vom Himmel brachte, als Aufrührer und Empörer durch die ganze Menschheitsgeschichte hindurch erschlagen, gekreuzigt, verbrannt, erschossen wurden bis zum heutigen Tag, wurden hingerichtet im Namen eines Rechts, das Macht, Willkür und Sünde wider den Geist war, weil sie Revolutionäre waren, Stimmen aus der Masse, denen ein Gott gab zu sagen, was sie leidet. Neben den vollmächtigen Führern der Revolution aber stünden die Namenlosen, die unbekannten Soldaten, "die aus den Tiefen eines dunklen Lebens emporgerissen worden sind durch die aufgepeitschten Wogen des geschichtlichen Augenblicks einer erfüllten Zeit." In diesem Zusammenhang zitiert Kappes noch den russischen Trauermarsch "Unsterbliche Opfer, ihr sanket dahin." Die Toten wollten aber nicht den Kranz einer weichmütig gerührten Stimmung, sondern fordern, daß wir an ihrem Werk weiterarbeiten. Es kommt wiederum gewissen Darlegungen Hanfried Müllers in seiner großen Rede zu Ehren von Karl Marx über den praktischen Materialismus der kapitalistischen Gesellschaft nahe, wenn Kappes hier darlegt, die selbstherrliche Wirtschaft, in der Macht vor Recht geht, Mensch und Kultur dem Profit geopfert werden, sei "die Welt des tiefsten Absturzes des bürgerlichen Idealismus eines Schiller und Fichte in gröbsten, praktischsten Materialismus". In dieser Welt werde der Idealist dem Idioten gleichgesetzt. (Der ungeheuerliche Einbruch von Barbarei und zynischster Menschenverachtung, den wir jetzt täglich in dem in Deutschland allein noch zugelassenen bürgerlichen Fernsehen erleben können, wenn wir nicht getreu der Mahnung Jesu "Laß die Toten ihre Toten begraben" (Matth. 8,22) rechtzeitig abschalten, ist das vorläufig letzte Produkt dieses spätbürgerlichen Prozesses der Negierung sämtlicher Werte.) Und in der Friedensbetrachtung hieß es schon 1925: "Leben wir nicht mitten in einem Schlachtfeld, das mit seinen ewigen Krisen, mit der katastrophalen Arbeitslosigkeit, mit den Hungerlöhnen mehr Opfer an Toten und Siechen kostet als der Weltkrieg?" Wenn die Weltwirtschaft sich so dämonisch zum Fluch der Menschheit entwikeln konnte, so müsse die in ihrem tiefsten Wesen liegende Sünde der Grund sein.

Der Sozialismus als Leitbild

Alternative in gesellschaftlicher Hinsicht war für Heinz Kappes in der Weimarer Republik eindeutig der Sozialismus, wie er immer wieder betonte. Es stellt sich freilich die Frage, wie er den Sozialismus als gesellschaftliche Zielstellung verstand. Friedrich-Martin Balzer hat in seinem grundlegenden Aufsatz aus Anlaß des 80. Geburtstages von Kappes im Jahre 1973[51] darauf hingewiesen, daß seine Marxismus-

---

ter Kreck, Köln 1983, S. 97ff.
50 SAV 1929, Nr. 50, S. 371-373.
51 Friedrich-Martin Balzer "Das Problem der Assoziation nicht-proletarischer, demokratischer

naturgemäß nur begrenzt, diffus und eklektisch sein konnte. Aber Balzer stellt dies anders als Renate Breipohl[52] gerade nicht fest, um die Bedeutung von Kappes und anderen Religiösen Sozialisten in der Weimarer Republik abzuwerten. Balzer war und ist es vielmehr, der in lebenslanger Sammler- und Forschertätigkeit uns den Zugang zu Kappes und anderen Religiösen Sozialisten gerade der Badischen Landeskirche erst erschlossen hat und bei dem sich aus der wissenschaftlichen Arbeit auch eine bis zum Tode von Heinz Kappes währende herzliche Freundschaft ergab, die durch politische Meinungsverschiedenheiten nicht in Frage gestellt werden konnte, wie der Briefwechsel in bewegender Weise verdeutlicht.

Mit ihm meine ich, daß der Standpunkt von Kappes und seinen Freunden nur an den landläufigen kirchlichen Bewertungsmaßstäben jener Zeit gemessen und mit ihnen verglichen werden kann. Die zeitweise Nähe zu Gustav Landauer wurde schon erwähnt, doch war Kappes gewiß nicht auf *einen* Denker des Sozialismus festgelegt. Es konnte ja auch die politische Zielstellung damals erst in einem gemeinsamen Denkprozeß erarbeitet werden, wie dies auch heute wieder der Fall ist. Einen im Aufbau begriffenen Sozialismus gab es damals nur in der Sowjetunion. Zu ihm äußerte sich Kappes anders als Eckert nur am Rande[53], und das war anders auch nicht zu erwarten. Unverkennbar trägt die Sozialismus-Vorstellung bei Kappes stark idealistische Züge. Er identifizierte zwar, wie wir schon hörten, Reich Gottes und Sozialismus nicht, so wenig das heute lateinamerikanische Befreiungstheologen tun. Aber der Sozialismus war für ihn sehr wohl das politische Leitbild auf dem Weg zur vollen Verwirklichung des Reiches Gottes auf Erden, so daß beide Größen doch innig verbunden waren.

Hieraus ergibt sich naturgemäß ein schwieriges Problem. Es erhebt sich die Frage, ob eine solche gesellschaftliche Zielstellung nicht jedes politische Leitbild irreal machen muß. Bei der heute so beliebten Verwendung des Utopie-Begriffs durch große Teile der politischen Linken sind ähnliche Fragen zu stellen[54], auch wenn klar ist, daß Utopie etwas anderes als Illusion ist. Aber die Rückentwicklung vom wissenschaftlichen zum utopischen Sozialismus kann keine Lösung sein. Andererseits stellt sich natürlich nach dem Ende des sozialistischen Weltsystems die Frage, wie wissenschaftlich der vorerst untergegangene Sozialismus fundiert war. Darüber müssen wir politisch Linken weiter geduldig diskutieren. Es stellt sich auch die Frage, ob die sozialistische Alternative tief genug ansetzte, ob sie den ganzen Menschen erfaßte oder bloß an der Oberfläche blieb. Diese Frage kann nach meiner Überzeugung unmöglich

---

Kräfte an die Arbeiterbewegung. Das Beispiel von Pfarrer Heinz Kappes" in: "Miszellen zur Geschichte des deutschen Protestantismus. Gegen den Strom", Marburg 1990, S. 113-130.

52 vgl. ihr Buch "Religiöser Sozialismus und bürgerliches Geschichtsbewußtsein zur Zeit der Weimarer Republik", Zürich 1971.

53 vgl. meinen Aufsatz "Zur Legitimität des Eintritts Erwin Eckerts in die KPD" in der Eckert-Festschrift, S. 195ff.

54 vgl. Dieter Kraft: "Über den Begriff der Utopie" in: Weißenseer Blätter 1992, H. 1, S. 11ff.

mit einem einfachen Nein oder Ja beantwortet werden, wenn man nicht zu den "schrecklichen Vereinfachern" gehören will. Aber die Frage darf und muß gerade im gegenwärtigen geschichtlichen Augenblick gestellt werden und verbietet vorschnelle Antworten.

Einerseits war es gut, daß die sozialistischen Politiker nicht illusionär die realen Bedingungen übersprangen. Ein Himmelreich auf Erden kann offensichtlich zu keiner Zeit geschaffen werden. Das sollte gerade der Christ aufgrund seines biblischen Menschenbildes verstehen. Daß es aber um die sukzessive allumfassende Abschaffung der "verkehrten Welt" in politischer, ökonomischer, kulturell-geistiger und ethischer Hinsicht gehen muß, ist auch nicht mehr zu übersehen, und das war offenbar die aktuell bleibende Überzeugung von Kappes und seinen Freunden (bei manchen Unterschieden im Detail). In diesem Sinne beanspruchte Kappes, ein radikaler, d.h. von der Wurzel her denkender Sozialist zu sein. Hier und nicht bei gewissen, verstiegen-idealistischen Elementen ihres Zukunftsbildes sollten wir heute anknüpfen. Als Problem ergibt sich freilich auch, daß Kappes und seine Freunde offenbar das Geistliche und Politische, Heil und Wohl nicht ausreichend unterschieden, wenn es auch völlig richtig war, daß sie die beiden Bereiche nicht schieden und nicht aus Resignation gegenüber vermeintlich ewig währenden politischen Sachzwängen und Zwangsläufigkeiten in die Sanktionierung des Status quo, verbunden mit einem vermeintlich frommen Individualismus, auswichen. Die Lösung dieses Grundproblems, das Kappes durchaus erfaßte, liegt heute mehr denn je noch vor uns. Anders als er sollten wir freilich m.E. nicht mit dem Sozialismus die Aufhebung der neuzeitlichen Säkularisierung anstreben. Wir sollten auch bewußt darauf verzichten, dem Sozialismus eine geistliche oder religiöse Fundierung geben zu wollen. Die Zeugenethik des Volkes Gottes, wie sie in der Bergpredigt grundgelegt ist, wird niemals gesellschaftliches Richtmaß werden. Andererseits indes stimme ich mit Kappes darin überein, daß Christen die sozialistische Alternative auch und nicht zuletzt aus ethischen Gründen anstreben sollten, wenn uns dies auch nicht dem nüchternen politischen Kalkül und der Erforschung ökonomischer Gesetze entfremden darf. Und sofern volle soziale Gerechtigkeit und reale Menschenrechte dem Geist der Nächstenliebe und eine gesicherte Friedensordnung dem Prinzip der Ehrfurcht vor dem Leben wesentlich mehr entsprechen als (in welchem Ausmaß auch immer gezügelte) kapitalistische Wolfsmoral, hat die Gesellschaftsgestaltung natürlich viel mit der Nächstenliebe als der der Welt zugewandten Seite eines gelebten Glaubens zu tun.

Betrachten wir von solchen oder ähnlichen Einsichten her das Sozialismus-Bild von Heinz Kappes, so ergibt sich etwa folgendes: In seiner Predigt auf dem Meersburger Bundeskongreß wies Kappes darauf hin, daß der Sozialismus nicht einfach die Umkehrung der heutigen Machtverhältnisse bedeuten dürfe. Es könne nicht sein Ziel sein, die heute Schwachen zu Mächtigen zu machen, "damit sie vielleicht morgen triumphieren, aber übermorgen wieder zu den Unterlegenen gehören". Vielmehr gehe es um eine neue Ordnung für alle, in der die Menschen sich nicht gegenseitig zerfleischen, sondern in Gemeinschaft ihr Werk schaffen. Diese sehr bedeutsame Erkenntnis koinzidiert mit Gedanken, die lateinamerikanische Befreiungstheologen viel später äußerten[55]. Es sei auch nicht damit getan, eine neue Wirtschaftstheorie zum verbindlichen Gesetz zu erklären. In seiner Synodalrede vom 9. März 1927 stellt Kappes klar, er und seine Freunde bekennten sich zum Sozialismus als der radikalsten Protestbewegung gegen die bürgerliche Welt, so dunkel der Weg in die Zukunft auch noch sei. In der Predigt auf dem Mannheimer Bundeskongreß führt er aus, die Religiösen Sozialisten wüßten keinen, dem sie in politischer Hinsicht mehr Dank schulden als Marx, dem Führer zur Wirklichkeit, "dem Deuter unserer als einer dämonischen Zeit". Das war der Dank an die Kapitalismusanalyse und an die Erkenntnis gesellschaftlicher Bewegungsgesetze durch Karl Marx. Es hat aber ebenfalls bleibende Bedeutung, wenn Kappes in seinem Revolutionsvortrag vor der Karlsruher SPD betonte, eine Diktatur, selbst wenn sie in einer bestimmten Situation erforderlich sei, dürfe niemals zum Prinzip erhoben werden, denn Diktatur sei letztlich immer Rückschritt und "entbindet niemals die Kräfte einer freien sozialistischen Gesellschaft". Hier war erkannt, daß Sozialismus mehr Demokratie als eine bürgerlich-demokratische Gesellschaft bringen muß, freilich reale Demokratie gesellschaftsspezifischer Art.

Auf einer religiösen Feier für den Weltfrieden in Karlsruhe erklärte Kappes, darin linken evangelischen Christen in der DDR durchaus ähnlich[56], das innerste Wollen der sozialistischen Bewegung und Jesu Wollen überdeckten einander. In dem sich an die Kleingläubigen wendenden Artikel läßt Kappes keinen Zweifel daran, daß er die "sozialistische Diesseitsreligion", was ihren Atheismus betrifft, in geistiger Hinsicht für flach halte; trotzdem müsse man ihr Recht anerkennen "gegenüber der Verflüchtigung des Reich-Gottes-Glaubens Jesu in eine weltfremde Jenseitsreligion". Darum müsse gerade dort, wo am leidenschaftlichsten um die Neugestaltung der Erde gerungen werde, der lebendige Christ sich brüderlich verbunden fühlen mit denen, die "hungern und dürsten nach der Gerechtigkeit" (Matth. 5,6). Gerade dadurch nehme man auch dem Atheismus den Wind aus den Segeln, so daß der profane und politische Dienst hier letztlich zum Missionsdienst am Reiche Gottes werde, sei doch Empörung vieler Revolutionäre gegen Gott letztlich eine Suche nach Gott. Der Hinweis von Kappes auf den marxistischen kämpferischen Zukunftsglauben als gutes Gegengewicht gegen eine weltfremde Interpretation der christlichen Zielstellung des Reiches Gottes stimmt überein mit These 5 des Darmstädter Wortes des Bruderrates aus dem Jahre 1947, formuliert in der Tradition der wachesten Vertreter der BK: "Wir sind in die Irre gegangen, als wir übersahen, daß der ökonomische Materialismus der marxistischen Lehre die Kirche an den Auftrag und die Verheißung für das Leben und Zusammenleben der Menschen im Diesseits hätte gemahnen müssen. Wir haben

---

55 vgl. Peter Hünermann u. Gerd-Dieter Fischer (Hrsg.): "Gott im Aufbruch. Die Provokation der lateinamerikanischen Theologie", Freiburg/Basel/Wien 1974, S. 119ff und meine Rez. in der Theologischen Literaturzeitung Bd. 101, 1976, Sp. 221ff.

56 vgl. mein Buch "Kompendium für neuere und neueste Kirchengeschichte 1958-1969", Rostock/Berlin 1988, S. 41-79.

es unterlassen, die Sache der Armen und Entrechteten gemäß dem Evangelium von Gottes kommendem Reiche zur Sache der Christenheit zu machen."[57] Was aber die Auseinandersetzung mit proletarischen Freidenkern auf vielen Versammlungen in Karlsruhe und andernorts betrifft, so arteten sie auch nach seinem Rückblick im Gespräch mit Balzer 1973 nie in Gehässigkeit aus. Er konnte mit ihnen diskutieren, ohne sich dabei vom landläufigen kirchlichen Feindbild leiten zu lassen.

In seiner Antwort an Schmechel nahm Kappes wohl am ausführlichsten zu seiner Position dem Marxismus gegenüber Stellung. Hier wies er auch gerade auf dessen ökonomischen Gehalt hin, was wohl beachtet sein will, wenn man ihm voll gerecht werden will. Durch ausführliche Zitate bewies er, daß selbst Nichtmarxisten wie Sombart und Heimann in erstaunlichem Maße marxistischen ökonomischen Erkenntnissen gegenüber offen waren. Religiös-sozialistische Pfarrer arbeiteten ständig wissenschaftlich und praktisch an den ökonomischen Problemen und betrachteten Karl Marx dabei als wissenschaftlichen Ausgangspunkt und Führer. Man beschäftige sich sehr intensiv mit der materialistischen Geschichtsbetrachtung. Verschwommenheit und Verworrenheit, die man ihnen vorwerfe, seien in Wahrheit viel eher auf gegnerischer Seite zu finden. Kappes erkannte gut, was auch Hanfried Müller jüngst klar herausarbeitete, Marx habe seine Wissenschaft um des praktischen, von Kappes als sittlich bezeichneten Zieles willen betrieben, "dem Proletariat eine wirksame Waffe für seinen Befreiungskampf zu schmieden"[58]. Das Proletariat sei in seinem berechtigten Freiheitskampf marxistisch, weil noch niemand ihm eine bessere Waffe zu dem ihm aufgezwungenen(!) Klassenkampf gegeben habe, und es führe ihn zur Überwindung des Klassenkampfes überhaupt. Klar erkannte Kappes, man habe nicht die Freiheit der Wahl, ob man am Klassenkampf teilhaben wolle oder nicht, denn direkt oder indirekt stehe jeder auf einer der beiden, einander ausschließenden Fronten. So ist Lorenz in vollem Recht, wenn er von der praktischen Solidarität der religiös-sozialistischen Geistlichen mit dem Kampf der Arbeiterbewegung um Demokratie und Sozialismus neben beachtlichen theoretischen Anstrengungen spricht.[59]

Die Stellung innerhalb der SPD

Heinz Kappes hatte offensichtlich keinen ähnlich starken Drang zu politischer Betätigung wie Erwin Eckert. Dennoch sprach er, verstärkt in der Zeit der heraufziehenden Gefahr einer Herrschaft des Hitlerfaschismus, auf zahlreichen Parteiversammlungen, und die Partei, die nicht eben viele Pfarrer zu solcher Betätigung bringen konnte, war

---

57 vgl. mein Büchlein "Charta der Neuorientierung. Die Rezeption des 'Darmstädter Wortes' heute", Reihe Fakten/Argumente des Union-Verlages, Berlin 1977, S. 82ff.
58 vgl. jetzt auch den Marx selbst betreffenden Teil des Art. "Marx/Marxismus" von Helmut Fleischer in der Theologischen Realenzyklopädie, Bd. 22, Berlin/New York 1992, S. 220ff.
59 a.a.O., S. 194. Die Evangelische Landeskirche in Baden im "Dritten Reich", Quellen zu ihrer Geschichte, Bd.I: 1931-1933, Karlsruhe 1991, S.216ff.

stolz auf seine Mitwirkung, obgleich ihre Funktionäre mehrheitlich Atheisten waren. Diese Vorträge waren mit mancherlei persönlichen Strapazen verbunden. Ein Auto stand Kappes nicht zur Verfügung. Er mußte sich also an die Tagungsorte mit dem Zug oder mit dem Fahrrad begeben, legte nach eigener Aussage bis zu 30 Kilometer mit dem Fahrrad zurück und kehrte erst spät nachts oder gar erst gegen Morgen von diesen Reisen zurück. In der präfaschistischen Phase der Weimarer Republik geriet er gelegentlich sogar in Lebensgefahr, so als SA-Trupps ihn in einem kleinen Ort bei Ankunft gleichsam Spießruten laufen ließen.

Im Grunde war wohl Kappes ähnlich Eckert damals dem linken Flügel der SPD zuzurechnen. Jedenfalls grenzte er sich nicht von der KPD ab, sondern beklagte die Zerrissenheit der sozialistischen Arbeiterschaft und strebte die Wiedervereinigung der beiden großen Arbeiterparteien an, und dies gewiß nicht im Sinne der Abkehr von einer sozialistischen Zielstellung. Aus Glaubensgründen hätte er gleich der Mehrheit der Religiösen Sozialisten nicht in die KPD eintreten können, aber er empfand doch Eckerts Eintritt, wie wir noch sehen werden, als neuartige geschichtliche Chance, als ein verheißungsvolles Experiment, das man keinesfalls administrativ abwürgen, sondern missionarisch, aber nicht klerikal nutzen sollte. Von besonderem Interesse zur Kennzeichnung seines Standortes innerhalb der SPD sind für uns seine Ausführungen vor der SPD anläßlich des 11. Jahrestages der Novemberrevolution am 10. November 1929 im Großen Festhallensaal in Karlsruhe, im "Sonntagsblatt des arbeitenden Volkes" unter dem bezeichnenden Titel "Die Revolution ist in Permanenz erklärt" veröffentlicht[60]. Sehr aufschlußreich und kennzeichnend für die Reife seines damaligen politischen Entwicklungsstandes ist die Dialektik seines Herangehens an die Lage. Einerseits bekennt er sich zur Revolution und beklagt ihr Scheitern mit der damit verbundenen Enttäuschung der beteiligten Arbeiter. Andererseits aber lehnt er die Weimarer Republik auch nicht einfach ab, verkennt nicht ihre demokratische Entwicklung im Vergleich zum gesellschaftlichen Zustand während der Monarchie und ruft zur Verteidigung von Republik und demokratischen Errungenschaften gegenüber dem Rechtsradikalismus auf. Er verbindet revolutionäre mit evolutionären Elementen politischer Zielsetzung und vermeidet so klarsichtig eine krude Absage an die bürgerliche Demokratie wie den Widerruf revolutionärer Zielstellung der Errichtung des Sozialismus im Zeichen eines systemimmanenten Reformismus. Damit dürfte er prinzipiell eine richtige Zielbestimmung auch für die heutige politische Wirksamkeit der Linken unterschiedlicher Spielart geben.

Im einzelnen argumentiert er so: Er fragt eingangs, sehr kennzeichnend für seinen Standort in der SPD, ob man wirklich die Revolution wolle. Sei unser Geschlecht nicht zu klein, um sie zu verwirklichen? Noch bedrängten uns Todesmächte, wollten uns ängstigen und verzagt machen. Die Revolution sei wie ein fernes Land der Erfüllung, und wer für sie kämpfe, werfe sich als Opfer und Saat einer neuen Welt "in den aufgerissenen Acker der alten Zeit". Wir werden auf diesen Opfergedanken bei der

---

60 SAV 1929, Nr. 50, S. 371ff.

Behandlung seiner Position im Schicksalsjahr 1933 zurückkommen. Doch alle Hingemordeten leben in dem Sinne, daß ihr Tod nicht vergeblich war. Sie "geben uns etwas von der Lebenskraft, die sie durch den Opfertod erworben haben, machen unsere Herzen stark." Sie rufen uns auf, ihr Werk lebendig zu erhalten. So werde von den Mitgliedern einer Arbeiterpartei der Dienst am Werk der Revolution gefordert, die Revolution werde nach einem Wort von Marx in Permanenz erklärt. "Revolution ist die große Korrektur, die im Gang der Geschichte im Namen des Lebens immer wieder notwendig ist am Bestehenden, damit alle die Mächte überwunden werden, die lähmend und todbringend auf jungem, emporstrebendem Leben lasten." Sie sei ein Kampf des Lebens gegen den Tod, wie er auch heute notwendig sei.

Mit Bitterkeit denke der größte Teil des deutschen Proletariats an die letzte deutsche Revolution vom 9. November 1918, da die in fast drei Generationen des Kampfes genährte Hoffnung auf einen qualitativ neuartigen Zukunftsstaat enttäuscht worden sei. Diese Erwartung habe nach vierjährigem Kriegsgrauen das rote Flammenmeer entzündet, in dem die alte Welt des deutschen Reiches in Asche sank. Es wurde ein Neues, aber es war nicht das ersehnte sozialistische Reich: es wurde ein bürgerliches Reich! In ihm entfaltete sich erst der Kapitalismus zu seiner größten Blüte. Freilich ging es in der vom Proletariat getragenen Revolution von 1918 auch um die Vollendung der bürgerlichen Revolutionen von 1649, 1789 und 1848. Sie habe die letzten Reste des Feudalismus vernichtet. Aber die Reaktion behielt ihre starke Macht in Verwaltung, Justiz und Kulturpolitik, im Kampf gegen eine Sozialpolitik und bei der Wiederaufrüstung. In der Wirtschaft kam es zu einer Konzentration der Kapitalmacht wie nie zuvor, jetzt in internationalen Dimensionen. Kappes erkannte also auch die Entwicklungen innerhalb des Kapitalismus zum Monopolkapitalismus mit immer stärkerer internationaler Verflechtung sehr wohl. Und er durchschaute die Mechanismen des bürgerlichen Systems genau. Das Monopolkapital beherrsche die Innen- und Außenpolitik. In der Industrie setze sie die Rationalisierung um jeden Preis durch, "die jeder Menschenökonomie spottet". So werde die Zahl der Arbeitslosen immer größer und mit ihr die soziale Not. In seinem Elend werde der Proletarier auch noch verhöhnt mit der Behauptung, die Revolution sei schuld an seinem Elend. (Das wiederholt sich derzeitig in der früheren DDR, wenn für die heutige soziale Misere einlinig "40 Jahre sozialistischer Mißwirtschaft" verantwortlich gemacht werden.)

Kappes durchschaute das Ungenügen offizieller sozialdemokratischer Kompromißpolitik gerade zur Zeit der ausbrechenden Weltwirtschaftskrise: 1928 habe man sich anläßlich der 10. Wiederkehr der Revolution darüber gefreut, daß die SPD wieder den Reichskanzler und 3 Reichsminister stelle. Die Gewaltigen der Schwerindustrie aber sperrten an Rhein und Ruhr über Nacht 230.000 Arbeiter gegen Gesetz und Recht aus, setzten 1 Million Menschen Hunger und Winternot aus. Angesichts dessen fragt Kappes: "Wer hat eigentlich die Macht im Staat?" Diese Frage bleibt aktuell, und sie ist entscheidend für die Analyse der realen Machtverhältnisse in einer bürgerlichen Demokratie. Alle die finsteren Mächte, die man im Novembersturm zerstoben wähnte, sind wieder da. Angesichts dessen stelle sich die Frage, ob alle Opfer an

Kraft und Blut vergeblich waren. Diese Meinung aber hält Kappes mit Recht für kurzschlüssig. Das Proletariat verteidige trotz des Angeführten die Republik. Daß sie auf dem Fundament seiner Opfer erbaut sei, bleibe für ihr Wesen und ihre Zukunft bedeutsam. In den Grundrechten und -pflichten der Weimarer Verfassung finde sich sozialistischer Same, "Herzblut des Proletariats" und damit die in den Revolutionstagen ersehnte "Ordnung des Wirtschaftslebens nach den Grundsätzen der Gerechtigkeit mit dem Ziel der Gewährung eines menschenwürdigen Daseins für alle". Kappes erinnert in diesem Zusammenhang an Verfassungsartikel über Arbeiterräte, Arbeitsrecht, soziale Pflichten des Eigentums, Bodenreform, Gemeinwirtschaft und Völkerversöhnung. Dabei werde angeknüpft an den bürgerlichen Idealismus von 1813, 1817 und 1848, aber nun in wirklichkeitsnaher Gestalt. "Dieser Glaube erfüllt die Form der Demokratie und Republik erst mit ihrem wesentlichen Inhalt, daß die Gewalt im Staat wirklich vom Volk ausgeht, nicht von dem Kapital, daß das Ziel der politischen Gestaltung der Dienst am Ganzen des Staates ist, nicht die Unterwerfung des Staates unter Privatinteressen". Um dieser Fundamente willen verteidige das Proletariat die Republik. Auf dem Boden der Weimarer Verfassung betreibe das Proletariat die Weiterentwicklung des Staatswesens, ohne den revolutionären Charakter des Sozialismus zu vergessen. Die langfristige evolutionäre Wirksamkeit, die schließlich zum revolutionären Umschlag führe, unterstreicht Kappes mit der Feststellung: "Der Sozialismus kommt nicht durch einen plötzlichen Umschlag, durch ein Schöpfungswunder, sondern als die Frucht langsamer und bewußter Gestaltungsarbeit, als ein Werk von Generationen." Die Weiterentwicklung des Genossenschaftswesens "auf allen möglichen Wirtschaftsgebieten", bewußt gestaltete Kommunalpolitik und auch eine recht verstandene Koalitionspolitik gehörten dazu, denn Reformismus und Revolution schlössen einander nicht völlig aus. Enttäuschung im Wortsinn ist ja das Ende einer Selbsttäuschung, und in diesem Sinne dürfte es zu verstehen sein, wenn Kappes bemerkt, indem die Revolution von 1918 die Reste des Feudalismus vernichtet habe, sei auch "der Spuk eines blutleer gewordenen bürgerlichen Humanismus und Idealismus" verschwunden. Desillusionierung könne zu größerer Nüchternheit und Realitätsnähe führen. Im folgenden kommt er dem Gedanken von Marx sehr nahe, das Ende des Feudalismus sei auch das Ende des "Heiligenscheins" über einer Klassengesellschaft, indem im Kapitalismus die Ausbeutung nackt und unverhüllt geworden sei. Indem sich in sozialistischer Politik die Notleidenden mit den Gewissenhaften verbänden, werde in der Idee antezipiert, was in der Praxis noch nicht machbar sei, und so an der geistigen Grundlegung der neuen Welt gearbeitet. Wenn das Proletariat durch einen revolutionären Generalstreik einen faschistischen Putsch niederschlagen werde, so werde es das nicht um der Form der Republik willen und wegen einer formalen Demokratie tun, sondern es werde mit dem heutigen Staat die Fundamente des zukünftigen Sozialismus verteidigen und schützen.

Der Gedächtnistag der Revolution sei aber auch ein Bußtag. Es sei auch Schuld der Partei, wenn heute weite Kreise des Proletariats abseits politischer Gestaltungsarbeit stünden, sei es aus Gleichgültigkeit oder wegen prinzipieller Verneinung des Sinns politischer Mitwirkung in einer bürgerlichen Republik. Hellsichtig warnte Kappes vor einer schon damals aktuellen Entfernung sozialdemokratischer Funktionäre von den Arbeitermassen mit der Feststellung, je höher man in staatlicher Verantwortung aufsteige, um so mehr müsse man mit Herz und Gewissen "in den tiefsten Tiefen des Proletariats wurzeln", auch in der Armseligkeit des wirtschaftlichen und intellektuellen Mittelstandes und der Gedrücktheit der Bauern, "also überall da, wo zertretenes Menschenrecht nach Gerechtigkeit ruft". Mit der Entfernung von den Massen verliere man die notwendige Kampfkraft gegen den Kapitalismus und auch "das sittliche Pathos wahrer Empörung". Dann wende sich das Vertrauen der Massen von ihnen ab. Wenn die sozialistische Bewegung keinen lebendigen Glauben an die Zukunft mehr habe und nicht mehr das Unerhörte wage, vergreise sie und sei zum Tode verurteilt. Genossen hätten sich in der jetzigen Welt nicht behaglich einzurichten, denn sie seien hier noch "Fremdlinge",[61] auf der Wanderung nach dem fernen Land der Verheißung. Sie hätten nicht das Recht zum Spießertum. Kappes erkannte auch, daß die zielgerichtet wieder anzustrebende Einheit des Proletariats das beste Unterpfand eigener Durchschlagskraft sei. Die feindlichen Mächte seien ohne Vollmacht. Die große Kette der Kämpfenden reiche um den ganzen Erdball und lasse "die Kraft aller Helden und unbekannten Soldaten der Revolution spüren". Andererseits spricht Kappes in seiner Predigt auf dem Mannheimer Bundeskongreß mit vollem Recht davon, daß die sozialistischen Parteien ebenso wie die Kirchen nur zeitbedingte und vergängliche Organisationen seien. Damit wollte er einschärfen, daß auch sie niemals zum Selbstzweck verkommen dürfen, da ihre einzige Berechtigung darin besteht, Instrument des politischen Wandels zu sein. Was seine persönliche Stellung betraf, so bemerkte Kappes in einem Brief vom 4. Dezember 1974 [62], er sei zwar einer der meistverlangten Parteiredner im südwestdeutschen Raum gewesen, habe aber für den Machtkampf in der Politik keine Begabung besessen. Es sei ihm immer um Menschen, weniger um die Institution gegangen. Und in einem Brief an Ludwig Simon aus dem Jahre 1975 erinnert er an seine Feststellung, auch sozialistische Parteien und Gewerkschaften bedürften einer dauernden "Revolution von innen her". So habe man sich in Opposition gegen politische und kirchliche Reaktion, aber auch gegen opportunistische Taktik in den eigenen Reihen und gegen den Klassenkampf als Prinzip befunden.

Für eine neue Friedensordnung

Daß Kappes in seinem Erkenntnisstand seiner Zeit und auch seiner Kirche weit voraus war, das belegt nicht zuletzt sein kompromißloses Eintreten für Frieden und Abrüstung. Das beweisen besonders zwei aus seiner Feder erhaltene Veröffentlichungen. Das eine ist eine Betrachtung zum Friedenssonntag 1925[63]. Als solcher wurde be-

---

61 vgl. 1. Petr. 2,11; Hebr. 11,33.
62 Brief an Margarete Balzer, Iserlohn.
63 SAV 1925, Nr. 50 vom 20. 12. 1925, S. 161f.

kanntlich von den Religiösen Sozialisten ein Sonntag vor Weihnachten, einer Empfehlung der Ökumenischen Weltkonferenz in Stockholm aus diesem Jahr folgend, von nun an jährlich begangen. Die Besinnung steht unter der Überschrift "Und ist doch kein Friede" entsprechend dem biblischen Leitwort Jer. 6.14. Gerade dieses Motto hatte antiillusionistische Bedeutung, will einschärfen, daß der Friede als zentraler Inhalt der Weihnachtsbotschaft reale Bedeutung für den irdischen Alltag haben muß, wenn er nicht - die Gefahr der traditionellen Weihnachtsverkündigung - zur frommen Phrase verkommen soll[64]. Kappes setzt ein mit der ökumenisch akzentuierten Feststellung, die Religiösen Sozialisten begingen diesen Tag als Bittsonntag für den Weltfrieden in brüderlicher Verbundenheit mit evangelischen Christen anderer Nationen. Bevor die Weihnachtsbotschaft "Friede auf Erden" in die Christenheit hineinklingen dürfe, müsse ein Buß- und Bettag unter der Gottesforderung "Friede auf Erden!" das Gewissen aller christlichen Kirchen auf Erden erschüttern. Kappes knüpft an den Locarno-Vertrag an und bemerkt, den Abschluß dieses Vertrages mit gottesdienstlichen Feiern zu begehen, wäre wesentlich christlicher gewesen als in Gottesdiensten Waffensiege zu feiern, wie es bekanntlich gerade deutsche Kirchen, aber auch Kirchen der Feindländer während des 1. Weltkrieges epidemieartig taten.[65] Dieser Vertrag könne ein wichtiger Schritt auf dem Weg zur Überwindung des Krieges sein. Doch der überwiegenden Mehrheit des deutschen Protestantismus liege noch immer eine solche Haltung völlig fern. Kappes macht im folgenden deutlich, daß es ihm nicht um die religiöse Überhöhung positiver irdischer Prozesse geht, sondern um deren bewußte Förderung durch Christen. Dies solle illusionslos, nüchtern und wahrhaftig geschehen. Dazu gehöre die Erkenntnis, daß Kriege das Produkt miteinander ringender Konkurrenten seien. Den Mächten, die sich dabei von nackten Machtinteressen leiten lassen, habe die Kirche Gottes Gesetz entgegenzuhalten, das die Ausschließung von Politik, Wirtschaft und Kultur vom Gehorsam gegen Gottes Gebot nicht dulde. Die Kirche dürfe nicht die Eigengesetzlichkeit und vermeintliche Zwangsläufigkeiten absegnen, etwa mit der Feststellung "Kriege wird es immer geben" oder "Arme habt ihr allezeit bei euch".

Damit entlarvte er Mängel in der Sozial- wie in der Friedenspolitik (um es vorsichtig auszudrücken) als aus der gleichen Wurzel erwachsen. Auch im militärischen Bereich könne rechte Kirche nur bezeugen: "Gott will, daß allen Menschen geholfen werde und sie zur Erkenntnis der Wahrheit kommen" (1.Tim. 2,4). Friede als fundamentales Menschenrecht, ohne dessen Gewährleistung sämtliche anderen Menschenrechte zur Phrase verkommen, ist hier als solches bereits deutlich benannt, Jahrzehnte bevor die meisten anderen deutschen Christen dies zu begreifen begannen (wenn sie

---

64 Zur Dialektik des göttlichen und des irdischen Friedens vgl. meine Meditation zur Weihnachtsgeschichte Luk.2,1-20 "Friede auf Erden" in: Karl-Heinrich Bieritz (Hrsg), "Shalom. Gedanken zum Frieden aus biblischer Sicht", Berlin 1989, S. 183-191.

65 vgl. Wilhelm Pressel: "Die Kriegspredigt 1914-1918 in der evangelischen Kirche Deutschlands", Göttingen 1967.

es inzwischen nicht wieder vergessen haben sollten), aber in vollem Einklang mit der sich in den 1920er Jahren herausbildenden ökumenischen Bewegung, gerade der Bewegung für Praktisches Christentum und des Weltbundes für Freundschaftsarbeit der Kirchen, aber auch des Internationalen Versöhnungsbundes[66]. Dabei verherrliche man Locarno nicht, sondern bejahe dieses Abkommen als *einen* Schritt auf dem Weg, "die einer früheren Menschheitsstufe angehörende Form des Austragens der weltlichen Spannungen durch Völkerkriege zu überwinden." Kappes berücksichtigt auch objektive weltpolitische Prozesse, die bis heute andauern, wenn er darauf verweist, objektiv gehöre die nationalistische Geschichtsepoche der Vergangenheit an, denn Gegenwart und Zukunft seien weltwirtschaftlich ausgerichtet. Daß eine vom Monopolkapitalismus bestimmte Weltwirtschaftsordnung indes nur scheinbar dem Frieden auf Erden nähergekommen sei, durchschaut er völlig. Der partielle Verzicht auf den Einsatz militärischer Mittel, statt deren ökonomische Machtmittel erfolgreich eingesetzt werden, um den Schwächeren niederzuringen, entspringe nicht einem neuen Ethos weg von der Raubtiermoral, wie es damals auch die ökumenische Bewegung mit Nachdruck forderte, sondern nur einem nüchternen Kalkül, wie man am bequemsten zum Ziel gelange. Die ganze Wirtschaft beruhe ja im Kapitalismus auf der gnadenlosen Niederringung des Schwächeren durch den Stärkeren, also auf dem sozialdarwinistischen Prinzip, so daß die ganze Erde auch mit ihrem Kreislauf immer neuer Krisen einem Schlachtfeld gleiche. Daß angesichts dessen auch in diesem Jahr in Tausenden von Kirchen die tröstliche Weihnachtsbotschaft aufs neue verkündigt werde, wirke wie ein Hohn auf die Friedlosigkeit der Welt. Lügner nannte Jeremia die, die mit oberflächlichen Friedensworten das Volk in seinem Unglück zu trösten suchen. Dies sei auch ein fundamentaler Verstoß gegen den Glauben an Gottes Inkarnation zu Weihnachten in seinem Sohn. Materialistisch habe Blumhardt das Evangelium wegen seiner Tendenz genannt, die Welt ernst zu nehmen und umzugestalten im Sinne der ursprünglichen Gottesordnung. Die weihnachtliche Friedensbotschaft könne recht nur mit dieser Tendenz zur Verwirklichung verkündigt werden. Wenn nicht von Christus her ein neues Herz in den Leib der Weltwirtschaft komme, könnten die Leidenden dieser Erde das Evangelium nur als Phrase betrachten. Man könne nur kämpfend dem Friedensfürsten den Weg bereiten. Dieser Hinweis auf die Verbindung von Inkarnationsglauben und Eintreten für den Weltfrieden war wohl auch einer der entscheidenden Antriebe für Josef Hromádka (1889-1969), den Gründer der Christlichen Friedenskonferenz, wie seine Grundsatzreferate auf der 1. und 2. Allchristlichen Friedensversammlung in Prag 1961 und 1964, in den dort erschienenen Berichtsbänden im Wortlaut abgedruckt, hinreichend belegen[67].

---

66 vgl. die Aufsätze von Gerhard Besier, John S. Conway, Stefan Grotefeld und Sven-Erik Brodd in der Zeitschrift "Kirchliche Zeitgeschichte" 1991, H.1, S.13ff. 128ff.

67 Zu seinem Gesamtwerk vgl. die Rostocker theologische Dissertation von Susanne Höser aus dem Jahre 1989 "Theologisches Nachdenken und politisches Handeln Josef Hromádkas (1947-1969)".

Die andere ausführliche Betrachtung von Kappes zur Friedensthematik unter dem Titel "Religiöse Feier für den Weltfrieden" stammt aus dem Jahr 1930[68]. Dort weist er eingangs darauf hin, daß in Karlsruhe religiöse Feiern für den Weltfrieden von Religiösen Sozialisten schon seit 1919 abgehalten wurden, zunächst freilich im engen Kreis in der Kleinen Kirche. Jetzt aber komme man in der größten Kirche, der Stadtkirche, zusammen mit einer ständigen Zahl von 1500 bis 2000 Teilnehmern, die sonst großenteils kaum einen sakralen Raum betreten. An dieser Stelle nun ist die Liturgie der Feier vom 8. Dezember 1929 abgedruckt, an der die Volkssingakademie mit ca. 350 SängerInnen mitwirkte. In einer Gebetsanrede an den Friedensstifter auf Erden heißt es, er sei bis heute täglich verraten worden um Mammons willen, ans Kreuz geschlagen von den Herrschenden. In seiner hier im Wortlaut wiedergegebenen Predigt wies Kappes eingangs auf einen großen grünen Kranz mit 12 Kerzen hin als Sinnbild für die Gesamtheit aller Rassen und Nationen der Menschheit. Er sei Symbol für die Gemeinschaft alles dessen, was Menschenantlitz trägt, für "die Sehnsucht danach, daß einmal die Liebe als Lebenssonne über allen Menschen strahlt". Die Mehrheit aller Menschen wolle den Frieden. Mit allen, die guten Willens seien an beliebigen Punkten der Erde, sei man in diesem Augenblick vereint, da für das Bewußtsein der Friedensstifter schon jetzt alle Schranken und Grenzen fallen. Kappes macht dabei das Gebot der Feindesliebe auch für ein neues Völkerethos fruchtbar und weitet das Friedensethos auch auf das Verhältnis zu den bisher kolonial unterdrückten Erdteilen aus: "Unsere Hand erfaßt auch die, die einst unsere Feinde waren im Krieg, erfaßt auch die Farbigen aller Rassen", und wir nennen sie Brüder und Schwestern. Alles gemeinsam erlittene Leid, aber auch der gemeinsame Glaube an Liebe und Frieden lasse fragen: "Was trennt uns, Gott, da wir doch Brüder sind?" Kappes arbeitet im folgenden fundamentale Gemeinsamkeiten zwischen der sozialistischen und christlichen Internationale des Friedens heraus. Beide bestanden schon vor dem 1. Weltkrieg, wurden aber zeitweise durch ihn zerschmettert. Beide litten tief unter dieser Tragik und mußten auf einem Trümmerfeld wieder aufbauen. So veranstalteten denn auch 1928 beide Internationalen wichtige Friedenskongresse. Kappes vergleicht den 3. Kongreß der Sozialistischen Arbeiterinternationale in Brüssel mit der wichtigen Konferenz für internationale Freundschaftsarbeit der Kirchen in Prag. Das Thema beider war die Abrüstung. Dem Sinne nach seien ihre Verlautbarungen gleich, indem sie die Abrüstung aller Länder in einem vertretbaren Ausmaß forderten. Das verlange auch der Völkerbundpakt. Kappes spricht sich an dieser Stelle für eine ausgewogene Abrüstung aller Beteiligten aus, während er an anderer Stelle auch einseitige Vorleistungen für richtig hält. Da ich selbst seit Jahrzehnten in der Friedensarbeit stehe, scheint mir, daß beide Gedanken einander nicht ausschließen, sondern es verdienen, miteinander wirksam gemacht zu werden. Mit der ökumenischen Bewegung verlangt Kappes, daß alle Völker ein allgemeinverpflichtendes Schiedsgerichtssystem zur Beilegung internationaler Konflikte akzeptieren. Die sozialistische Internationale verlange mit Recht auch

---

68 vgl. ZRS 1930, S. 8-20.

den stärkstmöglichen politischen Druck der Massen. Hier ist der Gedanke vorweggenommen, daß auch die Dialektik von Volks- und diplomatischem Kampf für eine feste Friedensordnung unverzichtbar ist. Die sozialistischen Parteien müßten auch im eigenen Land dafür kämpfen, daß die Rüstungen eingeschränkt werden. Kappes weiß aber auch, daß diese Zielstellung letztlich die Überwindung der kapitalistischen Ordnung verlangt, da diese immer wieder zu Kriegen drängt. Er wies auch auf neue sowjetische Abrüstungsvorschläge hin, die im Frühjahr 1928 in Genf vorgelegt wurden. Doch die Vertreter der Regierungen im Völkerbund zauderten, weil starke kapitalistische und nationalistische Bestrebungen das Werk der Abrüstung zu hintertreiben suchten. Die schönen Reden für den Weltfrieden bei Banketten würden übertönt vom Lärm der Waffenfabriken.

Der Weltfriede sei aber die große Menschheitssache unserer Zeit, eine "Gottesbewegung in unserer Zeit". Nie mehr dürfe der Vertreter irgendeiner Religion diese mit einem Krieg für vereinbar erklären, "ohne daß er vor dem leidenschaftlichen Widerspruch der wahrhaft Gläubigen verstummen müßte". Es gehe um Durchbrüche einer neuen Gewissensnorm, um ein neues zwischenstaatliches Ethos also, das doch zugleich die Besinnung auf uralte, ewige Gewissensnormen sei. Damit ist erkannt, daß der Krieg nie dem Schöpfungs- und Liebeswillen Gottes entsprach, daß er aber in der Gegenwart angesichts des ungeheuer gewachsenen Vernichtungspotentials erst recht einschränkungslos verdammt werden muß. In dieser potentiellen "Adventszeit der Menschheit" würde die biblische Prophetie aufs neue wach, daß alles Kriegsgerät in Werkzeuge der Kultur im Ursinne umgewandelt werden müsse.[69] Auch Jesu Wort: "Stecke dein Schwert in die Scheide, denn wer das Schwert nimmt, wird durch das Schwert umkommen" (Matth. 26, 52) werde zu einer Forderung für die Gegenwart. Viele Christen wendeten ein, mit dem Bösen im Menschen seien Kriege unausrottbar. Die wirkliche Schwierigkeit liege darin, daß die Staaten erstmals in der Menschheitsgeschichte aus freien Stücken auf ihre militärische Souveränität verzichten und sich einer über ihnen stehenden Rechtsautorität beugen sollen. Werde dieses Problem gelöst, bereiteten die technischen Abrüstungsprobleme keine unüberwindliche Schwierigkeit mehr. Die, die den Weltkrieg selbst durchlitten hätten, müßten handeln, bevor die Generation der Wissenden aussterbe. Alle hätten ja wohl im Schlachtgetümmel einst das Gelübde abgelegt, wenn ihnen das Leben geschenkt werde, dieses für den Frieden zu opfern. Kappes erkannte klar: Der jetzige Augenblick stellt vor ein Entweder-Oder: "Entweder wir leben jetzt in der Pause zwischen einem furchtbaren Weltkrieg und einem durch die Vervollkommnung der Kriegstechnik noch viel entsetzlicheren Völkermorden. Oder wir legen jetzt die Grundsteine für einen in die Zukunft wachsenden und von Generationen weiterzubauenden Tempel des Völkerrechts und eines wirklichen Völkerbunds." Die auf der Menschheitsbruderschaft beruhende Ordnung müsse der letzte Maßstab jeder Entscheidung sein. Niemand habe das Recht, den anderen durch Machtwillen und Vergewaltigung von seinem Lebensrecht

---

69 vgl. Jes. 2,4.

auszuschließen. Der Zusammenhang mit Albert Schweitzers Prinzip der Ehrfurcht vor dem Leben liegt auf der Hand, wenn Kappes fordert, die Heiligkeit des Lebens eines jeden Menschen anzuerkennen. Das geglaubte Reich der Gerechtigkeit, des Friedens und der Lebenserfüllung kommt von Gott her, aber es kommt auf unsere Erde, weil sie Gotteswelt ist. Es wird von Gott durch Menschen, die er zu seinen Mitarbeitern beruft, verwirklicht. Es ist im Glauben schon da, aber es will auch greifbare Wirklichkeit werden. Erst die Dynamik bei den Völkern gibt den Unterschriften der Staatsmänner unter den Kelloggpakt der Kriegsächtung die nötige Vollmacht. Es besteht objektiv eine grundlegende Solidarität auch zwischen politischen Gegnern, denn sie müssen sich letztlich verbünden gegen die Macht, die sie zu Gegnern macht. Sie seien nicht mehr Feinde im bisherigen Sinn, wenn wir das System gemeinsam bekämpfen, das uns trennt. Wir erleben heute eine Umwertung des Heldischen zugunsten der Helden des Friedens und hören neu Jesu Seligpreisung der Sanftmütigen, die das Erdreich besitzen werden (Matth. 5,5). Ruf in die Nachfolge sei der Ruf, Friedensbringer zu werden. In der Synodalsitzung vom 9. März 1927 nannte Kappes die angestrebte Ordnung die des internationalen Rechts. In seinem Artikel "Der Kampf in der Hardt"[70] fordert Kappes auch bereits eine Erziehung im Geist des Völkerfriedens und einer konsequenten Abrüstung.

Der Brückenschlag zur sozialistischen Jugend

1931 sprach Kappes als Jugendpfarrer auf einer Älterentagung des vom evangelischen Bekenntnis bestimmten BDJ in Hannoversch-Münden in Anknüpfung an Vorträge von Paul Tillich, als dessen Schüler er sich hier bezeichnet, und Friedrich Siegmund-Schultze und plädierte leidenschaftlich dafür, das Gemeinsame mit der sozialistischen Jugend in den Vordergrund zu stellen, auch wenn jetzt zwischen den Leitungen eine tiefe Kluft bestehe, während die Mitglieder fast aus denselben sozialen Schichten kämen: der gelernten und ungelernten Fabrikarbeiterjugend, den Lehrlingen und Gehilfen des Handwerks und Handels. Die Gesamthaltung der sozialistischen Jugend werde bestimmt durch die Erkenntnis der Tatsächlichkeit des durch die kapitalistische Wirtschaft gegebenen Klassenkampfes. Sie sei die selbstbewußte Jugend ihrer Klasse. Abgesehen von dieser Wirklichkeit ein Gemeinschaftsleben aufzubauen, sei in ihren Augen illusionär. Sie stellen ihren Realismus dem Illusionismus anderswo und auch im BDJ gegenüber. Dabei finde sich in ihr viel Verständnis für alttestamentlichen Prophetismus und ein radikales Tatchristentum. Leidenschaftlich werde aber der Erweis des Wirklichkeitswertes der Religion an den wirtschaftlichen und gesellschaftlichen Ordnungen der "christlichen Kultur" verlangt. Weil der Gegensatz zwischen Christentum und kapitalistischer Wirklichkeit zu grell sei, weil die Kirche in ihrer Verbürgerlichung nichts tue, um den Kapitalismus radikal zu überwinden, lehne die sozialistische Jugend die Kirche fast durchweg ab und sei darin

---

70 SAV 1929, Nr. 10, S. 75ff.

noch radikaler als die Partei. Sie folgere daraus, die Kirche verdumme und man könne nur revolutionär oder kirchlich sein.

Die Antwort der Kirche auf diese Herausforderung hält Kappes für unzureichend, denn sie antworte mit bedauernder Resignation oder mit richtendem Pharisäismus und warte im übrigen passiv auf die Rückkehr der "verlorenen Söhne". Damit vergrößere man aber nur die Kluft und verschließe sich der Möglichkeit, den andern liebend zu verstehen. Die richtige Antwort ergebe sich vielmehr aus der Erkenntnis, daß diese Jugend auf der Schattenseite des Lebens geboren sei, schon in ihrer Kindheit mit Not, Sorge, Ungerechtigkeit und Gemeinheit kämpfen mußte und nach der Schulentlassung sofort in den erbarmungslosen Kampf der Erwachsenen um das Dasein hineingestoßen werde. Es sei etwas Großes, daß sie sich mitten in dieser zerrissenen, gemeinschaftslosen, brutalen Wirklichkeit in ihren Jugendorganisationen ein Gemeinschaftsleben aus eigener Kraft ohne akademische FührerInnen aufgebaut habe. Sie ringe oft viel stärker als andere um das Geistige, um Wissen und Bildung, um neue Lebensformen und bleibe damit dem originalen Neuansatz der Jugendbewegung treu, die ursprünglich antibürgerlich war, in den vom 19. Jahrhundert geschaffenen Zivilisationsformen keine Lebenswerte mehr entdeckte und sich deshalb von ihnen abkehrte, während die bürgerliche Jugend weithin in Romantik steckenblieb. "Jugend" meine hier nicht nur den Unterschied der Generationen, sondern einen Gegensatz der Weltanschauung. Die Notwendigkeit eines Brückenschlags zur sozialistischen Jugend aber ergibt sich nach Ansicht von Kappes zutiefst daraus, daß evangelische Christen ihren Ausgangspunkt in der Notlage der Welt statt in der organisierten Kirche zu nehmen haben, da diese kein Selbstzweck ist, sondern nur so viel Wert besitzt, wie sie Gefäß für die evangelische Bewegung im eigentlichen Sinne ist, was Machtpolitik in Analogie zu katholischem Klerikalismus im Ansatz ausschließen müsse. Kappes glaubt, daß im frühen Mittelalter die christliche Kirche deshalb so großen Einfluß hatte, weil sie die in den germanischen Volksordnungen liegenden sittlichen Kräfte gegenseitiger Verantwortlichkeit mit starken religiösen Impulsen erfüllen konnte. Durch Mitschuld der Kirche sei aber noch im Mittelalter der Sinngehalt der Kultur entschwunden. Heute vollends triumphiere in Welt und Kirche der Machtwille über die gegenseitige Verantwortlichkeit. Da müsse die Kirche "protestantisch" werden, müsse zerschlagen, um neu aufzubauen. Sie müsse die schwere Sendung des Propheten auf sich nehmen, der das Gericht verkündige, damit aus der Buße ein Neues im Sinne der göttlichen Schöpfung werden könne. Recht verstanden sei die evangelische die zentrale Bewegung der um ihre Neugestaltung ringenden Welt. Nur eingebettet in eine solche universale evangelische Bewegung habe auch der BDJ eine Bedeutung. Der religiöse Liberalismus, wie er auch im BDJ bisher herrschend sei, habe vor der antireligiösen bürgerlich-liberalen Welt kapituliert, doch habe der "weltoffene" Liberalismus nach wie vor darin recht, daß der Kampf hier **in** der Welt um eine Neugestaltung der Welt gewagt werden müsse.

Auch in diesem Vortrag betont Kappes, die sich absolut setzende bürgerliche Welt negiere Gott, auch wenn sie noch das überkommene Christentum dulde. Weil diese

Ordnungen gegen den Lebenssinn gerichtet seien, stehe über ihnen das Gerichtswort "Gewogen und zu leicht befunden". Nie habe eine Epoche, über deren Anfängen die Namen Kant, Schiller, Goethe, Pestalozzi und Beethoven leuchteten, je zuvor einen so tiefen Absturz erlebt. Man hob die Freiheit auf den Thron, verherrlichte die Würde alles dessen, was Menschenantlitz trägt, doch in Wahrheit machte man das "freie Spiel der Kräfte" zum Abgott, der die Welt regiert, und vergaß, daß Verantwortlichkeit gegenüber Gott und den Mitmenschen die stärkste Bürgschaft für die Freiheit ist. Kapitalismus bedeute Macht ohne Verantwortlichkeit. Das herrschende "Gesetz der Rentabilität" sei amoralisch, weil es jenseits von gut und böse zu stehen meine. Darum sei es illusionär, zwischen den Klassen stehen zu wollen, wo es nur ein klares Entweder-Oder gebe. Man müsse die "Utopie" begraben, daß man schon durch ein persönliches Ethos irgendetwas Wesentliches zu einer "moralischen" Gestaltung der Wirtschaft tun könne, solange das Wirtschaftssystem ohne jeden sittlichen Sinn sei. Die Kirche solle auch aufhören, vom einzelnen Unternehmer in einer Zeit "soziale Gesinnung" zu verlangen, wo der anonyme und völlig unpersönliche Verband alle Macht an sich reiße, erklärt Kappes, der also die Entwicklung zum Monopolkapitalismus gut verstanden hat. Und eindeutig folgert er auch hier und läßt es im Druck eigens hervorheben: "Christentum und Kapitalismus sind wie Feuer und Wasser". Es sei nicht nur eine eindrückliche Predigt an den Kapitalismus zu halten, sondern dieser sei zu überwinden. Formulierungen Tillichs aufgreifend[71], formuliert Kappes, die Forderung des "Realismus" dränge uns zur nüchternen Erkenntnis der Wirklichkeit, wie sie ist, in ihrer gottabgewandten Dämonie. Die bisher unterdrückte Schicht sei Trägerin des Neuen, des Rechts, und ihr Interesse sei das der Menschheit. Er glaube fest daran, daß heute und hier "Christus nicht nur in meinem Gewissen, sondern auch in den wirtschaftlichen und politischen Ordnungen der Menschheit auferstehen will", auch wenn das Ende des Weges noch nicht abzusehen sei. An der verantwortlichen Mitarbeit gläubiger Christen liege es, welche Gebäude den Weg zum Sozialismus umsäumen und zu welchem Ziel er führe. Sozialismus sei kein fertiges Programm, eine Medizin, die tropfen- oder löffelweise der kranken Menschheit eingeflößt wird, sondern ein Wagnis, das selbst den Kampf auf den Barrikaden einschließen könne, da die Mächte eines brutalen Gewaltwillens der Neugestaltung das Feld nicht kampflos freigeben werden. So bestehe hinsichtlich Kampffeld und Zielsetzung eine Gemeinsamkeit mit der sozialistischen Jugend, und in diesem Sinne hat Kappes den Kairos-Begriff Tillichs aufgegriffen: "Wir sollten den Augenblick in seiner Ewigkeitsbedeutung erfassen".

---

71 vgl. Paul Tillich, "Christentum und soziale Gestaltung", Gesammelte Werke Bd. II, Stuttgart 1962, passim.

Die Lage der Arbeitslosen in der Weltwirtschaftskrise

Kappes wußte schon aus seinem Amt als Sozialpfarrer, wovon er sprach, als er sich mehrmals sehr konkret und mit einem reichen statistischen Material zur Situation des Arbeitslosen äußerte. Besonders sein Vortrag aus dem Jahre 1932 ist äußerst aufschlußreich. Er spricht von ca. 25 Millionen Arbeitslosen im kapitalistischen Europa. Ihre Stimmung der Hoffnungslosigkeit kenne man schon aus dem 1. Weltkrieg, als die Zukunft des Lebens wie abgeschnitten erschien. Die Folgen seien Verzweiflung und Zynismus. Sie sind es um so mehr, als die Leistungen der Arbeitslosenversicherungsanstalt laufend herabgesetzt werden. Jugendliche unter 21 Jahren erhalten nur 20 Wochen lang eine Arbeitslosenunterstützung und auch diese nur, wenn sie allein stehen oder die Angehörigen selbst hilfsbedürftig sind. Sie müssen sich nach Ablauf dieser Zeit auf den Wohlfahrtsämtern ihrer Kommune melden, wo die Bedürftigkeitsprüfung nach noch viel strengeren Gesichtspunkten durchgeführt werde, stünden doch viele Kommunen selbst vor dem Bankrott. Auch die Zahl der Kurzarbeiter sei erschreckend hoch. Je länger die Krise dauere, um so mehr wachse die Zahl der auf Wohlfahrtsunterstützung Angewiesenen, deren Lage immer hoffnungsloser werde. Es wachse auch die Zahl der Nichtunterstützten, von denen die Mehrheit in noch jugendlichem Alter sei. Im Februar 1932 gab es allein 600.000 jugendliche Erwerbslose. Die Unterstützungssätze liegen an der untersten Grenze des Existenzminimums. Die Mittel zur Unterstützung werden durch immer höhere und unpopulärere Steuern aus den noch Arbeitenden herausgepreßt, so daß sich das Volk immer mehr in zwei Hälften spalte. Die Richtsätze der Wohlfahrtspflege unterliegen einer dauernden Kürzung. Immer mehr nehme die Zahl derer zu, die sich nicht mehr satt essen können, sich seit Jahren keine neuen Kleidungsstücke anschaffen konnten. So werde auch der Mittelstand in die Krise hineingezogen, und der "innere Markt" werde immer schwächer. Damit wachse auch die Gefahr des Rechtsradikalismus besonders unter der Jugend. Sie würden "die Opfer derer, die mit einem Pseudomessianismus auf dem Weg der gewaltsamen Lösung nach innen oder außen in kürzester Zeit Rettung versprechen". Die allgemeine Stimmung sei: "so kann es nicht länger weitergehen". Die Radikalisierung sei die psychologische Komponente der Verzweiflung.

Unterernährung und damit zusammenhängende Krankheiten wachsen an: Rachitis bei den Kindern, ein gefährlicherer Verlauf aller Erkältungskrankheiten und das erneute Ansteigen der Tuberkulose. Auch die nervösen Erkrankungen nehmen stark zu. Gewalttätigkeiten häufen sich. Politische Schlägereien fordern tagtäglich Todesopfer. Von den jährlich ca. 800.000 Abtreibungen ist ein sehr hoher Prozentsatz auf soziale Not zurückzuführen, denn in einer arbeitslosen Familie bedeutet jedes neue Kind neue Not. Überhaupt werden viele Familien durch Arbeitslosigkeit zerstört. Der Einfluß des Mannes, der nichts mehr verdient, sinkt, und er flüchtet oft in Alkoholismus. Viele Familien müssen zunächst in schlechtere Wohnungen und dann in Elendsquartiere wechseln. Wer über 40jährig arbeitslos wird, hat lebenslang kaum noch Aussicht auf eine Wiederaufnahme der Berufstätigkeit. 1931 endeten allein 5.000 Menschen unter 30 Jahren durch Selbstmord. In solcher Atmosphäre aufwachsende Kinder müssen seelisch und körperlich verkümmern, wie man dies schon aus den Hungerjahren der unmittelbaren Nachkriegs- und Inflationszeit kenne. Der seelische Druck macht die Kinder unfähig zu wirklicher Freude. Kinderdiebstähle und -prostitution nehmen zu, zumal die öffentlichen Mittel auch für die Kinderfürsorge verringert werden und Erholungsheime in einer Zeit stillgelegt werden müssen, wo sie am notwendigsten wären. Viele Jugendliche werden asozial, wandern wegen Bettelei ins Gefängnis oder sind schon wegen Eigentumsdelikten vorbestraft. Fast 100.000 Jugendliche vagabundieren sinnlos auf den Landstraßen. In den Großstädten bilden sich straff organisierte jugendliche Verbrecherbanden, spezialisiert vor allem auf Einbrüche und Autodiebstähle. Von 350.000 Volksschülern, die zu Ostern 1932 aus der Schule entlassen wurden, konnte in den Städten nur ein Viertel des männlichen Anteils eine Lehrstelle finden. Nicht besser gehe es den fast 50.000 Jugendlichen, die zur selben Zeit die mittlere Reife oder das Abitur erlangten. Gerade in den kleinbürgerlichen Familien sind die Eltern immer weniger in der Lage, die Kosten für ein Studium aufzubringen. Auch ca. 80.000 junge Akademiker sind nach Beendigung ihres Universitätsstudiums erwerbslos. Bei arbeitslosen Mädchen verschlechtern sich die Eheaussichten, zumal die Unterstützungssätze für weibliche Arbeitslose noch geringer sind als die für männliche. Sehr groß sei die Gefahr, daß viele von ihnen aus wechselnden Verhältnissen in die Prostitution abgleiten.

Kappes weiß aus seiner beruflichen Arbeit natürlich genau um die unterschiedlichen Versuche, in dieser Situation zu helfen. Die wichtigste Hilfe war bis 1931 die Beschaffung von "Notstandsarbeiten" durch die Kommunen, durch die z.B. Sportplatzanlagen und Strandbäder geschaffen wurden, Gelände für Industrie- und Wohnbauten erschlossen wurde. Hier gab es neben dem Arbeitslohn auch jugendpflegerische Betreuung. Jetzt aber fehlen den Kommunen die Mittel dafür. Hilfsversuche unterschiedlichster Organisationen liefen weiter, aber sie seien nur ein unzulänglicher Ersatz für die vorenthaltene Arbeit. Eine Lösung sei nur durch eine Wirtschaft möglich, die wirklich für den Menschen da sei.

Der Antifaschismus

Wie hellsichtig Heinz Kappes auch in politischer Hinsicht die Zeichen der Zeit zu deuten wußte, zeigt wie nichts anderes sein kämpferischer Antifaschismus. Die klare Absage an den Nationalsozialismus bildete sich bei ihm sehr früh heraus, nach eigenen Rückblicken schon zur Zeit des Hitlerputsches in München 1923, was mit zu seinem Eintritt in die SPD führte. Daß er ihn selbst auf ein visionäres Erlebnis zurückführt, ist für uns sekundär gegenüber den klaren Argumenten, die er in diesem Kampf äußerte, da diese zeigen, wie durchdacht seine Position war. Sein Antifaschismus war wie der der anderen Religiösen Sozialisten, zuvörderst in Thüringen und Baden, nicht nur ein theoretischer, sondern ein eminent praktischer[72]. In der präfaschistischen Schlußphase der Weimarer Republik erreichte seine politische Tätigkeit ihren Höhepunkt und wurde auch am massenwirksamsten. Er selbst spricht im Rückblick von durchschnittlich 2-3 Versammlungen an Wochenenden. Selbst die kirchliche Anklageschrift gegen ihn erwähnt, daß er allein im Februar und März 1932 auf 11 Versammlungen im Reichstagswahlkampf gegen den Nationalsozialismus gesprochen habe. Die theoretische Grundlage dieses Engagements gab er neben gehaltreichen Vorträgen der Öffentlichkeit am konzentriertesten kund in seinem Aufsatz "Der Kampf der Religiösen Sozialisten gegen das nationalsozialistische Christentum" in dem von Georg Wünsch (1887-1964) herausgegebenen Sammelband "Reich Gottes - Marxismus - Nationalsozialismus"[73], wobei es sich ebenfalls um einen erweiterten und überarbeiteten Vortrag handelt.

Eingangs stellt Kappes fest, er wolle nur die Auseinandersetzung in der evangelischen Kirche behandeln, da der Kampf in der katholischen Kirche entsprechend ihrem Universalismus anders verlaufe. Diese kämpfe gegen den "Universalismus des faschistischen Staatsabsolutismus", sprich: Totalitarismus, um die Suprematie auf dem Gebiet der Seelenführung. Die katholischen Sozial- und Wirtschaftstheorien müßten sich auseinandersetzen mit den wesensgleichen, nur unvergleichlich stärkeren des "faschistischen Romantismus und Solidarismus". Mit ihrer faszinierenden Agitationskraft, sprich: Demagogie, brächen die Nationalsozialisten, obgleich sie in den katholischen Bereichen durchschnittlich nicht so stark seien wie in den evangelischen, da schon die Zentrumspartei als ihr Konkurrent auftrete, über die konfessionellen Grenzen auch in die Reihen der katholischen Bauern und Kleinbürger ein. Kappes prophezeit, daß bei einem Sieg des Hitlerfaschismus die katholische Kirche ihm wohl eine nachträgliche ideologische Rechtfertigung geben werde, die ihr nach dem Inhalt der neuen Sozialenzyklika (sc. "Quadragesimo anno") wohl nicht sehr schwer fallen werde. Dies aber werde wohl auch in der katholischen Kirche zu einer Art Kirchenkampf führen, der in der Methode verschieden, aber in Energie und Zielrichtung dem evangelischen Kirchenkampf gleichen werde.[74]

Anders als im Katholizismus toleriere heute die evangelische Kirche als solche den Nationalsozialismus freundlich.[75] Alle Spannungen und Kämpfe auf politischer und

---

72 vgl. zu Thüringen den Wortlaut der frühen Warnung des dortigen Bundes Religiöser Sozialisten, unterzeichnet von Emil Fuchs (1874-1971) und Karl Kleinschmidt (1902-1978), wieder abgedruckt im Evangelischen Pfarrerblatt 1965, H. 9/10, S. 148, und den Aufsatz von Walter Bredendiek (1926-1984): "Vor der Feuerprobe" ebda 1967, H. 4, S. 95-98, zu Baden das genannte Werk von Balzer/Schnell.

73 Tübingen 1931, S. 90-116. Vgl. auch Kappes' Brief an den Jugendpfarrer Albert in: Evangelische Landeskirche in Baden im "Dritten Reich", Bd. I, S. 239.

74 vgl. jetzt die umfassenden Überblicke in: "Die Geschichte des Christentums. Religion - Politik -Kultur", Bd. 12: "Erster und Zweiter Weltkrieg. Demokratien und totalitäre Systeme (1914-1958)", Freiburg/Basel/Wien 1992, S. 399ff. 467ff. 688ff.

75 vgl. Kurt Nowak: "Evangelische Kirche und Weimarer Republik. Zum politischen Weg des

wirtschaftlicher Ebene müßten auch in den höchsten Sphären von Weltanschauung und Theologie ausgetragen werden. "Darum wurde der Kampf, der sich auf dem politischen Gebiet seit Ende 1930 fast bis zum Bürgerkrieg steigerte, auch zu einem Kampf in der Kirche, der sie bis in ihre Fundamente erschüttert." Bauern- und Bürgertum, die das sog. Kirchenvolk repräsentierten, erwiesen sich als besonders leicht verführbar. So werde der falsche Eindruck erweckt, die Nationalsozialisten seien in der Kirche, die Marxisten nur stünden draußen. Die Religiösen Sozialisten aber dürften für sich in Anspruch nehmen, um der Kirche willen von Anfang an den Kampf gegen den Nationalsozialismus geführt zu haben. Eckert habe als Schriftleiter des SAV seit Jahren mit einer Fülle von Tatsachenmaterial auf den Mißbrauch von Kirche und Christentum durch die Nazis und die dadurch der Kirche in ihrer geistlichen Substanz entstehenden Gefahren hingewiesen. In den Landessynoden, in denen die Religiösen Sozialisten vertreten seien, sei fast in jeder Tagung dieses Problem erörtert worden. Der Bundeskongreß der Religiösen Sozialisten in Stuttgart im August 1930 habe das Verhältnis von Faschismus und Christentum gründlich behandelt. Im November 1930 sei die Religiös-Sozialistische Internationale aufgrund ihrer Baseler Verhandlungen mit einem Aufruf "Christentum und Faschismus sind unvereinbar" vor die Weltöffentlichkeit getreten. Im "Deutschen Pfarrerblatt" führten Mitglieder der religiös-sozialistischen Pfarrbruderschaft die Debatte gegen die Verfechter des Nationalismus in der Kirche, wozu Hunderte von Versammlungen mit Hunderttausenden von Teilnehmern gekommen seien. Die hier klar benannte Alternative Christus- oder Hakenkreuz sei viel wirkungsvoller gewesen als allerlei vorsichtige Fragezeichen, die wohlmeinende bürgerliche Theologieprofessoren hinter die Grundsätze der völkischen Bewegung gesetzt hätten. Die Kämpfe hätten zu politischen Kirchenprozessen gegen die Pfarrer Eckert und Kleinschmidt geführt, wo die Kirchenleitungen, gedrängt durch ihnen nahestehende politische Rechtskreise, parteiisch gegen religiös-sozialistische Pfarrer vorgingen. Dies zeigt, daß die Entmächtigung konservativer und nationalistischer Kreise, die durch ihre Vormachtstellung der evangelischen Kirche heute noch das Gepräge geben, als seien evangelisch und reaktionär identisch, auf der Tagesordnung stehe.

NS-Pfarrer hätten es oft als Kriegsfreiwillige bis zum Reserveoffizier gebracht. Sie seien stark gefühls- und willensmäßig bestimmt, Willensschwache mit Überkompensationen oder volkstümliche Pfarrer, die sich vom NS-Elan mitreißen ließen. Einige beschränkten die Gnadenmacht des Christentums auf den rein persönlichen Bereich, verschrieben sich aber im politischen Bereich Staatsabsolutismus, Imperialismus, Terror und Rassenhaß und führten alles Denken auf das "Blut" zurück. Sie übersteigerten das national-idealistische, deutsch-evangelische Bindestrichchristentum. Damit aber verfälschten sie das Evangelium.

Kappes erkennt klar, daß der schlagartige Machtzuwachs der Nazis mit dem Aus-

---

deutschen Protestantismus zwischen 1918 und 1932", Weimar sowie Göttingen 1981, 2. Aufl. 1988, S. 205ff sowie meine Rez. in DLZ Bd. 103, 1982, Sp. 240ff.

bruch der Weltwirtschaftskrise zusammenhängt. Der Rassegedanke wird als Rassendünkel zum beherrschenden ideologischen Überbau. Dies verleihe, wie man meine, der arisch-germanischen Rasse das Recht auf Weltherrschaft und Unterdrückung angeblich minderwertiger Rassen. Die Militarisierung der jungen Generation sei erklärtes Ziel der Nazis. Das Ideal des kriegerischen Heroismus bestimme die gesamte soziale und individuelle Ethik. Ihr diktatorischer Militärstaat bedeute eine Absage an jede Demokratie. Zugleich gebe es in Programm und Praxis manche Tarnung. Hugenberg und die Schwerindustrie erblickten in ihnen willkommene Bundesgenossen. Mit der Parole des "Antimammonismus" würden aber die Hirne vernebelt. In Wahrheit nutzen die Nazis militante Massen zur Stabilisierung des Kapitalismus. In den Diskussionen der Religiösen Sozialisten spielten ökonomische Fragen deshalb eine entscheidende Rolle. Auch in der Militär- und Außenpolitik werde ein gewissenloses Spiel getrieben. Mit verdächtiger Leidenschaft behaupteten NS-Pfarrer immer wieder, das Evangelium habe mit Abrüstung und Abschaffung des Krieges nichts zu tun. Der offizielle Protestantismus, der für das Linsengericht äußerer Macht das geistige Erstgeburtsrecht verkauft habe, werde in einer NS-Diktatur noch rettungsloser als die alte evangelische Staatskirche in Abhängigkeit vom absoluten Staat kommen. Die Religion habe bei den Nazis nur den Wert des stärksten autoritären Erziehungsfaktors im Staat. Für Rosenberg gipfeln die negativen Züge des Christentums in Mitleid, Demut und allgemeiner Menschenliebe. Durch das Bekenntnis zu schrankenloser Liebe, die Gleichheit aller Menschen vor Gott und den Menschenrechtsgedanken habe sich die europäische Gesellschaft zur Hüterin des Minderwertigen, Kranken, Verkrüppelten, Verbrecherischen und Verfaulten entwickelt. Liebe und Humanität zersetzen nach dieser inhumanen Ideologie Volk und Staat. Als positiv am Christentum gelte hier nur alles Heldische, und der Mensch gelte als Gott gleich. Der Gedanke vom nordischen heldischen Menschen und seinem deutschen Gott führe zu einer gleichzeitig mystischen und nationalistischen Herrenreligion. Man dürfe sich folglich durch den christlichen Schein dieser Bewegung nicht über ihren wahren Charakter täuschen lassen. Die Nazis verwandelten das Sinnbild der vergebenden und rettenden Liebe Gottes für alle, das Kreuz, in ein Zeichen selbstgerechter und hochmütiger Ausschließlichkeit, ja des Hasses und der Gewalt, was schlimmstmögliche Lästerung sei. Der mit dem Götzendienst des Nationalismus aufs engste verbundene Gewaltgedanke schreie mit einer noch nie dagewesenen Frechheit sein Credo in die Welt. Das aber sei frivole Gottlosigkeit. Der Staat werde zu einem Gott erhoben, der nichts neben sich gelten lasse, keine Regung des selbständigen Gewissens dulde und seine Gegner mit Gewalt und Mord unterdrücke. Das arische Blutchristentum erscheine wie ein Spuk, ja wie eine dämonische Personifizierung des Antichrists. Die zahlenmäßig noch kleine religiössozialistische Bewegung verteidige dagegen als einzige Christi Sache in der Kirche.

Kappes als Synodaler

Daß es in der badischen ähnlich der Thüringer Landessynode eine religiös-sozialistische Fraktion gab, hatte zwei Gründe. Zum einen war es darin begründet, daß es in Baden noch viele Arbeiter gab, die täglich vom Land zu ihrer städtischen Arbeitsstelle kamen, mit ihrer Familie weiterhin ein kleines Landstück bewirtschafteten und damit teilweise ihren bäuerlichen Lebenshintergrund behielten. F. M. Balzer hat diese Sonderbedingungen vieler badischer Arbeiter in seiner Dissertation präzise verdeutlicht[76]. Sie gehörten in ihrer großen Mehrheit noch einer Kirche an, wenn sie ihr auch meist entfremdet waren. Kappes verwandte große Energie darauf, sich gerade ihnen verständlich zu machen und die evangelische Landeskirche durch einen fundamentalen Wandel weg von einer Kirche im Bunde mit den Herrschenden in eine Heimat auch des Proletariats umzuwandeln. Daß es in der badischen wie in der Thüringer Landessynode überhaupt Fraktionen und auch eine solche des Volkskirchenbundes evangelischer Sozialisten gab, was beides in den meisten anderen deutschen Landessynoden nicht der Fall war, aber war im Charakter der jeweiligen Kirchenverfassung begründet, die sich die badische Landeskirche schon 1919 gegeben hatte und die damals unter starkem Einfluß bürgerlich-demokratischen Denkens entstanden war, wenn auch die religiös-sozialistische Fraktion gegenüber der der Kirchlich-Positiven Vereinigung und auch der Kirchlich-Liberalen Vereinigung nur klein war.

Heinz Kappes gehörte dieser Fraktion von 1926 bis 1933 an und war zweifellos neben Erwin Eckert ihr aktivster Vertreter. In der vorangegangenen Legislaturperiode hatten bereits der damals noch als Pfarrer in Baden wirkende Georg Wünsch und Heinrich Dietrich der badischen Landessynode angehört. Da Kappes wenige Monate jünger als Eckert war, war er bei seiner Wahl in die Landessynode mit 32 Jahren der jüngste der religiös-sozialistischen Abgeordneten. Eckert konfrontierte jede ihrer Sitzungen mit einer Fülle von Anträgen, so auf Aufhebung der Kirchensteuer, die er mit Recht für unvereinbar mit einer wahrhaft geistlichen Ordnung der Kirche hielt, und aus gleichem Grunde auf Trennung von Staat und Kirche. Im Gespräch mit Balzer hat Kappes am 2. November 1973 darauf hingewiesen, daß er selbst Provokationen der Synodalmehrheit entsprechend seinem Charakter und seiner persönlichen Aufgabenbestimmung zu vermeiden suchte. Dessen ungeachtet trug er die Initiativen seiner Fraktion solidarisch mit und begründete sie auch, wie wir schon hörten, in seinen Reden vor dem Plenum der Synode. Seine erste Synodalrede hielt er über einen Arbeitsbereich, in dem er selbst besonders kompetent war: die kirchliche Sozialarbeit. Er tat es so konstruktiv, daß ihm auch Abgeordnete anderer Fraktionen für seine Ausführungen in Form und Inhalt dankten. Das ist typisch für seine so sympathisch berührende Art wie für sein Kirchenverständnis. Meine bisherigen Darlegungen dürften

---

76 vgl. "Klassengegensätze in der Kirche. Erwin Eckert und der Bund der Religiösen Sozialisten", Köln 1973, 3. Aufl. Bonn 1993, S. 27ff sowie meine Rez. in der Theologischen Literaturzeitung Bd. 102, 1977, Sp. 671ff.

eindeutig gezeigt haben, daß Kappes die biblische Mahnung, sich eindeutig und unmißverständlich zu äußern, stets beherzigt hat. Noch späte Äußerungen in Privatbriefen verraten diese geistlich begründete Klarheit, die auch scharfe Abgrenzungen in einer gelegentlich undiplomatischen Art nicht scheuten. Zugleich aber dachte er nicht eigentlich militärisch-strategisch, sondern war von seinem Naturell her eher ein Brückenbauer. Er glaubte zwar nicht an die Institution Kirche, was ja auch nur im Gegensatz zu evangelischem Kirchenverständnis hätte geschehen können, so sehr die Kirchenleitung einen solchen Glauben im Grunde erwartete. Aber er glaubte sehr wohl mit der gesamten Christenheit aller Konfessionen an die "Gemeinschaft der Heiligen" als Bestandteil des Glaubens an Gott als den Hl. Geist und sah als bekennender Christ in ihr seine Heimat. Er wußte, daß zu dieser weltumspannenden Gemeinschaft der wahrhaft Glaubenden, die man von der Institution Kirche unterscheiden muß, die man aber nicht von ihr scheiden darf, auch ein von Brüderlichkeit, Nächstenliebe und Vergebungsbereitschaft bestimmtes Ethos gehört, und so bemühte er sich gerade als Synodaler, Entschiedenheit und Besonnenheit dialektisch zu verbinden[77]. Das schloß v.a. bestimmte im politischen Kampf ständig verwandte Mittel der Diskreditierung und Schwächung des Gegners im Ansatz aus. Es schloß auch aus, dem kirchenpolitischen Gegner jede Lernfähigkeit abzusprechen und Kompromisse prinzipiell auszuschließen, wenn diese nicht nur taktischem Kalkül entsprangen.

Anknüpfend an Jesu Wort, die Christen seien das Salz der Erde (Mt.5,13), erklärte Kappes, das Salz müsse sich auflösen. Die Kirche habe keinen Eigenwert als Organisation, sondern sei nach Johann Hinrich Wichern (1808-1881) dazu da, sich um ihrer Aufgabe willen, Gottes Reich zu fördern, immer wieder selbst in die Welt hinein aufzulösen. Quer durch alle Konfessionen aber gehe ein katholischer Zug im schlechten Sinne kirchlichen Machtwillens. Er sprach sich gegen den Willen aus, der Kirche um ihrer selbst willen politischen Einfluß zu verschaffen. Alle Gruppierungen in der Kirche sollten sich an Jesu Mahnung halten, zuerst nach Gottes Reich und seiner Gerechtigkeit zu trachten (Mt.6,33), dies aber stelle in strikten Gegensatz zu den heutigen Weltordnungen, wo Machtgeist und Spekulieren auf Erfolg einzig ausschlaggebend seien.

Hier und in einer folgenden Synodalrede erinnert Kappes an Gottes Aufforderung an Abraham, aus seiner Heimat auszuziehen in ein Land, das er ihm zeigen werde (1. Mose 12,1). Dies gelte erst recht in einer Wendezeit wie der heutigen mit der Tendenz zu neuen Ordnungen als Ausdruck des Willens zu wahrer Gemeinschaft statt zu dämonischer Machtentfaltung. Man sollte sich dabei mit denen zusammentun, die durch ihr Leiden hingestoßen werden auf die Abkehr von der "Ordnung", die ihr Leiden verursachte. Predigt des Evangeliums sollte die Massen nicht zufrieden mit ihrem Los machen wollen. Es sei gerade ihnen als den Armen, Gedrückten, Kämpfenden und Leidenden anvertraut. Dort stand Jesus selbst, um zu wappnen gegen die Gefahr, die vor allen Kirchen zu allen Zeiten stand: sich mit den Mächten dieser Welt zu verbün-

---

[77] vgl. meinen Leserbrief in den "Weißenseer Blättern" 1986, H. 5, S. 7-9.

den, und dies gerade angesichts einer Fülle versäumter Gelegenheiten. Diesen Kämpfenden sollte der Sonntagsgottesdienst neue Kraft vermitteln, so daß er nicht kultisch, sondern prophetisch ausgerichtet sein sollte. Prophetie ist bewußt gegenwartsbezogene Predigt, keine Schönrederei und gemütliche Predigt, die nur individuell erbauen möchte. Mit einer neuen Schau möchte das Bibelwort vielmehr eine Spannung in uns schaffen bzw. wach halten, die sich mit dem Widergöttlichen und Menschenfeindlichen nicht mehr abfindet, sondern das Bewußtsein in der Kluft zwischen Realität und Ziel der Geschichte auch als Leiden zu fruchtbarer Aktivität verwandelt.[78]

Am 11. Mai 1928 sprach sich Kappes in der Synode u.a. für die Streichung des Gotteslästerungsparagraphen aus, weil er ein Fremdkörper in der modernen Gesetzgebung sei, wolle doch der moderne Staat tolerant sein und allen Religionen zur freien Ausübung ihres Glaubens verhelfen. Zwar sei die Ausübung der Religion zu schützen, aber nicht ein bestimmter Glaubensinhalt. Flüche gegen Gott seien oft Ausdruck der Empörung gegen das Unrecht und ein sehnsüchtiger Aufschrei nach einer Ordnung der Gerechtigkeit.[79] Am 13. Juni 1930 begründete Kappes vor der Synode, warum seine Fraktion sich bei der Abstimmung über die neue Agende der Stimme enthalten werde. Sie habe bei deren Ausarbeitung loyal mitgearbeitet, sehe aber deutlich ihre Grenzen, da sie ein lebendiges Glaubensleben nicht schaffen könne. Der Gottesdienst erfasse in der Gegenwart nur einen Teil der Christen, und das Bekenntnis werde von sehr vielen kaum mehr verstanden. Das Gebet sei für sehr viele Christen nicht mehr das "Brot ihrer Seele". Auch hier sein an die neutestamentliche Verheißung für die zu denken, die arm sind (s. Mt.5,3), Sehnsucht nach dem Geist haben, aber nicht die Sprache der Kirche sprechen. Statt ihnen deshalb Vorwürfe zu machen, sei das Gute aus ihnen "herauszulieben". Mehr Sondergottesdienste mit ihren spezifischen Feiern könnten für sie eine Hilfe sein.[80] Der Gottesdienst werde jedenfalls nicht dadurch lebendiger, daß man einzelne hymnisch-archaische Stücke, so schön sie liturgisch sein mögen, in ihn einbaut. Die Gegenwart sei im Gegensatz zum Reichtum früherer liturgischer Stilperioden zur Einfachheit genötigt.[81]

Der große Gegner der Religiösen Sozialisten innerhalb der Landeskirche waren die theologisch-kirchlich wie politisch ausgesprochen konservativen Positiven, die seit 1924 mit D. Klaus Wurth den Kirchenpräsidenten und mit D. Julius Kühlewein seinen Stellvertreter mit dem Titel Prälat stellten. Wurth, den auch Kurt Meier "eine ausgesprochene kirchliche Führergestalt" nennt, brachte keinerlei Verständnis für die Grundintention der Religiösen Sozialisten auf, sah in ihnen vielmehr nur Störenfriede,

---

78 vgl. Verhandlungen der Landessynode der vereinigten ev.-protestantischen Landeskirche Badens, Ordentl. Tagung vom Februar/März 1927, Karlsruhe 1928, S.59-65.
79 vgl. Verhandlungen der Landessynode der vereinigten ev.-protestantischen Landeskirche Badens. Ordentl. Tagung vom April/Mai 1928, Karlsruhe 1929, S. 58f.
80 vgl. Verhandlungen der Landessynode der vereinigten ev.-protestantischen Landeskirche Badens. Ordentl. Tagung vom Mai/Juni 1930, Karlsruhe 1931, S. 243-246.
81 ebda.

die fremdes Gedankengut in die Kirche hineintrügen. So sahen auch die Religiösen Sozialisten in ihm das Haupt der kirchenpolitischen Rivalen und beklagten, daß diese in immer stärkerem Maße in der Zeit der Notverordnungskabinette zu administrativen Behinderungen bis hin zu Prozessen gegen ihre führenden Persönlichkeiten griffen. Trotzdem hat Kappes Wurth nie seinen Respekt entzogen, zumal dieser 1933 sich lieber zur Ruhe setzen ließ, als auf die Seite der Nationalsozialisten überzugehen, nachdem er freilich zuvor kaum etwas unternommen hatte, um diese Gefahr auch nur innerkirchlich zu bannen. Noch späte Äußerungen von Kappes zeugen von Hochachtung vor einer in ihrer Weise großen und integren Persönlichkeit.

Ausdruck seiner Hoffnung auf ein konstruktiveres Miteinander war auch seine Synodalrede vom 9. März 1927, auf die ich schon mehrfach einging. In seiner Stellungnahme zu Wurths Hauptbericht spricht Kappes von einem drohenden Zerfall der Kirche, aber auch von einem Umschlag der Atmosphäre aufgrund einer Erklärung des Kirchenpräsidenten, die Gemeinschaft wiederhergestellt und Vertrauen habe keimen lassen. Wenn sich dieser Trend fortsetze, könne man das Vergangene wie "Denkmale auf den Schlachtfeldern" betrachten. Unrecht könne zwar nicht ungeschehen gemacht werden, aber die Denkmale sollten vom Willen zum Frieden und zu einer neuen Kirche zeugen. Das Vertrauen wachse freilich nicht "mit dem Maß der Worte und prinzipiellen Erklärungen", sondern nur "mit dem Maß der Beweise dafür, daß man in Tat und Wahrheit loskommen will von der Dämonie des Willens zur Macht". Kappes sprach sich damit gegen Kirchenpolitik in Parallele zu welthafter Politik aus, die den Schwächeren majorisieren und letztlich beseitigen will. Er sprach sich überhaupt gegen Machtdenken in der Kirche aus und bezeugte damit, daß er Jesu Mahnung in Matth. 20,25-28 in ihrer prinzipiellen Bedeutung gut verstanden hatte: "Ihr wisset: die Fürsten halten ihre Völker nieder, und die Mächtigen tun ihnen Gewalt. So soll es unter euch nicht sein. Sondern wer groß sein will unter euch, der sei euer Diener. Und wer der Erste unter euch sein will, sei euer Knecht, gleichwie des Menschen Sohn nicht gekommen ist, daß er sich bedienen lasse, sondern daß er diene und sein Leben zu einer Erlösung für viele gebe."

Leider aber bestätigte sich die Hoffnung von Kappes auf ein neues konstruktives Miteinander in der Landessynode und der Landeskirche überhaupt nicht. Schon im folgenden Jahr mußte er einen verschärften Kampf der Positiven gegen seine Gruppierung feststellen, und mit dem Ende der Zeit der relativen Stabilisierung der Weimarer Republik verschärfte sich die innerkirchliche Auseinandersetzung beträchtlich. Schon 1928[82] veröffentlichte Kappes einen "Offenen Brief an alle Pfarrer des Kirchenbezirkes Karlsruhe-Land", in dem er zur Entschließung ihrer Bezirkssynode vom 5. Dezember 1928 Stellung nimmt, die einstimmig gefaßt und auch in der bürgerlichen Tagespresse veröffentlicht worden war. Kappes konstatiert, es sei neuartig, den Kampf gegen die Religiösen Sozialisten auch auf Bezirksebene zu führen, und stehe nicht im Einklang mit der Verfassung. In der Erinnerung stiegen ihm Bilder aus der

---

82 SAV 1928, Nr. 51 vom 16. 12. 1928.

Kirchengeschichte auf, wo in "Räubersynoden" fanatisierte Kleriker die anderen verketzerten, mit Bannflüchen verdammten und zum Schisma trieben. Dort hätten sich aber die Verketzerten wenigstens noch verteidigen dürfen, während in der Linkenheimer Synode nur Positive vertreten seien. "Ihre Einstimmigkeit hat gewiß nicht der heilige Geist, sondern eben die gleiche Parteizugehörigkeit bewirkt." Nichts vom Bestehenden sei aber allein durch sein Dasein geheiligt und unantastbar. Kappes verwahrt sich gegen den Vorwurf, die Religiösen Sozialisten hätten zuerst durch ihre Kirchenkritik und Polemik diese Schärfe in den innerkirchlichen Kampf getragen. "Haben etwa die alttestamentlichen Propheten ihre jüdische Kirche beschimpft, als sie aus Gewissensnot oft mit noch schärferen Worten, als wir sie gebrauchen, die Umkehr forderten? Wir erheben unsere Stimmen nicht aus Frivolität, sondern das Ziel unserer Revolutionierung ist der Neuaufbau." Man gebe gern zu scharfe Formulierungen preis, lasse aber in der Sache nicht nach. Auch hier betont Kappes: "Darum schreibe ich meinen Brief an Sie nicht nur im Getrenntsein durch die kirchenpolitische Zerspaltung, sondern in der Verbundenheit einer Aufgabe, zu der wir von Gott verpflichtet worden sind." Es gehe um Dienst am Leben und Befreiung zu neuer Entfaltung, und dies auch in der Kirche.

In einem daran anknüpfenden Artikel "Der Kampf in der Hardt"[83] weist Kappes darauf hin, daß der Kampf der Positiven auch in ihrem allein auf dem Amtsgedanken aufbauenden Kirchenbegriff begründet sei. Ihr Ideal sei noch das der von den Pfarrern geführten und beherrschten Kirche, während es in Wahrheit um die gleichberechtigte und selbständige Mitarbeit der Laien gehe[84]. Kappes bemerkt hellsichtig, plötzlich rede man auch in der Kirche überall von einer Krise des Parlamentarismus, obgleich Kenner der Verhältnisse eher von einer Krise der positiven Partei sprächen. Er wandte sich gegen die "ungerechte Aussiebung der Minoritäten" und die Verstärkung des Parteieinflusses in den Synoden und damit gegen die schleichende Aushöhlung der eigenen kirchlichen Grundordnung. Derselbe "Klassenkampf" spiele sich in Kirchengemeinderäten ab, da man keine Sitze an Arbeitervertreter abtreten wolle, obgleich es doch gegenüber dem Proletariat eine Kollektivschuld der Kirche gebe.

Die Fraktion der Religiösen Sozialisten stellte in der badischen Landessynode 8 von 63 Abgeordneten. Bei der Neuwahl 1932 gewannen sie einen weiteren Sitz, während die Positiven 4 Sitze verloren. Entscheidend aber war, daß die erst 1932 vom NS-Gauleiter und späteren Reichsstatthalter Robert Wagner gegründete "Kirchliche Vereinigung für positives Christentum und deutsches Volkstum", eine Gruppierung der Deutschen Christen als offener Nazifraktion in der Kirche, die sich v.a. aus jüngeren Pfarrern aus den Reihen der Positiven wie Liberalen rekrutierte, auf Anhieb 13 Sitze erhielt, während die Liberalen 7 Sitze verloren und nur noch 11 Sitze erreichten (ihre Vertreter traten 1933 geschlossen zu den DC über). Doch behielten die Positiven

---

83 SAV 1929, Nr. 10, S. 75-77.
84 vgl. Hanfried Müller: "Evangelische Dogmatik im Überblick", Berlin 1978, 2. Aufl. 1989, Teil 1, S.113ff. 225ff.

mit 29 Sitzen die Mehrheit. Sie entschlossen sich zur Koalition mit den DC und bildeten in der Folgezeit gemeinsam mit diesen die Kirchenregierung[85]. Gemeinsam nutzten sie ihre Zwei-Drittel-Mehrheit umgehend dazu, die Kirchenregierung zu "entparlamentarisieren". Liberale und Volkskirchler waren nicht mehr in ihr vertreten, so daß auch Kappes im Oktober 1932 aus ihr ausschied. Er hatte dieses Bündnis schon über ein Jahr zuvor prophezeit[86] und es als "protestantisches Harzburg" gekennzeichnet[87].

Wie sehr Kappes unter den mit dieser Verschärfung des innerkirchlichen Kampfes verbundenen ungeistlichen Methoden litt, beleuchtet drastisch sein Artikel "Der 'Bombenwurf' in der Badischen Landeskirche"[88], wo er die Vorgänge auf der letzten Tagung der Landessynode vom 22. und 23. April 1932 schildert. Dort fühlten sich die Religiösen Sozialisten am Schluß der Tagung erstmals verpflichtet, neben dem offiziellen Schlußgottesdienst zur selben Zeit einen eigenen Sondergottesdienst abzuhalten. Kappes beschreibt diesen Selbstausschluß als Ausdruck schwerster, innerster Not, persönlich erschüttert "über das Dämonische dieses Kampfes". Auch dem geselligen Beisammensein blieb man fern. Selbst seiner heimlichen Tränen schämt sich Kappes nicht. Schon 1930 war es zu ähnlich harter Konfrontation gekommen, wenn die Auswirkungen auch noch nicht so drastisch waren. Damals verließen die Positiven geschlossen den Saal, als Kappes gegen eine Benachteiligung der Religiösen Sozialisten bei der Neubesetzung von Pfarrstellen protestierte. Dem hält er entgegen, die Religiösen Sozialisten seien weder Sekte noch Konventikel, sondern mindestens mit gleichem Recht wie die anderen Kirche. Zur Begründung des Sondergottesdienstes gaben die Religiösen Sozialisten vor dem Plenum eine gemeinsame Erklärung ab, ein Gottesdienst müsse ein gemeinsames Bekenntnis sein, da aber ihrer Fraktion die volle Kirchlichkeit zuvor abgesprochen worden sei, habe er seinen Sinn verloren. Darauf wurde die Sitzung unterbrochen, und der Synodalpräsident verhandelte - nur nicht mit den Religiösen Sozialisten. Sie wollte er nur bewegen, ihren Entschluß aufzugeben. Als sie dies ablehnten, wurden sie darauf aufmerksam gemacht, daß sie die Kleine Kirche ohne Erlaubnis des Kirchengemeinderats benutzten. Noch nach der Synode erkundigte sich Wurth bei der zuständigen Gemeinde, ob sie schon rechtliche Schritte gegen die widerrechtliche Benutzung ihrer Kirche eingeleitet habe. Im Sondergottesdienst sang man "Verzage nicht, du Häuflein klein", und Kappes hielt eine Stegreifpredigt über 2. Kor. 4. Man wurde innerlich frei, auch für die zu beten, die ihnen dieses Leid zugefügt

---

85 Zur kirchenpolitischen Entwicklung in der badischen Landeskirche unter der Naziherrschaft vgl. Kurt Meier: "Der evangelische Kirchenkampf", Bd. 1, S. 436ff, Bd. 2, S. 316ff. Halle sowie Göttingen 1976, Bd. 3, 1984, S. 434ff sowie meine Rez. in der DLZ Bd. 98, 1977, Sp. 502ff. 861ff, Bd. 106, 1985, Sp. 76ff.
86 RS vom 8. 3. 1931.
87 RS vom 16. 10. 1932.
88 RS Nr. 23 vom 3. 6. 1932, S. 91. Jetzt auch in: Evangelische Landeskirche in Baden, Nd. I, S.235ff.

hatten, und bat Gott: "Erlöse uns alle von der Macht des Bösen!" Die Überschrift des Artikels von Kappes nimmt darauf Bezug, daß ein positiver Pfarrer im "Kirchen- und Volksblatt" den Sondergottesdienst als Bombenwurf bezeichnet hatte.

Zum Übergehen religiöser Sozialisten bei der Neubesetzung zweier Pfarrstellen in Mannheim stellte Kappes vor der Synode im April 1932 fest, auch hier handle es sich um Machtpolitik und er sei mit seinen Freunden in das Garn der Juristen geraten. Jedenfalls der Geist der landeskirchlichen Verfassung, wenn schon nicht ihr juristisch zu erhebender Wortbestand sei verletzt worden. Im Dezember 1919 habe sich auch der heutige Landeskirchenrat Karl Bender vor der verfassunggebenden Synode zu Toleranz und Minderheitenschutz bekannt. Seit 12 Jahren kämpfe die religiös-sozialistische Bewegung um ihre Anerkennung, ohne damit bisher ans Ziel gelangt zu sein. Man sollte sich klar machen, daß an allen Wendepunkten der Kirchengeschichte angeblich ketzerische Bewegungen aufgetreten seien, die man als Schwärmer abzutun suchte, die sich aber erhielten und durchsetzten. Mennoniten und Quäkern z.B. erschien die verfaßte Form der Kirche zweitrangig gegenüber der ihr von Gott gegebenen Aufgabenstellung. Die Kirche sei den Religiösen Sozialisten Gefäß, Ausgangspunkt und Sprungbrett, um Gottes Reich auf Erden zu dienen.[89] Auch im Oktober erinnerte Kappes daran, durch das ganze landeskirchliche Verfassungswerk sei bisher der Grundgedanke des Proporzes gegangen. Jetzt aber baue man vollends den bisherigen Parlamentarismus in einem Zusammenspiel von Positiven und "evangelischen Nationalsozialisten" ab. Er verkenne nicht das Anliegen der Positiven: Stärke, Einheitlichkeit und Konzentration im Zweifrontenkrieg gegen die Gottlosenbewegung und den politischen Katholizismus, durch dieses Streben aber werde die evangelische Kirche zu einem bedeutungslosen Abklatsch der römisch-katholischen Kirche, verrate ihr eigentliches Wesen und könne ihre heutigen Aufgaben nicht mehr erfüllen. Legitime Konzentration sei nur die des Glaubens, diese aber bedeute zugleich die größte Weite als Bindung, die Freiheit ermögliche und keine Sicherungen kleinlicher oder niederträchtiger Art benötige. Sie habe ihre Sicherheit allein in ihrem Glauben und fühle sich gerade stark angesichts der mit dem Glauben gegebenen Spannungen. Dem kirchlichen Apparat gegenüber habe seine Fraktion nun vollends keine Illusion mehr, doch bleibe man in der Kirche.[90]

Letztmalig sprach Kappes vor der badischen Landessynode im November 1932. Hier setzte er sich auch ironisch mit vorausgegangenen Ausführungen von Dr. Otto Friedrich auseinander. Es ist nicht auszuschließen, daß dieser im folgenden Jahr auch die für ihn günstige Gelegenheit ergriff, sich dafür an Kappes zu rächen. Der Sache nach aber beschäftigte sich Kappes hier vor allem, wobei er es auch an Kritik an der

---

89 vgl. Verhandlungen der Landessynode der vereinigten ev.-protestantischen Landeskirche Badens, Ordentl. Tagung vom 19.-23. April 1932, Karlsruhe 1932, S. 28-31.

90 Verhandlungen der Landessynode der vereinigten ev.-protestantischen Landeskirche Badens, Ordentl. Tagung vom 4./5. Oktober und vom 22./23. November 1932, Karlsruhe 1933, S.8-12.

Nazifraktion in der Synode nicht fehlen ließ, mit dem Entwurf eines Vertrages zwischen dem Freistaat Baden und der Vereinigten Evang.-protestantischen Landeskirche Badens. Die Unabhängigkeit der Kirche dürfe nicht angetastet bzw. müsse wiederhergestellt werden. Bestimmte Staatsmittel dürfe man deshalb nicht annehmen, müsse sich vielmehr die Mahnung Jesu vergegenwärtigen: "Umsonst habt ihrs empfangen, umsonst sollt ihr es auch geben!" (Mt.10,8) Dabei sei auch er der Auffassung, daß der Staat die karitativen Aufgaben der Kirche auch finanziell fördern sollte, wie es auch die SPD tue, da diese Aufgabe am Volksganzen geleistet würden. Dies schließe dann freilich Mitkontrolle und Mitwirkung des Staates ein. Ein solches Miteinander aber benötige nicht die Fixierung durch Verträge. Auch in vielen anderen Punkten sei die vertragliche Sicherung auf lange Zeit ein Unheil und behindere gerade die auch Auseinandersetzungen einschließende lebendige Beziehung Staat-Kirche. Schwebene Fragen zwischen Staat und Kirche müssen zwar auch rechtlich geklärt werden, es sei aber ein Unterschied, ob man das in Form eines Staatsvertrages oder einfacher Gesetze tue, die auf vorausgegangenen Vereinbarungen beruhen. In ekklesiologischer Hinsicht gehe es hier um die Spannung zwischen prophetischem und hierarchischem Prinzip. Es gebe zwar auch in der römischen Kirche immer wieder prophetische Durchbrüche, auch nach der Reformation, während sich andererseits die evangelische Kirche ihrem Ursprung entfremden kann. Für eine wahrhaft evangelische Kirche aber kann es kein Konkordat geben, während die katholische Kirche als hierarchischer Flügel des Christentums sich naturgemäß auf sie versteife. Evangelische Kirche würde sich so in Abhängigkeit vom Hierarchischem begeben. Demgegenüber bekannte sich Kappes hier noch einmal zu allen Reformbewegungen auch in evangelischem Kirchentum von Mennoniten bis zu Pietisten und Quäkern, die sämtlich das Prophetische in der Kirche betont hätten und darum falsche Bindungen an den Staat gründlich in Frage stellten. Sie meinten eine Kirche, die "hat, als hätte sie nicht"(vgl.1.Kor.7,29-31). Sie gaben stets dem Lebendigen den Vorzug vor dem Gebundenen, Verfaßten und an äußerliche Ordnungen Gefesselten. Darüber könne es zu großen Konflikten mit dem Staat kommen, auch in der Frage der Wirtschafts- und Staatsform. Niemals darf Kirche vor der "Kollektivität des Staates" kapitulieren. In falsche Bindungen aber begebe man sich, wenn man staatliche Stützung über Gebühr im Sinne des "do, ut des" (sc. ich gebe, damit du gibst) in Anspruch nimmt. In den prophetischen Bewegungen der Kirche habe es stets ein waches Mißtrauen gegen verfaßte Gesellschaften gegeben, das auch heute nicht verloren gehen dürfe. Wir sollen lieber Unruhe wollen statt Sicherheiten, lieber die Ohnmacht des Glaubens als äußere Macht. Auch das russische Christentum wäre nicht in eine solche Katastrophe gekommen, wenn es in den vorangegangenen Jahrhunderten unabhängiger vom Staat und so lebendiger geblieben wäre. Auch sei zu berücksichtigen, daß mit der Bindung der Kirche an diese Gesellschaft die Feindschaft gegen sie wächst, weil sie dann von deren Opfern naturgemäß mit dieser identifiziert wird. So war der letzte, leider ungehört gebliebene Ruf von Kappes als Synodaler der, zum Ursprung evangelischen Kirchenverständnisses zurückzukehren und so mit den Opfern einer zur Inhumanität tendierenden Gesellschaft solidarisch zu werden als Ausdruck wirklich evangelischer Freiheit, wo Glaube seine Gewißheit nicht in teuer erkauften irdischen Sicherungen, sondern einzig in der Verheißung unseres Schöpfers und Erlösers findet.[91]

Erste Konflikte mit der Landeskirchenleitung

In seiner Anklageschrift gegen Kappes vom 30. Oktober 1933 hat der juristische Oberkirchenrat Dr. Otto Friedrich als Anklagevertreter dessen frühere Konflikte mit seiner Kirchenleitung säuberlich aufgelistet, wenn diese auch an Schwere hinter den Konflikten Eckerts zurückblieben. Der erste Konfliktpunkt war ein Vortrag von Kappes in Ispringen mit dem polemischen Titel "Wider die Kirchen, die das Evangelium verraten" am 16. Januar 1926. Kappes mußte damals der Kirchenbehörde mitteilen, er besitze keine Niederschrift dieses Vortrages. Er verlangte aufgrund der kirchenbehördlichen Kritik selbst die Eröffnung eines Dienststrafverfahrens gegen sich, wie Friedrich wohl richtig vermutete, um durch die öffentliche Behandlung der Angelegenheit Wahlagitation für die Religiösen Sozialisten treiben zu können. Friedrich bemerkt indes: "Nachdem aus einer von anderer Seite gelieferten Inhaltsangabe der Vortrag beurteilt werden konnte, wurde von einem förmlichen Dienststrafverfahren Abstand genommen." Der Tatbestand verdient Beachtung, da solche Berichte auch über Eckerts Auftritte auf Massenversammlungen ständig geliefert wurden. Da berührt es seltsam, daß gegenwärtig der Eindruck erweckt wird, die deutsche evangelische Kirche habe jetzt erstmals mit dem Problem Informeller Mitarbeiter zu tun[92].

Der nächste Zusammenstoß erfolgte im Zusammenhang mit dem Kampf für eine entschädigungslose Fürstenenteignung[93]. Kappes ließ sich so wenig wie Eckert das öffentliche Eintreten für eine solche Enteignung verbieten. So reagierte er auf das Verbot seines Oberkirchenrats durch Erlaß vom 1. Juni 1926 schon am 7. Juni mit einem Schreiben an diesen, er könne dem Erlaß aus Gewissensgründen nicht Folge leisten und lehne es ab, sich in seiner privat und öffentlich vertretenen Überzeugung binden zu lassen. In einer mündlichen Aussprache am 12. Juni hielt Wurth ihm sein "ungehöriges Verhalten" in Vorträgen vor und warnte ihn vor weiteren Vorträgen in der verhandelten Angelegenheit. Nach Friedrich zwang eine weitere Beschwerde über das Eintreten von Kappes für Sozialismus und Sozialdemokratie die Kirchenbehörde

---

91 ebda, S.99-105.
92 Über den Anteil des CIA an der Gründung der EKD 1945 vgl. Rosemarie Müller-Streisand: "Von guten und bösen Geheimdiensten und Kirchen" in: Weißenseer Blätter 1992, H. 1, S. 32ff. S. jetzt auch Hanfried Müller: "Kirchliche 'Fälle' oder: 'Fall Kirche'?" in: Weißenseer Blätter 1994, H. 1, S. 11ff.
93 Zum historisch-politischen Hintergrund und zum Vorgehen gegen Eckert und Religiöse Sozialisten anderer Landeskirchen vgl. Balzer, Klassengegensätze a.a.O., S. 109ff und Walter Bredendiek: "Fürstenenteignung und Protestantismus" in: Standpunkt 1976, H. 12, S. 318-321; 1977, H.1, S. 16-20; H.2, S. 52f.

am 18. Oktober 1926, "ihn eindringlich zu strengster Zurückhaltung zu ermahnen". Eine Beschwerde gab es auch über einen von Kappes im Dezember 1927 in der Karlsruher Stadtkirche abgehaltenen Gottesdienst. Als im Winter 1929/30 die Karlsruher Bühne in einem "Zeittheater" eine Reihe modernster, nach Friedrich "dem Kulturbolschewismus entstammender Stücke" aufführte und der Oberkirchenrat in der bürgerlichen Presse dagegen Stellung nahm, erklärte Kappes in einer öffentlichen Versammlung, hier werde in oberflächlicher Weise Ärgernis nur an der Darstellung genommen, "ohne daß man nach der dargestellten Wirklichkeit und ihren Ursachen fragt"[94]. Die Kirchenbehörde wies nach Friedrich in einem Erlaß vom 8. Januar 1930 Kappes "auf das Unhaltbare seiner Einstellung" hin.

Im Urteil des kirchlichen Dienstgerichtes gegen Kappes vom 1. Dezember 1933 heißt es, "die zersetzenden Wirkungen auf das kirchliche Gemeindeleben" hätten die kirchlichen Körperschaften 1931 zu dem Entschluß geführt, keine Pfarrstelle mehr mit einem Geistlichen der religiös-sozialistischen Richtung besetzen zu lassen, folglich auch Eckerts Pfarrstelle in Mannheim nicht. Das sei für Kappes Veranlassung gewesen, in einer Protestversammlung am 21. Januar 1932 die Kirchenleitung auf das heftigste anzugreifen. Darauf wurde er auf Beschluß des Oberkirchenrats am 16. Februar 1932 mit der "Ordnungsstrafe der Verwarnung" belegt und seine Beschwerde dagegen am 18. Mai 1932 als unbegründet zurückgewiesen. Schon auf einer Protestkundgebung der Religiösen Sozialisten in Mannheim am 19. Februar 1931[95] hatte Kappes auf Pfarrer wie den jüngeren Blumhardt hingewiesen, die seit dem 19. Jahrhundert "um ihres Gewissens und Charakters willen sich der Reaktion nicht beugen konnten" und ihr Pfarramt aufgeben mußten. Politische Zeitungen seien ihre Kanzeln geworden. In Baden sei es freilich unter dem kirchlich-liberalen Vorkriegsregime seltener als in Preußen und Sachsen zu Konflikten gekommen, doch konnte im kaiserlichen Deutschland nicht wie in der Schweiz oder seitens der englischen Freikirchen leidenschaftlich um eine Verbindung von Christentum und Sozialismus gerungen werden. In den 1920er Jahren sei in Baden Georg Wünsch in Karlsruhe daran gehindert worden, Pfarrer oder Religionslehrer zu werden, obwohl er dort bei einer Pfarrwahl die meisten Stimmen erhalten hatte. Seine Stellungnahme gegen den § 218 in der sozialdemokratischen "Volksstimme" mußte als Begründung dafür herhalten, denn er habe sich so gegen das 5. Gebot versündigt.

---

94 vgl. freilich die aufschlußreichen prinzipiellen Bemerkungen von Hanfried Müller in seinem Aufsatz "Anschauung der zersplitterten Welt und zersplitterte Weltanschauung" in: Weißenseer Blätter 1993, H. 1, S. 17ff.
95 vgl. Balzer/Schnell, Der Fall Erwin Eckert, a.a.O., S. 120ff. Evangelische Landeskirche in Baden im "Dritten Reich", Bd.I, S. 158ff., 213ff.

Erwin Eckert (Büste von J. Ehinger, Meersburg 1927, Privatarchiv Balzer)

Solidarität mit Eckert

Was sich in diesen Sätzen schon andeutet, setzte Kappes vor allem in seinem solidarischen Eintreten für Erwin Eckert in die Tat um, indem er bei den drei Verfahren vor der Kirchenbehörde seine theologische Verteidigung übernahm, dazu in vielen Versammlungen und Presseartikeln für ihn eintrat, obgleich er nicht immer mit Eckerts Diktion einverstanden war. Nach dem Urteil vom 18. März 1931 schickte er eine ausführliche Zusammenfassung mit Kommentar unter dem Titel "Das Verwaltungsgericht entscheidet gegen Eckert" an die Redaktionen der sozialdemokratischen Zeitungen in Baden. Sein Artikel wurde auch umgehend veröffentlicht. Hier äußert er, Wurth habe wohl nur entsprechend den ihm politisch nahestehenden Kirchenmännern entschieden. So habe das Urteil den Kampf der Positiven gegen die Religiösen Sozialisten gestützt. Der Oberkirchenrat habe nun ein wirksames Instrument gegen mißliebige politische Pfarrer in der Hand. Nur ein Illusionist habe anderes erwarten können. Dabei unterstellte Kappes den Richtern keine böse Absicht. Kappes durchschaute völlig die politischen Hintergründe des gegen Eckert angestrengten Prozesses und wandte sich deshalb ironisch an die Richter mit den Sätzen: "Sie haben da wohl den tüchtigen SA-Leuten und Stahlhelmern einen "legalen Weg" zeigen oder einen "geistlichen Rat" geben wollen, wie man den roten Pfarrern leicht einen geistlichen Maulkorb verschaffen kann? Diese Helden brauchen nur recht zu bramarbasieren, wie sie die Versammlungen terrorisieren wollen, evtl. auch einmal ein bißchen mit der Waffe fuchteln, schon hat dann nicht diese geistige Kampfschar, sondern der Pfarrer die Ruhe gestört, noch mehr: die Würde seines Amtes verletzt!! Sollen es dann die Leute vom Reichsbanner oder von Antifa ebenso in den Versammlungen machen, wo Pfarrer des Volksdienstes oder anderer Rechtsparteien sprechen? Das eröffnet liebliche Perspektiven!" Und an späterer Stelle: "Der Schreiber hat sich, bevor er eine ganze Nacht hindurch das Urteil studierte und den Artikel schrieb, einen Trostspruch geholt. In der Bibel fand er das Wort: "Es geht Gewalt über Recht! (Hab.1,3). Und bei Marx im Kommunistischen Manifest fand er den Satz: "Euer Recht ist nur der zum Gesetz erhobene Wille Eurer Klasse!" Und mit ihm sind viele Tausende so respektlos, diese Sätze von diesem Urteil des Verwaltungsgerichts für wahr zu halten!!" Doch noch sieht Kappes die Religiösen Sozialisten in der Offensive: "Wie lange wird dies Urteil gelten? Nur, solange die bürgerliche Klasse die Kirche regiert, und keinen Tag länger!"

Schon am 7. Februar 1931 hatte der sozialdemokratische "Volksfreund" seinen Artikel unter der Überschrift "Wir sind keine stummen Hunde!" veröffentlicht, damit das Prophetenwort in Jes.56,10[96] gegen pflichtvergessene Wächter und Hirten aufgreifend. Keine Kirchenbehörde werde Eckert zum Verstummen bringen, seine Waffe sei aber das aufrüttelnde Wort, nicht "Terrorgewalt" wie bei seinen Gegnern. "Er *muß* reden! Weiß man beim Oberkirchenrat nichts mehr von dem prophetischen

---

96 vgl. den Zusammenhang in V.9-12.

Müssen der Berufenen, welche durch den Dunst der heimtückischen Lügen, halben Wahrheiten und Vernebelungen hindurchdringen und um der Wahrheit willen sich mit ganzer Kraft einsetzen müssen? Hat man bei der Kirchenbehörde den Instinkt für den unerbittlichen Ernst und die rücksichtslose Wahrhaftigkeit verloren, mit der Eckert um des Gewissens willen kämpft?" Hier bemerkt Kappes auch, um die vom Oberkirchenrat verlangte Liste seiner eigenen Reden gegen den Nationalsozialismus müsse sich dieser selbst bemühen. Gerade angesichts der heraufziehenden Gefahr habe das Jesaja-Wort seine besondere Dringlichkeit. "Wir reden und wecken."

Auch in der "Zeitschrift für Religion und Sozialismus"[97] äußerte sich Kappes ausführlich zum "Fall Eckert". Hier nannte er den zweieinhalbtägigen Prozeß, der mit dem Urteil vom 14. Juni 1931 endete und hinter verschlossenen Türen stattfand, ein "kirchliches Femegericht". Selbst bürgerliche Zeitungen der rechten Mitte hätten sich gegen die Methoden des Oberkirchenrats ausgesprochen und eine evangelisch-protestantische Lösung des Konflikts gefordert. Die meisten Aktenberichte, die in die Anklage eingegangen seien, hätten einen sehr peinlichen Eindruck von der Unzulänglichkeit und fehlenden Objektivität vieler Amtsbrüder hinterlassen. Kappes weist hier und andernorts nachdrücklich darauf hin, daß NS-Pfarrer anders als sozialistische behandelt würden, obgleich über deren Kirchen- und Kanzelmißbrauch starke Empörung herrsche. Gegen sie gebe es kein einziges Verfahren, ja nicht einmal einen ernstlichen Einspruch gegen ihre politische Aktivität, obgleich die Kirchenleitung den falschen Eindruck zu erwecken suche, sich neutral zu verhalten, und ernsthaft um Ruhe innerhalb der Kirche besorgt sei. Klar sieht Kappes auch, daß das Vorgehen gegen Eckert auf dem Hintergrund des von den Positiven angestrebten Bündnisses mit der Nazifraktion in der Kirche zu sehen sei. Eckert werde von ihnen gleichsam als Morgengabe zu diesem Bündnis geopfert. Der Oberkirchenrat habe sich seinerseits durch eine Fülle z.T. anonymer Briefe, Zeitungsartikel und Resolutionen, endlich Eckerts antifaschistischem Treiben ein Ende zu setzen, unter Druck setzen lassen. Die insgesamt vierstündigen Reden der Verteidigung hätten in Wahrheit den Oberkirchenrat zum Angeklagten gemacht. Er selbst habe intensiv die politische und kirchliche Situation seit dem Herbst 1930 geschildert, Wesen, Funktion und Ideologie der Nazis aufgedeckt und so die Notwendigkeit erwiesen, sich mit ihnen politisch und religiös auseinanderzusetzen, zumal die Kirche schweige. Beide Verteidiger beantragten die Freisprechung. Dieser Problembereich könne überhaupt nicht von einem Dienstgericht entschieden werden. Der Protestantismus biete sich als Basis an für weltanschauliche Auseinandersetzungen mit den Ideologien aller politischen und wirtschaftlichen Programme. Damit forderte Kappes eine unbehinderte geistige Auseinandersetzung mit drohenden Gefahren und eine nicht administrativ gegängelte Sachdiskussion, in der allein die stärkeren Argumente gelten. Der sachliche Kampf zwischen den Religiösen Sozialisten und den anderen Gruppierungen in der Kirche werde auf jeden Fall weitergehen. Die einzig legitime Einschränkung der politischen Freiheit

---

[97] ZRS 1931, S. 267-274.

eines Pfarrers sei sein "Amtsgewissen". Man müsse Eckert dankbar sein, daß er durch seine Unbeugsamkeit und seinen "Ungehorsam" den Weg der restlosen Klärung dieser Fragen freigemacht habe. Kappes protestierte auch im Namen des Bundes gegen Eckerts Absetzung.

Auch im "Religiösen Sozialisten"(Nr. 25, S.108) kommentierte Kappes das erste Urteil des Kirchengerichts aus dem Jahr 1931. Die Strafe - Rückdatierung um 6 Dienstjahre - sei für Eckert sehr schwer, und die ihm auferlegten materiellen Opfer seien groß. Trotzdem sei bei Verkündung des Urteils ein unbeschreiblicher Jubel seiner Freunde ausgebrochen, hatte doch der OKR schon damals die Dienstentlassung beantragt, weil er Eckert los werden wollte. Das Verfahren habe die ganze Hilflosigkeit der Behörde gegenüber diesem rebellischen Untergebenen aufgedeckt. Sie sei die wahre Angeklagte gewesen, weil sie "keine anderen Mittel als die der behördlichen Reglementierung weiß, um mit dem gewiß schweren Problem 'Kirche und Politik' fertig zu werden." Da die Kirche die Auseinandersetzung mit dem unchristlichen Nationalsozialismus nicht führe, müßten es die Religiösen Sozialisten tun. "In solchen Zeiten darf, ja muß der dafür begabte Pfarrer politisch tätig sein." Keine Partei dürfe in besonderem Maße den Anspruch der Christlichkeit erheben. Die evangelische Kirche biete sich aufgrund ihrer Spezifik als Basis auch für die weltanschaulichen Kämpfe der Zeit an, und nur der Kleinmut könne fürchten, daß hierdurch die Kirche zerstört werde. In Wahrheit würde sie dadurch erstarken und für breite Schichten im Volk wieder bedeutungsvoll werden. "Aber dazu braucht die Kirche nicht nur eine gute Verwaltung, sondern auch eine gute Führung. Das erfordert mehr als nur gewissenhafte Verwaltungsbeamte." Das Urteil gebe der religiös-sozialistischen Bewegung volle Freiheit, "in sachlichem Kampf mit den anderen Richtungen der Kirche an der Gestaltung der zukünftigen Kirche zu arbeiten", und die fast 100.000 Unterschriften für "unseren Führer" Eckert bildeten die Grundlage für die nun neu einsetzende Werbearbeit des Bundes.

In seiner schon erwähnten Rede am 19. Februar 1931 im Nibelungensaal in Mannheim(RS Nr. 10 vom 8.3.1931) deckte Kappes ohne jeden demagogischen und agitatorischen Akzent am intensivsten die geistigen Hintergründe des Streites mit der Kirchenleitung auf. Es gehe im Kern um den Entscheidungskampf darüber, ob die protestantische Kirche weiterhin der Hort der politischen und kulturellen Reaktion bleibe. Dieser Kampf werde in ganz Deutschland mit stärkster Anteilnahme und Spannung beobachtet. In ihm werde die seit mehreren Generationen immer wieder unentschieden gebliebene Frage des Verhältnisses der evangelischen Kirche zum Sozialismus ausgetragen. Bleibe es bei Eckerts Amtsenthebung, dann donnere die Lawine der religiös-sozialistischen Bewegung mit ungeheuer verstärkter Wucht durch ganz Deutschland. Könne die Amtsenthebung aber nicht aufrechterhalten werden, so seien Prestige und Vollmacht der Positiven zur kirchlichen Führung endgültig erschüttert. Als Macht, die keine Vollmacht mehr zum Regiment habe, wollen sie mit Gewalt ihren Einfluß behaupten. Jahre hindurch hetzten sie gegen Eckert mit persönlichen Verunglimpfungen und kaltblütiger Gehässigkeit, stellten ihn als "wahrhaftigen

Antichrist und Gottseibeiuns" hin. Dieses Vorgehen sei im Prinzip nichts anderes als das der Inquisition im Mittelalter. Die Positiven sind blind gegenüber der weltgeschichtlichen Situation. "Sie meinen immer noch, mit braven Predigten an das Einzelgewissen der Unternehmer ihren sozialen Auftrag ausführen zu können." Ironisch fordert Kappes Wurth auf, einmal seinem Parteigenossen Hugenberg das soziale Gewissen zu erwecken. "Wie lächerlich ist solch ein Bemühen im Zeitalter des Hochkapitalismus, wo auch die sozial gesinnten Unternehmer die Gefesselten ihrer wirtschaftlichen Machtorganisationen sind." In dieser "Krise des Kapitalismus", der sich nicht mehr an seinem eigenen Schopf aus dem Sumpf ziehen könne, müsse sich das Christentum mit der Gesamtordnung auseinandersetzen. "Die Kirche hat keinen Kredit mehr für die Botschaften und Worte! Es werden von ihr Realitäten verlangt." "Auch wenn das Kirchenregiment gegen uns ist, wissen wir, daß die wahre Kirche Christi auf unserer Seite ist!" Kappes schloß seine Rede noch sehr optimistisch mit den Sätzen: "Sie haben den Wind gesät, sie haben den Sturm geerntet, nun sind die Stürme aufgewacht". Gott sei Dank, nach all der stumpfen und stickigen Atmosphäre der vergangenen Jahre! Laßt Euch erfassen von der Gewalt dieses Sturmes, damit es wahr werde: "Wir sind der Sturm, wir sind der Sieg!"[98]

In dieser Rede wies Kappes auch auf, daß der kirchenamtliche Kampf gegen den sozial akzentuierten Flügel des deutschen Protestantismus schon eine jahrzehntelange Geschichte habe. Seit Generationen werde der Kampf geführt, der heute zur Entscheidung dränge. Das zeige ein 1898 publiziertes Heft Martin Wencks unter dem Titel "Kirchenregiment oder Gewissenssache. Ein Wort über die Stellung des evangelischen Geistlichen zur sozialen Frage, sozialer oder politischer Tätigkeit". Es sei der leidenschaftliche Protest eines Mannes, der Mitte der 1890er Jahre von der hessischen Landeskirche diszipliniert wurde, nur weil er in Naumanns "Hilfe" auf die Möglichkeit hingewiesen hatte, daß die SPD einmal staatsbejahend werden könnte. Er mußte wie viele andere soziale Pfarrer sein Pfarramt aufgeben, verzweifelt an der reaktionären Kirche. Er erhebe hier Anklage gegen die staatskirchliche Behörde, die, gehorsam dem Willen ihres kaiserlichen Herrn, der 1896 mit seinem Telegramm "Christlich-sozial ist Unsinn!" seine Meinung diktatorisch zu erkennen gegeben hatte, alle sozial eingestellten Pfarrer dienstpolizeilich überwachte, ihre politische Betätigung verbot und sie schikanierte, während den konservativen Pfarrern alle Freiheiten, selbst die der Kandidatur bei politischen Wahlen, selbstverständldich eingeräumt wurden. Damit kehrte die Friedhofsruhe wieder in die Landeskirchen ein. Damals gab es noch keine Demokratie in den Kirchen, und Wencks Appell an die Gemeinden als Träger des kirchlichen Lebens mußte ungehört verhallen. Pfarrer, die sich um ihres Charakters und Gewissens willen der Reaktion nicht beugen konnten, mußten gehen, und die Redaktionen politischer Zeitungen wurden ihre Kanzeln. In den Kirchen verschärfte sich der Riß zwischen Proletariat und Kirchenobrigkeit.

---

98 Vgl. den Wahlaufruf des badischen Landesvorstandes der Religiösen Sozialisten in: Evangelische Landeskirche in Baden im "Dritten Reich", Bd. I, S.231f.

Nach dem Ende der deutschen Monarchie kümmerten sich in Baden die Wähler liberaler Richtung mehr um den Staatsneubau als um den Neubau der Kirche, so daß die Positive Partei fast mit 2/3-Mehrheit an die Macht kam. "In ihr waren alle die politischen Kreise zusammengefaßt, die mit Ressentiments dem neuen Staat, der Republik und dem Sozialismus gegenüberstanden." Die schon zuvor veraltete und verhängnisvolle Einstellung wurde damit vollends zur herrschenden in der Kirche. Alle Anträge der Religiösen Sozialisten in der Landessynode wurden mit Hohn abgetan. Bis in die Inflationszeit hingen schwarz-weiß-rote Fahnen aus dem Oberkirchenratsgebäude, bis der Staat mit dem Ende seiner Geldzahlungen drohte. Die politischen Betrachtungen in jeder Ausgabe des "Kirchen- und Volksblattes", des meistgelesenen evangelischen Sonntagsblattes in Baden, waren gespickt mit Böswilligkeiten gegen Republik und Marxismus. Hier wurde die politische und kulturelle Reaktion religiös verabsolutiert und sakral legitimiert. Durch die positive Partei entwickelte sich die Kirche vollends zum Hort der Reaktion. Das Wahlrecht bei der Kirchenwahl 1926 gab den ländlichen Stimmen mehr Gewicht als den städtischen, so daß die Positiven in der Kirchenregierung die absolute Mehrheit erhielten. Freilich bedeuten die Deutsch-Nationalen im Grunde nichts mehr, und wichtige Kräfte im Christlichen Volksdienst stehen Wurths Kirchenpolitik skeptisch gegenüber. Nun gilt es, die Nationalsozialisten zu gewinnen, und für diese "Verlobung" braucht man eine Morgengabe und bringt diesem Bündnis Eckert zum Opfer. Das Vorgehen gegen Eckert gehört zum Klassenkampf. Die herrschende Klasse sichert sich auch hier die "geistigen Kommandohöhen", um ihren materiellen Machtbesitz zu verteidigen. Sie versucht, ihren Staat gegen eine demokratische Mitherrschaft der sozial ausgebeuteten Massen zu sichern. Früher tat sie es durch das Klassenwahlrecht, heute durch die beabsichtigte faschistische Diktatur. Sie erobert und beherrscht die Kommandohöhen von Recht, Schule und Kirche. Man erinnere sich noch, was Wilhelm II. am 30. April 1889 im Staatsministerium erklärte: "Gesetze, Verordnungen und andere Vorschriften, die gegen die Sozialdemokratie erlassen wurden, sind Palliative, die nur äußere Ausschreitungen eindämmen. Um sie aber an der Wurzel anzufassen und im Keim zu ersticken, muß man durch die Schule und die Kirche einwirken." Der Nationalsozialismus sei der letzte Versuch, vom Staat her die Macht der kapitalistischen Ordnung noch einmal zu stabilisieren. Marx habe also die soziologische Funktion der Staatskirchen ganz richtig beurteilt, "und die Positiven geben sich alle Mühe zu beweisen, daß Marx recht hat, daß die Kirchen nur 'ideologische Überbauten' über der gesellschaftlichen, politischen und wirtschaftlichen Macht der herrschenden Klasse sind". Schon in diesem Zusammenhang weist Kappes darauf hin, daß die Positiven keinen wirklichen Glauben haben. Sie müßten den Gegenbeweis erbringen, "daß die wahre Kirche, zu der sich die Christenheit im 3. Artikel des Glaubensbekenntnisses bekennt, auf einem ganz anderen als dem soziologischen Fundament aufgebaut ist". Durch die gesamte Kirchengeschichte gehe der Kampf "gegen diese soziologisch fundamentierten Kirchen", geführt aus dem Glauben an den lebendigen Gott von Propheten, Ketzern und Abtrünnigen. Obgleich sie stets vom Kirchenregiment verfolgt wurden, waren sie immer die Fundamente einer neuen Kirche, fanden aber Glauben nur bei den unterdrückten Massen.

Solidarisch blieb Kappes auch, als Eckert wegen seines Übertritts zur KPD endgültig aus dem Kirchendienst entlassen wurde. Besonders aufschlußreich ist der 1931 in "Der Religiöse Sozialist" erschienene Aufsatz unter der Frage Jesu "Ihr Kleingläubigen, warum seid ihr so furchtsam?" (Matth. 8,26), firmiert als Wort an die Kirche, den man jetzt am leichtesten in der von Balzer unter gleichem Titel herausgegebenen Broschüre nachlesen kann. Hier setzt er ein mit der hellsichtigen programmatischen Feststellung, das Vorgehen der Kirche sei in ihrem Kleinglauben begründet. Die Kirchenleitung wähne sich um des Bestandes der Kirche willen genötigt, den Trennungsstrich zu ziehen. Gott aber habe in der Kirchengeschichte stets selbst das Urteil gesprochen und meist den Ketzern recht gegeben. An dieser Stelle wirft Kappes seiner Kirchenleitung auch mit Recht Verschlossenheit gegenüber den durch Eckerts Eintritt in die KPD entstandenen neuen Chancen für ein gedeihliches Miteinander von Christentum und Arbeiterbewegung vor. Indem die Parteiführung der KPD seinen Eintritt als Pfarrer, der Christ bleiben wolle, akzeptierte, werde faktisch die traditionelle Religionsfeindschaft relativiert. Von nun an gelte faktisch auch bei der KPD, daß Religion Privat-, also Gewissenssache des einzelnen sei. Die Gottlosenbewegung höre dadurch auf, Parteisache zu sein. Den zahlreichen Wählern der KPD, die noch Christen seien, werde durch diesen Eintritt das schlechte Gewissen genommen. Kappes meint im folgenden, der Atheismus sei auch unter naturwissenschaftlichem Aspekt durchaus zu widerlegen, wie die Haltung vieler berühmter Naturwissenschaftler in der Gegenwart beweise. Die eigentliche Schwierigkeit, den Atheismus zu widerlegen, liege auf sozialem Gebiet, also in der Bindung der offiziellen Kirche an die Herrschenden. Hier könne der Gegenbeweis nur durch eine qualitative Veränderung der Stellung der Kirche in der Gesellschaft erbracht werden.

1932 nahm Kappes noch einmal resümierend in der "Zeitschrift für Religion und Sozialismus"[99] unter der Überschrift "Eckert aus dem Dienst der Kirche entlassen" zum ganzen Fragenkomplex Stellung. In der fast vierstündigen Beweisaufnahme und Vernehmung am 11. Dezember 1931 habe sich "die ganze Verständnislosigkeit des Gerichtes für eine dialektische Betrachtung des Verhältnisses von Religion und Marxismus" gezeigt. Das Gericht habe starr aufgrund der gegenwärtigen Lage statt im Hinblick auf das Werdende entschieden. Es erklärte Eckerts Weg für unmöglich, bevor überhaupt über seine Möglichkeit Erfahrungen gesammelt werden konnten. Der gesamte Bund der Religiösen Sozialisten Deutschlands protestiere gegen diese Entscheidung und sei schon jetzt die Stimme des Gerichts, das einst über diese Kirchenregierung das Urteil sprechen werde. Man müsse alles daran setzen, eine derart unzulängliche Kirchenregierung zu stürzen, denn sie erschüttere den Glauben daran, daß die Kirche noch einer Umgestaltung fähig ist. Man tue von seiten der Kirche alles, um ja dem Proletariat zu beweisen, daß die Kirche bürgerlich-faschistisch sei. Zugleich

---

99 S. 5-14.

bedaure der Bund Eckerts Austritt aus seinen Reihen. Die Trennung sei nicht erforderlich gewesen. Seine Kennzeichnung des Bundes als Hemmnis für den sozialistischen Aufbau anläßlich seines Austritts verkenne dessen dialektische Stellung zu Kirche und marxistischem Proletariat. Eckerts Urteile seien zu linear und starr, um richtig zu sein. Er hätte die sachliche Motivierung der Beschlüsse über seine Person verstehen, sie als sachlich statt als persönlich geprägt auffassen müssen. Wenn er aber aus Glauben in der KPD wirke, ergäben sich immer wieder Möglichkeiten gemeinsamer Arbeit. Trotz vorläufiger Trennung sollte der Bund diese Verbundenheit aufrecht erhalten.

Leitsätze vom September 1932

In der Sammlung Pfarrer Kappes befinden sich sehr interessante Leitsätze für ein Referat bei einer Zusammenkunft der badischen religiös-sozialistischen Theologen am 9. September 1932, leider nicht das Referat als solches, das vermutlich frei gehalten wurde. Sie tragen die Überschrift "Versuch einer Deutung der gegenwärtigen Situation und einer Formulierung der Aufgabe der religiös-sozialistischen Bewegung". Sie unterscheiden sich deutlich vom Optimismus der zuletzt genannten Rede mit gewissen triumphalistischen Zügen, spiegeln die durch die definitive Amtsenthebung Eckerts gewandelte Situation wider und setzen bei aller Kontinuität erstmals neue Akzente, die im späteren Lebenswerk von Kappes beherrschend wurden, werden von mir insofern auch differenziert beurteilt. Er setzt ein mit einer Diagnose über den gegenwärtigen Protestantismus und sieht ihn richtig ideologisch umklammert "von der politischen nationalistischen Romantik", soziologisch beherrscht von den antimarxistischen Gruppen. Als kirchliche Institution habe er die Polarität zwischen der sakramentalen Heiligung des Seienden und der prophetischen Forderung des Kommenden durch einseitige Akzentuierung des ersteren zerstört und wurde zu einer Art Pseudo-Katholizismus. Er habe in der heutigen Krise kein "Wort" mehr, scheine gerade in seiner Ausprägung als gegenwärtiges Luthertum unrettbar in den Untergang der bestehenden Ordnung verflochten. Die religiös-sozialistische Bewegung stehe bei der Verteidigung des biblischen Prophetismus der Reich-Gottes-Botschaft auf der Grundlage des "gläubigen Realismus". Soziologisch greife sie über das Proletariat hinaus und wende sich an alle durch Schicksal oder Einsicht antikapitalistischen Schichten. Ihre religiöse Botschaft richte sich an alle christlichen Kirchen und selbst an die gläubigen Juden zwecks Verstärkung der prophetischen Linie des Reichgottesgedankens. Sie habe den Sozialismus in geistig-ethischer Hinsicht zu vertiefen und ihn zugleich zu verbreiten.

Die dafür angemessene Organisationsform nennt Kappes hier "Realsozialistische Gemeinde", die er als lokal wie universal organisiert sehen möchte. Ihr Glaubenszentrum sei der auferstandene und gegenwärtige Christus mit seiner Botschaft vom kommenden und gegenwärtigen Reich Gottes und seinen pneumatischen Kräften. Die "Gemeinde" sei grundsätzlich überkonfessionell und autonom gegenüber Kirchen und politischen Parteien. Sie sei nicht als Sekte oder Freikirche aufzufassen, sondern als Bewegung, die ihren Mitgliedern bezüglich ihrer Zugehörigkeit zu den Kirchen völlige Freiheit lasse, könne aber bei einer Katastrophe des Protestantismus in Deutschland das Fundament kirchlicher Neubildung werden.

Zugleich spricht Kappes von einer Krise des Sozialismus. Zunächst redet er davon, daß "der bisherige Weg des Sozialismus, durch Sozialpolitik zum Sozialismus zu kommen", sein relatives Ende gefunden habe, und meint also hiermit die Krise des sozialdemokratischen Reformismus. Zugleich aber spricht er von einer geistigen und ethischen Krise des Sozialismus und meint damit offenbar alle Fraktionen der politischen Arbeiterbewegung. Der leichte "Entwicklungsweg" der Organisierung des proletarischen Egoismus könne den Sozialismus nicht schaffen. In diesem Zusammenhang wiederholt Kappes seine schon in früheren Jahren geäußerte Überzeugung, der Sozialismus müsse sich vom Liberalismus und Rationalismus lösen und sich religiös und geistig neu begründen, da er sonst kein echtes Pathos und keine mächtigen schöpferischen Gestaltungskräfte habe. Diese Arbeit einer neuen geistigen Fundierung müsse gerade von den Religiösen Sozialisten geleistet werden. Die "Gemeinde" dieser Art müsse die Laien aktivieren, auch zur Verkündigungsarbeit, da sie sonst den Weg der alten pietistischen Gemeinschaften gehe. Kirchenpolitisch gesteht Kappes das Scheitern der bisherigen religiös-sozialistischen Arbeit ein. Die Wähler hätten ihnen trotz ihrer politischen Parolen keine "Macht" in der Kirche gegeben. Die deutschen Landeskirchen würden bald überall nur noch das indirekte Wahlsystem haben, und damit werde der Religiöse Sozialismus durchweg aus den Synoden ausgeschaltet sein. "Wir können auf direktem Weg durch Machteroberung die evangelischen Kirchen weder umgestalten noch retten. Unsere bisherige Parole "in der Kirche gegen die Kirche für die Kirche" mit ihrer Haupttendenz für einen kirchenpolitischen Machtkampf hin hat eigentlich nur die Reaktion gestärkt und uns von einer konsequenten Innehaltung unseres prophetischen Weges ebenso abgehalten wie die konservativen Kreise von einer wirklichen Auseinandersetzung mit unserer christlich-radikalen Botschaft." Kappes sieht auch die Gefahr des Pharisäismus und der Verflachung sowie der Isolierung von der Gesamtkirche. "Unsere 'Kirchenpolitik' muß nach Form und Inhalt getragen sein von dem, was der integralen Gemeinde angemessen ist." Vordringlich sei die Schulung der Laien.

Das Schicksalsjahr 1933

Das Schicksalsjahr 1933 griff auch in das Leben von Heinz Kappes mit elementarer Gewalt ein und veränderte jäh seine Situation. Am 30. März 1933 legte Kappes in einer turbulenten Sitzung, in der die Nazis die Entferung der deutschen Staatsbürger jüdischen Glaubens aus den Gymnasien beschlossen, sein SPD-Stadtratsmandat nieder. Am 31. März 1933 teilte er dies dem Karlsruher Oberbürgermeister mit, denn er sah keine Möglichkeit zu sinnvoller politischer Arbeit mehr. Da es aber rechtlich keine andere Möglichkeit hierfür gab als durch Austritt aus der Partei, deren Mandats-

Nr. 6.

Gesetzes- und Verordnungsblatt
für die
Vereinigte Evangelisch-protestantische Landeskirche Badens.

Ausgegeben   **Karlsruhe,** den 29. März   1933.

Inhalt: Hirtenbrief.

OKR. 28. 3. 1933.   Hirtenbrief betr.

Nachstehender Hirtenbrief ist am nächsten Sonntag, den 2. April, in der Kirche zu verlesen.

Evangelische Glaubensgenossen!

Was wir seit Jahren gehofft und ersehnt haben, ist gekommen: Unser deutsches Volk hat sich in seiner großen Mehrheit zu einer starken nationalen Front zusammengeschlossen und sich einmütig hinter die Männer gestellt, die das Oberhaupt unseres Reiches zur Führung des deutschen Volkes berufen hat.

Seit dem unglücklichen Ausgang des Weltkrieges lag die traurige Zerrissenheit unseres Volkes und der immer tiefer gehende Haß der Parteien und Klassen wie ein schwerer Alpdruck auf unserer Seele. Der wirtschaftliche und moralische Niedergang schritt unaufhaltsam fort, und es schien ein Ende mit Schrecken heranzunahen. In unserem äußerlich und innerlich erschütterten und geschwächten Volk konnten auch die finsteren Mächte der moralischen Zersetzung und des religiösen Abfalles immer weiter um sich greifen, und die Organisationen der Gottlosigkeit sorgten dafür, daß dieses Gift den Volkskörper durchdrang und zersetzte.

Der 5. März 1933 und die darauf folgenden Tage und Wochen brachten es zu einem weithin sichtbaren Ausdruck, daß unser Volk aus seinem lähmenden Todesschlaf erwacht und daß es gewillt ist, sich der vernichtenden Todesmächte zu erwehren und denen zu folgen, die es zur Freiheit, zur Gerechtigkeit, zu deutscher Treue und zur Gottesfurcht zurückführen wollen. Wir sehen darin im letzten Grunde nicht Menschenwerk, sondern Gottes Hand und seinen Gnadenruf an unser Volk: „Ich habe dich einen kleinen Augenblick verlassen, aber mit großer Barmherzigkeit will ich dich sammeln" (Jes. 54, 7). Oft schon mußte unser Volk im Verlauf seiner Geschichte den untersten Weg der Demütigung, der Knechtschaft und der Zersplitterung gehen. Aber es hat auch in besonderem Maße Gottes Hilfe und Erbarmung erfahren und ist durch manche Nacht trostloser Erniedrigung und tiefen Falles zum Licht äußerer und innerer Freiheit geführt worden.

Wir haben auch heute allen Grund, Gott zu danken, daß er unser Volk nicht versinken ließ, sondern es in letzter Stunde vor dem Untergang bewahrte. Die jüngsten Ereignisse erscheinen uns wie das Morgenrot einer besseren Zeit, das von Gott her uns aufgeht. Zwar wollen wir uns keinen phantastischen und übertriebenen Hoffnungen hingeben, als ob jetzt alle Not ein Ende hätte und plötzlich der Himmel auf Erden kommen werde. Als Christen wissen wir, daß dieser irdische Weltlauf immer und zu allen Zeiten ein Stückwerk ist und unter dem Gesetz des Todes steht. Auch stehen wir ja erst am Anfang eines neuen Weges. Dieser neue Weg wird nicht leicht und mühelos sein. Aber es ist ein Unterschied, ob man hoffnungslos seinen Weg macht, oder ob die Hoffnung auf ein Ziel unseren Gang beschwingt. Einen solchen Weg, auch wenn er kein bequemer ist, gehen wir getrost, und unsere Hoffnung steht auf den Herrn, der das gute Werk in unserem Volk begonnen hat und der es auch vollenden wird.

Darum aber, liebe Glaubensgenossen, erwartet Gott auch von uns, daß wir als Christen und als deutsche Volksgenossen, ein jeder an seinem Ort, treu unsere Pflicht erfüllen und den Kampf aufnehmen, der uns verordnet ist. Wir haben nach dem Wort des Apostels Paulus nicht mit Fleisch und Blut, nämlich mit Menschen, zu kämpfen, sondern mit den bösen Geistern unter dem Himmel, die in der Finsternis dieser Welt herrschen (Eph. 6, 12). Mit Menschen wollen wir auch nicht kämpfen. Wir wollen uns aller Gehässigkeit, Feindschaft und Rachsucht enthalten und als Jünger dessen, der gekommen ist, das Verlorene zu suchen und selig zu machen, wollen wir die Hand reichen, helfen, suchen, wieder gewinnen und retten, was zu retten ist. Das kann nicht mit Gewalt geschehen, sondern nur durch die Kraft der Liebe, die sich ganz einsetzt im Dienste der Brüder und Schwestern. Kämpfen aber wollen wir gegen alle bösen Geister. Wir müssen es darum auch begrüßen, daß die weltliche Gewalt diesen finsteren Mächten der Bosheit, der Unreinheit, der Unsittlichkeit, der Untreue im öffentlichen Leben, des Leichtsinnes und der Gottlosigkeit rücksichtslos den Krieg erklärt hat, diesen bösen Geistern, die unser politisches Leben, unser Volksleben und unsere Familien vergiften. Mit diesen Mächten darf es keinen Frieden geben.

Deutlich und nachdrücklich aber hat der Kanzler des Reiches erklärt, daß dieser Kampf nur mit Hilfe der christlichen Religion und der christlichen Kirche gelingen kann. Darum mögen sich die führenden Männer des Staates und die Diener des Evangeliums zusammenschließen in der gleichen heißen Liebe zu unserem Volk und in opferfreudigem Dienst für Heimat und Vaterland; und alle, die unser Volk und unsere Kirche lieb haben, sind mitberufen.

Die Kraft aber dazu erwächst uns nur aus dem Evangelium, das wir bekennen, und das Licht und nicht Finsternis ist. Wir stehen in der Passionszeit und sehen auf zu dem Gekreuzigten, der durch seinen Tod uns aus der Finsternis dieser Welt und aus allen Todesschatten erlöst hat und außer dem es auch heute kein Heil und keine Rettung gibt, auch nicht für unser Volk. Soll unser Volk wieder erstehen und zu Ehren kommen, so kann es nur dadurch geschehen, daß es ihm Eingang gewährt. Er ist allein der Weg zu Gott, wie für jeden einzelnen Menschen, so auch für jedes Volk. So laßt uns unter sein Kreuz treten, daß er uns heilige zu seinem Dienst und Kampf. Niemand darf sich versagen.

Deutsches Volk, evangelische Brüder und Schwestern, schließt euch zusammen in starkem Glauben, in herzlicher Liebe, in fleißigem Gebet, in der Treue zu Gottes Wort, damit es sich an unserem Volk erfülle: Ich werde nicht sterben, sondern leben.

Prälat D. Kühlewein.

Druckerei Friedrich Gutsch in Karlsruhe.

träger ein Abgeordneter war, trat er formell auch aus der SPD aus. Damit endete definitiv für sein gesamtes Leben die parteipolitische Betätigung, denn auch nach dem 2. Weltkrieg trat er nicht wieder in eine politische Partei ein und verzichtete auch sonst auf jede politische Arbeit in der Öffentlichkeit. Der Oberbürgermeister bestätigte seinen Rücktritt am 6. April und teilte ihm mit, daß damit auch seine Mitarbeit in allen Kommissionen und Ausschüssen beendet sei. Die Nazis hatten mit einem Boykott aller Ausschüsse gedroht, in denen Kappes noch anwesend sei. Damit war aber auch seine weitere Arbeit als Karlsruher Jugend- und Diakoniepfarrer im Grunde unmöglich geworden, denn er war hier auf Kooperation mit den zuständigen staatlichen Behörden angewiesen. So entschloß sich Kappes, seine bisherige großstädtische Wirkungsstätte zu verlassen.[100] Er ging als Pfarrverweser nach Büchenbronn bei Pforzheim, einem Schwarzwalddorf, wo zeitweise Gold abgebaut worden war, und trat dieses Amt am 7. April 1933 an. Er tauschte sein bisheriges Pfarramt mit seinem dortigen Vorgänger, der der NSDAP angehörte und mit seiner hochherrschaftlichen Frau von der Gemeinde in Büchenbronn isoliert war, obgleich die Gemeinde in politischer Hinsicht tief zerstritten war. Einige Jahre später gab dieser den kirchlichen Dienst völlig auf und wurde Staatsbeamter und Militär. Kappes dagegen wurde in Büchenbronn schnell von der Gesamtgemeinde akzeptiert, auch sofern sie politisch anders dachte als er. Auch sein Karlsruher Kirchengemeinderat bescheinigte ihm im offiziellen Mitteilungsblatt seiner Landeskirche, daß er ein Jahrzehnt lang sein Amt mit großem Geschick und Segen verwaltet und aus kleinen Anfängen ein großes Werk geschaffen habe. "Er darf gewiß sein, daß er nicht vergebens gearbeitet hat und daß unsere Gemeinde ihm herzlich dankbar ist. Sie wünscht ihm das Beste für seine Zukunft". Gerade dies zeigt, daß er über große pastorale Gaben verfügt haben muß. Man bat ihn auch, die Maiansprache zu halten. Er wiederholte einfach seine Ausführungen vor Religiösen Sozialisten vom Vorjahr, ohne daß dies bei irgendjemand Anstoß erregt hätte.

Der Streit um den verlangten Widerruf

Trotzdem gab Kappes, ohne es zu wollen, sofort neuen Anstoß, der schließlich zu seiner Entlassung aus dem Kirchendienst führte, und er tat es, wie festzuhalten ist, nicht in geistlich-theologischer, sondern ausschließlich in politischer Hinsicht. Die badische Kirchenleitung verlangte nämlich von den religiös-sozialistischen Pfarrern die Unterschrift unter eine Erklärung, die von ihnen in drei Punkten verlangte, 1) aus der SPD auszutreten und künftig sie und ähnliche Organisationen nicht mehr zu unterstützen, 2) keine kirchliche Gruppierung mehr zu unterstützen, die unmittelbar oder mittelbar marxistische Forderungen und Ziele fördere, womit die religiös-sozialisti-

---

100 Wie sehr er dabei unter dem Druck der Kirchenleitung stand, die einstimmig seine Versetzung in diese abgelegene Pfarrgemeinde beschloß, belegt jetzt das Protokoll einer Kirchenleitungssitzung in: Evangelische Landeskirche in Baden im "Dritten Reich", Bd. I, S. 528ff.

sche Betätigung zuvörderst gemeint war, und 3) in Predigt und Unterricht das Evangelium "frei von rein persönlichen Urteilen politischer, sozialer und wirtschaftlicher Art zur Verkündigung" zu bringen und sich auch in privaten Äußerungen in dieser Hinsicht Zurückhaltung aufzuerlegen[101]. Kappes unterschrieb tatsächlich am 17. April 1933 die geforderte Erklärung, relativierte seine Unterschrift aber zugleich durch einen beigefügten Brief. Wegen der Unterschrift sollte kein Antifaschist seine Integrität bezweifeln. Er wollte ja wirklich von nun an sich ganz auf seine geistliche Aufgabe als Pfarrer konzentrieren, die für ihn stets an erster Stelle gestanden hatte. Er sah nüchtern, daß für eine politische Betätigung in seinem Sinne vorläufig keine Chance mehr bestünde. Und er überlegte, worauf er noch im Alter hinwies, mit anderen politischen Linken, ob man den jetzigen Behörden nicht aus taktischen Gründen Beliebiges versprechen solle, da dies ohnehin nicht im Gewissen binde, aber die Möglichkeit zu weiterer Betätigung in seinem Beruf erbrachte. Ich verstehe dies auch existentiell sehr gut, denn einiges von dem, was Kappes im Gefolge der "nationalen Revolution" des Frühjahrs 1933 durchlitt, erlebte ich im Gefolge der "sanften Revolution" des Herbstes 1989 bis hin zu einem langen Verhör vor der "Ehrenkommission" meiner damaligen Universität. Da stellt man sich selbstverständlich die Frage, in welchem Maße man nachgeben darf, ohne seine Identität zu verlieren und unwahrhaftig zu werden, und in welchem Maße man eindeutig auch in seiner Ablehnung bleiben muß, auch wenn man weiß, daß man seinen Feinden gerade damit die gewünschte Munition liefert.

Vor allem aber: Kappes empfand diesen Zwiespalt auf das deutlichste und relativierte deshalb sofort seine Erklärung. In seinem Begleitbrief schildert er kurz seine bisherige Entwicklung und Einstellung. Die gegenwärtige "Revolution" habe beide Parteien des Proletariats zerstört. Kappes hält es nicht für völlig abwegig, von proletarischen Massen in der NSDAP zu erwarten, daß sie an der Zielstellung der Überwindung des Kapitalismus festhalten[102]. Er selbst sei bereit, ohne parteipolitische Betätigung Arbeitern und Arbeitslosen, soweit dies mit der Universalität seines Amtes als Gemeindepfarrer verträglich sei, die Ergebnisse seiner sozialökonomischen Arbeit "zur Verfügung zu stellen." Stark betonte er die Notwendigkeit, weiterhin an der "Versöhnung und Durchdringung" sozialistischer und christlicher Prinzipien zu arbeiten, um so gegenüber freidenkerischer Propaganda eine noch wirkungsvollere Apologetik betreiben zu können. Primär sei für ihn ohnehin immer sein christlicher Glaube gewesen, von dem er direkt oder indirekt stets Zeugnis abgelegt habe. Schlupfwinkel des politischen Marxismus oder des weltanschaulichen Vulgärmarxismus wolle er in der Kirche keinesfalls bilden, er wolle aber am eschatologischen Realismus festhalten, der biblisch begründet und autonom gegenüber allem Parteipolitischen sei. Deutlich

---

101 Wortlaut der Erklärung bei Balzer, Miszellen, S. 124f. Vgl. jetzt auch Evangelische Landeskirche in Baden im "Dritten Reich", Bd. I, S. 530ff.

102 vgl. ähnliche Überlegungen Eckerts in Gefängnisbriefen dieser Zeit, abgedruckt bei Balzer, Ärgernis und Zeichen, S. 228ff.

bekundete er mit solchen Sätzen einerseits die Bereitschaft, der Kirchenbehörde entgegenzukommen, andererseits aber den festen Willen zur Kontinuität mit dem im Grunde stets vorrangig Intendierten. Aber die Kirchenbehörde spürte natürlich diesen Vorbehalt genau, erkannte sofort, daß Kappes nicht zu Kreuze kroch. Inquisitoren verabscheuen es, wenn ihre Opfer mit ihnen ein Sachgespräch anstreben, statt sich einschränkungslos zu unterwerfen. Das mußte schon Jan Hus 1415 erfahren, und irgendwie erleben es alle, die sich aufgrund ihrer nonkonformistischen Überzeugung vor Gerichten und Kommissionen der Herrschenden zu verantworten haben. Aber da es ihnen um die Wahrheit geht, die seit Christi Menschwerdung theologischen Rang besitzt, müssen sie leider vor den Ketzerrichtern eine komische Figur machen und Ärgernis erregen.

Wurth antwortete ihm denn auch am 21. April, aufgrund seiner Bemerkungen sei es der Kirchenbehörde nicht möglich, seine Erklärung als ausreichend zu betrachten. Der vorgelegte Erklärungsversuch gehe wesentlich weiter und meine sehr wohl gerade den Volkskirchenbund Religiöser Sozialisten, "wie er programmatisch und agitatorisch bisher in Erscheinung trat." Er sandte ihm darum ein neues Formular der Erklärung zu. Der Brief schloß mit einer unverhüllten Drohung: "Sollte eine solche (unzweideutige) Unterzeichnung Ihnen nicht möglich sein, so müßte die Kirchenbehörde in Erwägung darüber eintreten, ob Sie im Dienst der badischen Landeskirche weiterhin Verwendung finden können." Am 17. Mai fand nach der Anklageschrift gegen Kappes ein Gespräch zwischen diesem und dem neuen Landesbischof Julius Kühlewein statt, der zwar ein Kompromißkandidat und anders als Wurth eine schwache Persönlichkeit, aber zunächst von noch viel größerer Offenheit für den Hitlerfaschismus war. Es ging auch hier um die Anerkennung von Kappes' Erklärung, doch dieser teilte der Kirchenbehörde noch am 2. September mit, daß er seinen Standpunkt in vollem Maße aufrechterhalte. Er äußerte mehrmals sogar seine Freude darüber, daß die Kirchenbehörde seine Einschränkung der Erklärung nicht akzeptiere, weil er damit von einer großen Gewissensnot befreit worden sei.

In voller Übereinstimmung damit steht auch sein Brief an Kühlewein vom 18. Juli, ja er geht in seiner Offenheit in politischer Hinsicht weit darüber hinaus. Alle Pfarrer der Landeskirche waren eingeladen, an der feierlichen Einführung von Kühlewein in sein neues, für ihn erst geschaffenes Amt (zuvor gab es "nur" einen Kirchenpräsidenten) am 23. Juli teilzunehmen. Kappes aber lehnte dies ab. Er übermittelte Kühlewein zwar Segenswünsche zu seinem neuen hohen Amt und bekundete ihm seine Ehrerbietung, setzte aber schon besondere Akzente, indem er ihm 1933 im Gegensatz zu dem damals die evangelische Kirche überschwemmenden Rausch einzig "Gottes Segen, Christi Führung und des Hl. Geistes Kraft" wünschte. In dieselbe Richtung weist es, wenn er schreibt, er wolle gerade an diesem Tag, einem Sonntag, seine Gemeinde nicht verlassen, sondern im Gottesdienst am Vormittag wie in der Abendmahlsfeier am Abend "in der Gemeinschaft des Leibes Christi" fürbittend vor Gott für die evangelische Kirche treten. Noch 1973 erinnerte sich Kappes, dieser Abendmahlsgottesdienst, für den Hanns Löw ihm seine Kirche zur Verfügung gestellt habe, habe Katakomben-Charakter gehabt. Ausdrücklich betont Kappes, auf den Gemeinden sei die evangelische Kirche aufgebaut, und dies in einer Zeit des rauschhaften kirchlichen Führerkultes in bewußter Antithese zu diesem. Der so bedeutungsvolle 23. Juli müsse in der Gemeinde "mit Buße und Gebet um Gottes Gnade in Christus" begangen werden. Und Kappes wird noch offener: "Nicht auf dem Votum kirchenpolitischer Führer und staatlicher Machthaber beruht zutiefst die Vollmacht Ihrer Stellung, Herr Landesbischof, sondern auf der fürbittenden Gemeinde." Er verweist Kühlewein im folgenden auf seine besondere Verantwortung angesichts der neuen politischen Bedingungen. Er habe auch das neuartige Amt des Gewissensleiters und Beichtigers der Staatsführer übernommen. Der totale Staat lasse keiner Körperschaft eine Freiheit, er lasse sie aber bis zu einem gewissen Grad der Kirche. Sie müsse deshalb unerschrocken das Evangelium verkündigen. Hier ruft er seinen Landesbischof dazu auf, führenden Nazipolitikern Wahrheiten zu sagen, die andere nicht mehr vorbringen können, also zum "Mund der Stummen" im Sinne Dietrich Bonhoeffers (1906-1945) zu werden. Kappes weiß, mit welchen Risiken dies verbunden ist. Ausdrücklich bemerkt er, die Kirche Christi habe keine Verheißung der Sicherheit. Sie habe nur die Verheißung des Kreuzes. Der Konflikt mit dem Staat werde und müsse kommen, wenn dieser die Predigt des Evangeliums Christi nicht ertrage. Der Staat werde dann die Verkündiger des Evangeliums verfolgen. Deutlicher konnte man die Selbstgleichschaltung, von der 1933 fast alle "Kirchenführer" und unzählige andere in inflationärer Vollmundigkeit redeten, nicht als gottlos entlarven. Und Kappes wurde im folgenden auch politisch sehr konkret: Vor der Kirche stehe in diesem Fall die Frage, auf welche Seite sie sich zu stellen habe. Kühlewein spreche in seinem Schreiben an die Geistlichen und im vorangegangenen Hirtenbrief von "rückhaltlosem Vertrauen" auf die Führer des Staates. Kappes fragt, warum er selbst ein solches Vertrauen nicht aufbringen könne. "Warum muß ich immer auch die 'andere Seite' sehen, die Besiegten, die Gefangenen, die Entflohenen, die Ausgeschalteten, warum sehe ich tödliche Gefahren in der wirtschaftlichen und außenpolitischen Entwicklung im Gegensatz zu dem offiziellen Optimismus? Warum sehe ich Dämonien entfesselt, die nur mit der äußersten Anstrengung des Glaubens zu bezwingen sind? Warum muß ich bei meinem Volk, dem ich Heil wünsche, Unheil voraussehen?" Schließlich bittet Kappes Kühlewein, den von den religiös-sozialistischen Pfarrern geforderten Revers zurückzuziehen. Die Predigt des Evangeliums könne nur an Gottes Wort gebunden sein. Die ersten beiden Punkte seien nach staatlicher Auflösung und kirchlicher Ausschaltung der religiös-sozialistischen Bewegung ohnehin hinfällig, Punkt 3 aber gelte für sämtliche Geistlichen.

Die Stellungnahme Karl Barths

Es wird manche Leser interessieren, daß sich auch Karl Barth zum "Symbolum Wurthianum" äußerte. Er tat es in einem Brief vom 16. April 1933 an den badischen religiös-sozialistischen Pfarrer Theodor Erhardt, der ihn schriftlich um Rat gefragt hatte. Der Brief, der mir in einer Kopie aus dem Privatarchiv Balzer vorliegt, hat bei mir freilich gemischte Gefühle ausgelöst. Barth beginnt mit der gewiß richtigen, wenn auch allzu zurückhaltend formulierten Bemerkung, der Abschwörungsrevers sei "wirklich kein Meisterwerk an theologischer oder auch nur juristischer Schärfe und Klarheit". "Und was schlimmer ist: das Kirchenregiment, das sich veranlaßt gesehen hat, dieses Edikt an seine Pfarrer ergehen zu lassen, muß sich in einem merkwürdigen Zustand der Panik oder sonstiger Verworrenheit befunden haben." Andere deutsche Kirchenleitungen legten gegenwärtig Zeichen einer würdigeren Haltung an den Tag.

Dann aber rät Barth, Artikel 2 unbedingt anzunehmen. "Der 'religiöse Sozialismus' war, sofern er das getan hat, was nach dem Artikel abzuschwören ist, ein theologischer Irrtum, den die Kirche zu perhorrescieren im Rechte ist. Ob die Kirche weiß, daß die Pfarrer auch nicht andere -ismen zu 'fördern' haben, ist eine Frage für sich. Aber sie hat zunächst recht: ihre Pfarrer sind nicht dazu da, den Sozialismus zu fördern. Und eine kirchliche Gruppe, die sich das zum Ziel setzt, ist in der Tat eine Unmöglichkeit." Aufgrund welches fundamentalen theologischen Dissenses Barth so urteilte, ist den Theologen bekannt. Aber mußte nicht in diesem geschichtlichen Augenblick der Antifaschismus der Religiösen Sozialisten mögliche andere Bedenken sekundär machen? War hier nicht eine klare Solidarisierung mit denen aufgegeben, die als erste in der Kirche Opfer des faschistischen Gewaltregimes wurden? Spätestens seit 1937 hat Karl Barth selbst so unmißverständlich antifaschistisch auch in politischer Hinsicht gesprochen[103], daß dies manchen auch in der Bekennenden Kirche zum Ärgernis wurde.[104]

Zu Artikel 3 nimmt Barth eine differenzierte Haltung ein. An sich sei dieser eine richtige "geistliche" Formulierung der Aufgabe eines Pfarrers in Predigt und Unterricht. Das Ereignis, daß in der Predigt des Pfarrers Gott selbst sein Wort rein und lauter spreche, liege aber jenseits seines Vermögens und seiner Vorsätze. Ein Pfarrer, der auch nur ein Mensch ist, könne so etwas nicht beschwören, denn er dürfte dann seinen Mund überhaupt nicht mehr auftun und müßte sich auf biblische Lesungen beschränken. "Indem er den Mund auftut, ertönen immer - innerhalb des Menschenmöglichen geurteilt - 'rein persönliche Urteile usw.' Der Artikel kann also nur bedeuten, daß ich der Verheißung gedenke, die dem evangelischen Predigtamt gegeben ist."

Artikel 1 aber lehnt Barth unbedingt ab, denn es sei gefährlich, etwas wider sein Gewissen zu tun. "Dazu gehört für mich die Preisgabe des Parteibuches in diesem Augenblick. Wenn ich es je aufgeben werde, so wird es nicht unter dem äußeren Druck der 'Kirche' oder des Staates geschehen. Die Kirche sollte mir verbieten, was die 'Kirche' mir jetzt unbegreiflicherweise gebietet." Natürlich hatten denn auch bereits die "Theologische Existenz heute" (1933) und die Barmer Theologische Erklärung auch eine eminent politische Bedeutung.

---

103 Vgl. Eberhard Busch: "Karl Barths Lebenslauf", Berlin 1979, S. 260ff; Johann Jakob Buskes: "Karl Barth und die Politik" in: Evangelische Theologie 1970, H.1.
104 S. Hans Prolingheuer, Der Fall Karl Barth 1934-1935. Chronographie einer Vertreibung, 2. Aufl. 1984.

Die Pfingstpredigt

Gegenstand der kirchlichen Anklage wurde auch die Pfingstpredigt von Kappes in seiner Gemeinde über Ezechiel (Hesekiel) 37,1-14, nach seinen Worten die gewaltigste Friedensprophetie des Alten Testaments. Schon die anfängliche Skizzierung der Situation, in der dieser Text entstand, ist offensichtlich eine Anspielung auf seine und seiner Freunde gegenwärtige Situation. Mit Jerusalem sei der Staats- und religiöse Mittelpunkt zerstört. Nur Reste des Volkes seien als babylonische Kolonisten in Mesopotamien angesiedelt. Der Gott, auf den die Väter vertrauten, schweige dazu. Sei er also wirklich der "lebendige Gott", "wo es doch ganz aus ist mit uns"? "Ist es nicht besser, ihm abzusagen und sich einzuschalten in das Volk der Gewalthaber?" Der Prophet aber glaube, auch durch diese Finsternis hindurch. In einer Kerngemeinde, die Herz und Gewissen des Volkes sein wolle, solle der Glaube an Gott allein die Keimkraft für ein neues Volkstum werden. Nur denen gelte die Verheißung der Auferstehung, die sich von Gottes Geist erfüllen und zu neuem Leben rufen lassen wollen. "Die Begeisterungen, die von Zeit zu Zeit wie ein Rausch die Menschen erfassen, schaffen keine innere Wandlung." Weil die Lage, menschlich gesehen, so hoffnungslos sei, helfe nur das alleinige Vertrauen auf Gottes Leben schaffenden Geist. Nur durch Christi Geist werde die neue Kirche lebendig, während alle neuen Organisationen, Gesetze und Paragraphen ohne ihn unter dem Gesetz des Todes stünden. Aufgabe der Kirche ist es, Gewissen des Volkes und des Staates zu sein. Darum muß Christi Kirche aber zu allen Zeiten und jedem Staat gegenüber unabhängig sein. Sie gleichzuschalten und dem Staat unterzuordnen wäre ihr Ende, denn sie könnte den Menschen dann nicht mehr Christi Geist weitervermitteln, um dessen willen allein sie existiert. Heute würden aber viele anderslautende Predigten gehalten, und die offiziellen Zeitungen seien erfüllt von Leitartikeln, die die "nationale Revolution" als Pfingsten des deutschen Volkes bezeichnen. Kappes fragt: "Können Christen solche Gleichstellung vollziehen, wenn sie wirklich wissen, was Hl. Geist ist?" Alle Revolutionen bleiben Menschenwerk. Es sei freilich bequemer, mit dem "Fürsten dieser Welt" zu paktieren, mit dem Strom zu schwimmen, trunken zu sein vom "Wein der Zeit", als den notwendigen Kampf zu führen. Die Wirkung des rechten Geistes sei der Mut, die Todesgespenster zu verjagen, das Unkraut zu beseitigen und dem lebendigen Samen Licht und Platz zu schaffen. Der Hl. Geist wirke Liebe und damit eine auf Gerechtigkeit basierende wahre Volksgemeinschaft, Lösungen, die allen Recht und Hilfe schaffen.

Kappes kam darauf ausdrücklich auf die gegenwärtige Lage zu sprechen: "Die starke Staatsmacht, die erreicht wurde, erweckt zwar den Anschein, als ob unser Volk seine Auferstehung aus Ohnmacht und Tod erlebt habe." In Wahrheit sei aber die Zerrissenheit des deutschen Volkes nicht überwunden. Es gebe Sieger und Besiegte. 26 000 Besiegte sitzen der Presse zufolge in Gefängnissen und Arbeitslagern. "Viele sind geflohen, da ihnen die Heimat zum Gefängnis der Freiheit ward. Viele schweigen, oder sie tragen heimliche Rachepläne in sich, oder sie heucheln. Niederste Instinkte rücksichtsloser Streberei, der Angeberei, der Rache gegen früher Verantwortliche (wie beim Ministertransport neulich in Karlsruhe) sind losgelassen". Drohend und zur Katastrophe sich zusammenballend hängen die Wolken der Wirtschaftskrise und der außenpolitischen Spannung über unserm Volk. Die Geistwirkung des "Fürsten dieser Welt" seien Gewalt, Knechtung, Lüge, Haß und Hochmut. Gottes Augen aber wissen Unkraut und Weizen zu sondern. Wer mit Gottes Augen auf das Saatfeld unseres Volkes schaut, sieht Satan triumphieren, sieht ein Totenfeld, wo heute neues, starkes Leben zu sein scheint. Die kirchliche Anklageschrift stellt fest, hier habe Kappes Kritik an der Betätigung der NSDAP geübt, nachdem sie zur Herrschaft gelangt sei. Die Polizeidirektion Pforzheim erhob Beschwerde wegen des politischen Teils dieser Predigt. Darauf sprach Kühlewein am 19. Juli "sein schmerzliches Bedauern und Mißfallen" aus. Die Predigt stelle in den beanstandeten Sätzen den Versuch dar, unter dem Schutz des Amtes persönlichem Unmut über politische Verhältnisse Ausdruck zu geben, wo doch Takt und Gewissen ihm nach Meinung des Landesbischofs hätten sagen müssen, daß er z.Z. zur Kritik am heutigen politischen Geschehen der zuletzt Berufene sei. Schweigen sei manchmal nicht nur ein Gebot der größeren Klugheit, sondern "ein ernstes Stück Selbstzucht". Und wieder folgte eine handfeste Drohung: "Sollten Unvorsichtigkeit und mangelnde Zurückhaltung Sie in neue Verwicklungen mit den staatlichen Behörden bringen, würde auch die Kirchenbehörde zu entscheidenden Maßnahmen gezwungen sein."

Die letzte Predigt vor Religiösen Sozialisten

Bereits am Karsamstag 1933 hatte Kappes im letzten Gottesdienst der Religiösen Sozialisten in Karlsruhe die Predigt über den zentralen paulinischen Text 2.Kor.5,17-21 gehalten. Hier knüpfte er in dezidiert geistlich-seelsorgerlichen Ausführungen ohne direkte politische Bemerkungen an den Punkt des Kirchenjahres, der zwischen Karfreitag und Ostern liege, an und nutzte dies theologisch tiefgründig dazu, die biblische Dialektik von Karfreitag und Ostern, Niederlage und Sieg, des Opfers für eine neue Saat den Freunden als Wesenselement rechter christlicher Existenz zu verdeutlichen. Über einem Grab, vom Dunkel einer Katastrophe umwittert, erhebe sich das Kreuz, auf das keine Ostermorgensonne verklärend falle. Noch halle Jesu furchtbarer Schrei der Gottverlassenheit durch den öden Raum. "Wir sind erschüttert wie damals, wenn uns jetzt ein ganzes Gebäude von Hoffnungen, Überzeugungen, Arbeit, Lebensopfern zerschlagen wird." Antwort auf unsere quälenden Fragen komme nur von Gott her, gerade von dem in der Tragödie von Golgatha handelnden Gott. Versöhnung und Friede als Leitbegriffe des biblischen Textes seien Klänge, "die uns zerrissene, haltlose, hin- und hergeworfene Menschen unmittelbar ansprechen". Damals, im "galiläischen Frühling", sei um Jesus ein unerhörtes Leben aufgebrochen. Aber je größer Gottes Siege seien, um so größer sei auch der Widerstand. So mußte Jesus sterben. Der "Fürst des Lebens" und der "Fürst des Todes" kämpfen den Entscheidungskampf der Menschheit, indem ersterer in den Tod geht. Unsere nach außen gerichteten Augen sehen nur Niederlage, Gottverlassenheit und Verzweiflung, eine Katastrophe. Und doch nenne Jesus noch am Kreuz Gott seinen Vater, und das sei ein Glaubenswort und bedeute: "Ich bin hindurch, Gott sei Dank". Hierüber erbebe das Reich des Todes bis in seine Grundfesten. Der Glaube wisse, daß am Karfreitag der Fürst der Finsternis von seinem Thron gestürzt und die absolute Macht der Sünde zerbrochen sei. Wir können von ihr frei werden, allerdings nur durch das Kreuz, indem wir selbst das Kreuz auf uns nehmen und uns entschieden in die Front des Christus einreihen und hinter ihm, von ihm geführt, in engster Lebensgemeinschaft mit ihm kämpfen, weil wir den Frieden schon im Herzen haben und die Angst vor den finstern Mächten und selbst vor dem Tod uns verlassen hat. Zuvor war das Leben gegründet in uns selbst, in unserer Begrenztheit und Unfreiheit gegenüber den dunklen Mächten, in Daseinsangst, Lieblosigkeit und dem quälenden Gefühl der Gottesferne. Jetzt aber wird das Kreuz zum Symbol des Lebens, und das einmalige Geschehen von Golgatha wird zum ewigen, immer neuen Geschehen in immer neuen Menschen und an immer neuen Orten. Christi Ruf, sich mit Gott versöhnen zu lassen, sei der Ruf, sich in die Front des Lebens und des Sieges einbeziehen zu lassen. Die Kämpfe der Vergangenheit, "obwohl sie uns manchmal bis ins Innerste erschütterten", seien unbedeutend gegenüber den kommenden, sie reichten aber viel tiefer als bloße kirchenpolitische Auseinandersetzungen. Maßstäbe dafür seien Liebe, Wahrheit und Gerechtigkeit, und der Mut für diesen wahrhaft geistlichen Kampf werde ihnen geschenkt werden. Es sei ein Geheimnis der Geschichte, "daß nie im direkten Anlauf die Siege erfochten werden". Auch in der Geschichte herrsche das Kreuz. "Nur was bis in die tiefsten Tiefen hinein durchlitten wurde, trägt die Keimkraft der Auferstehung in sich." Kappes schloß seine Predigt mit dem Gebetsruf "Herr, Dein Reich komme!"

Indem ich dies niederschreibe, denke ich an meinen eigenen letzten akademischen Gottesdienst in der Rostocker Universitätskirche am 29. März 1992, wenige Wochen vor meiner "Abwicklung", in dem ich die Predigt mit den Sätzen schloß: "Nun können auch wir schon jetzt jubeln: Tod, wo ist dein Stachel? Hölle, wo ist dein Sieg? (1.Kor. 15,55). Nun kann es keine hoffnungslose Situation in unserm Leben mehr geben. Nun kann es auch keine Einsamkeit mehr geben. Aus der Gemeinschaft mit Gott und seinen lieben Engeln, aus der Gemeinschaft der Heiligen, die unsichtbar die gesamte Erde erfüllt, kann uns nichts mehr reißen. Diese Gemeinschaft geht weit über die Mauern der Kirche hinaus, denn Kirche ist die weltumspannende innere Gemeinschaft derer, die diese Erde nicht den Dämonen überlassen. Gottes Herrschaft bleibt im Kommen. Gott und nicht der Teufel wird das letzte Wort haben. Und darum lohnt sich unser Leiden, lohnt sich unser Kampf. Darum kann man, wenn man dem Berufsverbot unterliegt, mit Hiob erwidern: Der Herr hats gegeben, der Herr hats genommen, der Name des Herrn sei gelobt (Hiob 1,21)! Darum kann man mit Luther singen: Nehmen sie den Leib, Gut, Ehr, Kind und Weib, laß fahren dahin, sie haben's kein Gewinn. Das Reich muß uns doch bleiben. Und es bleibt auch dabei: Deep in my heart I do believe: We shall overcome some day!"

Durch Tod zur Auferstehung

Kappes hatte auch zuvor immer wieder auf das mit dem Kampf notwendig verbundene Opfer hingewiesen. Schon im Artikel "Sonnenwende - Wendezeit" hieß es 1926: Jesus stirbt, lebt und siegt aber dennoch und führt mit der Feuertaufe eines ganz neuen, umgestaltenden Geistes die neue Zeit der Freiheit und Gemeinschaft herauf. Man siege geistlich nur im Zeichen des gekreuzigten Christus. "Scheinbar ein Opfer des Todes, besiegt durch seine Feinde, wird der Auferstandene zum Sieger und Führer zum Sieg." In der Predigt auf dem Meersburger Bundeskongreß hatte es im selben Jahr geheißen: "Da wird das Paradoxe, das Widervernünftige wirksam: die Auferstehung!" Erst im Abgrund werde der Geist wirksam. Da brennt das Herz, steht der Mut auf, wird Glaube zum Kampf- und Siegesglauben. "Da wird das mutige 'Dennoch!' allen Gewalten zum Trotz entgegengeschleudert. Da kann ein Mensch zum Narr Gottes werden, der mit unerhörten Kräften einer unüberwindlichen Güte die Welt aus den Angeln hebt." Als der klar Denkende gehe er zielsichere Schritte aus den Kräften der unbedingten Wahrheit, vor der alle Scheinklugheit hinterlistiger Ränke verwehe, obwohl er das Ende nicht sehe und die Richtigkeit seines Weges nicht logisch beweisen könne. Er stehe fest mitten in allem Schwankenden. In der Synodalrede vom 9. März 1927 betonte Kappes ebenso: "Nur die Leidenden, die unter den Nöten und Kämpfen des Alltags stehen, die in der Spannung der Hoffnung auf die Erlösung warten, können aus dem Evangelium die Kraft zu diesem Kampf finden. Wer genug hat und keinen Kampf kennt, kennt auch die Kraft des Evangeliums nicht." 1928 predigte Kappes auf dem Mannheimer Bundeskongreß, Gottes Saat wachse immer langsam und jedes Samenkorn müsse durch ein Sterben hindurch. Wir müssen uns immer von neuem selber auf-und hingeben. Dies gelte, zumal die dämonische Macht des "altbösen Feindes" immer am Werk sei. Im Aufsatz "Religiöse Feier für den Weltfrieden" spricht Kappes 1930 davon, daß man auch Situationen erlebe, "in denen man sich wehrlos weiß gegenüber einer Übermacht von Bosheit und Gewalt." Das sei der Augenblick, den Jesus am Kreuz erlitten habe. In solchen Momenten aufgenötigter reiner Passivität ziehe sich der Kampf für Frieden und Gerechtigkeit "in den allerinnersten Bereich der Seele zurück und betet um Vergebung für die Mörder", und solche Wehrlosigkeit entwaffne am meisten.

Die Amtsenthebung

Der direkte Anlaß für die Amtsenthebung von Heinz Kappes war sein Brief an den prominenten sozialdemokratischen Politiker und früheren Landesminister Adam Remmele, der in das kleine KZ Kislau, eine Dependance des Zuchthauses Bruchsal, verschleppt worden war, vom 9. August. Kappes war sich wohl bewußt, welches unerhörte Risiko er mit einem Solidaritätsbrief in ein Konzentrationslager auf sich nahm. Noch am 15. Februar 1974 schrieb er an Balzer: "Wir wußten, daß im Badischen KZ der Mord umging, wir wußten von Folterungen, und es war eine Ermutigung nötig, wie sie nur aus dem Glauben an den Sieg kommen konnte..." Anlaß seines Briefes war der Tod der Frau Remmeles. In seinem Brief spricht Kappes von Remmeles aufopferndem Kampf um die Besserstellung der Arbeiterschaft in sozialer und politischer Hinsicht. Kein Opfer, das gebracht wurde, sei vergeblich. "Ich weiß mich Ihnen in diesen schweren Zeiten besonders verbunden ... Um die große Sache des Sozialismus ist immer viel gelitten worden. Und sie gewinnt aus dem, was für sie geopfert wird, allein ihre Durchschlags-und Siegeskraft. Auch die, die passiv dulden, helfen ihr groß Teil mit. Denn ihre Lage weckt die Gewissen der andern." Es sei dies stellvertretendes Leiden. Kappes sandte den Brief in der Gewißheit, daß der Briefverkehr der Gefangenen vom Leiter des KZ überwacht werde. Der badische Innenminister schrieb denn auch am 22. August in dieser Angelegenheit an den Landesbischof. Vorgesehen war zunächst, auch Kappes in das KZ einzuliefern. Die Kirchenbehörde konnte dies verhindern, aber nur dadurch, daß sie seine Amtsenthebung zusagte. So mußte Kappes nur 10 Tage im Pforzheimer Bezirksgefängnis zubringen. Dort aber erklärte er nach der kirchlichen Anklageschrift einem Vertreter der Kirchenbehörde, er wolle und müsse auch nach Kislau, weil er dort eine Aufgabe zu haben glaube. Die kirchliche Anklage folgerte, er wollte dort in Solidarität mit den politischen Häftlingen als Seelsorger tätig sein. Sein Verhalten zeige somit, daß keinerlei Ermahnung und Verweis ihn dazu bestimmen könnten, sich künftig jene Zurückhaltung aufzuerlegen, die ihn und seine Kirche vor Konflikten bewahre.

Dabei mußte auch Oberkirchenrat Friedrich in seiner Anklageschrift anerkennen, daß Kappes seine neue Pfarrei "im wesentlichen ordnungsgemäß" verwaltet habe. "Seit der Machtergreifung der nationalen Regierung" sei er auch in seinem Auftreten gegen seine vorgesetzte Behörde bescheidener "und wenigstens dem Wort nach entgegenkommender" gewesen. Er sei ein hochbegabter und diensteifriger Pfarrer, der sicher viel Gutes in seinen Gemeinden gewirkt habe. Zugleich meinte er ihm freilich ein zu großes Geltungsbedürfnis bescheinigen zu müssen. Seine politischen Vergehen aber müßten zur "Außerdienststellung in der Form der Zurruhesetzung" führen.[105] Seine Gemeinde durfte Kappes nicht wieder betreten. Diese aber fand sich damit lange nicht ab, intervenierte durch Abgesandte des Kirchengemeinderates bei der Kirchenleitung und antwortete sogar mit einem längerfristigen Kirchenstreik, der in der Geschichte der badischen Landeskirche wohl einzigartig war. Nach Angaben von Günter Heinz[106] blieb als Reaktion auf die Zwangspensionierung von Kappes die Büchenbronner Kirche während der Sonntagsgottesdienste über Monate fast leer. Kappes wurde unter Polizeiaufsicht nach Badenweiler verbannt, wo seine Schwester als Ärztin wirkte. Hier hatte er sich täglich zweimal bei der Polizei zu melden. Die Kirchenbehörde aber benötigte die Zeit von August bis Ende November zur Vorbereitung des Dienstgerichtsverfahrens. Das Gericht tagte am 1. Dezember 1933, einen

---

105 Gekürzter Wortlaut der Begründung des EOK jetzt in: Evangelische Landeskirche in Baden, Bd. II: 1933-1934, Karlsruhe 1992, S. 226ff.
106 Günter Heinz, Berggemeinde Büchenbronn, Pforzheim 1975, S. 147.

Tag nach dem 40. Geburtstag des Angeklagten. Kappes beschrieb im WDR am 13. August 1978, das Gericht habe aus hohen Justizbeamten, Oberlandesgerichtspräsidenten, Oberkirchenräten und Mitgliedern des erweiterten Kirchenrates bestanden. Hinter diesen aber habe der Vertreter des Nazi-Justizministeriums gestanden, der als DC in die Landeskirchenvertretung gewählt worden war und in dieser Eigenschaft den Prozeß überwachen konnte. Kappes wählte sich als Verteidiger einen pietistischen Pfarrer aus dem Pfarrbruderrat. Dieser wählte treffend als Motto seiner Verteidigungsrede Hes. 3,17-21, wonach Gott seinen Zeugen zum Wächter über sein Volk gesetzt habe und von ihm Rechenschaft fordern werde, wenn er seine Botschaft nicht ausgerichtet habe. Auch eine Abordnung aus Büchenbronn verteidigte Kappes, unter ihnen sogar ein Mitglied der NSDAP. Der Oberlandesgerichtspräsident aber forderte Kappes vor Gericht zu dem Bekenntnis auf, sein Weg zu den religiösen Sozialisten sei ein Irrweg gewesen. Kappes lehnte dies ab mit dem Zitat "Ich verbrenne nicht, was ich angebetet habe, und ich bete nicht an, was ich verbrannt habe." Damit war sein Schicksal besiegelt. Das Gericht folgte dem Antrag der Anklage, ihn zwangsweise in den Ruhestand zu versetzen. Schon am nächsten Tag wurde er vom Innenministerium aus Baden ausgewiesen. Damit war seine hauptamtliche Arbeit in der badischen Landeskirche für 15 Jahre zum Erliegen gekommen. Auch eine Mitwirkung am Kirchenkampf der Folgezeit war dadurch unmöglich geworden. Das ist umso bedauerlicher, als einige Privatbriefe des Jahres 1933 zeigen, ein wie wacher Beobachter der kirchenpolitischen Szene er war. Ein Verweis hierauf wird an dieser Stelle noch nachgetragen. Ich tue es in Beherzigung der Mahnung von Kappes an Balzer anläßlich der Überlassung dieser Dokumente am 15. November 1973, er möge sie weise auswerten, "mit Ehrfurcht vor den schweren Entscheidungen, vor denen wir standen, und mit Einfühlen in die Gesamtsituation".

Stellungnahmen zum aktuellen Kirchenkampf

Sehr aufschlußreich ist schon der Brief, den Kappes und Löw am 18. Mai 1933 an religiös-sozialistische Nachfolgekandidaten für die Landessynode schrieben. Hier begründeten sie ihre von anderen Mitgliedern der bisherigen Fraktion abweichende Überzeugung, daß eine weitere Mitarbeit in der Synode nicht mehr sinnvoll sei. Sie selbst hätten sich deshalb wie die Freunde in Thüringen zur Einstellung dieser Tätigkeit entschlossen. "Obwohl wir der Überzeugung sind, daß unsere Bewegung erst recht heute nötig ist, liquidierten wir sie als Organisation. Da uns unser Wochenblatt nicht wieder zurückgegeben wird, da die Polizei in den Städten nach unseren Mitgliederlisten forscht, da wir keine Versammlungen abhalten dürfen, da selbst unsere rein religiösen Veranstaltungen, soweit sie nicht von der Kirche gehindert werden, unter dem Verdacht politischer Geheimbündelei stehen, selbst wenn wir immer wieder versichern, daß wir nur rein religiöse Ziele verfolgen, da wir nicht wissen, wie lange wir unsre 'Zeitschrift für Religion und Sozialismus' aufrechterhalten können, sind wir so gelähmt, daß wir nicht kirchenpolitisch hervortreten können. Außerdem legt die

Kirche großen Wert darauf, daß wir in der Synode nicht mehr erscheinen. Sie hofft dadurch, gegenüber etwaigen Eingriffen des Staates freier sein zu können." Hier wird klar ausgesprochen, daß es Kappes nicht um Kapitulation ging, sondern daß er nüchtern sah, daß die neuen Machthaber zur Vernichtung der Arbeit der Religiösen Sozialisten in der bisherigen Form entschlossen seien. Die Reich-Gottes-Sache sei damit gewiß nicht erledigt. "Mit der allergrößten Sorge sehen wir auf die Zukunft der Kirche." Die Kirchengeschichte zeige: Je mehr eine Kirche Staatskirche sei, um so schwächer sei sie innerlich, so daß sie dann schweren Stürmen am wenigsten gewachsen sei. Wie der Sozialismus verwirklicht werde, sei heute noch nicht abzusehen. Doch die geistliche Aufgabe bleibe, auch wenn keine kirchenpolitische mehr damit verbunden sei. Man solle sich, von außen genötigt, im bewußten Nutzen der Situation in die Tiefe und Stille führen lassen. Die stärksten inneren Antriebe der Religiösen Sozialisten seien von Blumhardt und Ragaz ohne nennenswerte äußere Organisation gekommen.

Bald danach aber muß sich Löw von Dietrich[107] haben überreden lassen, sein Synodalamt beizubehalten, was Kappes in einem Brief vom 13. Juni an ihn kritisiert. Sie könnten keine überzeugenden Gründe dafür nennen, daß sie noch in einer Synode mitwirken wollten, die jede kirchliche Demokratie abschaffe, die Bischöfe und Oberkirchenräte ohne Mitwirkung des Kirchenvolkes auf Lebenszeit ernennen läßt, die das Pfarrwahlrecht abschafft, die die Reichskirche unter staatliche Bevormundung bringt und die mit ihren Rechten weit hinter die Synode in großherzoglicher Zeit zurückgefallen sei. Er stehe diesem kirchlichen Neubau mit allergrößtem Mißtrauen gegenüber und gebe ihm keine lange Lebensdauer. "Ich möchte mit ihm gar nichts zu tun haben", auch nicht in einer "Opposition", die ja nicht wirksam werden könne, "sondern die, wenn sie den Mund auftut, mit staatlichen Mitteln niedergeknüppelt werden wird". Er halte es für eine Utopie, daß Einzelpersonen in der Synode noch irgendetwas erreichen könnten, "und selbst, wenn Ihr nichts erreichen wollt, daß Eure Anwesenheit irgendeinen Zweck habe". Diese ganze Entwicklung müsse mit der Zerstörung der Kirche enden.

Im folgenden äußert Kappes, der mit den voraufgehenden Ausführungen verdeutlicht hatte, daß er sich nicht als Feigenblatt der offiziellen Kirchenpolitik in einer höchstens scheinbaren Entscheidungsfreiheit in der Synode mehr hergeben wollte, einen weiteren sehr interessanten Gedanken. Er könne sich denken, daß er zu den Positiven übertreten könne, aber niemals zu den DC. Er sehe die Kirche bei Wurth immer noch besser aufgehoben als beim damaligen DC-Chef Fritz Voges, mit dem Löw und Dietrich in Verhandlungen eingetreten waren. Bedenkt man, daß zwar nicht Wurth selbst, der sich verbittert zurückzog, aber eine Reihe anderer Positiver die Bekennende Kirche in Baden aufbauten, so wird die Bedeutung dieser Feststellungen von

---

107 Zu Dietrichs Offenheit für die Nazifraktion in der badischen Landessynode vgl. jetzt interessante Briefäußerungen in: Evangelische Landeskirche in Baden im "Dritten Reich", Bd. I, S. 240ff, 537ff.

Kappes deutlich. Hätte er weiter in seiner Landeskirche wirken können, so wäre von diesen Feststellungen aus zumindest eine Annäherung an die sich herausbildende BK möglich gewesen. An Löw und Dietrich schreibt er jedenfalls, man dürfe sich in seinem Handeln nicht allein von Abneigungen gegen Wurth und die Positiven leiten, also von der bisherigen kirchenpolitischen Frontstellung bestimmen lassen. Was die Positiven ihnen in den vorangegangenen Jahren angetan hätten, könne nicht mehr Richtmaß ihrer jetzigen Entscheidungen sein. "Wenn sie in der Stunde dieser Bedrohung des Christentums innerlich Buße getan haben, wenn sie sich auf ihre Aufgabe der Wahrung der Unabhängigkeit der Kirche besinnen und ein Wagnis des Glaubens auch unter Gefahren vollbringen wollen, dann ist, was wir von ihnen erlitten haben, wieder gut gemacht." "Beobachten wir die kirchliche Entwicklung aufs schärfste! Erklären wir, daß wir aus Sorge für die Kirche die jetzige Entwicklung nicht mit unserer Verantwortung decken können!" Man müsse versuchen, jetzt an jene Christen heranzukommen, "die die Sache des Reiches Gottes für wichtiger halten als den Kampf in und um die Kirche". Man sollte Zellen bilden, die wie einst Blumhardts Wirkungsstätte Bad Boll Evangeliumskräfte ausstrahlen, statt sich mit bloßer Taktik zu beschweren. Er trenne die kirchliche Organisationsarbeit ganz entschieden von der Verkündigung des Evangeliums, denn er könne nicht mehr diesen beiden Herren gleichzeitig dienen.

Daß die sehr komplizierte Situation einen harten Dissens in die sich jetzt auflösende religiös-sozialistische Fraktion getragen hatte, zeigen besonders zwei noch erhaltene Privatbriefe von Kappes an Simon. Schon im Brief vom 29. April zitiert Kappes ausführlich aus einem ihm zugegangenen Schreiben des Fraktionsvorsitzenden Dietrich, dem Simon offenbar weithin zustimmte. Dietrich beklagte heftig die Haltung von Kappes und anderen und deutete sie als Kapitulation vor dem Zeitgeist. Vor allem wandte er sich mit Simon gegen die Unterschrift unter den Revers der Kirchenleitung und forderte auch die Weiterarbeit als Fraktion in der Landessynode, solange dies irgend noch möglich sei. Sämtliche Prediger hätten "in diesen Sturmwochen" geschwiegen, als hätten sie im christlichen Namen nichts dazu zu sagen. Das beurteilte er als schwere Niederlage und folgenreiches Fehlverhalten. Er halte sich selbst nicht für heroisch, aber wenn nur zehn Pfarrer in Deutschland das Martyrium auf sich genommen hätten, hätte diese Haltung eines Tages Früchte gezeitigt. Jetzt habe man den anderen, die man früher so heftig bekämpft habe, nichts mehr voraus.

Kappes stellt dem besonders die Frage nach der richtigen Taktik entgegen und mahnt zur Nüchternheit, die mit Kapitulation nicht verwechselt werden dürfe. Wer nicht in die NSDAP als einzige noch zugelassene politische Partei eintreten wolle, könne höchstens noch illegale politische Arbeit leisten, was aber für einen Pfarrer nicht in Frage komme. Man dürfe sich nicht um einer nicht mehr bestehenden politischen Möglichkeit willen leichtfertig die spezifischen Wirkungsmöglichkeiten in der Kirche abschneiden. "Ich sehe in der Kirche heute eine der wichtigsten Stellen, wo der Kampf mit dem Geist ausgefochten werden kann, den wir als unchristlich bekämpfen." Wenn er sich um einer Formalität willen aus dem Pfarramt werfen lasse, könne er überhaupt nichts mehr ausrichten. "Heute handelt es sich nicht nur um das persönliche Opfer, sondern vor allem darum, daß wir absolut nicht wirken können, wenn wir uns selbst die Basis nehmen. So aber bieten uns Predigt, Unterricht, Seelsorge, Fürsorge, literarische Tätigkeit und Kurse in der Bibel genug Möglichkeiten, für das zu wirken, was uns als das Wesentliche erscheint." Er wisse, daß man die Unterschriftsbereiten jetzt verhöhne, aber einziger Richter sei das eigene Gewissen. "Weder Du noch ich werden uns in unserm Amt den Mund verbieten lassen, wenn wir vor Gott reden müssen! Wenn wir um des Gewissens willen abgesetzt werden, weil wir den Kampf nicht suchten, sondern er uns aufgedrängt wurde, dann ist das Gottes Wille. Dann werden wir nicht ausweichen. Dann hat dieser Kampf mit seinen Opfern auch eine religiöse Wirkung. Wenn ich jetzt etwas provozieren würde, hätte ich das Gefühl, eigenwillig gehandelt zu haben." Zugleich deutet sich freilich schon in diesem Brief mit Kappes' Abkehr von der Parteipolitik auch die von der Kirchenpolitik an. Die Aufgabe des bisherigen Bundes sei erledigt. Jetzt gelte es, sich auf die biblischen Grundlagen zu besinnen und von da alle Arbeit, auch die bisherige kirchenpolitische, neu zu gestalten. Die Forderung nach Gerechtigkeit und Frieden leite man nicht primär aus einem politischen Programm ab, wie immer die Zukunft des Marxismus aussehen möge, sondern aus dem eigenen Glauben.

Dieser Aspekt seiner Entscheidung tritt noch weit deutlicher in einem Rundbrief vom 24. Mai 1933 an religiös-sozialistische Freunde hervor. Aus ihm geht auch hervor, daß Kappes überstimmt wurde. Er wiederholt aber seine Überzeugung: "Wir können uns als selbständige Gruppe nicht mehr halten, zumal offenbar kirchliche Kreise den Staat gegen uns mit Polizeimitteln bemühen." Selbst das Weitererscheinen der ZRS sei jetzt in Frage gestellt, nachdem Kappes im zuvor angeführten Brief noch das Wiedererscheinen der Wochenzeitung "Der Religiöse Sozialist" für möglich gehalten hatte. "Wenn wir also mit unsern Wählern nicht mehr zusammenkommen können, ihnen jede Versammlungsmöglichkeit und Organisation genommen ist, was vertreten wir denn eigentlich noch in der Synode?" Auch hier betont Kappes, er könne nicht bei den DC für die Erneuerung der Kirche kämpfen und sehe die Kirche bei Wurth besser aufgehoben als bei Voges. Bei den DC sehe er zu wenig Substanz des Evangeliums. Dann aber betont er, sein Dienst an der Reichgottessache liege künftig auf einem ganz andern Gebiet als dem kirchenpolitischen, weil er "die ganzen Fundamente der organisierten Kirche wanken" sehe. Die hier zu leistende Aufgabe sei größer als die auf kirchenpolitischem Wege mögliche. Die Wirksamkeit müsse jetzt auch eine breitere sein, als sie von einer Gruppe aus möglich sei, "die eben nur in parteiischer und nicht in verbindender Weise wirken kann". Und dann vollzieht er ausdrücklich den Auszug aus seiner bisherigen Arbeit im Bund: "Ich kann in der alten Weise nicht mehr mitmachen. Ich sehe nicht, wie dem Evangelium damit gedient wird." "Für einen Weg, den ich nicht mehr gehen kann, kann ich mich auch nicht opfern. Dafür kann ich allenfalls Buße tun." Auf dem Weg, den er jetzt als seinen sehe, aber werde er sich genau so einsetzen wie auf dem Weg seiner elf sozialistischen Kampfjahre. Handschriftlich fügt er an Simon am Ende des Briefes noch hinzu, man müsse den Mut zur Zerschlagung der eigenen Form haben, wenn man mit ihr nicht mehr wirken könne.

Dieser Brief wird nicht relativiert, wenn man ihn mit gewissen anderslautenden Akzenten im Brief an Ludwig Simon vom 5. Juli 1933 vergleicht, wo Kappes bittet, auch Ludwig Müller und Karl Fezer als damalige prominente DC-Kirchenmänner nicht einseitig emotional vorschnell abzuurteilen, und wo er andererseits eine gewisse Distanz zur Jungreformatorischen Bewegung äußert, die unter anderem Vorzeichen auch Karl Barth deutlich bekundete. Gut verständlich ist seine negative Beurteilung Kühleweins und der Hinweis auf Krisenerscheinungen in der Landeskirchenleitung, wo ein heftiges Tauziehen um die Macht im Gange sei. Der Brief vom 5. Juli 1933 an Simon ist offenbar Ausdruck einer sehr kurzen Phase im inneren Ringen von Kappes, in dem er sich Fezer und Ludwig Müller leicht annäherte und seine Aversion gegen die Positiven wieder verstärkte. Im Hinblick wohl auf den namentlich ungenannt bleibenden Müller äußert er, ein Agitator könne zum Führer wachsen, weil bei Gott kein Ding unmöglich sei, und es gehöre jedenfalls zu den eigenen Pflichten, "für den Führer" zu beten, dessen Sache die Sache des Volkes sei. Jedes Scheitern sei ein Unheil, auch wenn ihm "v.B.", also Bodelschwingh, als Reichsbischof lieber gewesen wäre. In diesem Augenblick hält er es sogar für sinnvoll, daß die Liberalen sich mit den DC zusammentaten. Es sei nun die gleiche Aufgabe zu erfüllen, die der Liberalismus im 19. Jahrhundert in seiner Allianz mit Idealismus, Aufklärung und Demokratie übernahm. Er scheiterte freilich daran, daß er sich selbst in einer säkularisierten Welt säkularisieren ließ. Diese Gefahr bestehe auch jetzt, denn auch die jetzigen Programme seien nicht aus der Tiefe des ganzen Evangeliums geschöpft. Mag man die vorangegangenen Äußerungen für bedenklich halten, so freut man sich um so mehr über seine folgende Feststellung, die primitive Berufung auf den "1. Glaubensartikel" sei gut jüdisch im vorprophetischen Sinne. "Wir lernten an Blumhardt den 2. und 3. Artikel verstehen und haben nun eine große Aufgabe, den Sinn dieser Artikel konkret auszusprechen." Bei den Jungreformatoren gebe es zu viel Romantik (im folgenden, noch zu erörternden Brief nennt Kappes schon die Selbstbezeichnung ein töricht-romantisches Wort). Am wenigsten traue er der alten positiven Richtung, denn ihre Lage sei wahrhaft tragisch. "An sich haben sie vom Pietismus her und aus den Dogmen die Substanz. Aber diese ist statisch und nicht dynamisch." In den wahrhaft Gläubigen, die bisher bei den Positiven waren, sei diese Substanz zwar, nicht aber in den Kirchenführern, schon gar nicht in den badischen.

Schon hier schlägt Kappes vor, eigene Predigten, die man für gelungen hält, zur Aufrichtung anderer und zum geschwisterlichen Austausch zu versenden. Außerdem denkt er schon hier an das Gespräch mit kirchenpolitisch Verantwortlichen, ohne sich mit einer der beiden Richtungen zu identifizieren und ohne sich selbst von der Kirchenpolitik aufreiben zu lassen. Inzwischen hatte sich die Lage in der Landessynode schon wieder verändert, so daß der Streit innerhalb der bisherigen religiös-sozialistischen Fraktion gegenstandslos wurde. Kappes weiß schon in diesem Brief, daß die Auflösung des Bundes unmittelbar bevorstehe, was auch den Verlust aller Sitze bedeute. Synode und Kirchengemeinderäte sollten aber die Möglichkeit erhalten, verdiente Männer ohne fraktionelle Bindung wiederzuwählen. Die Positiven indes wollten die Religiösen Sozialisten völlig aus der Synode verdrängen, um deren Sitze prozentual zu verteilen und so die verloren gegangene Mehrheit zurückzuerobern, wogegen man sich wehren müsse. Jetzt weiß Kappes auch, daß Dietrich offenbar aus diesem Gespür schon vor Wochen sich entschieden habe. Der Name des Bundes werde verschwinden. "Wenn wir etwas sind, dann können wir nur ein 'Boll' im Kleinen sein, und zwar vervielfältigt!" Er teile den Pessimismus Simons hinsichtlich der Kirchenleitung, besonders hinsichtlich des Bischofs, dessen Wahl eine Verlegenheitslösung war und der seine Abhängigkeit kaum überwinden wird. Die neue Kirchenverfassung sei dagegen nicht entscheidend. Man müsse sie zum einen nüchtern aus dem Zeitgeist verstehen, zum anderen aber darauf vertrauen, daß alles in Bewegung bleibe und die Kirchenoberen durch die Zeitläufte vermutlich daran gehindert würden, ihr Amt lebenslänglich auszuüben. Raum für geistliches Leben bleibe da nur in Form der Gemeinschaft als Auslese von Gläubigen, "die etwas von der Vollmacht und darum deren inneren Mächtigkeit in sich tragen, die sich allmählich Gewicht auch nach der äußeren Seite verschafft". Kappes dürfte prinzipiell im Recht sein mit seinem hartnäckigen Bestehen auf geistlicher Vertiefung in den eigenen Reihen, dagegen nicht, indem er die Kirchenpolitik allzu säuberlich von der geistlichen Auferbauung unterschied. Hier dürfte die BK zu neuen, tiefgründigeren Erkenntnissen gelangt sein. Im übrigen berichtet er hier, daß wegen seiner Pfingstpredigt Anzeige bei der Polizei erstattet wurde und ein Gendarm ihn aufgesucht habe. Die Predigt sei von der Polizei mit dem Vermerk an den OKR gesandt worden, wenn noch einmal derartiges vorkomme, werde man gegen Kappes einschreiten. Er lege es aufgrund dessen auf ein Lehrzuchtverfahren mit Gutachten von Professoren ab, wobei er auch an Fezer denke. Prinzipiell sei er nicht fürs "Schreien", das Simon offenbar angesichts der nazistischen Untaten gefordert hatte, aber sehr für das intensive Gespräch und "für das Warten im eschatologischen Sinn".

Schon am 19. Juli 1933 schrieb Kappes aufs neue an Simon mit der theologisch tiefgründigen Feststellung: "Wir müssen es erfahren, daß wir ganz von der Gnade abhängig sind, sowohl bei unserer Predigt wie in unserem sonstigen Verhalten in dieser Zeit. Aber gerade die menschliche Ungesichertheit in jeder Beziehung ist die Voraussetzung für das Wirksamwerden dieser Gnade." Noch rechnet er mit der Möglichkeit eines Gesprächs mit dem Bischof. Die von ihm gewünschte Gemeinschaft sei auch ein Instrument des christlichen Kampfes, wenn es not tut, "aber sie ist jedenfalls die einzige Form des christlichen Lebens, in der unsere Reich-Gottesverkündigung Gestalt finden kann". Man könne jetzt nur den innersten Kreis aufbauen. "Es war der Fehler unserer bisherigen Bewegung, daß wir zu stark von außen her bauten und im Innern nicht gefestigt genug waren." Alle organisatorischen Entwicklungen der nächsten Zeit würden sich ohne die Religiösen Sozialisten vollziehen. "Jetzt müssen wir am innersten Gehalt der Kirche, an ihren innersten Lebensformen arbeiten, damit in den Entscheidungszeiten Leben da ist." Er habe Barths Schrift gelesen (vermutlich

"Kirchliche Existenz heute") und äußert sich positiv über sie, doch sei die Folge wohl Barths Verbannung aus Deutschland.

Noch einmal am 18. August 1933 schrieb Kappes an Simon und teilte ihm mit, er habe drei seiner Predigten in je 100 Exemplaren vervielfältigt und versandt und denke an weitere Sendungen einmal monatlich. Er habe darauf bereits rührende Briefe der Dankbarkeit erhalten. Kappes fordert Simon auf, sich ähnlich zu engagieren. So werde ein größerer Personenkreis ohne Organisation erfaßt, denn jedes Predigtexemplar werde von mehreren Menschen gelesen. Zugleich spricht er von seiner Isolierung, abgesehen von vielem Besuch in seinem Haus und einer segensreichen Wirkung in der eigenen Pfarrei. Man müsse überall hingehen, wo Kollegen zusammenkommen. Er habe auch drei Wochen lang Erfahrungen mit einem Missionszelt in seiner Gemeinde machen können und sei dadurch darin bestärkt worden, daß "die stärkeren Abwehrkräfte gegen die Ketzereien der DC und alles, was damit im Zusammenhang steht", aus den pietistisch geprägten Gemeinschaften kommen, "wenn sie aus ihrer Enge herausgeführt werden und ihr realistischer Biblizismus dadurch erst fruchtbar wird". So sei der Anfang einer Allianz zwischen drei solchen Gemeinschaften und dem Pfarramt gemacht worden. Zugleich muß Kappes mitteilen, daß ihm vom OKR politischer Mißbrauch der Kanzel vorgeworfen und eine letztmalige Verwarnung erteilt wurde. "Wir müssen aus unserer Glaubensverbundenheit mit Christus eine solche innere Sicherheit haben, daß wir das Alleinsein aushalten und nicht voreilige Bindungen eingehen, auch nicht mit den Jungreformatoren und den Positiven. Der Stärkste ist der, der warten kann, aber im Warten das Richtige tut, nämlich die Müden stärken und die lässigen Knie wieder aufrichten." Man wisse sich mit allem verbunden, was aus Christus kommt. Christus als einziger Maßstab müsse bewußt bleiben, denn "nur so können wir die Geister scheiden und das Echte vom Dämonischen trennen, das heute im Gewand des Christlichen umherschleicht. Wir müssen unsere eigentlichen Waffen, die des Gebets und der Liebe, mehr anwenden und uns auf sie allein verlassen, damit Christus durch sie einen Platz in der Welt hat." Man müsse im allerengsten Kreis eine Gebetsgemeinschaft schaffen, die sich gegenseitig trägt und hilft, denn "von solchen Zentren gehen ganz andere Kräfte aus als von den organisatorischen Bemühungen" (vgl. ähnliche Überlegungen Dietrich Bonhoeffers als geistliche Frucht des Kirchenkampfes in "Gemeinsames Leben", Berlin 1954). Das Ende der alten Kirchenpolitik sei ohnehin da, denn die kirchenpolitischen Parteien hätten keinen Wert mehr, seien Kolosse mit tönernen Füßen, an denen mitzuarbeiten nichts nütze. Dagegen halte er es für sinnvoll, daß kürzlich zehn Pfarrer in Württemberg ihren Bischof beschworen, "sich allein auf die Fürbitte der Gemeinde zu verlassen und sich nicht in Abhängigkeit von fremden Mächten zu begeben". "Erst wenn der Bischof weiß, daß hinter ihm die Glaubenskraft der Gläubigen steht, wird er aus der verhängnisvollen Abhängigkeit von den Politikern herauskommen können." Man solle sich nicht irritieren lassen "von so armseligen Geistern, wie sie jetzt in den einzelnen Kirchenbezirken mit souveräner Ignoranz und Frechheit auftreten. Wenn man durch sie hindurchsieht, dann sind sie machtlos und 'hingerichtet'".

Aber schon fünf Tage nach diesem Brief, am 23. August 1933, teilt Frau Kappes Simon mit, daß ihr Mann verhaftet sei. Voges setze sich für ihn ein, doch sperre sich ihr Mann noch gegen dessen Vorstellungen, aus dem Pfarrdienst zu scheiden. Die Zeitungen berichteten in der gehässigsten Weise, und die Gemeinde sei sehr bedrückt. Der gesamte Kirchengemeinderat und -ausschuß habe ein Schreiben an den Oberkirchenrat zugunsten von Kappes verfaßt. "Heinz ist mutig und frisch, aber er macht sich keine Illusionen." Es kann nicht der geringste Zweifel darüber bestehen, daß die Haltung von Heinz Kappes 1933 untadelig war, und dies zu einer Zeit, als unzählige andere schmählich versagten.

Ludwig Simon

Die mehrmalige Erwähnung Ludwig Simons im letzten Abschnitt gibt mir Gelegenheit, hier kurz seine Entscheidungen des Jahres 1933 im Kontext seines Lebenswerkes darzulegen, wobei das grundlegend Gemeinsame mit Kappes, aber auch Unterschiede im Detail hervortreten.[108] Der 1905 geborene Simon war 12 Jahre jünger als Kappes und Eckert, so daß er zur Zeit des 1. Weltkrieges noch Schüler war. Gleich Kappes aber wuchs er in einem nationalistisch geprägten Pfarrhaus auf. Er konnte sich intensiver als die Frontgeneration der wissenschaftlichen Vorbereitung auf sein eigenes Pfarramt widmen und stand z.B. während des Studiums in Rostock und Erlangen nicht zuletzt unter dem Einfluß der spezifisch lutherischen Theologie von Paul Althaus, ohne sich fest einer theologischen Schule anzuschließen. Auch verstand er sich stets als Praktiker.

Er war gerade Vikar in dem Karlsruher Industrievorort Ettlingen geworden, als er sich im Mai 1929 den Religiösen Sozialisten anschloß, nachdem er schon 1927 in Berlin mit dem proletarischen Milieu und der Arbeit Siegmund-Schultzes in Berührung gekommen war. Der SPD trat er anders als andere Religiöse Sozialisten nicht bei, doch sein Engagement bei den Religiösen Sozialisten war intensiv und kampfbetont. So sprach ihm seine Kirchenleitung bereits 1930 und 1932 Verweise aus. Seit 1930 publizierte er in der "Zeitschrift für Religion und Sozialismus", seit 1931 im Bundesorgan "Der Religiöse Sozialist".

Besonders aufschlußreich sind zwei Artikel, die Simon hier im Mai und Juni 1932 veröffentlichte[109] Im ersten antwortete er dem konservativen Schriftleiter Greiner auf

---

108 Am gründlichsten beschäftigte sich mit Simons Lebenswerk Stefan Nölle in seiner im Sommersemester 1982 im kirchengeschichtlichen Seminar bei Friedrich-Martin Balzer angefertigten Seminararbeit "Ludwig Simon. Evangelischer Pfarrer und religiöser Sozialist aus Baden. Zwischen den Fronten der politischen und kirchlichen Auseinandersetzungen der Jahre 1929-1934."

109 Jetzt abgedruckt in "Evangelische Landeskirche in Baden", Bd. I, S. 106ff, 242ff.

Ludwig Simon, 1931
(Privatarchiv Balzer)

Ludwig Simon, 1958 (Privatarchiv Balzer)

Ludwig Simon, 1994
(Foto F.- M. Balzer)

Ludwig Simon,
Gert Wendelborn, 1990
(Foto Brigitte Kustosch)

den Vorwurf, die Religiösen Sozialisten hätten eine Politisierung in das kirchliche Leben getragen.[110] Er wies nach, daß diese bereits eine stark politisierte Kirche angetroffen hätten. Es sei eine Politisierung im Zeichen des Staatskirchentums mit ausgesprochenem Rechtstrend gewesen, und die Stellung der Kirche zum Entscheid über die Fürstenenteignung beweise, daß dieser ungebrochen anhalte. Damals vergaß die Kirche, daß man Gott mehr als den Menschen gehorchen muß (Apg. 5,9). Sie unterschlug im 1. Weltkrieg völlig, daß, wer das Schwert nimmt, dadurch umkommen wird (Matth. 26,52), während Jesu ganzer Geist dem Morden und Hassen eines Krieges ins Gesicht schlage. Es war eine Kirche weltlicher Gebundenheit, der der Landesherrendienst über dem Dienst Jesu stand. Davon gründlich zu unterscheiden sei aber die prophetische Ausrichtung der Botschaft Gottes an die jeweilige Zeit in einer wirklichkeitsnahen Sprache, die allein die Kirche zum Licht der Welt mache (Matth. 5,14). Wegen dieser völlig sachgemäßen Bemerkungen erhielt Simon am 7. Juni 1932 vom EOK eine Verwarnung. Im zweiten Artikel anläßlich der Landessynodalwahl wies Simon auf unverkennbare Ermüdungserscheinungen hin, die der Reaktion zugute kommen könnten. Die Pfarrer in ihrer relativ gesicherten Stellung seien ohnehin meist für Ruhe gegen eine Änderung oder gar völlige Erneuerung der Verhältnisse. Aber auch diejenigen, die aufgrund selbst erfahrener Not aufschreien müßten, erlahmten. Aufgrund ihrer schweren Lasten seien sie der eigenständigen Entscheidung überdrüssig. Damit aber strecke man die Waffen vor den Mächten der Welt und lasse sich vom allgemeinen Strom mitreißen. In dieser Stimmung könne man nicht mehr für Gottes Reich kämpfen. Das Christentum der Positiven beginne und höre auf bei der eigenen Seligkeit, und sie ließen darüber die ganze Welt in ihr Verderben sinken. Die wahren Christen aber sind gegen die "Ruhe eines Friedhofs", denn sie hören Christi Verheißung, er mache alles neu (Offb. 21,5) auch im Leben der Völker und Rassen, Wirtschaftsordnungen und Klassen, und dieser Glaube brenne wie ein Feuer (Luk. 12,49). Jesus preise die Armen selig, für die Gottes Reich nahe sei (Matth.5,3). In diesem Sinne gelte es, im Glauben zu wachen, männlich und stark zu sein (1.Kor. 16,13).

Auch zu Paul Piechowskis "Bruderschaft Sozialistischer Theologen" hielt er Verbindung und gehörte zu den wenigen, die diesen 1934/35 angesichts drückender Not nach seiner Entlassung aus dem Kirchendienst auch finanziell unterstützten. Er griff den Reich-Gottes-Gedanken des jüngeren Blumhardt und seiner religiös-sozialistischen Freunde auf und gebrauchte ihn antiidealistisch, auf ein volles Ernstnehmen der irdischen Wirklichkeit pochend, aber nicht, um den gesellschaftlichen und sozialen Status quo zu sanktionieren, sondern um diesen im ungeteilten Gehorsam gegen Gottes Willen für das Leben seiner Geschöpfe zu verändern. Die Kirchenleitung versetzte ihn im November 1930 als Diasporapfarrer nach Stetten am kalten Markt, weg vom Zentrum der badischen Kirche in das Bodenseegebiet. Hier kam er - Kappes nicht unähnlich - auch in die kirchliche Sozialarbeit, weil sich auf dem Heuberg, wo

---

110 ebd., S. 103ff.

vor dem 1. Weltkrieg ein großer Truppenübungsplatz entstanden war, jetzt das größte Kinderheim Deutschlands befand und auch Erholungslager für Kinder und Jugendliche eingerichtet wurden, dazu eine große Knochentuberkulose-Heilstätte intensive Seelsorge erforderte. Gleichzeitig wirkte Simon als einer der Führer des badischen Landesverbandes der Religiösen Sozialisten jetzt auch im Landesvorstand mit und war zeitweise für die Schriftleitung des Bundesorgans vorgesehen. Er war aber auch Mitglied der Deutschen Friedensgesellschaft und unterhielt intensive ökumenische Kontakte mit ähnlich gesinnten Christen in der Schweiz und in Frankreich. Das NSDAP-Zentralorgan "Völkischer Beobachter", das Völkerverständigung mit Vaterlandsverrat gleichsetzte, griff ihn deshalb heftig an. Simon nahm im Sommer 1932 und 1933 an internationalen Jugendkonferenzen in Gland am Genfer See teil, die gemeinsam von "Life and Work" und dem "Weltbund für Freundschaftsarbeit der Kirchen" veranstaltet wurden. 1932 war er Mitglied der von Dietrich Bonhoeffer geleiteten deutschen Delegation, und es ist interessant, daß er für das aktive Friedensengagement der jungen Christen aus Nordamerika, Großbritannien und Frankreich schon damals viel mehr Verständnis aufbrachte, als es zu dieser Zeit Bonhoeffer möglich war, ohne daß er sich in seiner Delegation dadurch in eine Außenseiterrolle hätte drängen lassen.

In die Geschichte der vollmächtigen Zeugen der Wahrheit Gottes ging Simon durch die Predigt ein, die er am 21. März 1933 im Konzentrationslager Heuberg hielt.[111] Zu diesem "Festgottesdienst" war er zwangsverpflichtet worden, um wie an vielen anderen Orten in Deutschland die Eröffnung des von den Nazis beherrschten neuen Reichstages auch sakral abzusegnen. Dort, wo die Nazis gerade das 1. Konzentrationslager Südwestdeutschlands errichtet hatten, wohin sie kommunistische und sozialdemokratische Funktionäre nach ihrer großen Razzia vom 9. März verfrachtet hatten, hatten sich Kommandos von SA, Reichswehr, Schutzpolizei und Stahlhelm samt "Ehrengästen" der politischen Prominenz versammelt. Die Presse wußte am Tag darauf von einer "markigen" Ansprache des Lagerältesten und von einem "schneidigen" Vorbeimarsch der bewaffneten Kolonnen zu berichten, der junge Pfarrer Simon aber ließ sich dadurch nicht einschüchtern, sondern rechnete in kurzen, schlichten Worten auf fester biblischer Grundlage mit dem nazistischen Terrorregime ab. Er sagte u.a.:

"Gott und unserem Erlöser die Ehre, das muß der Grundton sein, der sich durch unsere Feier hindurchzieht, wenn sein Segen auf unserem Vaterlande ruhen soll. Gott! Jesus Christus! Wissen wir, was wir mit diesem Namen aussprechen? Wo ist Gott? Nur im Leben und in der Wirklichkeit ist er da, als der Herr all unseren Tun und Lassens - oder er ist nicht da. Gott aber ist Liebe. Nur wer in der Liebe bleibt, der bleibt in Gott und Gott in ihm. Er sagt uns: Wer seinen Bruder haßt, der ist ein Totschläger. Darum: Wo Haß ist, Haß von Mensch zu Mensch oder Haß von Volk zu

---

111 Den Wortlaut der Predigt findet man bei Balzer in: "Miszellen zur Geschichte des deutschen Protestantismus", Marburg 1990, S. 204f.

Gottesdienst anläßlich der Eröffnung des Reichstages am 21. März 1933 im Konzentrationslager Heuberg (Privatarchiv Balzer)

Volk, das ist Gott nicht, und wenn sein Name immerfort auf aller Munde wäre! Wir müssen uns heute von dem Propheten warnen lassen, der einst seinem Volke zurief: So spricht der Herr: Dies Volk ehrt mich mit seinen Lippen, aber ihr Herz ist ferne von mir. Gott ist Wahrheit - wo Lüge ist, da ist Gott fern. Gott ist Gerechtigkeit - wo Unrecht und Gewalttat herrscht, da ist Gott nicht, auch wo ihm Gottesdienste ohne Zahl veranstaltet werden. Gott ist Gnade und Barmherzigkeit. Wo Unbarmherzigkeit und Brutalität ist, da ist Gott nicht, auch wenn man stets von ihm reden würde. Gott ist nur da, wo sein Wille geschieht auf Erden wie im Himmel. Wo sein Name geehrt wird, da ist sein Segen."

Die Folge dieser Predigt war, daß Simon schon wenige Tage später als Pfarrer nach Wies, in ein kleines, abgelegenes Dorf im südlichsten Winkel der Landeskirche in einer freilich wunderbaren Landschaft in unmittelbarer Nähe der Schweizer Grenze, abgeschoben wurde. Offenbar wollte die Landeskirche so seiner Einweisung in das KZ zuvorkommen. Hier war Simon Pfarrer bis zum November 1937, als er unter veränderten kirchenpolitischen Bedingungen in eine Arbeitergemeinde in Mannheim berufen wurde, wo ein großer Teil seiner Habe 1943 einem Luftangriff zum Opfer fiel.

Im selben Geist wie die Heuberger Predigt ist sein Artikel "National!" in der letzten Nummer der "Zeitschrift für Religion und Sozialismus" abgefaßt. Schon daß er hier noch einmal publizierte, war ein klarer Verstoß gegen den Revers, den er auf Anraten von Kappes unterzeichnet hatte. Hier konfrontiert er den Glauben der Nazis an die Nation sowie die arische Rasse mit ihrem Blut theologisch sauber mit dem Glauben an Jesus Christus. Er hatte schon damals begriffen, was auch die Bekennende Kirche in der Folgezeit lernte, daß Glaube an Jesus Christus nicht eine beliebige Spielart von Gläubigkeit ist, sondern daß der wahre Gott und beliebige, von Menschen erdachte Götzen eindeutig im Gegensatz zueinander zu bringen sind. Interessant ist, daß er gerade seinen Reich-Gottes-Glauben nutzte, um die nazistische Irrlehre zu widerlegen. Daß Gottes Herrschaft in allen irdischen Regionen anbrechen wolle, bewahre rechte Christen davor, irdische Werte zu vergötzen. Erst Gottes Reich gebe allen Werten der Schöpfung ihren letzten Sinn, den sie niemals in sich selbst tragen.

Der Weg in die Folgezeit war auch für Simon zunächst der Weg in die innere Emigration und Konzentration. Er unternahm aber regelmäßig Besuche in der Schweiz, zunächst sogar mit dem Fahrrad, und schmuggelte religiös-sozialistische Literatur aus Basel nach Deutschland, worauf er sie an einen breiten Freundeskreis verschickte. Damit nahm er ein hohes persönliches Risiko auf sich. Seit 1934 näherte er sich der Bekennenden Kirche an und wurde ihr wertvoller Mitstreiter. Aber er versah sein Mannheimer Pfarramt noch nicht einmal 2 Jahre, als der Ausbruch des 2. Weltkrieges ihn als Soldat und später Offizier nach Frankreich verbannte. 8 Jahre mußte er seiner Gemeinde fern bleiben, bevor er nach 5 Jahren Krieg und fast dreijähriger Gefangenschaft in Frankreich und Algerien im Herbst 1947 in seine Gemeinde zurückkehren konnte, wo er nun weitere 16 Jahre bis zum Herbst 1963 wirkte.

1949 trat Simon in die SPD ein. In der Tradition der Bekennenden Kirche war er bis 1963 Vorsitzender der Kirchlichen Bruderschaft in Nordbaden und Leiter des

Versöhnungsbundes in Mannheim. Er bekannte sich zum Darmstädter Wort des Bruderrates von 1947 und wirkte aktiv in der Massenbewegung gegen die deutsche Wiederaufrüstung mit. Besonders 1953/54 und 1958 war er Redner auf zahlreichen Veranstaltungen und Kundgebungen, die zuletzt von der Bewegung "Kampf dem Atomtod!" organisiert wurden. Er trat für die Schaffung eines einheitlichen neutralen Deutschland, das beiden Militärblöcken fern bleibe, und für direkte Verhandlungen mit der DDR ein und lehnte entgegenstehende, von Adenauer geschlossene Verträge ab. Im Sinne der Kirchlichen Bruderschaften betonte er, daß die Stellung eines Christen zu Massenvernichtungswaffen keine politische Ermessensfrage sein könne, sondern nur eine "Gehorsamsfrage unseres Glaubens". Schon die Anhäufung von Massenvernichtungswaffen sei mit dem christlichen Bekenntnis unvereinbar, und im Wahn der Abschreckung bedrohe man selbst die Werte, die man zu schützen vorgebe. Noch 1983 lehnte er öffentlich die Stationierung von Pershing II und Cruise Missiles in der Bundesrepublik ab und stellte dem in einer Osterpredigt in Wies, wo er seit seiner Pensionierung wieder wohnhaft ist, Christus als den Friedensfürsten entgegen. 1990 wurde ihm anläßlich seines 85. Geburtstages die Ehrenbürgerschaft in Wies verliehen.

Die Bereitschaft zum Leiden mit Christus als geistliche Frucht des Kirchenkampfes

Am 7. Januar 1934, schon ohne kirchliches Amt, predigte Kappes über 1. Petrus 4,12-19 mit der zentralen Aussage: Freut euch, daß ihr mit Christus leiden dürft! Er sandte diese Predigt auch seiner früheren Gemeinde Büchenbronn zu, worauf ihm der Oberkirchenrat die Übersendung von Predigten und die Vertretung in anderen Gotteshäusern verbot, da dies Unfriede in die Gemeinden trage. Dabei gibt es in dieser Predigt keine politische Anspielung. Unverkennbar ist bereits das Bemühen der Folgezeit um eine weitere geistliche Vertiefung. Die aktuelle Situation der Gemeinden wird nicht eigens erwähnt, aber unverkennbar ist sie der Hintergrund aller Aussagen, so bleibend gültig diese sind. Kappes beginnt mit der Feststellung, die Aufforderung des Apostels schlage allem natürlichen menschlichen Empfinden ins Gesicht, ja Außenstehende lehnen ein solches Christentum geradezu als krankhafte Schwärmerei ab. Gegen das Leiden wehre sich der natürliche Mensch aufs äußerste, und gegen das schuldlose Leiden der Guten und Gerechten empöre er sich geradezu. Der Mensch sucht seit je das Geheimnis zu enträtseln, warum es dem Guten oft schlecht geht. Das Hiobbuch sei das gewaltigste Literaturdenkmal, das dieser Menschheitsfrage gesetzt wurde, doch die höchste Erkenntnis des Alten Testaments sei das schweigende, gläubige Sichentscheiden: Gott wohnt im Dunkeln, und seine Wege dulden kein "Warum?". Wir alle kennen das Ringen mit Leid und Schicksal und schleudern Not und Tod unser verzweifeltes, trotziges "Warum?" entgegen.

Ich empfinde es als befreiend an dieser Predigt, daß Kappes die sog. Theodizeefrage, ob Gott trotz des Leidens Unschuldiger gerecht sei, nicht aufgreift, weil auch ich sie im Ansatz für verfehlt halte. Er antwortet vielmehr mit der Begegnung mit einer gelähmt ans Bett gefesselten Frau, die ständig schwere körperliche Schmerzen leide und dennoch ein froher, verklärter Mensch sei, "von deren Krankenlager Ströme des Segens fließen". Sie leide mit Christus, und das sei die christliche Überwindung des Leidens. Solche Kraft wolle Christus in seinen Gemeinden entbinden. Weil er seine Gemeinden auf die kommenden Entscheidungszeiten innerlich rüsten müsse, lasse er gar keine Klagen aufkommen. Das sei derselbe Ton, den Paulus in seinem Philipperbrief als ein zum Tode verurteilter Gefangener anschlage. Was Christen widerfahre, sei doch nur Christi Kreuz, das er seinen Jüngern verhieß. Wer ihm nachfolgen wolle, müsse ihm auch sein Kreuz nachtragen helfen, sei doch der Jünger nicht größer als sein Meister. Gottes Reich komme überraschend, mit Katastrophen und schrecklichen Leiden, aber auch mit überwältigenden Siegen, und im Blick auf dieses Ziel sehe Petrus einen Sinn in allem Leiden: Es sei der Schmelzofen, in dem die reine Reich-Gottes-Gemeinde geläutert wird.

Darum wachse die freudige Zuversicht im Leiden. In solchem Leidensmut lag die Siegeskraft der urchristlichen Gemeinde. Wir werden freilich traurig des ganzen Abstandes unseres geistesarmen, weltsatten heutigen Christentums von der urchristlichen Gemeinde inne. Gerade das Leiden vermittelte ihr den geistlichen Reichtum, und in seinem Hintergrund werde der Kampf zwischen dem Satan und Christus ausgefochten. Die "moderne" Menschheit wisse mit dem Teufel nichts mehr anzufangen. Seit der Aufklärung mache man ihn lächerlich, und wer noch ernsthaft an seine Existenz glaube, gelte als sehr rückständig und dumm. Doch seit die Christenheit die dämonischen Mächte nicht mehr ernst nahm, nahm sie auch Christus nicht mehr in der Fülle seiner Kraft ernst und verlor weithin die Gabe, die Geister zu unterscheiden[112]. Der Kampf um Gottes Reich aber ist ein Kampf gegen den Satan. Jesus sah in jedem Kranken einen vom Zerstörer des Lebens Besessenen, und er löste mit dem Glauben Seele und Leib aus den teuflischen Banden. In jedem Machtgierigen, Herrschsüchtigen und Lieblosen sah er den vom Baal Überwältigten, den er befreien und ins Reich der Liebe versetzen mußte. Wo einer von Gold und Sachwerten besessen war, sah er den Teufel Mammon. Er vertrieb die Geister, die den Menschengeist verderben und seinen Leib entweihen. Selbst in der Synagoge sah er den Satan unter den Heiligsten und Frömmsten in Gestalt von Fanatismus, Heuchelei und religiöser Herrschsucht regieren. Er spürte diesen Erzfeind der Menschheit auf, wo er konnte, und rang mit ihm in Gebet, Fasten, Wort und Tat der Liebe, so in Satans Herrschaftsgebiet gewaltig eindringend und Sieg auf Sieg erringend.

So muß auch Christi Jüngerschar das Kreuz überall als Siegespanier in Satans Domänen einpflanzen, freilich nicht das Kreuz, das man auf die Kirchentürme oder Altäre setzt oder wie einen weltlichen Orden trägt. Es geht hier um aktives Leiden, nicht um passives, widerwilliges Dulden. Wenn nämlich der Leidende verbittert, haßerfüllt, launisch, verschlossen und rachsüchtig "böse" wird in seinem Leiden, hat der Teufel

---

[112] vgl. 1. Kor. 12,10.

erreicht, was er wollte, und erntet eine schon zuvor Gott abgestorbene Seele. Im angenommenen Leiden dagegen öffnen sich die verborgenen Quellen des Hl. Geistes, die verschüttete Welt des Wunderbaren wird wieder sicht- und spürbar und Neues bricht in eine alt und müde gewordene Zeit ein; Hoffnung und Erwartung keimen neu auf. Wir müssen zwar immer auf der Hut vor dem Satan sein, aber wir brauchen keine Angst mehr vor ihm zu haben, da wir uns mit einem Größeren im Bunde wissen. Droht er mit dem Verlust von Ehre, Ansehen, Stellung und Vermögen, so weiß Christus Besseres dafür zu geben. Auch in der Stunde der Anfechtung sind wir von den helfenden Engelsmächten umgeben. Das ist der Glaube, der die Welt überwunden hat.[113]

Ohne kirchliches Amt

Der aus Baden Ausgewiesene fand Ende 1933 Unterschlupf in Unterjesingen bei Tübingen, seinem Wohnort bis Herbst 1934. Es gelang ihm nach großen Anstrengungen, als Gasthörer an der Universität Tübingen aufgenommen zu werden und bei einem berühmten Arabisten sein Studium des Arabischen wiederaufzunehmen. Er plante, zusätzlich Persisch und Türkisch zu lernen, denn sein ursprünglicher Plan der Missionsarbeit im Vorderen Orient war nicht vergessen. Auch mit der englischen Sprache beschäftigte er sich jetzt gründlich.

In dieser Zeit nahm Kappes nähere Verbindung zu den Quäkern auf. Das ist eine Parallele zu Emil Fuchs, der solche Kontakte schon Jahre zuvor geknüpft hatte[114]. Eine solche Berührung lag vom Frömmigkeitstyp her nahe, ging es doch auch den Quäkern um einen Glauben tätiger Weltverantwortung bei einem Minimum von Dogmatik. Zugleich deutet sich wohl hier bei Kappes entsprechend den bereits zitierten Briefstellen die Abkehr von der Kirchenpolitik an. Mit dem Fahrrad fuhr er zu einer Tagung der Quäker in Bad Pyrmont, weil er es wegen der ihm auferlegten Aufenthaltsbeschränkungen nicht wagen konnte, mit der Bahn zu reisen. Man lud ihn auch in ein Ruheheim ein, das englische Quäker im Taunus unterhielten.

Aus dem Jahre 1934 sind drei Briefe von Kappes an seinen Freund Ludwig Simon erhalten. Am 22. Februar spricht er von einer nun überwundenen lähmenden Depression, die dadurch ausgelöst wurde, daß ihm vom württembergischen OKR das Predigen untersagt wurde. Auch habe ihm der badische OKR das Urteil über ihn zugesandt. Die moralischen Vorwürfe eines ungeheuren Geltungsbedürfnisses, von Unaufrichtigkeit und mangelnder Lauterkeit würden dazu führen, daß nie mehr eine Kirche ihn anstelle. "Dies ist das Giftigste, was Dr. Friedrich tun konnte."[115] Offenbar

---

113 vgl. 1. Joh. 5,4.
114 vgl. seine Autobiographie, Teil 2, S. 143ff. 297ff.
115 vgl. die Predigt von Klaus Engelhardt vom 20. Juni 1993 in der Karlsruher Stadtkirche zu Erwin Eckert, in: Roter Himmel auf Erden? Der religiöse Sozialismus, Karlsruhe 1994, S. 152.

wolle Gott seine Wege völlig aus der Kirche heraus und in seinen freien Missionsdienst führen. Der Brief zeigt die drückenden finanziellen Verhältnisse der Familie Kappes, die nur dank der Unterstützung bisheriger Freunde den Umzug bezahlen konnte. Er zeigt auch, wie früh Kappes den Kontakt mit Schneller anbahnte, um sich nach Jerusalem zu wenden, und wie sich die Angelegenheit in die Länge zog, auch in welcher inneren Spannung er aufgrund dessen lebte. Ein Brief vom 10. September aber teilt mit, er wolle in zwei Wochen reisefertig sein. Er habe an 150 badische Pfarrer geschrieben, um das Geld für die Überfahrt zu erhalten, und von diesem Brief auch dem Oberkirchenrat als Zeichen seiner Vergebungsbereitschaft Mitteilung gemacht. Sein Blick sei jetzt stark nach vorn gerichtet. Einen weiteren Brief schrieb Kappes schon am 14. September 1934. Hier äußert er, er komme sich fast als Ausreißer vor, wolle damit aber auch den Freunden neue Wirkungsmöglichkeiten eröffnen, falls auch diese stellungslos werden sollten. "Gott stellt uns wieder an!!! Laß nie Dein Vertrauen auf Christus sinken!" Eindrucksvoll an diesem kurzen Brief ist überhaupt der christologisch geprägte Glaube: "Mir steht immer das 1. Gebot vor Augen: Du sollst keine anderen Götter neben mir haben. Ich kann Gott nur verstehen im Blick auf Christus." Das sei ihm klar geworden, als er Johannes Müllers begeisterte Darstellung dieser Zeit als Gottesoffenbarung und H(itler) als Gottes Werkzeug gesehen habe. Dort sei nichts von Jesus Christus gesagt, vielmehr vertrete Müller die Auffassung, jeder habe *seinen* Gott. Kappes aber fragt: "Und wie kann man unterscheiden, ob nun Gott oder der Dämon treibt? Nur an Christus, u.z. nur, wenn man sein Leben in die Hand des lebendigen Christus gibt und ihm in der Militia nachfolgt. Es wird abfallen, was nicht allein auf Christus hin die Sache wagen kann."

In Palästina

Kappes begab sich als Arbeitsloser zunächst als Tourist 1934 für 9 Monate nach Palästina und folgte damit einer Einladung des Direktors des Syrischen Waisenhauses in Jerusalem, Hermann Schneller, der ein Religiöser Sozialist und ihm aus dem Wingolf bekannt war. Mit Hilfe englischer und nordamerikanischer Quäker in Berlin erhielt er die Ausreiseerlaubnis, doch er war bettelarm, hatte bei der Ausreise nur 20 RM in der Tasche, bevor ihn sein Freund und Mitstreiter Ludwig Simon bei einem Treffen an der Schweizer Grenze mit etwas Geld ausstattete. Er erhielt zunächst nur ein Visum für Beirut. Erst unterwegs erreichte ihn das Telegramm eines Propstes, der ein eigenes Gymnasium unterhielt und Mangel an Lehrkräften hatte. Mit seiner Hilfe erhielt Kappes im Hafen von Haifa ein neues Visum, mit dem er nach Jerusalem gelangen konnte. Sein Versuch, in der Orientmission zu arbeiten, scheiterte an deren neuem Vorsitzenden in Potsdam, den Kappes noch in seinem Gespräch mit Balzer, dem wir diese Details entnehmen, als erzreaktionär beschrieb. Kappes gab Unterricht im Syrischen Waisenhaus und verdiente sich dadurch etwas Geld, lebte aber in kümmerlichen und unsicheren Verhältnissen. Von seiner vielseitigen Wirksamkeit in Jerusalem berichtete er Simon von dort in einem erhaltenen Brief vom 11. März 1935, in dem er sich zugleich unbefriedigt zeigt, weil er nicht alles Angestrebte habe erreichen können. Hier erzählt er auch, daß er mit einer Gemeindehelferin in der Altstadt wohne und nachmittags Deutschunterricht im YMCA gebe. Er zeigt sich aber auch hier als wacher Beobachter der weltumspannenden Entwicklung, die er atemberaubend nennt. Gustav-Adolf Gedats Reisebericht in Buchform, damals ein Modebuch, nennt er in vielem wahr, aber in der Grundperspektive, die mit der heutigen offiziellen übereinstimme, trotzdem gefährlich, wie auch es Lempp sehe. Die kirchenpolitischen Nachrichten aus Deutschland bestätigten seine Prognosen. Richtig sieht er, daß zu diesem Zeitpunkt, als die offizielle Kirchenpolitik in eine Krise geraten war, die Personalfrage durch eine gewisse Isolierung Ludwig Müllers und die Einschaltung von Marahrens gelöst werden sollte. Die Kirche dürfe nie Hesekiel 3, also ihr Wächteramt, vergessen. Wenn sie ihre Freiheit mit der Preisgabe dieser Funktion erkaufe, verfalle sie dem Gericht. Die Epoche der Kirche sei im Grunde vorbei, obgleich vom "Jahrhundert der Kirche" (sc. durch Dibelius) gesprochen worden sei. Sie würden immer mehr an die Peripherie des Geschehens gedrängt, und auch das Ringen mit Gott vollziehe sich immer mehr außerhalb ihrer. Wenn sich die Kirchen freilich mit den jeweiligen Nationalismen verbänden (Kappes spricht hier sogar vom jüdischen Faschismus), hätten sie auf fremden Krücken noch eine vermeintliche Macht. Simon müsse als Pfarrer die Funktionen seines "Amtes" immer relativieren, "damit Du die eigentlichen Dinge Deines Amtes tun kannst, nämlich den Kampf für die Heiligung der Welt gegen die Mächte, die sie dadurch entheiligen, daß sie die Kreatur verabsolutieren". Er befiehlt ihm geradezu, regelmäßig Ragaz zu besuchen. Auch rät er ihm, Russisch zu lernen, weil auch in Rußland neue Chancen für die Verkündigung des Wortes Gottes sich eröffnen könnten. "Wir müssen uns bereit halten für jeden Ruf, der an uns ergeht, daheim oder draußen für Gottes Reich zu wirken." Dagegen sei ein abstraktes Theologiestudium heute nicht sehr nützlich. Im Hinblick auf die politische Entwicklung in Deutschland beweist Kappes Einblick in damalige staatskapitalistische Trends, doch werde man nicht isoliert in der Welt bleiben können. Auch hat er begriffen, daß ein Teil der englischen Politiker damals Hitlerdeutschland als "Sturmbock gegen Rußland" gebrauchen wollte. Im Hinblick auf die Araber ist er dagegen, durch Mission Konversionen erreichen zu wollen, da der heutige Islam das Christentum als Religion seiner Feinde verstehe. Vielmehr sollte man sie zu einer inneren Auseinandersetzung mit "Europa" führen, "zu einer inneren Erneuerung ihrer Kultur über eine Epoche von mindestens 500 Jahren hinweg, die man verschlafen hat." Er habe darüber für die Quäker eine Denkschrift verfaßt.

Sein Touristenvisum war schon nach 6 Monaten abgelaufen, so daß er wenigstens nach 9 Monaten zur Rückkehr nach Deutschland genötigt war. Er reiste 1935 über die Türkei nach Deutschland zurück und betrieb von dort aus die definitive Ausreise mit seiner Familie.

Schon bei seinem ersten Aufenthalt in Jerusalem aber hatte er auch mehrere für seine weitere geistige Entwicklung bedeutsame Begegnungen, so mit dem Präsidenten der hebräischen Universität, Dr. Magnes, und dem Kreis um Berith Schalom.

Diese jüdische Gruppierung bemühte sich ehrlich um einen "Friedensbund", also die Aussöhnung mit den Arabern, und Kappes, der auch nach dem 2. Weltkrieg in Karlsruhe der Überwindung des Antisemitismus in der BRD große Aufmerksamkeit widmete, blieb gleichzeitig lebenslang der jüdisch-arabischen Versöhnung verbunden. Später wohnte er im arabischen Teil Jerusalems. Noch Bemerkungen in späten Briefen zeugen davon, daß er der Politik der herrschenden zionistischen Kreise ablehnend gegenüberstand und für eine ehrliche Friedenspolitik im Nahen Osten eintrat. Schon damals waren seine jüdischen Freunde mit erbitterter Feindschaft nationalistischer jüdischer Kreise konfrontiert. Kappes trat aber sofort auch in enge Verbindung zu arabischen Quäkern. Das zeigt, daß er auch in Jerusalem seine Kontakte zu den Quäkern aufrecht erhielt und auch durch ihre Grundhaltung in seinen völkerversöhnenden Bestrebungen bestärkt wurde. Zentrum dieser Quäker war eine in Ramallah nördlich Jerusalem von nordamerikanischen Quäkern gegründete Schule. Er gewann auch die persönliche Freundschaft vieler Araber, die der jungen Intelligenz angehörten. Sein Dienst wurde von beiden Seiten angenommen und erfolgte mit Hilfe und im Auftrag der englischen Quäker. So war sein Wirken bei seinem ersten Aufenthalt in Palästina vielseitig.

Kappes' Überzeugung in dieser Zeit erhellt zum einen aus seiner Jerusalemer Adventsansprache 1934. Hier denkt er zurück nicht nur an das Weihnachtsfest 1914 an der Front. Er spricht im Anschluß daran auch von 11 Friedensgottesdiensten in Karlsruhe, die er geleitet habe. Er habe dort vom Friedenskönig gepredigt, der alle Kriegswaffen zerbricht. Der letzte großartige Gottesdienst vom 2. Advent 1932 sei sogar der größte von allen mit annähernd 2.000 Teilnehmern gewesen. Hier hätten Chöre der sozialistischen Arbeiterschaft den ergreifenden Aufschrei: "Alle Völker wollen Frieden, Frieden jedes Menschenherz!" gesungen. Einen besonderen Akzent aber habe die Predigt eines ihm durch den Versöhnungsbund befreundeten Pfarrers aus Arras in deutscher Sprache gesetzt mit dem Aufruf an die ganze Welt, die Waffen niederzulegen. Kappes erinnert sich hier aber auch an das Weihnachtsfest 1920, wo er mit seiner Jungenschar, die fast 150 Teilnehmer gehabt habe, wohl als erste Gruppe in einer badischen Kirche das Oberuferer Weihnachtsspiel aufgeführt habe. Am Weihnachtsfest 1933 habe er besonders auf Jesu Sanftmut hingewiesen. Dessen Einzug auf einem Esel in Jerusalem sei ihm zum Zeugnis dafür geworden, "von welchen hohen Rössern wir herabsteigen müssen, damit wir brauchbar sind für die Sache des Herrn Christus". Christus sage uns dadurch "mit humorvollem Augenzwinkern, vielleicht sogar mit kleiner Schadenfreude: Ihr müßt demütig und einfach werden und müßt Kinderherzen haben! Dann kann ich erst mein großes Weihnachtslicht in euch anzünden!"

Englische Quäker besuchte er auch in London, bevor er zum zweiten Mal legal mit Familie nach Palästina aufbrach. Vom März 1936 bis zum Ende der englischen Mandatsherrschaft in Palästina 1948 lebte er dort; englische Palästina-Pässe erhielt er mit seiner Familie erst während des 2. Weltkrieges. Einmal hielt er sich 1937 auf Einladung von Quäkern noch in Deutschland auf und entkam der drohenden Verhaftung in die Niederlande. In Palästina leistete er wie schon als Pfarrer in Karlsruhe vielseitige

Erziehungs- und Sozialarbeit, vorrangig an einer Schule für arabische Kinder und dem Syrischen Waisenhaus als Deutschlehrer, nahm aber auch hier sogleich sein Arabisch-Studium wieder auf. Er lebte in Palästina zunächst in durchaus kümmerlichen Verhältnissen, zumal er auch für Frau und vier Kinder zu sorgen hatte. Ein Jahr lang wurde zwar seine Pension noch aus Nazi-Deutschland transferiert, doch wegen seiner Verbindung zu Juden wurde sie dann auf den symbolischen Monatsbetrag von 20 RM reduziert und Kappes ausgebürgert.

Der Ausbruch des 2. Weltkrieges bedeutete auch einen Einschnitt in Kappes' persönlichem Leben. Zunächst war ihm die Freiheit zugesichert worden. Als er dann doch verhaftet und in das Gefängnis hinter der Stadtmauer von Jerusalem eingeliefert wurde, wo sich die anderen Deutschen schon aufhielten, dauerte sein dortiger Aufenthalt nur zwei Stunden, denn der Distriktkommissar verbürgte sich für ihn und brachte ihn als vorübergehenden Leiter ins Syrische Waisenhaus, da auch Schneller zeitweise verhaftet war. Als dann aber der Krieg das Mittelmeer erreichte, wurde Kappes für mehrere Monate mit seiner Familie in Sarona interniert. Dieses reiche Dorf war von deutschen Templern bewohnt, deren Vorfahren schon im 19. Jahrhundert hierher ausgewandert waren. Sie waren aber sämtlich Nazis, so daß Kappes hier als jemand verfemt wurde, der zu den Juden hielt. Andererseits stand die Familie hier unter jüdischer Bewachung, und die hier geltenden Vorschriften beschreibt er selbst in seinem Tonbanddiktat "Mein Leben" vom August 1980 als sehr eng. Doch durch Vermittlung des Präsidenten der hebräischen Universität, Dr. Magnes, der für ihn und die Familie beim britischen High Commissioner für sie bürgte, durften sie dann nach Ramallah ziehen. Hilfreich für seine Freilassung aus britischer Internierung war auch das Protokoll eines Gesprächs, das zwischen Kappes und Mitarbeitern des deutschen Konsulats stattgefunden hatte. Die Konsulatsvertreter hatten von Kappes verlangt, sich zur Wehrmacht zu melden, um seinen Beitrag zu den Kriegsanstrenungen zu leisten, was er nachdrücklich ablehnte und äußerte, er würde das Hitler-Regime in keiner Form unterstützen. Doch eine weitere Erziehungsarbeit war nicht mehr möglich. Seine spätere zweite Frau, Riek Liesveld, übernahm als Holländerin ein deutsches Waisenhaus für Mädchen. Kappes selbst aber wurde 1940 Angestellter des englischen Ernährungsamtes (British Food Control), zunächst in der zweitniedrigsten Gehaltsstufe. Allmählich stieg er hier auf, bis er nach einem großen Korruptionsfall zum Leiter der Verteilung aller rationierten Lebensmittel (Chief Rationing Officer) bestimmt wurde. Dadurch wurde sein Wirkungsradius weit: er kam mit allen jüdischen Siedlungen, denen er Lebensmittel lieferte, mit Beduinen in Zeltlagern, aber auch mit karitativen Organisationen und breiten Kreisen der Bevölkerung in enge Berührung und erlebte dabei, daß ein friedliches Zusammenleben von Juden und Arabern durchaus möglich war.

Daniel Dagan
"Der zionistische Pfarrer"
in: Ha' Aretz, 18. 4. 1980

Das Memorandum zur Palästinafrage

Kappes äußerte sich während seines und nach seinem Aufenthalt in Palästina immer wieder zum Zusammenleben von Israelis und Arabern, am gültigsten aber scheint mir sein Memorandum vom 6. August 1938 an Moshe Chertok (Charett), den späteren israelischen Außenminister, als Leiter der Exekutive der Jewish Agency in Jerusalem. Leider blieb diese Eingabe vergeblich, und die Folgen liegen vor aller Augen. Kappes beginnt mit der Feststellung, er nehme die Vollmacht zu seinem Memorandum nicht von irgendeiner Organisation, auch nicht der der Quäker, sondern er berufe sich nach vierjährigen Gesprächen mit Angehörigen des jüdischen, arabischen und englischen Volkes auf die Sache selbst. Es gebe eine Lösung, die die lebensnotwendigen Ansprüche aller drei Völker befriedige. Sie sei freilich nur zu finden, wenn neben der Vernunft auch das Ethos beteiligt sei als Bemühung, inklusiv zu denken, also nicht allein die eigenen Interessen zu bedenken. Nur ein politisches Denken, das mit Partnern statt mit Gegnern rechnet, sehe ein gemeinsames Ziel und finde auch die Mittel, es ohne Gewalt zu erreichen. An der Gewaltpolitik sei jetzt der Zionismus in seiner tragischen Verbindung mit dem englischen Imperialismus ebenso beteiligt wie die Araber in ihrer großenteils militanten Abwehr der jüdischen Einwanderung. Daß sie aber zu keiner Lösung führen könne, sei schon nach den opfervollen beiden letzten Jahren erwiesen. Es sei ein unaufgebbares Fundament jüdischen und christlichen Denkens, daß nur eine ethisch normierte Politik auch weitsichtige Realpolitik ist. Das lösende Wort müsse dabei von jüdischer Seite gesprochen werden, und er biete ihr dazu nicht nur Ideen, sondern die persönlichen Dienste zur Verwirklichung eines Friedensplans an.

Die Juden seien durch die Balfour-Deklaration und die durch sie eingeleitete britische Politik zum Objekt englischer Orientpolitik geworden, und nun hänge ihr Schicksal fast ausschließlich davon ab, welche Gestalt die noch schwankende englische Politik im Vorderen Orient definitiv einnehmen werde. Es liege im jüdischen Interesse, daß es zu einer langen Friedensperiode komme. Die mächtig anwachsende arabische Erneuerungsbewegung könne man zwar heute noch mit überlegenen Gewaltmitteln niederhalten, aber sie werde dadurch innerlich nur stärker. "Eine Garantie für ihre Sicherheit werden die Minoritäten im arabischen Raum nur dann haben, aber dann auch bestimmt, wenn sie sich als integralen Bestandteil freiwillig und rechtzeitig in die arabische Welt einordnen." Die militant gewordene arabische Energie könne durch Zusammenarbeit unter Berücksichtigung der beiderseitigen Interessen konstruktiv beeinflußt werden. Auch der Zionismus dürfe in seiner jetzigen inneren Krise einer inneren Klärung nicht mehr aus dem Wege gehen. Andererseits sei auch er, Kappes, davon überzeugt, daß das jüdische Volk nicht eher zur Ruhe kommen könne, bis es ein mit allen notwendigen Rechten und Pflichten ausgestattetes "Erez Jisrael" in Palästina schaffe. Die Wahrung seiner Identität unter Verweigerung einer Assimilierung müsse aber verbunden sein mit der vollen Berücksichtigung der Lebensnotwendigkeiten des arabischen Volks- und Staatskörpers. Das aber bedeutete damals für

Kappes gerade nicht Schaffung eines Staates Israel, der die Araber vertreibt oder zur unterprivilegierten Minderheit degradiert. Man solle den ergreifenden Opferwillen der jungen jüdischen Einwanderer nicht zu einer Gewaltpolitik mißbrauchen. Man solle hier auch nicht den Kapitalismus aufbauen, sondern einen "konstruktiven Sozialismus", verbunden mit lebendiger Demokratie. Die Juden dürften auch nicht durchweg die ökonomischen Kommandohöhen besetzen. Ein jüdischer Sozialismus müsse vom prophetischen Ethos gespeist sein. Errichte man einen gegenüber der arabischen Welt isolierten Staat, so bestehe ungeachtet aller trügerischen Schlagworte der höchste Grad innerer und äußerer Unsicherheit. Komme es aber zum Frieden mit den Arabern, so könnten auch schwierige Probleme viel einfacher gelöst werden. Für eine Übergangszeit müsse England hier noch entscheiden, doch müßten arabische Selbstverwaltungskörper neben den schon bestehenden jüdischen geschaffen werden und mit diesen eng zusammenarbeiten. Dabei dürfe nicht eine Pax Britannica herauskommen, sondern eine Treuga Dei im Heiligen Land.

Die Entdeckung von Mystik und Sri Aurobindo

Als Gegengewicht zur Öffentlichkeitsarbeit vertiefte er sich aber immer mehr in die Mystik. Er war einst schon in der Jugendbewegung auf sie gestoßen, und auch die Quäker wiesen ihn nachdrücklich auf sie hin[116]. Kappes mag an der Mystik auch, obgleich er darauf selbst nicht eigens hinweist, der sublim kirchenkritische Charakter und die persönliche direkte Gottesbeziehung abseits vom institutioneller Vermittlung gefallen haben[117]. Kappes stand auch in ständiger Verbindung mit dem großen jüdischen Gelehrten Martin Buber (1878-1965), und dieser riet ihm zu Vorträgen als Ausgleich für seine Berufstätigkeit im öffentlichen Bereich. Kappes scharte einen Kreis deutscher Juden um sich und hielt vor ihnen 7 Jahre lang wöchentliche Vorträge über die Mystik. Dies zeigt, in welchem Maße er sich wissenschaftlich in dieses Phänomen aller Hochreligionen einarbeitete. Daß er die Mystik verschiedener Religionen gleichrangig behandelte, weist auf seinen weiten Blick und aufs neue darauf hin, welche Rolle das Religiöse auch außerhalb der christlichen Kirchen - mehr denn je - für ihn spielte. Er begann in China mit dem Taoismus und Laotse und ging dann zur indischen Literatur über, die bald für ihn besonders folgenreich werden sollte. Natürlich nahm er die christlichen Mystiker aus seiner Betrachtung nicht aus, sondern behandelte nacheinander deutsche Mystiker, wobei offenbar Meister Eckhart (ca. 1260-1328) eine besondere Rolle spielte, und die englische und spanische Mystik mit

---

116 Einen vorzüglichen Überblick über die Mystik in all ihren Spielarten erhält man jetzt bei Peter Dinzelbacher (Hrsg.): "Wörterbuch der Mystik", Stuttgart 1989; vgl. meine Rez. in der DLZ Bd. 112, 1991, Sp. 678ff.

117 vgl. dazu etwa Steven E. Ozment: "Mysticism and Dissent. Religious Ideology and Social Protest in the Sixteenth Century", New Haven/London 1973 und meine Rez. in der ThLZ Bd. 99, 1974, Sp. 125ff.

Theresia von Avila (1515-1582). Aber auch islamische und jüdische Mystiker samt den Chassidim fehlten nicht. Auch protestantische Mystiker wie Gerhard Tersteegen (1697-1769) bezog er in die Betrachtung ein. Er fand die Texte z.T. in Bubers großer Bibliothek, z.T. in antiquarisch erworbenen Büchern. Sein altes Ideal vom neuen Menschen in einer neuen Gemeinschaft blieb für Kappes wegweisend, aber es erhielt jetzt neue Akzente, indem er die individuelle Arbeit an der Selbstvervollkommnung immer mehr in den Mittelpunkt rückte. Zur Begründung sagte er in seinem Gespräch mit Balzer 1973, wenige Wochen vor seinem 80. Geburtstag: "Mir wurde klar, daß wir Menschen, wie wir jetzt sind, der großen Anforderung nicht gewachsen sein werden, die die Zeit nach dem Krieg an uns stellen wird." Er berührte damit ein Grundproblem, das an Aktualität nichts verloren hat. Tatsächlich dürfte das sozialistische Weltsystem u.a. deshalb untergegangen sein, weil die Reifung des neuen Menschen mit der Veränderung der Lebensbedingungen nicht Schritt hielt. Im Hinblick auf seine weitere Entwicklung wäre nur an den späten Heinz Kappes die Frage zu richten, ob nicht die Bemühungen um die individuelle Reifung und die um gesellschaftlichen Wandel eine dialektische Einheit bilden müssen, statt in ein Nacheinander auseinandergerissen zu werden. Es gibt aber auch eine späte Äußerung von Kappes in einem Privatbrief, in der er diese Dialektik anerkennt, nur bemerkt, daß er aufgrund seines hohen Alters beides nicht mehr leisten könne und deshalb der geistlich-spirituellen Aufgabe den Vorzug gebe.

1944 fiel Kappes in einem Jerusalemer Antiquariat das "Life Divine" des Sri Aurobindo (1872-1950) in die Hände. Er empfand dieses Werk und das Gesamtdenken dieses indischen Weisen als Zusammenfassung alles dessen, was eine weltzugewandte Mystik erstrebte. Bis zu seinem Tode wurde Sri Aurobindos Gesamtschaffen für Heinz Kappes bestimmend, und er leistete ab 1954 Außerordentliches bei der äußerst schwierigen Übersetzung seiner Hauptwerke wie "Life Divine" und "Savitri". Bis in seine letzten Lebensjahre hat diese ungeheure Arbeit ihn erfüllt. Seine wissenschaftliche Arbeit auf diesem Gebiet in seiner zweiten Lebenshälfte kann nur ein Religionswissenschaftler würdigen. Bei der Beerdigung von Heinz Kappes, an der mehrere hundert Personen teilnahmen, waren hauptsächlich Menschen versammelt, die Heinz Als Seelenheilpraktiker kannten.[118] Es waren Menschen, die durch innere Krisen hindurch gegangen sind und ganz persönlich von Heinz Kappes angezogen waren. Die faszinierende Persönlichkeit von Heinz Kappes schöpfte tief aus der Quelle Sri Aurobindos. Seine bei Insidern hochgeschätzten Vorträge und Predigten als Pfarrer-Stellvertreter brachten Menschen aus allen Kreisen zu ihm. An der kleiner Rüppurrer Kirche sah man bei solchen Anlässen überfüllte Parkplätze und aus den Wagen stiegen renommierte Psychiater und ihre Patienten. Seine Übersetzungsarbeit hat vielen

---

118 siehe hierzu die vom "Freundeskreis Heinz Kappes e.V." herausgegebene Schrift "Die Zwölf Schritte, Ein universales Genesungsprogramm, Gedanken eines erfahrenen Seelen-Heilpraktikers, hrsg. vom "Heinz Kappes Freundeskreis e.V.", Reinsburgstr. 33, 70178 Stuttgart, 1994.

Menschen den Zugang zu Sri Aurobindo eröffnet. Die außergewöhnliche Schaffenskraft bis in sein 9. Lebensjahrzehnt hinein schöpfte aus der Inspiration dieses überragenden indischen Mystikers. Für Heinz Kappes war Mystik nicht einfach ein Phänomen der Hochreligionen, sondern ihr Kern.[119] Als Kirchenhistoriker bin ich für die Darstellung des Wirkens von Heinz Kappes in seiner zweiten Lebenshälfte nicht kompetent. Dies wäre die Aufgabe derjenigen, die ihm in der zweiten Lebenshälfte spirituell nahe standen und die Zugang zu seinen zahlreichen hinterlassenen Vorträgen und Aufsätzen haben. Doch sei so viel gesagt, daß Kappes an Sri Aurobindo das universale Denken faszinierte, das indisches und abendländisches Denken in gleichem Maße zu integrieren suchte. Auch schätzte er seinen neuen indischen Meister als aktiven Teilnehmer an der indischen Befreiungsbewegung gegen die englische Kolonialherrschaft, der noch vor Ghandi (1869-1948) im Gefängnis gesessen hatte.

Wenn man sich die Frage stellt, warum Kappes von den großen indischen Denkern gerade Sri Aurobindo zum Leitstern erwählte, so dürfte ein Blatt darauf Antwort geben, das ich in der Akte Kappes im Privatarchiv Balzer fand. Hier werden drei indische Auffassungen von dieser Welt einander gegenübergestellt. Die buddhistische Auffassung und die von Shankara sei: die Welt ist eine Illusion, ein Bereich der Unwissenheit und des Leidens infolge ihrer. Der einzige Ausweg sei deshalb, sie so schnell wie möglich zurückzulassen, um in das ursprüngliche Nichtsein oder Ungeschaffene zu entkommen. Die Auffassung des Vedanta, wie sie meist verstanden werde, sei: die Welt ist in ihrem Wesenskern göttlich, denn das Göttliche ist allgegenwärtig. Doch dessen äußerer Ausdruck ist verzerrt, dunkel, unwissend und entstellt. Das Eine, das es zu tun gilt, ist deshalb, sich des inneren Göttlichen bewußt zu werden und in diesem Bewußtsein zu verharren, ohne sich um die Welt zu kümmern, denn die äußere Welt vermag sich nicht zu ändern und wird immer in ihrem natürlichen Zustand von Unbewußtheit und Unwissenheit bleiben. Sri Aurobindo aber lehre: die Welt, wie sie ist, ist nicht die göttliche Schöpfung, die sie hätte sein sollen, sondern ihre dunkle und entstellte Erscheinungsform. Sie ist nicht Ausdruck des göttlichen Bewußtseins und Willens, soll es aber werden. Sie wurde geschaffen, um sich zu einer vollkommenen Offenbarung des Göttlichen in all seinen Formen und

---

119 Für alle Menschen, die sich mit diesem tapferen und unglaublich arbeitsamen "Ketzer", wie er sich selbst nannte, und seinem Wirken in der 2. Lebenshälfte näher beschäftigen wollen, sei hier ein kleiner Hinweis gegeben: Der "Freundeskreis Heinz Kappes e.V." verfügt über gewichtige Ergebnisse seines jahrzehntelangen Schaffens. Hierzu zählen sowohl Tonbänder mit Vorträgen und Ansprachen als auch sein gesamtes Übersetzungswerk, zu dem vor allem "Savitri" gehört. Nach Fertigstellung hat Heinz Kappes den gesamten Text von "Savitri", und das sind 724 Seiten, in klarer Sprache auf Tonband gesprochen. Es ist eines der reizvollsten Experimente, seine Lesung von "Savitri" zu einer täglichen Übung zu machen. Diese Hinweise wenden sich an Menschen, die sich der Erkenntnis, "that to feel love and oneness is to live" (Buch XII, Epilog, Vers 320) nicht verschließen und die mit einem nicht zu besiegenden Optimismus an der zukünftigen Gestaltung dieser Welt mitarbeiten wollen.

Aspekten - Licht und Wissen, Kraft, Liebe und Schönheit - zu entwickeln. Offenbar gefiel Kappes bei Aurobindo auch die für einen indischen Denker überraschende personale Gottesvorstellung, die sich Gott als beschenkendes und forderndes Gegenüber des Menschen dachte. Ebenso empfand er wohl als sympathisch sein Wissen darum, daß menschliche Willensanstrengungen erst durch das Ereignis des Zuspruchs der göttlichen Gnade sinnvoll wird, freilich sich dadurch nicht erübrigt, das der gesamten Weltwirklichkeit zugewandte Denken und Handeln Aurobindos als Gegensatz zu Weltflucht und asketischer Weltverneinung und das Nichtdogmatische, Nichtspekulative, Universale und eminent Praktische seines Entwicklungs-und Reifungsprogramms.[120]

Die Hoffnung auf das noch Ausstehende und der unbedingte Glaube an die von Gott in seine Schöpfung hineingelegte Entwicklungs- und Vervollkommnungsfähigkeit blieb also für Kappes voll erhalten, in einer Form, die sich sofort in lebendige Aktivität umsetzte, statt in einen beschaulichen Quietismus zu führen. Freilich: diese Entdeckung machte er jetzt primär in spezifischer indischer Religiosität und nicht im christlichen Glauben, so gewiß die Reich-Gottes-Erwartung für ihn aktuell blieb. Ohne Polemik stelle ich fest, daß ich persönlich einen ganz andern inneren Weg ging. Ich verstehe gut, daß Kappes die Verhältnisbestimmung des Geistlichen und Politischen bei den Religiösen Sozialisten nicht für die definitive Lösung halten konnte und deshalb den Begriff des "religiösen Sozialismus" von nun an als mißverständlich nicht mehr benutzte. Tatsächlich hatte ja auch diese Bewegung - auf jeden Fall in Deutschland, aber im Grunde auch in anderen Ländern - bei Machtantritt der Hitlerfaschisten ihren Zenith überschritten, ja war in gewisser Hinsicht an ihr Ende gekommen, ohne daß ihre grundlegende Intention ihre Aktualität und Richtigkeit verloren hätte. Man muß auch in Rechnung stellen, daß Kappes in Palästina mit einer völlig anderen Umwelt als in Deutschland konfrontiert war, was naturgemäß auch sein Denken veränderte. Insofern durchlief er einen ähnlichen Wandlungsprozeß wie Paul Tillich (1886-1967) in seinem nordamerikanischen Exil. Er lebte nun aber vollends auch fern vom Kirchenkampf in Deutschland, der ja in Wahrheit nicht, wie gelegentlich mißverstanden, vorrangig ein Kampf gegen äußere Bedrohung, sondern ein Kampf zwischen wahrer und falscher Kirche, also ein innerkirchliches Ringen um Wahrheit und Glauben war. Er knüpfte darum nicht an die Reformation des 20. Jahrhunderts in der deutschen evangelischen Kirche[121] an, sondern suchte den Ausweg weithin in der fernen Welt der Religionen, die heute so viele Menschen fasziniert, die am Christentum relativ gelangweilt vorbeigehen oder den christlichen Glauben allgemein-religiös verstehen. Mir persönlich ging und geht es völlig anders. Ich habe mich zwar für die Welt der Religionen stets interessiert, aber die mein Leben tragenden großen Entdeckungen habe ich immer nur in der Bibel beider Testamente und der

---

120 vgl. Otto Wolff, Sri Aurobindo, rm 121, Reinbek bei Hamburg [1]1967.
121 vgl. Hanfried Müller: "Der Kirchenkampf - Reformation im 20. Jahrhundert", Standpunkt 1984, H.1, S. 20-25.

christlichen Kirchengeschichte gemacht und bin folgerichtig auch nicht Religionswissenschaftler, sondern Kirchenhistoriker als christlicher Theologe geworden. Auch Kappes gab seinem christlichen Glauben durchaus nicht den Abschied. Aber er verstand ihn von nun an offenbar als integrierenden Bestandteil seiner nicht zuletzt von Sri Aurobindo geprägten religiösen Überzeugung mit universalem Blickwinkel und erwartungsvoller Ausrichtung auf die Zukunft im Zeichen einer umfassenden Transformation, die mit der Transformation des individuellen Bewußtseins, geleitet durch den Integralen Yoga, beginnen sollte, in der der einzelne ichfrei wird, ein "Kanal" für die Kraft des Göttlichen Geistes, und wo die Polarisierungen im Zeichen eines Einheitsdenkens überwunden werden, indem man Unterschiede nicht als einander ausschließende Gegensätze, sondern als einander bereichernde zusätzliche Sichtweisen verstehen lernt.

Rückkehr in die Heimat und in seine Landeskirche

Im Juli 1948 kehrte Kappes nach Karlsruhe zurück und meldete sich beim Oberkirchenrat. Der Zufall wollte es, daß gerade Dr. Friedrich ihn - etwas nervös - empfing, der als Vertreter der Anklage fast 15 Jahre zuvor am meisten zu seiner Entlassung aus dem Dienst der Landeskirche beigetragen hatte und ihm jetzt eine Arbeit im diakonischen Bereich empfahl. Es spricht für Kappes' Charakter, daß er auf das in der Vergangenheit selbst und von anderen Erlittene nicht zurückkam und es - ähnlich übrigens Erwin Eckert - auch ablehnte, Friedrich vor der Entnazifizierungsbehörde zu belasten. Es gab auch in späteren Jahren gelegentlich Kontakte zu Friedrich, der ihm gegenüber unter vier Augen auch zugab, Kappes sei als Warner vor dem Hitlerfaschismus im Recht gewesen.

Kappes wurde unter die badischen Pfarrkandidaten wieder aufgenommen und zunächst als Religionslehrer im Schuldienst beschäftigt, wo er freilich neue Konflikte mit konservativen Eltern auszufechten hatte, die sein Werben für christlich-jüdische Zusammenarbeut nicht ertrugen. Doch diesmal gab die Landeskirche ihm recht, wie sie ihn überhaupt rehabilitierte. Bis 1956 war Kappes Geschäftsführer der Gesellschaft für Christlich-Jüdische Zusammenarbeit in Karlsruhe. Ab 1952 konnte er auch seinen Gemeindedienst wieder aufbauen. Neben seiner Tätigkeit als Gemeindepfarrer übernahm er dann auch einen Lehrauftrag am Diakoniewissenschaftlichen Institut der Heidelberger Theologischen Fakultät und an der Karlsruher Volkshochschule. Daneben stand bis ins höchste Alter hinein eine umfangreiche Vortragstätigkeit in der gesamten Bundesrepublik, die weithin seelsorgerlich ausgerichtet war und vor allem die Gedanken Sri Aurobindos propagierte. Quäker und naturgemäß auch die Christengemeinschaft waren für seine Darlegungen sehr offen. 1959 endete mit der Erreichung des 67. Lebensjahres seine Berufstätigkeit, nicht aber seine Wirksamkeit, die sich bis in die Gefängnisseelsorge hinein erstreckte.

Politisch betätigte sich Kappes nicht wieder und lehnte auch eine Einladung Eckerts zu neuerlicher Kooperation ab. Dies hatte sich bereits in dem Brief von Kappes an Eckert aus Palästina nach dem 2. Weltkrieg angedeutet. Als sich aber Eckerts Gesundheitszustand immer mehr verschlechterte und er sich mit seiner Frau aufgrund seiner kleinen Rente in drückender finanzieller Lage befand, machte Kappes eine Eingabe an die badische Kirchenleitung, in der er sich nachdrücklich dafür einsetzte, Eckert die kirchliche Pension zu gewähren, was freilich scheiterte. Bei der Beerdigung Eckerts sorgte Kappes dafür, daß ein ehemaliger Religiöser Sozialist stellvertretend für die Kirche am Grabe sprach. Auch nach Eckerts Tod hielt der greise Kappes den Briefverkehr mit seiner Witwe aufrecht[122]. Daß er sich politisch nicht wieder betätigte, war auch in seiner jetzigen politischen Überzeugung begründet. Er lehnte den Sozialismus, wie er sich in der Sowjetunion und den anderen Staaten des Ostblocks ausgebildet hatte, ab. Freilich kenne ich diese seine Haltung nur aus Privatbriefen, so daß eine Stellungnahme nur zurückhaltend ausfallen kann. Seine Urteile in Privatbriefen sind ähnlich den in der westlichen Welt vorherrschenden. Selbst sein Urteil über die Friedensbewegungen nach dem 2. Weltkrieg war von hier her geprägt. Er selbst meinte jetzt, der Friede müsse von innen kommen und könne erst dann der Welt vermittelt werden. Aber natürlich war er auch jetzt an einer Friedensordnung brennend interessiert. Er dachte sich ihre Herstellung in politischer Hinsicht so, daß gerade die gespaltenen Länder von Deutschland bis Korea einschließlich Israel/Palästina sich von der Vormacht einer der beiden Supermächte befreien und neuartige Alternativen realisieren sollten. Der Zusammenbruch des sozialistischen Weltsystems hätte ihn in seinem Urteil über dieses bestätigt, doch ist ebenso eindeutig, daß er keine Rückführung der DDR in das bürgerliche Deutschland, sondern ein geregeltes Miteinander beider deutscher Staaten in einer Konföderation wollte. Zur CDU in der Bundesrepublik wahrte er Distanz. Friedensvorschlägen Breshnews und dem "neuen Denken" Gorbatschows stimmte er zu.

Kontinuität im Wandel

Zu seiner religiös-sozialistischen Vergangenheit aber bekannte er sich ohne Abstriche und insofern auch zur Kontinuität seines Lebens. Maßgeblichen Anteil hatte er an der Erschließung der "Sammlung Pfarrer Kappes", die er nach seiner Rückkehr aus dem Exil dem Evangelischen Oberkirchenrat in Karlsruhe überreichte und die Balzer ab 1966 für seine Forschungen erstmals benutzen konnte. Unvergeßlich ist Balzer das Zusammentreffen mit Eckert und Kappes bei seinem ersten Archivbesuch in Karlsruhe im Jahre 1967. In späteren Interviews berichtete er auch in erstaunlicher Frische zahlreiche Details aus den einstigen Kampfjahren, obgleich er selbst beklagte, vieles vergessen zu haben. An Friedrich-Martin Balzers Büchern und dem Aufsatz über ihn als Religiösen Sozialisten nahm er großen inneren Anteil, obgleich ihm offenbar Eitelkeit fremd war und er mehrmals bat, ihn nicht in den Mittelpunkt zu rücken. Er

---

122 vgl. auch die Zwiesprache, die Kappes mit Elisabeth Eckert hielt und die Balzer in seine Trauerrede für Elisabeth Eckert integrierte in: Miszellen, S. 209ff.

Heinz Kappes und Else Lehle, 1988 (Foto F.-M. Balzer)

bewunderte Balzers intensive und erfolgreiche Forschungsarbeit, die ihn an vieles neu erinnerte, was durch die dazwischen liegenden Jahrzehnte überlagert worden war, und versandte zahlreiche Exemplare der Veröffentlichungen an alte Freunde. Zugleich führte er mit Balzer und anderen eine intensive Sachdiskussion im Bestreben, die geistliche Dimension seines lebenslangen Wirkens noch deutlicher hervorzuheben. Dieses bis in seine letzten Lebensjahre andauernde Sachgespräch führte zu einer Freundschaft mit dem um 47 Jahre Jüngeren, wie auch die Freundschaft zum alten Mitkämpfer Ludwig Simon voll erhalten blieb. Das letzte, auf Video festgehaltene Interview führte Balzer am 17. Februar 1988, also wenige Wochen, bevor Kappes am 1. Mai 1988 verstarb.

Freilich wußte Kappes, daß es sich bei seinem Lebenswerk um eine Kontinuität im Wandel handelte. In seinem Verständnis hatte er im Alter eine Vertiefung seines einstigen Ansatzes erreicht. An diesem Wandel dürfen auch wir nicht vorbeigehen, so gewiß die abschließende Beurteilung seines Alterswerkes erst nach gründlicher Auswertung seiner Vorträge und Predigten möglich ist. Die Kontinuität scheint mir bei Emil Fuchs und Karl Kleinschmidt weit größer zu sein, obgleich auch sie in eine neue Phase der Kirchengeschichte eingetreten waren. Vor allem aber arbeiteten beide im sozialistischen deutschen Staat mit, Emil Fuchs, indem er z.Z. der Gründung der DDR von Frankfurt/Main nach Leipzig übersiedelte und hier in hohem Alter die literarische Krönung seines Lebenswerkes schuf[123] und auch im internationalen Rahmen in den Anfängen der Christlichen Friedenskonferenz mitwirkte. Kleinschmidt, Domprediger in Schwerin, stellte sich 1945 sofort dem Neuaufbau zur Verfügung, wobei er im Kulturbund eine besonders große Wirksamkeit entfaltete. Als Chefredakteur des Evangelischen Pfarrerblattes veröffentlichte er viele theologische und kirchenpolitische Beiträge und regte zahlreiche andere an, die das innige Miteinander von Geistlichem und Politischem auch in seinem Alterswerk überzeugend belegen.[124] Unverkennbar ist natürlich auch die Kontinuität im Lebenswerk Erwin Eckerts, nur daß sie sich hier aus objektiven Gründen ganz zum politischen Aspekt hin verschob. Bei Kappes ist sie in politischer Hinsicht nur bedingt vorhanden, in geistlich-spiritueller Hinsicht bei wichtigen Akzentverschiebungen aber durchaus.

Bei den Anonymen Alkoholikern

Auf Sri Aurobindos Spuren reiste Kappes mit seiner Frau 1959/60 und 1962/63 nach Indien und verbrachte dort insgesamt 18 Monate. Er lebte in dem von diesem gegründeten Ashram in Pondicherry. Bei einem Aufenthalt bei seinen Kindern in den USA lernte er die als geistesverwandt empfundene Bewegung der Anonymen Alkoholiker kennen, übersetzte deren Literatur, baute eine entsprechende Bewegung in der Bun-

---

[123] vgl. mein Kompendium, S. 41ff, 64ff.
[124] vgl. die Rostocker theologische Dissertation von Caroline Bockmeyer aus dem Jahre 1988 "Das Evangelische Pfarrerblatt. Eine Zeitschrift im Dienst einer Neuorientierung".

desrepublik auf und sprach auf zahlreichen Veranstaltungen dieser Gruppierung bis ins höchste Alter. Auch sie erstreben die Überwindung einer egoistischen Haltung und die Erfahrung einer höheren Macht, die ihre Sucht zerbricht. Kappes wandte sich auch der Parallelbewegung der Emotions Anonymous zu, die psychisch Kranken zu helfen sucht. Hier beteiligte er sich von nun an ständig neben Vorträgen an Gruppenarbeit und Einzelhilfe. Seine Privatbriefe zeigen, daß er täglich noch als Greis mehrere Stunden lang mit Besuchern seelsorgerliche Gespräche führte. In dieser Hinsicht muß er großes Einfühlungsvermögen besessen haben, weil so viele Rat und geistige Hilfe erwarteten. Er hatte mit Kranken unterschiedlichster Art, gerade aber auch seelisch Kranken, und mit Süchtigen verschiedenster Art von Tabletten- bis zu Spielsüchtigen zu tun, und immer stärker wandte er sich auch Menschen zu, die an zerbrechenden Ehen litten. Mit einem gewissen Recht meinte Kappes, daß in seiner Umgebung im Alter die seelischen Probleme großenteils an die Stelle der einstigen sozialen Probleme getreten seien, daß hier das "neue Proletariat" zu finden sei. Deutlich ist sein Bestreben, mit der Hilfeleistung in einfühlendem Verständnis dort anzusetzen, wo er die größten Nöte und Leiden wahrnahm, wo Menschen das Gefühl der Ohnmacht zu überwinden hatten und auf einen neuen Weg in scheinbar ausweglos er Situation geführt werden mußten, wenn ihr Leben nicht gänzlich zerstört werden sollte. Ausdrücklich distanzierte er sich dabei von gewinnsüchtigen Scharlatanen im Umkreis der sog. Jugendreligionen, die sich ja auch weithin auf indische Religiosität berufen. Es ging ihm nach eigener Aussage um die Transformation des heutigen Menschen zu einem Bewußtsein, mit dem er der tödlichen Krise unserer Zeit gewachsen ist.

In einem Brief an Balzer konnte er am 24. März 1975 äußern, die ihre Erkrankung Wahrnehmenden seien potentiell gesund, während die vermeintlich Gesunden, die ihre Seele und das Göttliche in sich verdrängen, die wahrhaft Kranken seien. Am 24. August 1977 schrieb er ihm, in der Selbsthilfeorganisation der "Anonymen" vollziehe sich dieselbe "Rettung" durch das Bewußtwerden der eigenen und der göttlichen inneren Macht wie einst, als Marx und Engels das Bewußtsein der "Sklaven" der Industrialisierung zur Selbsthilfe erweckten. Nur liege die Wurzel der jetzigen Krankheit viel tiefer und könne nicht von außen geheilt werden. Wie die damalige Innere Mission bzw. Caritas nur "verbinden", aber nicht heilen konnte, so reichten heute die medizinischen und sozialfürsorgerischen Bemühungen nicht aus. So stehe er noch immer wie einst mitten im Kampf. Das Adjektiv "anonym" deutete er so, daß er als Therapeut ausschließlich Werkzeug sei. Wir müssen konkret das werden, was wir essentiell sind, müssen allumfassend die Wahrheit, Schönheit, Kraft und Vollkommenheit leben, die in der Tiefe unseres Wesens verborgen sind. Glück entspringe primär der Zufriedenheit der Seele. Die jüngst erschienene Auslegung der von den Anonymen Alkoholikern als Programmschrift verstandenen "Zwölf Schritte" durch Heinz Kappes[125] macht deutlich, in welchem Maße es ihm gelang, Alkoholkranken Le-

---

125 Heinz Kappes, Die Zwölf Schritte, Ein universales Genesungsprogramm, Gedanken eines

benshilfe zu geben. Er tat es mit viel Lebensweisheit, die zweifellos zutiefst von seinem christlichen Glauben und Ethos genährt wurde. Er erreichte dabei gerade auch viele solche Menschen, die aufgrund eigener Erfahrungen der Institution Kirche sehr kritisch gegenüberstanden. Er begnügte sich keineswegs damit, ihren Alkoholkonsum total abzustellen, sondern war bestrebt, zum Kern ihres jeweiligen Lebensproblems vorzustoßen und sie im spirituellen Sinne wirklich neue Menschen werden zu lassen.

Die Formen des Lebens ändern sich fortwährend, aber der weise Gewordene verliert die Furcht vor diesem Wandel und versteht selbst seinen Tod nicht mehr als Vernichtung, sondern als ein Weitergehen. Kappes war im Alter auch gegenüber dem Gedanken der Reinkarnation durchaus offen. Der Unterschied zum christlichen Glauben und seiner das Sterben überdauernden Hoffnung ist freilich offenkundig wie auch die Berufung auf des Menschen besseres Selbst entsprechend mystischem Empfinden in ihrem Unterschied zum Glauben an jenen Gott, der uns das Heil schlechthin von außen her zukommen läßt, dessen Rechtfertigung zur Neugeburt als Neuschöpfung führt, obgleich es keinen Anknüpfungspunkt dafür im Menschen gibt, Christen aber an jenen Gott glauben, der aus dem Nichts schafft und so das Nichtseiende ins Sein ruft. Auch darüber ist geduldig weiter zu sprechen. Kappes fand seine Intention auch bei christlichen Denkern wieder und wies etwa auf Jean Gebser und Pater Lassalle hin. Besondere Beachtung verdient sein Hinweis auf Pierre Teilhard de Chardin (1881-1955)[126].

Schlußbetrachtung

Am 2. Mai 1988 richtete der badische Landesbischof und jetzige EKD-Ratsvorsitzende Dr. Klaus Engelhardt einen Brief an die Nichte des am Tag zuvor im 95. Lebensjahr Verstorbenen. Er sprach darin von seiner großen Dankbarkeit Kappes gegenüber. Er sei ihm zum ersten Mal vor 25 Jahren im Karlsruher Pfarrkonvent als junger Studentenpfarrer begegnet. Den Jüngeren habe immer wieder Routine und manchmal auch Freudlosigkeit bei älteren Kollegen zu schaffen gemacht, woraus die Frage erwachsen sei, ob auch bei ihnen selbst der Cantus firmus einmal die Klage über die viele Arbeit und fehlende Resonanz sein werde. Was aber Kappes dort äußerte, sei ungewöhnlich gewesen und habe nicht in das Schema der üblichen Pfarrkonferenzen gepaßt, habe aber in der Seele gut getan. "Manchen Brief schrieb er mir inzwischen, besorgt um manche Entscheidungen in der Kirche, aber nicht einfach anklagend, sondern von helfender Kritik." Unvergeßlich sei ihm der Badische Pfarrertag in Gaggenau, wo Kappes aus seinem Leben berichtete. "Er sprengte den vorgesehenen Rahmen eines kurzen Grußwortes, aber wir waren alle ganz Ohr und ließen uns von mitreißender Lebendigkeit beeindrucken." Engelhardt spricht im fol-

---

erfahrenen Seelen-Heilpraktikers, hrsg. vom Heinz Kappes Freundeskreis e.V., Reinsburgstr. 33, 70178 Stuttgart, 1994.
126 vgl etwa "Die Geschichte des Christentums", Bd. 12, S. 151ff.

Heinz Kappes, 1988 (Foto F.- M. Balzer)

Heinz Kappes, 1988 (Foto F.-M. Balzer)

genden von Kappes' tiefer, in seiner Liebe zu Christus gegründeten Solidarität mit den Menschen, "die wir in unseren Gemeinden immer wieder an den Rand schieben, die für uns Außenseiter bleiben." Kappes habe Zugang zu ihnen gefunden, da er Vertrauen ausstrahlte. Es sei eine besondere Gnade, in solcher Lebendigkeit ein so hohes Alter erreichen zu dürfen. Er sei lebenssatt gestorben, nicht weil er das Leben satt hatte, "sondern weil er bis zuletzt sein Leben von all der Fülle und Buntheit gesättigt erleben konnte und darum ein besonderer Zeuge seines Herrn war". Er habe in schöpferischer Unruhe gelebt und habe Frieden nicht nur für sich, sondern stellvertretend auch für viele andere und für unsere Welt gesucht.

Von diesen warmherzigen Worten her ist klar, daß Engelhardt auch an Kappes dachte, als er am 20. Juni 1993 in der Karlsruher Stadtkirche in einer Predigt über Matth.22,1-14 anläßlich des 100. Geburtstages von Erwin Eckert an den "Fall Eckert" erinnerte.[127] Mitten im Sommer ließ er das Adventslied "Auf, auf, ihr Reichsgenossen, euer König kommt heran!" singen und erläuterte in seiner Predigt, dies sollte kein liturgischer Gag zur Abwechslung sein. Zum Christsein gehöre nicht nur in den Wochen vor Weihnachten das Warten auf Gott, "daß die Niederlagen unseres Lebens, die Tränen, die Zerrissenheiten, die Ungerechtigkeiten dieser Welt einmal überwunden sein werden". "Gott sei Dank gab es in der Kirchengeschichte schon immer Frauen und Männer, die sich nicht einfach mit den Verhältnissen abfanden und die die Sehnsucht nach der von Gott gewollten, besser gelungenen Welt nicht loswurden, die einen Blick hatten für die zu kurz gekommenen und getretenen Menschen. Es gab sie auch in unserem Jahrhundert." In den 1920er Jahren hätten die Religiösen Sozialisten dazu gehört. Die alles entscheidende Frage sei, was es um Gottes Reich und seine soziale Botschaft sei. Gott begegne uns nicht zuerst als das große Überich mit erhobenem Zeigefinger, sondern lade uns zu einem Fest ein. "Aber die Notwendigkeiten des Alltags werden über das Angebot solcher Lebensentlastungen durch das von Gott bereitete, zum Mitfeiern einladende Fest gestellt." Die durch unseren Lebenszuschnitt eingegangenen Pflichten und Zwänge in Beruf, Geschäft und Familie halten uns davon ab, uns von Gott einladen zu lassen, denn wir halten es für die Hauptsache, daß die Kasse stimmt. Beide Gründe, mit denen die Eingeladenen im zugrunde liegenden biblischen Text absagen, seien ökonomischer Art. "Dieses Ausweichen vor Gottes Reich in das Geschäft, in die ökonomische Lebenssicherung sitzt tief bei uns allen. Der Mammon ist viel mehr unser Götze, als wir wahrhaben wollen. Er verstellt viel hartnäckiger und klotziger den Zugang zu Gottes neuer Welt, als wir zugeben. Es gibt eine unheimliche Befangenheit und Gefangenschaft in der wirtschaftlichen Verfaßtheit unseres Systems. So kommt Gott nicht an uns heran. So kriegt Gott die Welt nicht wieder in die Hand, weil wir ihn nicht zu brauchen meinen." Die ausgeschlagene Einladung gehe an andere weiter. "Die Frage steht vor uns: gehören wir in der Kirche zu denen, die mit ihren Befangenheiten und Korrektheiten, mit ihren ökonomischen Bindungen und immer wieder vorgezeigten Rechtschaffenheiten, mit ihrem

---

127 siehe Anm. 125

(frommen) Pflichtgefühl Gottes Fest ausschlagen, so daß die Einladung an andere weitergeht?" Ragaz habe in einem Büchlein mit viel Wärme und Leidenschaft Jesu Gleichnisse auf ihre soziale Botschaft hin abgehorcht, "weil er zutiefst überzeugt war, daß wie die Propheten des Alten Testaments, wie die Bergpredigt Jesu Gleichnisse eine revolutionäre Botschaft enthalten". "Wenn die Gläubigen Gottes Reich und seine Gerechtigkeit verwerfen, geht das Reich, geht Gott zu den Ungläubigen, gehen die Menschen zu Marx und Lenin."

Eckert habe lange vor seinem Eintritt in die KPD die politischen Gefahren wacher und hellsichtiger wahrgenommen und habe sie vor allem entschlossener bekämpft als die damalige Kirchenleitung. "Ihm wurde der Prozeß gemacht, während gleichzeitig diejenigen unbehelligt blieben, die wie trojanische Pferde nationalsozialistisches Denken in unsere Kirche einschleusten. Versäumnisse und Schuld unserer Kirche liegen darin, daß eine unheimliche 'bürgerliche' Befangenheit das rechte Auge blind machte und daß Eckerts Leidenschaft für die sozialen Elemente der Botschaft vom Reiche Gottes und vor allem für die nun wirklich kleinen und kleingehaltenen Leute, für die Getretenen und Zu-kurz-Gekommenen in der Kirchenleitung keine Resonanz fanden." "Eckert gehört zu unserer Landeskirche, und dies nicht als ein dunkles, schamhaft zu verschweigendes, sondern als ein erhellendes Kapitel. Er war kein Heiliger und soll auch nicht heiliggesprochen werden. Die Kirchenleitung mußte sich rechtlich und dienstrechtlich mit ihm auseinandersetzen. Aber mit ihm wurde kurzer Prozeß gemacht, zu kurzer Prozeß - nicht im Hinblick auf die Dauer der Verhandlungen, sondern theologisch wurde mit ihm kurzer Prozeß gemacht. Da war aufgrund der unheimlichen Befangenheit keine Bereitschaft, keine innere Fähigkeit da, sich theologisch mit ihm auseinanderzusetzen im Aufspüren seiner innersten theologischen Orientierung an der Botschaft Jesu".

Dies alles gilt nicht minder für Heinz Kappes. Wir werden sein Lebenswerk nicht vergessen, weil wir die Hoffnung auf den Einbruch des Reiches Gottes in diese von der Sünde entstellte Welt, weil wir den Glauben an die Zukunft dieser Welt Gottes niemals preisgeben werden.

Quellen

(1)
An die Freunde im Pfinzgau (1925)

Am letzten Sonntag habt Ihr vergebens auf mich gewartet. Laßt mich Euch den Grund schreiben, warum ich, so leid es mir tat, verzichten mußte, zu Eurer Versammlung zu kommen. Daß sie mir sehr am Herzen lag, zumal ich den Wilferdingern und Berghausenern vom Winter her noch Versprechen einzulösen habe, brauche ich nicht besonders zu versichern. - Ich habe vor neun Jahren in der Sommeschlacht einen schweren Kopfschuß erlitten. Nach dem Krieg zeigten sich infolge von Überarbeitung Störungen in Gestalt von epilepsieartigen Krampfanfällen, die periodisch nachts eintraten und mich für mehrere Tage arbeitsunfähig machten. Diese Krämpfe sind jetzt zurückgetreten. Dafür kommen aber doch immer wieder von Zeit zu Zeit Tage, an denen starke geistige Gehemmtheit verbunden mit seelischer Depression und starker Nervenerschöpfung mich lähmt. So war es in der vergangenen Woche als Folge der starken Spannungen, welche die kirchlichen Kämpfe der letzten Zeit gebracht hatten. Ich hoffte, das Übel überwinden und trotzdem kommen zu können; noch am Sonntag morgen war ich dazu entschlossen. Nachmittags, als ich nach Verfehlen des Zuges mit dem Rad hätte fahren sollen, war ich kaum mehr fähig, mich aufrecht zu halten, und konnte Euch auch nicht mehr benachrichtigen. Verzeiht also die Enttäuschung und nehmt außer meinem Versprechen eines ähnlich angelegten Spätsommerausflugs die folgenden Gedanken über:

"Die kirchliche Not der Gegenwart."

Wir dürfen um der Gerechtigkeit willen nicht übersehen, daß die evangelische Kirche (von der katholischen gar nicht zu reden!) in einer Epoche des Aufschwungs sich befindet: demokratische Verfassung, rege Mitarbeit von Laien vor allem in Großstadtgemeinden, finanzielle Selbständigkeit, Erhaltung und Ausbau aller Anstalten der Inneren Mission nach besseren Methoden als je zuvor, Einrichtung des städtischen Jugend- und Wohlfahrtsdienstes, eine stets wachsende imponierende, kirchliche Jugendarbeit, Zunehmen der Gemeindevereine, der Kirchenchöre, der kirchlichen Blätter und Zeitschriften, der religiösen Literatur, der Evangeliumsverkündigung in Evangelisationen, apologetische Vorträge, Missionen, eine radikal-religiöse Richtung in der Theologie, Zusammenschluß der evangelischen Kirchen in Deutschland zum Deutsch-evangelischen Kirchentag, dessen soziale Botschaft 1924, das zum August nach Stockholm berufene Weltkonzil aller evangelischen Kirchen der Erde - man könnte schon von "unserer Kirche Herrlichkeit" reden!

Aber: wir sehen auch die leeren Kirchen Mitteldeutschlands, der norddeutschen Großstädte; wir sehen, daß hinter der Kirchlichkeit der Bauern und Kleinbürger oft so wenig religiöse Stoßkraft steckt; die Waffen der sozialistischen Arbeiterschaft und weiter Kreise des mittleren und höheren Bürgertums sind gleichgültig gegen die Kirche geworden, daß sie nur noch "passive" Mitglieder sind und nur aus Uninteressiertheit oder gesellschaftlichen Gründen noch nicht austraten; die weiten Gebiete der Zivilisation, der Wirtschaft, der Politik entwickeln sich in vollkommener Unabhängigkeit nicht aus der Kirche, sondern - was viel schlimmer ist - von einer letzten Bindung an Gott! In Wirklichkeit gelingt es allen Kirchen kaum mehr, die Nacktheit des brutalsten Heidentums, das sich in zügelloser Unsittlichkeit, im Vorherrschen des ungebrochenen Gewaltstandpunktes auf allen Gebieten, in der Entseelung unseres persönlichen Lebens, in der Losgelöstheit des öffentlichen Lebens von allen Gewissensgebundenheiten zeigt, künstlich zu verdecken. Die Kirche ist zerfleischt von Richtungskämpfen, die mit allen Teufeleien "politischer" Methoden ausgefochten werden. Die Mehrheit der aktiven Kirchenglieder und erst recht die zur Zeit führenden Männer sind ohne Verständnis für die Erscheinungen einer geistigen Krisis unserer Zeit, wie sie die sozialistische und die Jugendbewegung darstellen. Man sah -denn die Entscheidungskämpfe liegen in der Vergangenheit und sind für die Kirche vorläufig verloren! - nicht hinter dem erbitterten Protest solcher Bewegungen den leidenschaftlichen Willen zu einer Neuordnung aus dem lebendigen Geist, der Gemeinschaft, Gerechtigkeit, Frieden schafft. So wurden die Kirchen in ihrer Mehrheit reaktionär und neutralisierten die lebendigen Strömungen in ihnen. Die ganze eingangs geschilderte Extensität der Kirche ist vielfach der schöpferischen Geistkräfte entleert. Im Bewußtsein vieler Vorwärtsstrebenden bedeutet die Kirche nur eine für die geistigen Entscheidungen der Gegenwart belanglose Geste. Die Kirche ist nicht mehr, was sie immer sein sollte: das Herz der Welt!

Aus Enttäuschung darüber, daß die Kirche nicht das ist, was sie ihrem Wesen nach sein muß, stehen viele abseits. Diese gewinnt man nicht nur mit demokratisch-organisatorischen Mitteln. Mit dem: "Rein in die Kirche und mitgearbeitet!" ist noch nicht viel getan, so notwendig dies ist. Es handelt sich um etwas viel Größeres: Wer gegen die jetzige Kirche protestiert, hat keine geringere Basis als das Evangelium! Die notwendige Umwandlung unserer gottlosen äußeren Lebens- und Weltordnungen (Imperialismus, Privatkapitalismus, verlogene Gesellschaftsmoral, Kampf aller gegen alle usw.) ist gar nicht anders möglich als dadurch, daß "das Evangelium wieder auf den Leuchter gestellt wird", d. h. durch eine radikale religiöse Reformation der Kirche, durch einen Durchbruch der Sinne des Gotteswortes durch die herrschenden Dunstwolken einer glaubenslosen dogmatisch erstarrten, für Gottes Wirken in der Gegenwart blinden, nur auf das persönliche Leben eingestellten, pharisäischen Religiosität! - In der Kleinarbeit hebt dieser gewaltige Kampf an: daß wir die Bibel wieder lesen und verstehen, daß wir ihre Forderungen an unsere Gegenwart mit offenen Ohren hören lernen! Daß wir in den Kreis unseres Lebens (Familie, Gemeinde, Partei, Betrieb usw.) mit einem radikalen Gewissensleben ernst machen! Daß wir uns in öfteren Zusammenkommen stärken und anfeuern! Daß wir ein eigenes Urteil darüber haben, ob unsere Prediger wirklich Gottes Wort verkündigen und nicht ihre eigenen Wörtlein!

Darüber wollte ich zu Euch sprechen. Aufgeschoben ist nicht aufgehoben! - Denkt einmal darüber nach, daß wir so lange von einer "kirchlichen Not der Gegenwart" reden müssen, als die Kirche immer nur eine "Kirchen der Frauen, Kinder und Greise" ist und nicht - wie es doch Jesu Jüngerchor war - eine Kirche der tat- und glaubenskräftigen Männer!

(2)
"Und ist doch kein Friede" Predigt am 20. Dezember 1925

"Sie trachten nach Gewinn allesamt. Klein und groß, Propheten und Priester, gehen allesamt mit Lügen um und trösten mein Volk in seinem Unglück, daß sie es gering achten sollen, und sagen: "Friede! Friede!" und ist doch kein Friede!" Jeremia 6,3.14.

Wir begehen den letzten Sonntag vor Weihnachten als einen Bittsonntag für den Weltfrieden. Wir tun das in brüderlicher Verbundenheit mit evangelischen Christen anderer Nationen. Wir meinen, daß, bevor die Weihnachtsbotschaft: "Friede auf Erden" in die Christenheit hineinklingen darf, ein Buß- und Bettag unter der Gottesforderung an die Welt: "Friede auf Erden!" das Gewissen aller christlichen Kirchen auf Erden erschüttern mußte.

Wir wissen nicht, ob es auf der Welt christliche Kirchen gegeben hat, in welchen der Abschluß des Locarno-Vertrags mit gottesdienstlichen Feiern begangen wurde. Wir meinen, daß für die Kirchen, welche einen Waffensieg so bereitwillig gottesdienstlich feierten, es "christlicher" wäre, diesen wichtigen Schritt auf dem Weg zur Überwindung der Waffenkriege festlich in den Kirchen zu begehen. Daß eine Neigung dazu der überwiegenden Mehrheit des deutschen Protestantismus völlig ferne liegt, zeigt folgendes Zitat aus den politischen Betrachtungen des verbreitetsten badischen positiven "Kirchen- und Volksblattes": "Die christliche Wochenschrift "Licht und Leben", die keiner Partei dient, wie ja auch unser Blatt, sagt in einem längeren Artikel über Locarno am Schlusse: "Ihr, die ihr in Locarno eingeht, laßt alle Hoffnung fahren!" (Das ist die Überschrift Dantes über die Hölle! Die Red.) Nach Versailles und Locarno hat das deutsche Volk nur noch eine Zukunft als Geschäfts- und Händlervolk im Getriebe der Weltherrschaft. Das nationale Eigenleben hat seinen Todesstoß bekommen. Wer internationalen Geschäfts- und Händlergeist hat, der neigt zum Vertrag von Locarno; darum ist die Judenpresse durchaus dafür."

Wir halten es für gottlos, wenn die Kirche politische Ereignisse und Einrichtungen, welche durchaus und allein unter der weltlichen Eigengesetzlichkeit stehen, religiös verherrlicht. Das gilt gleicherweise vom Krieg wie vom Völkerbund, vom Waffensieg wie vom Friedensvertrag, vom Waffenkampf wie von der vielberufenen "Volksgemeinschaft" usw. Die Kirche soll vielmehr solche geschichtliche Anlässe, welche die Volksseele bewegen, illusionslos, nüchtern und wahrhaftig als Wegsteine am Schicksalsweg der Menschheit deuten; dabei werden sie als das Produkt der miteinander ringenden Interessenmächte erkennbar. Zugleich soll die Kirche aber auch den nur von ihren nackten Interessen eingenommenen, miteinander ringenden Mächten das Gesetz Gottes entgegenhalten, das bei Strafe des Leidens und Sterbens ungezählter Menschen kein Sichausschließen irgend einer menschlichen Sphäre, gerade auch nicht der Politik, Wirtschaft und Kultur, vom Gehorsam Gottes duldet. Die Kirche hat nicht die Eigengesetzlichkeit zu segnen, z.B. zu sagen: "Kriege wird es immer geben" oder "Arme habt ihr allezeit bei euch", sondern sie hat ihr mit allem Radikalismus den andern Pol: "Gott will, daß allen Menschen geholfen werde und sie zur Erkenntnis der Wahrheit kommen" entgegenzusetzen. Nicht im fairen Spiel der menschlichen Kräfte, sondern in der Spannung zwischen beiden Polen: Gott und Welt entsteht die Kraft, welche die Menschheit vorwärts und aufwärts bringt.

Wir verehren Locarno nicht. Wir bejahen es, weil es ein Schritt dazu ist, die einer früheren Menschheitsstufe angehörende Form des Austragens der weltlichen Spannungen durch Völkerkriege zu überwinden. Wir meinen, daß die nationalistische Geschichtsepoche, aus deren Gedankenwelt jener "christliche" Beurteiler schreibt, einfach der Vergangenheit angehört, während die Gegenwart und Zukunft die weltwirtschaftliche ist. Aber: dem Frieden auf Erden sind wir damit nur scheinbar nähergekommen. Es ist ein Frieden, welchen die Wirtschaft geschlossen hat. Für sie bedeutet die frühere, national streng abgegrenzte Ordnung der Welt mit ihren ewigen zum Krieg drängenden Krafttaten den Ruin. Aber: so pazifistisch sich die Weltwirtschaft auch gibt: Sie kann es ihrem Wesen nach nicht sein. Leben wir nicht mitten in einem Schlachtfeld, das mit seinen ewigen Krisen, mit der katastrophalen Arbeitslosigkeit, mit den Hungerlöhnen mehr Opfer an Toten und Siechen kostet als der Weltkrieg? Wenn die Weltwirtschaft sich so dämonisch zum Fluch der Menschheit entwickeln konnte, so muß eine im tiefsten Herzen ihres Wesens liegende Sünde der Grund sein. Das Grundprinzip dieser Wirtschaft, der Privatkapitalismus ist vollkommen ohne polare Spannung zu Gott. "Sie trachten nach Gewinn allesamt, die Kleinen und die Großen". Darum ist "doch kein Friede."

Nun wird in tausenden Kirchen die tröstende Weihnachtsbotschaft des Friedens wieder verkündigt. Wirkt solch ein Trost nicht wie ein Hohn auf die Friedlosigkeit der Welt? - Lügner nennt Jeremia die Verkünder des Worts, die mit oberflächlichen Friedensworten das Volk in seinem Unglück trösten und es heißen, das Elend gering zu achten. Die Weihnachtsbotschaft heißt doch: Das Wort ward Fleisch!" Materialistisch hat Blumhardt einmal das Evangelium genannt wegen seiner Tendenz, die Welt ernst zu nehmen und umzugestalten im Sinn der ursprünglichen Gottesordnung. Wenn die weihnachtliche Friedensbotschaft nicht verkündigt wird mit dieser Tendenz zur Verwirklichung, wenn mehr um des Friedens willen ein leidenschaftlicher Kampf darum geführt wird, daß von Christus her ein neues Herz in den Leib der Weltwirtschaft kommt, so wie wir täglich selber um ein neues Herz ringen müssen, dann muß man sich nicht wundern, wenn die Leidenden dieser Erde das Evangelium als eine Phrase ansehen. Wir glauben an den Sieg Gottes über die Dämonien der Wirtschaft, wir wollen, je tiefer wir erschüttert sind über ihre verderbende Wirkung, mit umso gläubigerem Herzen die Weihnachtsbotschaft aufnehmen und, kämpfend gegen alle Dämonien, nicht aufhören, dem Friedensfürst den Weg zu bereiten.

(3)
Sonnenwende - Wendezeit (1926)

Die alte Kirche verlegte in die Sommersonnenwende den Gedenktag für Johannes den Täufer. In der Mitte des Jahres, in der arbeitsreichen, festlosen Zeit, in welcher die Seele ohne Spannung dahingegeben ist an die Kämpfe und Nöte des Lebens, weist er hin auf den Anbruch der Erlösungszeit: Auf den kommenden Christus, welcher die Herrschaft Gottes auf Erden aufrichtet, das Friedensreich bringt, als der Heiland der Unterdrückten für Gerechtigkeit und Menschenbruderschaft kämpft - und stirbt, aber dennoch lebt und siegt und mit der Feuertaufe eines ganz neuen, umgestaltenden Geistes die neue Zeit der Freiheit und Gemeinschaft heraufführt. Die unter dem Joch der Römer, unter dem Druck ihrer eigenen Gewalthaber und Reichen ausgezogenen Massen des jüdischen Volkes strömten in hellen Haufen in die Jordansteppe, um die Botschaft dieser gewaltigen Persönlichkeit zu hören: "Das Reich Gottes ist nah, wir stehen vor dem Anbruch einer neuen Zeit!", und durch die Taufe ließen sich die Massen weihen als eine neue Gemeinde von Wartenden, die ihr Leben umstellen wollten auf diese neue Ordnung hin. Und der Täufer wies sie nicht auf das Jenseits. Auf die Frage der erschütterten Menschen: "Was sollen wir denn tun?" antwortet er mit sozialen Forderungen: "Wer zwei Unterkleider hat, der schenke eins davon dem, der keines hat; und wer zu essen hat, der mache es ebenso!" Er ist kein Schwärmer. Buße ist für ihn nicht der flüchtige Rausch einer Minderwertigkeitsstimmung, sondern eine radikale Umstellung des Denkens und Handelns und ein willensstarker Neuanfang.

Auch für uns ist Johannes der Täufer heute noch eine lebendige Persönlichkeit. Wer unsere Gegenwart mit offenen Sinnen erlebt, wer im Geist den Täufer im 3. Kapitel des LukasEvangeliums vor sich sieht und reden hört, der schaut ihn als den Bußprediger für unsere Zeit mitten unter uns. Er deutet uns die Schicksale, welche die Menschheit jetzt erlebt. Wir sind versklavt unter eine "Ordnung", aus welcher Gott total ausgeschaltet ist, wo stets und immer Gewalt vor Recht geht. Im Weltkrieg verbluteten die Millionen, damit letztlich die Kapitalisten der Siegerstaaten und unsere Kriegsgewinnler die Beute teilen. Millionen Hände schaffen ihr schweres Tagewerk ohne Freude, damit der Hauptertrag ihrer Arbeit den Wenigen zufließt, welche Macht auf Macht häufen, den Markt, die Presse und die Politik beherrschen. Millionen müssen arbeitslos feiern, müssen mit ihren Familien bis zum Äußersten darben, müssen sich ernähren lassen vom Staat, obwohl die ganze Welt nach den Gütern des dringendsten Lebensbedarfs, nach Wohnung und Kleidung schreit; - aber man kann nicht schaffen, weil sich die Wirtschaft einer Ordnung, der sie dienen soll, nicht fügen will. So triumphiert tatsächlich die teuflische Macht des Gewaltgeistes überall in der Welt, in der Wirtschaft, in der Politik, in allen Gesellschaftsgebieten; und es droht der Untergang der Kulturmenschheit, die in Wirtschafts-, Klassen- und Völkerkämpfen sich selber vernichtet.

Wer diese drohende Gefahr sieht, muß entweder tatenlos mit untergehen und dem Geschehen seinen Lauf lassen. Oder er wirft sich dem drohenden Verhängnis entgegen, er kämpft um eine bessere, gerechtere Ordnung. Er kämpft diesen Kampf, weil er an Gott glaubt, der seiner nicht spotten läßt. Er sieht mit dem geistigen Auge, daß sich ein ungeheures Gericht über diese jetzige "Ordnung" vollzieht (Krieg, Revolution, Wirtschaftskrisen, Kulturuntergang, die Zerrissenheit unseres ganzen Lebens). Gott läßt sich eben nicht so vollkommen aus den menschlichen Ordnungen ausschalten, wie das heute von der Menschheit getan worden ist.

Und wenn heute die Menschen mit ihren Gewaltordnungen über Gott triumphiert zu haben scheinen, so schreibt eben doch Gott über alles Menschenwerk den Flammenspruch des Gerichts: "Gewogen und zu leicht gefunden!" - Vor dem Neuen, das kommen muß, vor einer sozialistischen Ordnung der Gerechtigkeit und Gemeinschaft, können sich die alten Gewalten nicht mehr behaupten. Weil wir glauben, daß Gottes Wille im Himmel und auf Erden geschehen muß, wissen wir, daß nicht der Widersinn und die Gewalt in Gottes Schöpfung siegen werden, sondern die Gerechtigkeit und die Ordnung. Alle, die das wissen, müssen kämpfen, müssen sich ganz einsetzen. Wer dem höchsten Ziel sich weiht, findet Gottes Hilfe auch im Kampf gegen seine eigene Sünde. - Mit der großen Gebärde seiner ausgereckten Hand weist der Täufer in die Zukunft: "Weiht euch zum Kampf um das Reich Gottes, daß es wirklich werde hier auf Erden!" und der deutende Finger zeigt auf den Erlöser der Menschheit, den gekreuzigten Christus: In diesem Zeichen werdet ihr siegen! Scheinbar ein Opfer des Todes, besiegt durch seine Feinde, wird der Auferstandene zum Sieger und Führer zum Sieg.

"Wendezeit!" Der Ruf klingt heute über unsere Welt aus den tiefsten Tiefen eines von Gott aufgerufenen Gewissens. Uns gellen die Ohren davon. Darum müssen wir reden. Wer Ohren hat, zu hören, der höre!

(4)
"Ich sende Euch" Rede in der Plenarsitzung der Badischen Synode am 9. März 1927.

Hohe Synode!
Von meiner Gruppe bin ich beauftragt, zu dem Hauptbericht im ganzen Stellung zu nehmen. In den Aussprachen in den Kommissionen ist oft das Wort von der ecclesia militans mit ihren verschiedenen Flügeln gefallen. Das Kirchenvolk, die Öffentlichkeit muß oft den Eindruck haben, daß mit diesem Wort von der "streitbaren Kirche" die "streitende Kirche", die Kirche mit den gegeneinander kämpfenden Parteien gemeint sei. - Unsere Umwelt ist in gegensätzliche, miteinander kämpfende Gruppen zerspalten. Es kämpfen gegeneinander die Nationen, die Parteien, die Klassen, die Konfessionen. In der Dynamik dieser Kämpfe siegt immer der Stärkere. Ist es nicht auch so in der Kirche?" - In den Wahlen ringen die Parteien miteinander um die Macht. In den Entscheidungen der Regierung siegt der Stärkere. Der Schwächere wird majorisiert. Die Gemeinschaft ist zerrissen. An dem unerschütterlichen Fels des Parteiinteresses prallt alles ab. Die Macht bestimmt das Recht durch die Gesetze, die sie macht.

Aus einer nur formalen Demokratie entspringen für die Kirche ebenso wie für den Staat die größten Gefahren. Wir haben in den Kommissionen nicht nur allgemein auf diese Gefahren hingewiesen; wir haben auch die Einzelpunkte aufgewiesen; wo unseres Erachtens von der herrschenden Gruppe Machtpolitik getrieben wurde. Bei allen Entscheidungen gibt es für den Verantwortlichen immer einen ungeheuer wichtigen Augenblick. Das ist dann, wenn das Zünglein schwankt, wenn das Parteiinteresse es ist, das allein den Ausschlag gibt. Da hat der Verantwortliche einen schweren Kampf in sich selber gegen sich zu führen, einen Kampf des Glaubens und des Gewissens. Da muß er sich die Frage vorlegen: Ist nicht gerade die Entscheidung, die mir das Interesse meiner Gruppe nahelegt, ebendeswegen falsch; muß ich nicht gerade deswegen mich auf den Standpunkt der Minorität stellen, um zu einem objektiven Ergebnis zu kommen? In dem Maß, wie ein Mitglied der Kirchenregierung die innere Kraft aufbringt, so unparteiisch zu entscheiden, in dem Maß überwindet es die Dämonie des Machtwillens, baut es an der Kirche, d.h. an der Gemeinschaft der Gläubigen.

Wir erinnern uns an die Tage höchster Spannung während der vergangenen Woche. Die Kirche drohte zu zerfallen. Da kam die Erklärung des Herrn Kirchenpräsidenten. Sie hat eine Wandlung zugesagt. Wir alle haben den Umschlag der Atmosphäre erlebt. Mit dieser Erklärung wurde wieder Gemeinschaft hergestellt, wurde wieder Kirche gebaut. Wir danken dem Herrn Kirchenpräsidenten ausdrücklich dafür. Wir befinden uns in der Tendenz des Vertrauens! Mögen die vergangenen Dinge sein wie die Denkmale auf den Schlachtfeldern. Kein Denkmal kann die Toten wieder erwecken. Was an Unrecht geschah, kann nicht mehr ungeschehen gemacht werden. Aber die Denkmale über dem Unrecht sollen zeugen für einen Willen zum Frieden, für einen Willen zu einer neuen Kirche! Unser Vertrauen wächst nicht mit dem Maß der Worte und prinzipiellen Erklärungen. Es wächst nur mit dem Maß der Beweise dafür, daß man in der Tat und in der Wahrheit loskommen will von der Dämonie des Willens zur Macht. - So wie im staatlichen Leben man hinauskommen muß über eine nur formale Demokratie, wo sich in die weiße Unschuldstoga des Volkswillens der Majorität das Machtinteresse einer Minderheit hüllen kann, so ertönt auch im kirchlichen Leben immer stärker der Ruf: Los von einer nur dynamisch-taktischen, ideenlosen, dämonischen Kirchenpolitik! Täuschen wir uns nicht. Schon jetzt geht es den Nurtaktikern so wie den Grabeswächtern auf dem Grünewald'schen Auferstehungsbild: Sie werden beiseite geschleudert mit ungeheurer Wucht. Und aus dem Grab steigt auf die Wirklichkeit einer neuen Kirche, einer Kirche, die lebensvoll wächst mitten in den

Realitäten unseres Daseins. Es muß ausgesprochen werden: Es gibt heute schon sogar unter den Geistlichen (und das will viel heißen!) eine Gemeinschaft im Geist, die über die Grenzen und Zäune der bestehenden Parteien hinausgreift!

Die vergangene Wahl stellte alle Gruppen vor die Frage: Wie steht ihr in der Gegenwart? Nur dann hat eine Wahl einen Sinn, wenn alle Gruppen auf diese Frage eine Antwort geben. Auf diese Antwort wartet die Wählerschaft. Wehe, wenn nur die alten Parolen vergangener Jahre wiederkehren! Sie hatten alle einmal ein Recht. Aus dem Ringen in der damaligen Gegenwart und mit jener Gegenwart sind sie geboren. Aber wenn sie am Leben erhalten werden über die Zeit ihres Lebensrechts hinaus, dann verhallen sie ohne Echo. - Hoffen wir, daß in fünf Jahren, wenn wir wieder unter das Gericht einer Wahl gestellt werden, die für jene Zeit notwendigen Parolen gefunden werden! Wie heißen sie? Ihre Worte werden verschieden sein je nach den immer bestehenden Unterschiedlichkeiten der Richtungen. Aber sie müssen einen einzigen Grundton haben, und der muß lauten:

Wir sind Kirche des Evangeliums! Wir ringen aus der Kraft des Evangeliums mit den Dämonen unserer Zeit! Eine solche Kirche ist die wahre evangelische Ecclesia militans! Sie muß, um ein Bild zu gebrauchen: ein Salz der Erde sein. Das Salz löst sich auf. Es geht die Kirche ein in das Jetzt und Hier ihrer Erdgebundenheit. Damit wird die Erde geheiligt, denn sie ist Gottes Schöpfung. Es wird darum gekämpft, daß die Ordnungen der Welt und unseres eigenen Lebens wieder einen Sinn im Absoluten bekommen. Jesus meinte nicht, daß das Salz ein Klumpen bleiben soll, an dem die Menschheit der Erde sich den Magen verdirbt. Er wollte nicht, daß die Gemeinde der Jünger eine Machtpolitik der Kirche gegenüber den weltlichen Ordnungen treiben solle. Er wußte nichts von einem Interessenkampf der Kirche für sich selbst. Denken wir immer daran: Kirche ist nichts, ist von Jesus abgefallen, wenn sie ihr Eigenes sucht! Kirche ist nur soweit etwas Wertvolles im Sinne Jesu, als die Welt, in der sie wirkt, das Gepräge der göttlichen Macht, Ordnungen im göttlichen Sinn hat. Die Kirche selbst in ihrer irdischen Erscheinung muß sich immer wieder selbst aufheben.

Das ist die wahre evangelische Kirche. Sie ist eine Bewegung in der Zeit, an der Spitze der Bewegungen der Zeit! Aus der lebendigen Kirche müssen sie ihre Herzkraft bekommen. Eine solche Kirche war die Kirche der Reformation. Ich weiß aus meinen Beziehungen zu katholischen Freunden um die Würde und die Berechtigung der katholischen Frömmigkeit. Diesen Katholizismus meine ich nicht, wenn ich davon spreche, daß es innerhalb der evangelischen Kirchen Deutschlands starke katholische Tendenzen gibt. Wir hören immer wieder die Worte: evangelisches Zentrum, politische Vertretung evangelischer Belange, evangelische Schulpolitik. Lassen wir uns nie vom römisch-imperialistischen Katholizismus auf die evangeliumsfeindliche Ebene konfessioneller Machtpolitik drängen. Wir verleugnen dabei das wahre Wesen der evangelischen Kirche! Sie muß immer unter dem Jesuswort stehen: "Trachtet am ersten nach dem Reich Gottes und nach seiner Gerechtigkeit, so wird euch das andere auch zuteil werden!" - Alle Nöte der kämpfenden Kirche, die im Hauptbericht genannt sind, müssen wir unter dies Wort stellen.

Wenn das Reich Gottes die im Gewissen, in dem von Christus beherrschten, wirkliche, d. h. also die eigentliche Ordnung der Welt ist, die sittliche Ordnung, also der Maßstab, der unbedingt gelten muß, - der findet sich in einer ungeheuren Spannung zu den Ordnungen des Daseins, in denen wir leben. Wir haben kein Recht, die gegenwärtige Welt als christliche Kulturwelt anzusprechen. So konnte man allenfalls noch die Welt des frühen Mittelalters nennen. Diese Welt ist untergegangen. Mit der bürgerlichen Revolution ist eine neue Welt heraufgekommen, in der es keine Sinndeutung aus der Ewigkeit mehr gab. Sie war eine Welt der reinen

Diesseitigkeit. Alle geistigen Werte wurden untergeordnet unter den höchsten Wert der materiellen Machtsteigerung. Die Wirtschaft wurde zum wichtigsten Anliegen dieser Welt. Das Interesse, der Egoismus wurde sanktioniert als das letztlich Entscheidende, als die Triebfeder alles Strebens. Damit verabsolutierte sich diese Welt selbst. Sie erbaute den babylonischen Turm ihrer Zivilisation. Sie wollte gleich sein wie Gott, den sie leugnete. - Ich rede von der Vergangenheit. Denn dieser babylonische Turm mit dem aus dem Geist der bürgerlichen Epoche geborenen Kapitalismus und Imperialismus, mit der Zivilisation einer seelenlosen Technik, dieser Turm hat Risse. Das Erdbeben des Krieges, das Erdbeben der Revolutionen, der Aufschrei von immer größer anwachsenden Volksmassen, die sich empören unter ihren Lasten, läßt die Fundamente wanken.

Sünde ist die Haltung, die Gott gleich sein will, die sich selbst verabsolutiert. Mit innerer Erschütterung müssen wir, die am Ende der bürgerlichen Epoche stehen, dies Wort auf die Gesamtzeit anwenden. An den ungeheuren Massennöten des Krieges, des Wirtschaftszusammenbruchs erleben wir das Gericht Gottes, die Wahrheit: die Sünde ist der Menschen Verderben. Aber sind denn die Verderbenden die Schuldigen? Nicht sie, sondern die von Menschen geschaffenen Ordnungen unserer Zeit! Schuldig sind alle, die sie festhalten trotz ihres unruhigen Gewissens! Radikale Abkehr aus der geistigen und materiellen bürgerlichen Welt, aus der Welt des Liberalismus, aus der Welt des freien Spiels der Kräfte! Dazu werden wir gedrängt. Wir Christen unserer Zeit haben den Weg Abrahams zu gehen, zu dem gesagt wurde: Gehe hinweg aus deinem Vaterland und aus deiner Freundschaft in ein Land, das Ich dir zeigen werde! -Darum mußten wir zum Sozialismus kommen, zu der radikalsten Protestbewegung gegen die bürgerliche Welt. Nicht weil wir zuerst das Programm einer fernen Zukunftsgestaltung prüften und rational für richtig fanden, auch nicht, weil wir interessemäßig zum Proletariat gehören, sondern weil aus dieser zerrissenen Welt der Weg in die Zukunft, so dunkel er auch noch ist, in eine Ordnung der Gemeinschaft gehen muß, weil wir getrieben sind, in dieser Richtung zu gehen, weil wir aufgerufen sind und in der Richtung einer inneren Zielgewißheit einfach gehen müssen. Diesen Weg heute zu gehen, scheint uns die Aufgabe der Gesamtkirche zu sein, soweit sie Kirche des Evangeliums heute, in unserer Welt sein will.

Der Bericht klagt über die Abkehr der Gebildeten und der proletarischen Massen. Erst wenn wir beiden Teilen den Sinn des ungeheuren Geschehens deuten können, das sich in unserer Zeit vollzieht - und Gott handelt doch in unserer Zeit! - erst dann wird die Kirche auch wieder unter ihnen ihre Heimat haben. Was bewegt heute die Gebildeten? Eine Handlung in allen Disziplinen des theoretischen und praktischen Lebens ist doch ganz offenbar. Wir beobachten sie in der Philosophie, in der Metaphysik, in der Physik und Mathematik, in der Psychologie und Pädagogik, in der Psychiatrie und Medizin, in der Technik und Menschenwirtschaft, in den Rechtswissenschaften und in der Politik. Auch hier hat sich eine Revolution vollzogen. Sie hat noch nicht die Gebäude der Oberfläche erneuern können. Die Dinge sind in einer Bewegung, die den Beobachter mitreißt. Man will hinweg aus der Vereinzelung, wieder hin zu einer Universalität, zu einer Ordnung. Geist läßt sich nicht fassen mit den Mitteln der rechnenden Mathematik. Geist weht wieder über einem Totenfeld. Konnten Menschen so etwas machen? -Aber nun sehen wir die Allzueifrigen wieder am Werk, alle diese Bewegungen kirchlich einzufangen und umzumünzen. Wir stehen skeptisch diesen Bestrebungen kirchlicher Kreise gegenüber. Wir wollen keine Apologetik alten Stils. Wir sehen nur einen Weg: Sachlich und wahrhaftig diese Kämpfe in allen Gebieten des Wissens als Pfarrer oder als Laie mitzukämpfen, die Linien zu Ende auszuziehen. Am Ende aller der Linien, die aus unvoreingenommenem Wahrheitswillen zu Ende gedacht werden, steht die Unendlichkeit, offenbart sich Gott.

Und den Massen müssen wir ihre Lage deuten! - Es gibt ein altes vergessenes Wort. Das spricht von der "Heiligkeit der Masse". Der Jesusjünger mußte etwas von der Wahrheit dieses Wortes erleben. Die Masse ist heilig durch die Not, die sie leidet, ihre soziale Lage ist die unmittelbare religiöse Aufgabe der Gläubigen, der lebendigen Kirche. Vergessen wir nicht, daß das Evangelium den Armen nicht nur gepredigt wurde, damit sie sich über ihr Elend wegtäuschen und auf ein besseres Jenseits hoffen sollen. Das Evangelium wurde den Massen auch anvertraut! Nur die Leidenden, die unter den Nöten und Kämpfen des Alltages stehen, die in der Spannung der Hoffnung auf die Erlösung warten, können aus dem Evangelium die Kraft zu diesem Kampf finden. Wer genug hat und keinen Kampf kennt, kennt auch die Kraft des Evangeliums nicht.

Das gilt nicht nur für die soziale Not. Auch in der außenpolitischen Welt gilt das Gesetz von der Heiligkeit der Unterdrückten. Was hat es denn für einen Sinn, daß wir Deutsche dies Los im Krieg erlitten haben? Sind wir nicht die Proletarier unter den Weltvölkern? Aber: ist nicht gerade das schwere Schicksal des verlorenen Krieges uns anvertraut, uns als ein Volk von Christen anvertraut, damit wir für uns und für die ganze Welt um eine Ordnung des Rechts und des Friedens kämpfen müssen? Der Glaube sieht diesen Weg für unser Volk, er sieht die Aufgaben in dem wenn auch noch so fragwürdigen Völkerbund, im Ringen um eine neue Ordnung internationalen Rechts. Und der Glaube sieht auch die lange Kette der Versäumnisse der deutschen Kirchen auf dem Weg, der von Versailles in die Gegenwart führt.

Wir haben als Kirche mit allen den Ordnungen des uns umgebenden materiellen Lebens zu ringen. In dem Bericht wird immer wieder über die Entweihung des Sonntags, über die Festseuche, über die Sportkrankheit geklagt. Die Mittel, die empfohlen werden, sind allesamt untauglich. Wenn 6 Tage der Woche sinnlos, würdelos, unheilig sind, muß es der Sonntag auch sein. Wenn in dem Alltag nur die aufgepeitschten oder verdrängten Triebe aufgerufen sind, dann müssen sie am Sonntag nach ihrer Abreaktion streben. Und ein geschäftiger, gewinnsüchtiger Kapitalismus tut alles, um weiter aufzupeitschen und daran zu gewinnen. Schafft erst dem Alltag wieder eine Würde, dann ist der Sonntag auch wieder heilig! Wenn im Alltag eine Gemeinde mit den Nöten des Lebens aus Gewissensgründen ringt, dann sucht sie auch wieder die Stärkung, welche ihr das Bewußtsein der Verbundenheit in Gott schenkt, dann werden Gemeindegebet und Gemeindegesang wieder Realitäten, weil man sie zu dem realen Kampf in der Welt nötig hat. Dann findet eine kämpfende Gemeinde auch wieder ihren Ausdruck in Liedern von einem so mitreißenden Gemeindebewußtsein, wie es den Liedern der Reformation eignete. Dann findet sich auch wieder ein Mann, der uns einen Katechismus schreibt. Wir haben gegen den jetzt abgelehnten nicht nur die technischen Bedenken, daß wir das Zwangsfrageverfahren nicht mehr für zeitgemäß halten. Sondern vor allem: er hat nichts in sich von der Gesamtspannung, die wir der Jugend unserer Zeit übermittelt wissen wollen. Er kommt uns vor wie eine Sammlung von schönen Steinen und Skulpturen aus zerfallenen Domen der verschiedensten Epochen. Jeder einzelne Stein ist an sich schön und verehrenswert. Aber es fehlt dem Ganzen eben das, was es zu einem Ganzen macht: die aus einem lebendigen Geist geborene Architektur.

Und merken wir uns für den evangelischen Gottesdienst das Eine: Über ihm steht nicht das Leitwort des "Kultus", sondern das Leitwort der "Prophetie". Er ist ein Dienst des Wortes. Der Prophet hat zu seiner Zeit das Wort Gottes zu reden. Mit ihren Zukunftsweissagungen haben sich die Propheten oft genug geirrt. Aber zur Gegenwart haben sie das Wort der unbedingten Gewissenhaftigkeit gesagt. Darum darf evangelische Predigt nicht eine schönrednerische oder eine gemütliche Betrachtung vergangener Worte sein. Sondern es ist das Ringen derer, die Bettler sind, um den heiligen Geist, aus der (sic!) Betroffensein durch ein vergangenes Wort heraus darum, was Gott zu der Gegenwart zu sagen hat. - Eine so kämpfende Kirche, die das unbestechliche Gewissen ihrer Zeit darstellen will, findet auch wieder die Tapferen als Geistliche. Es war ein böses Wort, das bei den Gehaltsverhandlungen von dieser Stelle aus durch den Abg. Schäfer an die kommenden Geistlichen gerufen wurde: "Ihr werdet nun gut bezahlt, kommt!" Diese Pfarrer, die ein idyllisches Leben haben wollen, kann eine wirkliche evangelische Kirche nie brauchen. Aber den Mutigen ruft sie zu: "Wenn ihr frei, allein aus eurem Gewissen heraus mit unserer Zeit und ihren Dämonien ringen wollt, kommt!" Solche Pfarrer werden dem Kirchenregiment unbequem sein (auch einem sozialistischen Kirchenregiment, wenn es einmal kommen sollte) - aber es ist besser, wir haben solche unbequeme Pfarrer als solche, die immer nur nach ihrer Besoldung fragen!

Aber die Kirche ist nicht nur eine Kirche der Kämpfenden in dem bisherigen Sinn. Es sind auch die Mühseligen und Beladenen gerufen. Alle großen Männer der Inneren Mission wußten etwas davon, daß es einen schweren Kampf zu kämpfen gilt gegen alle Mächte der Finsternis, die sich in den mancherlei Krankheiten vor allem des psychischen Lebens auswirken. Seelsorge ist eben auch nicht nur eine höchst gemütliche Angelegenheit sympathisch menschlicher Beziehungen, sondern sie ist ein Mitleiden und Überwinden aus der Kraft des größten Seelsorgers der Welt. Wer so kämpft, wird frei von dem, was für die Betätigung in der Inneren Mission so leicht zu der größten Gefahr wird, von dem Richten. "Richtet nicht, auf daß ihr nicht gerichtet werdet!" Ungeheuer groß sind die Aufgaben, die uns heute auf diesem Gebiet gestellt sind, wo die behördliche Tätigkeit auf die der freiwilligen Liebestätigkeit wartet und angewiesen ist. Wie viel fehlt noch an unsern Bezirks-, Jugend- und Wohlfahrtsdiensten! Wie sehr müssen wir uns aber auch gerade, wenn wir unsere Werke und Anstalten ausbauen, vor der Gefahr einer Machtpolitik hüten. Jesus hat nie selbstgefällig Statistik über seine Heilerfolge geführt. Ihr Laien seid aufgerufen. Es besteht ein Gesetz von der Erhaltung der Kraft, daß es nie mehr Notleidende in der Welt gibt als Teilnehmende, Mittragende, die innerlich beseligt werden sollen durch die Kraft, die ihnen zuströmt aus dem Dienen. An den Erwerbslosen soll sich die Kraft der lebendigen Kirche erweisen.

Und unsere Blicke wenden sich auch auf das Feld der äußeren Mission. Die "christlichen" Völker haben der Welt die Nöte des Kapitalismus und Imperialismus gebracht. Oft sandten sie hinter den Schritten, die wegebahnend die Missionare in ein fremdes Land gingen, ihre Soldaten und Händler. Wir müssen gegen die ganze alte Kolonialpolitik protestieren. Nicht aus nationalistischen, sondern aus Gewissensgründen steht unsere Sympathie auf der Seite der um ihre Freiheit kämpfenden asiatischen Völker. Mission durch Lehrer und Prediger wie durch Ärzte muß selbstloser Dienst an den eingeborenen Völkern sein. Solange, bis eigene Eingeborenenkirchen sich gegründet haben, hat der Weiße seine Aufgabe und nicht länger. Wir tragen solidarisch an der Schuld der weißen Rasse in der Welt. Jeder Dienst an und in der äußeren Mission ist ein Abtragen dieser großen Schuld.

Eine lebendige Kirche hat und hält auch ihre Jugend. Lebendige Kirche steckt in den fachlichen, aus der Liebe geborenen, darum frommen Bemühungen um eine neue Pädagogik, um eine Erziehung zur Gemeinschaft, die Pestalozzi, den "Heiligen der evangelischen Kirche", als sympolische Gestalt verehrt. Was will gegenüber einer solchen "evangelischen" Schule noch eine machtpolitisch erzwungene Konfessionsschule? Der Religionsunterricht wird dort zum Herzstück des profanen Unterrichts werden, wo Lehrer und Pfarrer in ernstem Willen zu einer wirklich dem Kind und in ihm der Zukunft dienenden Liebe in Freiheit miteinander arbeiten. - Und bei der so heillosen Zerrüttung des Familienlebens muß der Pfarrer, unterstützt von Laien, immer mehr der Freund der in das Leben hinausgetretenen Jugend werden. Mit ihr muß er ihre Kämpfe durchfechten, ihre Zweifel ernst nehmen, mit ihr altgewordene Formen ablehnen, mit ihr um die Gestaltung des Lebens ringen. Brecht der Jugend nicht so früh das Rückgrat! Laßt aus ihr die junge Gemeinde werden, die euern Kampf weiterkämpft.

Eine gläubige Kirche empfindet es auch als unerträglich, daß sie auf den Krücken staatlicher Hilfe gehen soll. Sie muß frei werden von diesen Bindungen. Auch in ihren finanziellen Erfordernissen hat sie eben nur so viel Macht in geistiger Beziehung, als ihre Steuern freiwillig und aus Liebe zu ihr aufgebracht werden. Der Glaube kennt auf dem Gebiet des Materiellen das Wagnis, das Beginnen eines großen Werkes auf "Kredit" (Glaube) in der Gewißheit, daß Gott es schon nicht stecken lassen wird. Wie wenig ist unsere jetzige Finanzgebarung eine "gläubige"!

Ich habe von der ewigen Kirche gesprochen. Für uns Evangelische ist die Form der Kirche nichts. Sie ist wandelbar. Sie ist zeitlich. Ewig ist die Aufgabe der Kirche. Diese ewige Aufgabe steht heut mahnender und drohender vor uns als je! Wehe über uns, wenn wir blind wären! -Aus dem Gestern einer gottlosen Zeit sind wir hineingestoßen worden in das Heute einer Zeitwende. Wir stehen in Furcht und Zittern. Wir wissen: Mit unsrer Macht ist nichts getan. -Und trotzdem, obwohl alles, was wir tun, so fragwürdig ist, wagen wir den Weg. Wir handeln. Wir? Wer sind wir? - Positive? Liberale? Landeskirchliche? Sozialisten? - Wir alle, die wir aus der Ewigkeit die Stimme dringen hören: "Ich sende euch!" "Ich bin bei euch alle Tage!" Wir alle, die müssen!

(5)
"Ergeht Gottes Wort an unsere Zeit - durch uns?"
Predigt beim Eröffnungsgottesdienst in der Trinitatis-Kirche Mannheim aus Anlaß des 4. Kongresses des Bundes der religiösen Sozialisten Deutschlands in Mannheim (1928)

Zu dem Thema ist die Frage gestellt, welche in allen Wendezeiten vor der Kirche steht. Es ist ja ihre Aufgabe, vom Absoluten her das richtende und schöpferische Wort an die Zeit zu sprechen. Die von der Gemeinde gesungenen Lieder waren die von solchem prophetischen Bewußtsein erfüllten reformatorischen Lieder: "Ach Gott, vom Himmel sieh darein" .... von Martin Luther und "Wo Gott der Herr nicht bei uns hält" .... von Justus Jonas. Die Altarlektion bestand aus den ergreifendsten Kapiteln des Propheten Jeremia: Kapitel 1 und 20, in denen der Prophet berufen wird "über Völker" und Königreiche, daß er ausreißen, zerbrechen, zerstören und verderben soll und bauen und pflanzen". Gerade das 20. Kapitel zeigt die tiefe Gewissensnot, in welche der Mensch kommt, den Gott zu seinem Sendboten in die Zeit aufgerufen hat, wo er durch Zweifel und Anfechtungen sich hindurchkämpfen muß, um schließlich den Mut zu gewinnen, daß er wider alle Feinde und Mächtigen dieser Welt Gottes Sache vertritt.

Die Predigt knüpfte an die Deutung an, welche Jesus seinem Gleichnis vom Unkraut unter dem Weizen gibt (Evang. Matthäus 13, 37-43). Sie hatte folgenden Wortlaut:

"Diese ernste Stunde beim Beginn unseres Kongresses gilt der Besinnung auf unsere Vollmacht, auf die Vollmacht der Einzelnen und unserer Bewegung. Diese Vollmacht ist nicht aus einem Organisationsstatut oder aus etwaigen Erfolgen in vergangenen Jahren ersichtlich. Vor uns steht die unausweisliche Frage: "Habt ihr eure Vollmacht von Gott? - Oder redet ihr aus euch selber?" - Wer stellt diese Frage an uns? Nicht eine der organisierten Kirchen "im Namen Gottes". Einmal wurde von den prominentesten Vertretern der Kirche diese Frage an Jesus gestellt. Einmal und für alle Zeit hat Jesus der organisierten Kirche ihre Befugnis zu solcher Frage entzogen. Einmal und unzählige Male vorher und nachher wurden Bevollmächtigte Gottes von der Kirche getötet und verfolgt. Nein! Die Frage nach unserer Vollmacht stellen in tiefster Gewissenhaftigkeit wir selbst. Und das ist das einzige Zeichen einer wirklich verantwortungsbewußten Gliedschaft in unserem Bund, daß wir diese Frage an uns stellen: "Ergeht durch uns und unsere Bewegung wirklich Gottes Wort an unsere Zeit?"

Das, was wir an kirchenpolitischer Arbeit in unseren Landeskirchen tun; das, was wir an "geistiger Vertiefung" in den sozialistischen Parteien leisten, rechtfertigt unsere Existenz noch nicht, obwohl beiderlei Arbeit zu tun nützlich und notwendig ist. Kirchen und sozialistische Parteien sind uns zeitliche und vergängliche Organisationen, Arbeitsgebiete, in der Zeit etwas Ewiges zu schaffen. Auf dieses Ewige kommt es vor allem an. Wie nennen wir dieses Ewige? "Gottes Willen" tun! oder: "Gottes Reich" verwirklichen.

Angesichts dieses Ewigen gibt es für den Menschen nur eine Haltung: Das Erschrecken. Denn alle Fundamente der Selbstsicherheit, alle Sicherungen unseres persönlichen und gesellschaftlichen äußeren Lebens werden erschüttert und in Frage gestellt, wenn Gott redet. Wir wollen uns ja nicht an der Selbstprüfung vorbeidrücken, ob solches Erschrecken vor Gott uns bei unserem Reden und Handeln schon einmal wirklich erschüttert hat. Die Not, von der Jeremia Zeugnis ablegt, muß irgendwie immer unsere Not geworden sein und werden. Nur durch solches Erschrockensein hindurch können wir zu der Unerschrockenheit kommen, welche Gottes Sendboten an die Zeit haben müssen!

Aber, liebe Freunde: Wenn wir nun diese einzige Haltung einnehmen wollen, die dem Menschen ziemt: daß wir uns übermannen lassen von dem Absoluten, daß wir in unserem erschrockenen Gewissen nur das Eine sprechen: "Dein Wille geschehe!" - was ist dann das Wort, das wir als eine aussprechbare konkrete Rede an unsere Zeit sagen sollen? Es muß doch ein Wort sein an unsere Zeit! Es muß ein Wort sein, das gerade bei der heutigen, im Klassenkampf absolut und brückenlos zwiegespaltenen Menschheit in das Gewissen beider Menschheitsteile eindringt. Es kann nicht die übliche vorwurfsvolle Ermahnung sein, welche die bürgerliche Kirche an das Proletariat richtet. Und es kann nicht der übliche verachtungsvolle Hohn sein, mit welchem das Proletariat antwortet. Wir sind religiöse Sozialisten deshalb, weil wir jenseits des heutigen bürgerlichen oder proletarischen Glaubens um das konkrete Wort Gottes ringen, das Hebekraft genug hat, die ganze antithetische Klassenkampfwirklichkeit der bürgerlich-kapitalistischen Welt, die das leidvolle Angesicht der heutigen Menschheit prägt, aus den Angeln zu heben!

Jesu Gleichnis soll uns helfen, dieses Wort Gottes an unsere Zeit zu finden. In seiner Rede ist die ganze Menschheitsgeschichte in ihrem zeitlichen und überzeitlichen Verlauf dargestellt. Überzeitlich ist der Anfang, da Gottes Reich und die irdische Welt in dem Schöpferwort: "es werde!" beschlossen war und sich aus ihm entfaltete. Überzeitlich ist auch das Ende: Gottes Gericht vollendet das Reich, da Gott ist "Alles in Allen". Und aus dem Ewigen her geschieht immer wieder ein Einbruch dieses Reichs Gottes in vertikaler Richtung in den zeitlichen Horizont, in die Geschichte, in welcher um Gottes Reich gegen die dämonische Macht der Sünde gekämpft wird. In diesen Einbruchstellen wird das Reich Gottes greifbare Wirklichkeit: Es wird Fleisch und Blut, Anfang einer neuen weltlich-irdischen Gestaltung. In allen prophetischen Menschen, einerlei, welche Konfession ihr irdisches Kleid war und sein wird, wenn sie sich nur berufen können auf eine absolute Gerechtigkeit und Freiheit, auf den Einen Schöpfer und Herrn des Himmels und der Erde, und wenn sie ihren Weg des Kampfes bis zu Ende gehen: geschieht Gottes Wort an die Zeit. In der Fülle der für einen Menschen möglichen Vollmacht geschah es durch den, der sich den "Menschensohn" nannte. Und das Erscheinen dieser prophetischen Männer geschieht, wenn die Zeit erfüllt ist zu einem neuen Umbruch des Ackerfeldes der Erde. Dann sind diese "Laien" (denn nie sind es die Stimmen der offiziellen Kirche!) als "Söhne des Reiches Gottes" das Samenkorn, gesät zu neuer Menschheitsauferstehung in das Ackerfeld der

Welt. - Von der Welt heißt es: "Sie liegt im Argen". Sie ist vergänglich, sie steht unter dem Gericht des Todes. Warum? - Weil es dem erwachten Bewußtsein des Menschen und der menschlichen Organisationen eigentümlich ist, daß sie in Mißbrauch ihrer Freiheit sich loslösen wollen von ihrem göttlichen Sinnhintergrund. Sie wollen selbst "gleich sein wie Gott". Damit verlieren sie ihre Vollmacht, Schöpferisches zu leisten. Als wucherndes Unkraut ersticken sie das Lebendige. Aber Gott will das Leben! Er duldet diese Loslösung nicht. Der Gesandte seines Gerichts ist der Tod. Dieser mäht und sichtet und pflügt. Aber auch im Tod geschieht immer wieder Auferstehung! Denn: "Wenn wir nur Einsturz sehen, Trümmer, Schwarzgeraucht vom Brande, Waltet ein geheimes Wehen Neuen Lebens durch die Lande!"

So wird uns jedes zeitliche Gericht, das sich in einer Revolution darstellt, in seiner absoluten Ernsthaftigkeit zum Abbild des ewigen Endgerichts: als mahnendes Symbol steht über der Menschheit aufgerichtet das Zeichen des Kreuzes. Und jede zeitliche Neuschöpfung, die sich auf unverlierbare Menschenrechte beruft, birgt in sich die absolute Universalität der Urschöpfung. Geburt und Auferstehung haben das letzte Wort; wenn nach dem Gericht Gottes in einer Zeitepoche "das Wort Fleisch wird".

Sind wir heute "Söhne des Reiches Gottes"? Sind wir solcher lebendiger Samen im Ackerfeld der heutigen Welt? - Laßt uns in aller Demut Not und Gnade unserer Sendung bekennen.

Wir haben sehen gelernt! In der radikalen Abkehr von der Romantik und in der Hinkehr zur Wirklichkeit liegt unser erster Schritt. Wir wissen keinen, dem wir mehr Dank schulden als dem Führer zur Wirklichkeit, als dem Deuter unserer Zeit als einer dämonischen Zeit, als Karl Marx. Die Wirtschaft, nämlich die Erzeugung und Verteilung der Güter, schöpfungsmäßig eingeordnet unter das Gebot des gegenseitigen Dienstes aller Menschen, hat sich in absoluter Weise losgelöst von ihrem göttlichen Sinnhintergrund. Mit diktatorischem Machtwillen sucht der Privatkapitalismus alle Menschen: Unternehmer und Proletarier, alle Völker: Imperien und Kolonialländer zu beherrschen. Über allen Kulturgestaltungen gilt sein Wille; er lebt durch die Gegenschaltung der Konkurrenten auf jedem Gebiet. Alles Gemeinsame in der Welt, auch die Kultur, Kirche, das Vaterland, die Humanität werden aufgezehrt. Zwischen den geistigen und wirklichen Schützengräben des Klassenkampfs und Völkerkriegs gibt es nur noch das leere Niemandsland. Dort herrscht der Diktator Tod. Es sind verblendete Romantiker, die meinen, es gäbe noch Kirche, Vaterland, Kultur, Humanität "dazwischen". Diese Klarsicht, also der Realismus des Denkens, führt uns aus freiem Entschluß auf die Seite des Proletariats, der Arbeits- und Kolonialsklaven, deren Dasein heute sinnlos ist. So werden wir zu Antikapitalisten. Und wir sehen, wie der Tod doch auch dem Leben dient. Je mehr er herrscht, in der Not des proletarischen Daseins, in der Gewissensnot der Erwachten, umsomehr vollzieht sich von dieser Masse her der revolutionäre Umbruch. Es führt ein allmächtiger Pflüger die Pflugschar über unsere Zeit. - Was noch nie in der Weltgeschichte Ereignis wurde, ist jetzt der Fall. Ein einheitliches Ackerfeld ist die ganze Erde! Das ist Sünde und Segen des Kapitalismus mit seinem dämonisch-grenzenlosen Machtwillen. - Und so wartet das Ackerfeld des Samens, damit ein neuer sinnvoller Organismus der Menschheit erwachse. In ihm soll jeder einzelne, auch der niedrigste Arbeiter, eingebettet sein, Glied eines lebendigen Leibes, in welchem sein Dasein Sinn hat. Wir sehen die Aufgaben. Wir hören das Schöpfungswort: "Es werde!" Wir spüren, daß die Wirklichkeit des Reiches Gottes in unsere Zeit hineinbricht. Wir glauben! In dieser Klarsicht unseres realistischen Wirklichkeitssinnes kommt die ebenso wirkliche Kraft des Glaubens. Vernunft und Glaube bilden ein Ganzes. Aus dem Glauben entspringt die unbedingte Hingabe an unsere Pflicht. Solcher Glaube macht den Antikapitalisten zum Sozialisten. Der Kampf um die Verwirklichung einer neuen Ordnung der Gerechtigkeit und Gemeinschaft wird heute die Aufgabe derer, die an Auferstehung und Reich Gottes glauben! Eine göttliche Dignität hat jedes verantwortliche Arbeiten an der profanen Welt.

Es sind kleine Taten und kleine Worte, die wir heute zum Wachstum des Neuen erst reden und tun dürfen! Aber: Es wächst! Gottes Saat wächst immer langsam, und jedes Samenkorn muß ja durch ein Sterben hindurch. Wir müssen uns immer von neuem selber aufgeben und hingeben. Die dämonische Macht des altbösen Feindes" ist immer am Werk: wenn wir gegen den Pharisäismus der "Frommen" zu kämpfen haben und lieber heute als morgen aus der Kirche austreten würden - und wenn wir in sozialistischer Partei- und Kulturarbeit einem ungebrochenen und gewissenlosen Machtwillen entgegentreten müssen und uns lieber heute als morgen in das Privatleben zurückzögen. Aber wir wissen, daß wir weder das eine noch das andere tun dürfen. Gottes Hand hält uns im Genick. Wir müssen gehorchen!

Freunde! Wir wollen unser Werk in diesen und in den kommenden Tagen tun als "Söhne des Reiches Gottes", realistisch und gläubig, demütig und mutig! - Was unser Kreuz ist, ist auch unsere Krone: "Wir haben ein festes prophetisches Wort!" Gott gebe ihm Leben und Sieg!" -

Mit dem Luthervers: "Das Wort sie sollen lassen stahn .." antwortete die Gemeinde. Dann folgte die "geistliche Kommunion". Es ist der Text einer neuen Abendmahlliturgie, welche in unserem Bund entstanden ist. Sie bringt die Wirklichkeit einer gliedhaften Verbundenheit der Gemeinde mit ihrem Haupt, Jesus Christus, zum Ausdruck. (Sie wird später einmal hier abgedruckt werden.) An das Schlußgebet schloß sich als einziges Lied aus gegenwärtiger Zeit Kurt Eisners Choral an: "Wir werden im Sterben uns ferne Gestirne ..." - Hinter der feiernden Gemeinde stand in dieser feierlichen Stunde im Geist die große Gemeinde unseres Bundes, und darüber hinaus: die ringende und gläubige, kämpfende und leidende Masse des Proletariats aller Rassen und Konfessionen.

(6)
"Tut Buße!"
Predigt (1929)

In der Erziehung gibt es zwei ganz verschiedene Methoden. Die eine kennt als Ausgangspunkt nur das strenge "du sollst!" Sie stellt das absolute Gebot in seiner ganzen Schärfe hin. Sie bewirkt Schrecken, Minderwertigkeitsbewußtsein, Angst. Und auch die Gnade, die sie schließlich walten läßt, ist die Gnade eines Richters, von dem keine erbarmende und erlösende Liebe ausströmt. In der Bußpraxis aller Religionen findet sich diese Erziehungsmethode. Die jüdischen Pharisäer mit ihren unzähligen Gesetzesforderungen, die christlichen Mönche mit ihren Bußübungen, die jesuitischen Beichtväter mit ihren Exerzitien, die protestantischen Eiferer mit ihren Heiligkeitsgeboten sind Erzieher nach dieser Methode. In ihrem Mund hat der Ruf "Tut Buße!" einen düsteren, harten, niederschmetternden Klang.

Jesus führt als Erzieher und Bußprediger die Menschen den anderen Weg, der auch die Methode der begnadeten Erzieher aller Zeiten war. Er schafft zuerst Vertrauen, Hoffnung, Zuversicht; er richtet auf. Er reißt den Sünder über sich hinaus, daß er alle seine Kräfte einsetzt und entfaltet für bisher unerkannte, neue, das Opfer lohnende Ziele. Er entbindet Glaubenskraft und damit Vertrauen zu dem von Gott in jedem Menschen angelegten höheren Selbst. So wird der Ruf "Tut Buße!" eine frohe Botschaft. - Dieser freudige und mitreißende Klang des Bußrufes muß auch in der Gegenwart erklingen. Der Tübinger Universitätsprofessor Schlatter sagte zu uns Theologiestudenten: "Buße ist eine frohe Sache!"

Das ist aber nur dann möglich, wenn die persönliche Buße eingeordnet ist in eine Gesamtverantwortung, in einen allgemeinen Bußruf an die gegenwärtige Welt. Dadurch erst wird die Aufforderung zu persönlicher Sinnesänderung unausweichlich, innerlich notwendig, weil mit einer Lebensaufgabe erkämpft. Wann ist "die Zeit erfüllt?" - Wenn die Menschheit in tiefen äußeren und inneren Erschütterungen etwas spürt von der gewaltigen Auseinandersetzung zwischen Reich Gottes und Welt. Spüren wir etwas von diesem Kampf? - Liebe Freunde! Ja! Wir spüren, daß heute in unserer Gegenwart eine solche ganz entscheidungsvolle Epoche dieses Kampfes ist. Für uns ist doch Christus lebendig mitten im Diesseits. Er öffnet uns Augen und Verständnis, daß wir sehen, was vor sich geht. Wir sehen uns mitten in einem Kampf des Reiches Gottes gegen unsere heutige Weltgestaltung. Diese Weltgestaltung will sich in jeder Beziehung auf wirtschaftlichem, politischem, kulturellem Gebiet verselbständigen gegenüber dem göttlichen Schöpfungsgebot. Sie ist aus dem menschlichen Machtwillen aufgebaut, ein grandioser babylonischer Turm ohne Ehrfurcht, ohne Dienstbereitschaft, ohne Liebe. Und, so überwältigend das Kulturgebäude erscheint - seine Mauern erzittern von den Klagen gemordeter Menschen, vom Aufschrei der Ausgebeuteten, vom Hunger nach seelischer Erfüllung. Und diese Risse von unten, dieser Schrei aus der Tiefe, ist wieder Auswirkung davon, daß Gott dieses Machtgebäude der Auflehnung gegen ihn erschüttert. "Gott läßt seiner nicht spotten." "Das Reich Gottes ist nahe herbeigekommen." Das bedeutet, daß wir mitten in dem falsch gebauten Kulturbau der Gegenwart den wirklichen Bauplan erkennen, wie menschliche Ordnungen gebaut sein sollen nach Gottes Willen.

Und wir hören einen Ruf: Baut neu nach diesem ewigen Plan! Neu: in einem persönlichen Leben, in euren Gemeinschaften, im Wirtschafts- und Völkerleben! - Liebe Freunde! Wer diesen Ruf irgendwie hört, der ist zunächst in einer tiefen Verzweiflung über sich selbst. Der hört auf, ein selbstgerechter Kritiker an allen möglichen Mißständen seiner Umgebung zu sein. Der möchte auch dem Christus, der ihn zum neuen Werk auffordert, sagen: "Geh' hinaus von mir; ich bin ein unnützer Knecht!" - Um diese Erkenntnis dürfen wir uns nicht herumdrücken! "Mit unserer Macht ist's nicht getan!" "Wir sind allzumal Sünder!" Wer zwingt uns diese Erkenntnis auf? Das Werk, das wir tun sollen! Ist damit nicht schon ein kleiner Schritt vorwärts getan? Bisher haben wir auf uns selber geschaut, uns um unsere Interessen gedreht, allenfalls gebetet: "Gott hilf mir!" - Jetzt drängt sich uns ein ganz anderes Gebet auf die Lippen: "Hilf mir, daß ich dir bei deinem Werk helfen kann!" "Gib mir Erkenntnis und Kraft, jetzt deinen Willen zu tun!" Damit wird uns Christus ein gegenwärtiger Führer und Helfer. Was wir tun, wird sinnvoll auf das Neue hin, das werden muß, für das wir mitverantwortlich sind. Sozialismus wird uns durch diesen Bußruf zu einer gegenwärtigen Gewissensangelegenheit. Es ist nicht möglich ohne den sozialistischen Menschen. Der sozialistische Mensch gewinnt seine Prägung durch Christus. Und alle die Kräfte, die durch Besinnung und Gebet, durch Hören des Gotteswortes und innerlichste Gemeinschaft, durch lebendige Kirche in unser Dasein gebracht werden, werden dienstbar, um uns geeignet zu machen für unsere weltliche Aufgabe, die wieder eine Reich-Gottes-Aufgabe ist.

Die frohe Botschaft des Bußrufs Jesu heißt: Kämpft mit ihm! Glaubt an seinen Sieg! Macht euch los von euch selber! Geht ans Werk!

(7)
Die Revolution ist in Permanenz erklärt
Rede bei der Revolutionsfeier der SPD am 10. November 1929 im Großen Festhallesaal Karlsruhe.

Wir grüßen die Revolution!
Wir suchen die Revolution mit der
Sehnsucht des Proletariers!
"Wir stehen an glühenden Feuern und hämmern.
Wir stehen an laufenden Bänken und drehen.
Wir schaffen in fahlem Morgendämmern.
Wir schaffen, wenn die Sterne aufgehen, - immer.
Doch wir feilen in aufgelegter Fron,
Wir feilen zu unserem eigenen Hohn.
Und in jedem wilden Hammerschlag stöhnt und dröhnt es:
Wann kommt der Tag der Freiheit?
Der Tag, wo unsere Kraft nicht Herren den Reichtum mehrt,
der Tag, wo unsere Kraft jauchzend eigene Arbeit begehrt,
der Tag, wo man Arbeit um Arbeit wägt,
der Tag, wo man gleichen Lohn zu allen trägt, die da schaffen?
Wir stehen und hämmern Schlag um Schlag.
Wir stehen und warten auf den Tag -
und sind doch die Kraft.
Doch kommt der ersehnte Tag nicht bald,
in unsren Hämmern liegt die Gewalt.
Wir lassen Feuer und Feilen stehn,
und wir werden den Tag suchen gehn - Wir!
(Kurt Kläber)

Wir wollen die Revolution, den Tag der Freiheit! - Wollen wir sie wirklich? Wagen wir es, der Revolution ins Antlitz zu schauen? Dieser Stirne der kühnen Gedanken, des Muts, des schöpferischen Geistes; diesen Augen, die fordernd auf uns schauen und zugleich in das ferne Land der Erfüllung blicken, diesem Mund, der einen Gerichtsspruch spricht, der Recht behält! Ist unser Geschlecht nicht zu klein, daß wir zur Revolution sagen: Wir wollen Dich! Ja! Wir wollen Dich! - Heute läßt nicht der Sonnenglanz des Maien und der Jubel des Frühlings unsere Herzen gläubig dem Freiheitstag entgegenschlagen. Es ist November, grauer Nebel und düsteres Grauen; Todesgrauen der Natur umgibt uns. Sie werden Sinnbild für die Todesmächte, die uns bedrängen, die uns ängstigen und verzagt machen wollen.

So laßt uns zu den Toten gehen, damit unser Herz stark werde! Zu allen Toten, die seit dem Promotheus der Sage, der den Menschen das Feuer vom Himmel brachte, als Aufrührer und Empörer durch die ganze Menschheitsgeschichte hindurch erschlagen, gekreuzigt, verbrannt, erschossen worden sind bis zum heutigen Tag! Sie wurden hingerichtet im Namen eines Rechts, das Macht und Willkür und Sünde wider den Geist war; hingerichtet, weil sie Revolutionäre waren, Stimmen aus der Masse, denen ein Gott gab zu sagen, was sie leidet; sie wurden hingerichtet als Propheten, als Führer, die Vollmacht hatten von dem Geist, der sich in der Geschichte offenbart. Und von diesen Helden der Revolution gehen wir hin zu den Namenlosen, den unbekannten Soldaten, die aus den Tiefen eines dunklen Lebens emporgerissen worden sind durch die aufgepeitschten Wogen des geschichtlichen Augenblicks einer erfüllten Zeit. Sie warfen sich ganz hin als Opfer, als Saat einer neuen Welt in den aufgerissenen Acker der alten Zeit. - Sie leben! alle, alle leben! In solchen Augenblicken wie jetzt, da wir um Kraft ringen, da wir mit aufgeschlossenen Herzen an sie denken, drängen sie zu uns, geben uns etwas von der Lebenskraft, die sie durch den Opfertod erworben haben, machen unsere Herzen stark.

"Unsterbliche Opfer, ihr sanket dahin,
Wir stehen und weinen, voll Schmerz Herz und Sinn.
Ihr kämpftet und starbet um kommendes Recht,
wir aber, wir trauern, der Zukunft Geschlecht.
Einst aber, wenn Freiheit den Menschen erstand
und all euer Sehnen Erfüllen fand:
dann werden wir künden, wie einst wir gelebt,
zum Höchsten der Menschheit empor nur gestrebt!"
(Russischer Trauermarsch)

Wir spüren es: die Toten wollen nicht nur den Kranz einer weichmütig gerührten Stimmung. Sie fordern von uns, daß wir an ihrem Werk weiterarbeiten.
Jeder gefallene Bruder wirbt
Hände, damit das Werk nicht verdirbt.
Darum ist der gefallenen Brüder letztes Gebot:
Haltet das Werk am Leben! - So ist kein Gefallener tot."
(Karl Bröger)

Von uns wird der Dienst am Werk der Revolution gefordert. Die Revolution wird in Permanenz erklärt (Karl Marx). Revolution ist die große Korrektur, die im Gang der Geschichte im Namen des Lebens immer wieder notwendig ist am Bestehenden, damit alle die Mächte überwunden werden, die lähmend und todbringend auf jungem, emporstrebendem Leben lasten. Revolution ist ein Kampf des Lebens gegen den Tod! Er ist auch heute notwendig. Die ihr Leben einsetzen um des Lebens einer kommenden Generation willen, diese Helden der Revolution lehren uns heute, unsere revolutionäre Aufgabe zu erkennen.

9. November 1918. Mit Bitterkeit und trüber Stimmung denkt der größte Teil des deutschen Proletariats an die letzte deutsche Revolution. Zu sehr ist es enttäuscht worden. Mit allem, was noch an Gläubigkeit an den Zukunftsstaat, an eine bessere Ordnung der Welt nach 4jährigem Krieg und Grauen in den Seelen der Arbeiterschaft war, genährt in fast drei Generationen des Kampfes, der Erwartung und Bereitung, mit all dieser Glut wurde das rote Flammenmeer entzündet, in welchem die alte Welt des deutschen Reichs in Asche sank. Es wurde ein Neues. Aber es war nicht das ersehnte sozialistische Reich! Was war es denn? .... Es wurde ein bürgerliches Reich! In ihm entfaltete sich der Kapitalismus zu seiner größten Blüte. Die vom Proletariat getragene Revolution von 1918 mußte die Vollendung der bürgerlichen Revolutionen von 1649, 1789 und 1848 schaffen. Sie vernichtete die letzten Reste des Feudalismus. Und in dieser Republik behielt die Reaktion ihre starke Macht. In der Verwaltung, in der Justiz, in der Kulturpolitik, im Kampf gegen die Sozialpolitik, in der inneren Aufrüstung, die wir zur Zeit ähnlich wie in Österreich unter dem Signal des Kampfes gegen den Youngplan erleben. In der Wirtschaft zeigt sich eine Konzentration der Kapitalmacht wie nie zuvor. Diese Macht ist interna-

tional. Sie beherrscht die Innen- und Außenpolitik, alle Kulturvölker. Sie findet ihren Ausdruck in der Reparationsbank. In der Industrie wütet sie mit einer Rationalisierung, die jeder Menschenökonomie spottet, gegen den Menschen. Die Massen der Arbeitslosen mehren sich, die soziale Not wird immer größer. Und in seinem Elend wird zu all der bitteren Enttäuschung der Proletarier noch verhöhnt: "Die Revolution ist Schuld am Elend." Das zeigte sich am deutlichsten, als im vergangenen Jahr das Proletariat die 10. Wiederkehr des Revolutionstages beging. Man veranstaltete offizielle Feiern. Man freute sich, daß die Sozialdemokratie den Reichskanzler und drei Minister auf den wichtigsten Posten hatte. Und die Gewaltigen der Schwerindustrie gingen hin und sperrten an Rhein und Ruhr über Nacht 230000 Arbeiter aus gegen Gesetz und Recht. Sie setzten eine Million Menschen dem Hunger und der Winternot aus. Wer hat eigentlich die Macht im Staat?

So sind alle die finsteren Mächte, die man im Novembersturm zerstoben wähnte, wieder da. War alles Opfer an Kraft und Blut vergebens? - Und trotzdem verteidigt das Proletariat die Republik und hat ein Recht, sie zu verteidigen. Die Tatsache, daß sie aufgebaut ist auf dem Fundament der Opfer des Proletariats, ist für ihr Wesen und ihre Zukunft bedeutsam. In jenen Grundrechten und Grundpflichten der Weimarer Verfassung ist der sozialistische Same, Herzblut des Proletariats, der einmal die Ernte bringen wird, die in den Revolutionstagen ersehnt wurde: eine Ordnung des Wirtschaftslebens nach den Grundsätzen der Gerechtigkeit mit dem Ziel der Gewährung eines menschenwürdigen Daseins für alle. In den Artikeln, die von den Arbeiterräten handeln, vom Arbeitsrecht, von der sozialen Pflicht des Eigentums, von der Bodenreform, von der Gemeinwirtschaft, von der Völkerversöhnung, überall wird unmittelbar angeknüpft an jenen bürgerlichen Idealismus der Jahre 1813, 1817, 1848; dieser Idealismus ist wieder erstanden, aber nun wirklichkeitsnah im sozialistischen Glauben des Proletariats. Dieser Glaube erfüllt die Form der Demokratie und Republik. Erst mit ihrem wesentlichen Inhalt, daß die Gewalt im Staat wirklich vom Volk ausgeht, nicht von dem Kapital, - daß das Ziel der politischen Gestaltung der Dienst am Ganzen des Staates ist, nicht die Unterwerfung des Staates unter Privatinteressen. So liegen die Fundamente der neuen Welt eingebettet im Boden der Verfassung der heutigen Republik. Wir wissen, daß eine Diktatur, selbst wenn sie in einer revolutionären Situation einmal erfordert wird, nie zum Prinzip erhoben werden darf. Diktatur ist Rückschritt, weckt allzuschnell die reaktionären Kräfte und entbindet niemals die Kräfte einer freien sozialistischen Gesellschaft. Darum kann die Sozialdemokratie heute auf dem Boden der Weimarer Verfassung, auf dem Boden der Republik an der sozialistischen Zukunft bauen, entwicklungsmäßig wirken, ohne doch den revolutionären Charakter des Sozialismus zu vergessen. Der Sozialismus kommt nicht durch einen plötzlichen Umschlag, durch ein Schöpfungswunder, sondern als die Frucht langsamer und bewußter Gestaltungsarbeit, als ein Werk von Generationen. Auch in der Arbeit der Genossenschaften auf allen möglichen Wirtschaftsgebieten, in der Sozialpolitik, in der "kalten Sozialisierung" der Kommunen und des Staates, selbst in der Koalitionspolitik kann und muß heute sozialistische revolutionäre Arbeit geleistet werden. Reformismus und Revolution! Schließen sich beide nicht vollkommen aus? Muß nicht an der prinzipiellen Gegensätzlichkeit beider das Proletariat zerbrechen, wie wir es heute an dem tragischen Auseinanderfallen des Proletariats in zwei Parteien, in Sozialdemokraten und Kommunisten, erleben?

Laßt uns über diese wichtigste Frage noch einmal tief nachdenken! Was ist die Revolution? "Revolution ist immer das Nachholen von Tatsachen und das Vorausholen von Ideen!" (Renner)

Was für eine Tatsache hat die Revolution von 1918 nachgeholt? Indem sie allen feudalistischen Anschein vernichtete, verschwand damit auch der Spuk eines blutleer gewordenen bürgerlichen Humanismus und Idealismus. Desillusioniert steht die gesamte west-europäische-amerikanische Welt da. Sie ist die Welt der selbstherrlichen Wirtschaft, in der Macht vor Recht geht, in der Mensch und Kultur im privaten Profit geopfert werden, die Welt des tiefsten Absturzes des bürgerlichen Idealismus eines Schiller und Fichte in größten praktischen Materialismus. In dieser Welt ist der Idealist dem Idioten gleichgesetzt. Nackt und unverhüllt steht nun diese Welt des Klassenkampfes und des Imperialismus vor aller Augen. Nun kann niemand mehr der Illusion leben, daß er der Entscheidung: Kapitalismus oder Sozialismus ausweichen könne. Allen Gewissenhaften brennt diese Entscheidung auf der Seele. Wem es um Menschheit und Kultur, wem es um Glaube und Religion, wem es um alles Heilige im Himmel und auf Erden geht, der muß sich heute auf die Seite des Sozialismus stellen. Mit den Notleidenden verbinden sich die Gewissenhaften. So wird die Idee vorausgeholt, an der geistigen und legislativen Grundlegung der neuen Welt gearbeitet. Nicht um der Form der Republik willen, nicht wegen einer formalen Demokratie wird morgen das Proletariat mit dem revolutionären Generalstreik einen reaktionären faschistischen Putsch niederschlagen! Sondern es wird mit diesem Einsatz aller Kräfte zugleich mit dem heutigen Staat die Fundamente des Sozialismus der Zukunft verteidigen und schützen. Mit Schwert und Kelle baut das Proletariat heute.

Wenn wir zu den Toten gehen, um uns von ihnen die Augen für unser Lebenswerk öffnen zu lassen, dann ist der Gedächtnistag der Revolution aber auch ein Bußtag. Diesen Bußtag müssen wir sehr ernst nehmen. Wir müssen unsere Schuld bekennen, wenn heute weite Kreise des Proletariats abseits von jeder praktischen politischen Gestaltungsarbeit indifferent aber bei den Kommunisten stehen und den Reformismus wegen seiner Unfruchtbarkeit anklagen. Nur dann ist der Reformismus revolutionär, wenn er seine Kraft bekommt aus der Spannung zwischen zwei Polen: der tiefsten Not und dem höchsten Glauben. Wir müssen, gerade je höher wir in Wählerzahl, öffentlichen Ämtern, Verantwortung in Staat und Wirtschaft emporsteigen, umso mehr mit unserem Herzen und mit unserem Gewissen in den tiefsten Tiefen des Proletariats wurzeln: In der Not der Wohnungslosen, im Elend der Arbeitslosen, in der Verzweiflung der Kriegsopfer, im Aufschrei versklavter Völker, in der Armseligkeit des wirtschaftlichen und intellektuellen Mittelstandes, in der Gedrücktheit der Bauern; überall da, wo zertretenes Menschenrecht nach Gerechtigkeit ruft. Wehe der Sozialdemokratie, wenn ihre Mehrheit und ihre Führer diese Gebundenheit von Herz und Gewissen an die Leidtragenden unserer Zeit vergessen würden! Sie könnten noch so hoch stehen als Minister und Bürgermeister, als Parlamentarier und Gewerkschaftsführer: ihr Sozialismus wäre nicht revolutionär. Ihre politische Gestaltungsarbeit müßte der Kraft entbehren, die notwendig ist, gegen den Kapitalismus zu kämpfen: das sittliche Pathos wahrer Empörung. Und das Vertrauen der Massen würde sich von ihnen abwenden.

Die Stimme Gottes wird immer dort gehört, wo die große Not zum Himmel schreit. Dort muß sich das Gewissen immer entzünden. Und es entbrennt in der Flamme eines siegesgewissen Glaubens. Dieser Glaube war in Verfolgungszeiten immer besonders stark. Dieser Glaube ergreift mit seiner Gewißheit das Unbeweisbare, daß der Krieg überwunden werden kann, daß Gerechtigkeit das Wirtschafts- und Staatsleben erfüllen muß, daß Gemeinschaft möglich ist zwischen Menschen guten Willens, daß der Geist mit seinen Waffen Sieger bleiben wird, allen Tyranneien zum Trotz. Dieser Glaube, der in der Seele des Proletariats lebendig ist, der aus seinen Dichtern und in seinen Liedern zeugt, dieser Glaube kann und wird die Berge der heutigen Weltordnung versetzen. Das Feuer dieses Glaubens muß gehütet werden! Es muß entflammt werden in der Jugend zu lobender Begeisterung, es muß brennen in den Essen, an denen der

Mann sein Werk schmiedet, es muß leuchten als die Güte der Mütter, die schon im Kinderherzen das helle Licht dieses Glaubens entzünden. Wenn eine Bewegung keinen lebendigen Glauben mehr hat, nicht mehr das Unerhörte wagt, dann ist sie greisenhaft, zum Tod verurteilt.

Nach unserer Liebe zu den Notleidenden, nach unserem Glauben an die Ziele fragt uns dieser Bußtag, der Feiertag der Revolution. Keiner von uns darf die persönlich an ihn gerichtete Frage überhören. Genossen! Speit aus aus Eurer Seele das Gift bürgerlich-kapitalistischer Glaubenslosigkeit! Speit aus das Gift des Neids und des Konkurrenzkampfes, die eure Gemeinschaften immer wieder vergiften! Speit aus das Gift des genußsüchtigen und machthungrigen Erwerbstriebs! Besinnt euch auf eure Würde; als sozialistische Proletarier das Fundament zu sein, auf dem eine neue Welt erbaut ist! - Ihr habt Euch in der heutigen Welt, die ihr euch anschickt zu erobern, nicht einzurichten! Ihr seid noch Fremdlinge hier. Ihr seid noch auf der Wanderung nach dem fernen Land der Verheißung. Ihr habt nicht das Recht zu spießerhafter Behaglichkeit! Denkt an die germanischen Völker der Völkerwanderung. Als sie sich heimisch machten in der Kultur des römischen Reiches, in ihrer Verweichlichung und Sittenlosigkeit, mußten sie untergehen. In den schändlichen Dingen, die heute mit dem Begriff "Sklaretismus" gemeint sind, zeigt sich die drohende Gefahr. Der Fluch einer zukünftigen Generation wird die treffen, die sich aus Egoismus schuldig gemacht haben an solchem Verrat gegenüber dem Sozialismus!

So soll im Bekenntnis zur Revolution neu geschlossen werden der Bund zwischen Not und Gewissen. Dieser Bund ist auch das Fundament, auf dem einst die Einigung des gesamten revolutionären Proletariats vollzogen werden kann. Je stärker dieser Bund ist, umso weniger braucht ihr angst zu haben vor den feindlichen Mächten, wenn sie auch noch so stark erscheinen. Es steht nicht die Vollmacht des Geistes der Geschichte hinter ihnen. Wißt, daß

"Blind und unbewußt
dieses Geistes heiligen Schlüssen
selbst die Teufel dienen müssen,
wenn sie tun nach ihrer Lust!"
(Geibel)

Darum ist der schwere Kampf heute für uns notwendig, damit unsere revolutionären Kräfte wachsen!

Laßt uns durch unsere verbundenen Hände einer großen Kette von Brüdern und Schwestern, die um den Erdball reicht, hindurchströmen, spüren die Kraft aller Helden und unbekannten Soldaten der Revolution! Laßt uns geloben:

"Wir schwören, zu hören den Rufern der Freiheit,
Wir schirmen in Stürmen die heiligen Höh'n.
Die Menschheit gesunde im schaffenden Bunde,
das neue Reich erstehet. O Welt, werde frei!"
Die Revolution ist in Permanenz erklärt:
Revolution, wir grüßen dich!
Revolution, wir suchen dich!
Revolution, wir wollen dich!

(8)
Wir und die sozialistische Jugend
(1929)

Vorbemerkung: Im folgenden ist meine Rede auf der Älterentagung in Hannöverisch-Münden zum Teil neubearbeitet und gekürzt. Ich hatte nur Leitsätze. Die Niederschrift eines Hörers war sehr lückenhaft. - Mir war eine dreifache Aufgabe gestellt. Ich sollte nicht nur über die sozialistische Jugend sprechen, sondern ich sollte vor allem die Aussprache über die Problematik der Älterenbewegung im BDJ weiterführen. Ferner sollte ich noch Tillichs Rede über "Gläubigen Realismus" dem Verständnis der nichtakademischen Hörer nahebringen. Seit Jahren lebe ich in der Begriffswelt Tillichs, so daß ich mich, ohne ihn bisher persönlich zu kennen, als einen seiner Schüler bezeichnen kann. - Wenn mir auch aus Zeitmangel in den letzten Jahren und in der nächsten Zukunft die Möglichkeit einer unmittelbaren Mitarbeit im BDJ genommen ist, so habe ich doch an dem geistigen Kampf um die "Selbstverständigung" des BDJ über sein Wesen und seine Aufgabe stärksten Anteil. - Als ein Führer der badischen religiös-sozialistischen Bewegung, als sozialdemokratischer Stadtverordneter, als Vorsitzender der Arbeitsgemeinschaft Karlsruher Jugendbünde komme ich als "älterer Genosse" oft zu den verschiedenen Gruppen sozialistischer Jugend. - So ordnen sich bei mir die drei scheinbar ganz getrennten Inhaltsgebiete meiner Rede konzentrisch.

1. Das Bemühen um den Sozialismus ist im BDJ nicht unerhört. Der Vortrag D. Friedrich Siegmund-Schultzes auf dem Bundestag in Heidelberg 1921 über "Die deutsche Jugend und der Sozialismus" schloß mit den Worten: "Wir werden erleben, was ich überall in dieser neuen Jugend sehe, daß Christentum und Sozialismus ganz nahe aneinander rücken, nicht der Parteisozialismus, sondern ein neuer Sozialismus, der auf dem Einen ruht, der unsere Seele befreit hat... Deswegen glaube ich, daß die große Zeit kommt, in der ein neuer Sozialismus aus dem Opfersinn der Jugend hervorwächst. Und ich glaube, daß ihr, die neue Jugend, da die große Aufgabe habt, daß in euch ganz natürlich zusammenwächst, was wir uns so mühsam erkämpfen mußten: Die neue Einheit von Sozialismus und Christentum." - Ferner stehen wir doch vor der Tatsache, daß wir im BDJ eine Reihe führender Persönlichkeiten haben, die in die sozialistische Bewegung hineingewachsen sind und in ihr verantwortlich mitarbeiten. - Noch mehr wird der BDJ zur Auseinandersetzung mit dem Sozialismus gedrängt dadurch, daß BDJ und sozialistische Jugendbewegung in den Großstädten ihren Nachwuchs fast aus derselben soziologischen Schicht gewinnen: aus der ungelernten und gelernten Fabrikarbeiterjugend, aus den Lehrlingen und Gehilfen des Handwerks und Handels. Dazu kommt noch die dünne Schicht geistig-sozialistisch eingestellter Intellektueller: die Studenten, Lehrer usw. Der bewußte und unbewußte "Konkurrenzkampf" zwingt also die örtlichen Gruppen des BDJ immer wieder (die Leitung der Landesverbände und des Bundes blieb davon merkwürdig unberührt), sich mit den Fragen zu beschäftigen, um welche der Sozialismus ringt.

Ich soll nun hier keine soziologische, historische und psychologische Schilderung der sozialistischen Jugend geben. Es würde zu weit führen, über die Zeitschriften und Broschüren der syndikalistischen und kommunistischen, der gewerkschaftlichen und freidenkerischen Jugend, der SAJ und der Jungsozialisten zu berichten. Ich darf bei allen Zuhörern eine mehr oder minder große Erfahrungs-Kenntnis sozialistischer Jugend voraussetzen. Ich weiß, daß vielfach freundliche Beziehungen herüber und hinüber bestehen. Aber: Auf das Ganze gesehen, besteht heute zwischen beiden Jugendbewegungen die tiefe Kluft, welche die bürgerliche Jugend von der proletarischen, die kirchliche von der "freien" scheidet. Das "und" in der Formulierung meines

Themas erhält von der heute bestehenden Wirklichkeit heraus keine Rechtfertigung. Die ganze Haltung der sozialistischen Jugend wird bestimmt durch die Erkenntnis der Tatsächlichkeit des durch die kapitalistische Wirtschaft gegebenen Klassenkampfes. Sie ist selbstbewußte Jugend ihrer Klasse. Eine Jugend, welche (wie der BDJ) abgesehen von dieser Wirklichkeit sein Gemeinschaftsleben aufbaut und ohne Auseinandersetzung mit ihr von einer "Volks- und Völkergemeinschaft aus dem Geiste Jesu" redet, gar eine Volksgemeinschaft direkt darstellen will, ist in ihren Augen illusionistisch. Hier Realismus - dort Illusionismus! Das ist ein wertbetonter Gegensatz. - Hat für die sozialistische Jugend das Religiöse einen Wirklichkeitswert? Man kann sie ganz gewiß nicht unreligiös nennen. Im Glauben an das sittliche Endziel des sozialistischen Klassenkampfes; in der Reinigung der Kampfmotive und Kampfmethoden vom Gewissen her; in der Gestaltung von Feiern zum 1. Mai, zur Sonnenwende; in den Liedern, Dichtungen, Sprechchören und Bühnenspielen; überall findet sich echte Religiosität, Verständnis für den alttestamentlichen Prophetismus, für ein radikales Tatchristentum. Mit Leidenschaft wird der Erweis des Wirklichkeitswertes der Religion an den wirtschaftlichen und gesellschaftlichen Ordnungen der "christlichen Kultur" verlangt. Und weil hier der Gegensatz zwischen Christentum und kapitalistischer Wirklichkeit zu grell ist, weil die Kirche in ihrer Verbürgerlichung nichts tut, um den Kapitalismus radikal zu überwinden, darum lehnt die sozialistische Jugend die Kirche fast durchweg ab. Hierin ist die Jugend radikaler als die Partei. Ein Beispiel: Die Sozialdemokratische Partei steht in Baden freundlich zu der kirchenpolitischen Arbeit der religiösen Sozialisten. Einer der bedeutendsten früheren Führer des politischen Sozialismus, Dr. Dietz, der Begründer des Badischen Volkskirchenbundes evangelischer Sozialisten, hielt einen Vortragszyklus in der sozialistischen Jugend über Probleme des Marxismus. Der letzte Abend war der Frage der Kirche und Religion gewidmet. Mit überlegener Sachkenntnis wurden die entscheidenden Stellen aus den Schriften Karl Marx' von Dr. Dietz vorgetragen und aus ihrer zeitlichen Bedingtheit erläutert, wurde die Haltung Marx' begründet, der einen Antireligionskampf als Parteiaufgabe entschieden ablehnte, wurde die Haltung Lenins besprochen, auf den engen Zusammenhang jeder sozialen Revolution mit radikaler Religiosität hingewiesen, wurden die Möglichkeiten aufgezeigt, wie die Gebundenheit der Kirchen an die Ideologie des Bürgertums überwunden werden kann, wie also gerade an der Kirche die Sozialisten ihr Interesse betätigen müssen... Das Echo war eine einstimmige Ablehnung: "Die Kirche verdummt. Entweder revolutionär oder kirchlich!" Auch meine Begründungen, obwohl ich doch gerade von dieser Jugend sehr oft zu Vorträgen geholt werde, fanden absolut keine Resonanz. Mir wurde nachher gesagt: "Den Genossen Kappes als religiöse Persönlichkeit holen wir uns gerne, aber ihn als Pfarrer einer Kirche lehnen wir ab!" Wenn das selbst in Baden und mir gegenüber geschieht, so darf man sicherlich allgemein von der Kluft zwischen proletarischer und kirchlicher Jugend sprechen. Im Bewußtsein des allergrößten Teiles des klassenbewußten Proletariats stellt also die Kirche keine Friedensinsel im aufgewühlten Meer der Klassenkämpfe dar.

    Auf diese Ablehnung der Kirche durch die proletarische Jugend antwortet weithin die Kirche (der verschiedenen Konfessionen) und ihre Jugend entweder mit bedauernder Resignation oder mit richtendem Pharisäismus. Sie wartet auf die Rückkehr der "verlorenen Söhne". Damit vergrößert man nur die Kluft und verschließt sich die Möglichkeit, den anderen zu verstehen. Man versteht ja nur, was man liebt. Darum müssen wir zuerst einmal die äußere und innere Lebensatmosphäre proletarischer Jugend ganz durchdringen, einer Jugend, die auf der Schattenseite des Lebens geboren ist, die in der Kindheit schon mit Not, Sorge, Ungerechtigkeit und Gemeinheit kämpfen mußte, die nach der Schulentlassung nicht die Jünglingszeit des höheren Schülers und des Bauernburschen hat, sondern sofort in den erbarmungslosen Kampf ums Dasein des Erwachsenen hineingestoßen ist. Ist es da nicht etwas Großes, wenn wir sehen, wie sich Jugend mitten in dieser zerrissenen, gemeinschaftslosen, brutalen Wirklichkeit in ihrer SAJ, in ihren jungsozialistischen Kreisen, in ihrer Naturfreundebewegung, in ihren kommunistischen Kampfgruppen ein Gemeinschaftsleben aus eigener Kraft aufbaut, ohne die vielen akademischen oder sonstwie gebildeten Führer und Führerinnen, wie sie etwa beim BDJ zur Verfügung stehen. Diese Jugend ringt oft mit viel stärkerer Inbrunst und Bewegtheit um das Geistige, um Wissen und Bildung, um neue Lebensformen als die bürgerliche und kirchliche Jugend. Die ursprüngliche deutsche Jugendbewegung war antibürgerlich in dem bestimmten Sinne, daß sie in den von den Generationen des 19. Jahrhunderts geschaffenen Zivilisationsformen keine Lebenswerte mehr erlebte und darum sich radikal von ihnen abkehrte, um in das Zukunftsland eines neuen Menschseins und einer neuen Menschengemeinschaft zu wandern. Will jemand leugnen, daß die bürgerliche Jugend weithin in der Romantik stecken geblieben und daß die proletarisch-sozialistische Jugend die Erbin der ursprünglichen deutschen Jugendbewegung geworden ist? Zwischen uns als bürgerlich-kirchlicher Jugend und den Sozialisten gibt es also keine Brücke. Wenn nun aber die Wirklichkeit unserer heutigen Zeitlage, mit welcher die sozialistische Jugend in aufrichtiger Ernsthaftigkeit ringt, dieselbe Wirklichkeit ist, mit welcher wir zu ringen haben? Und wenn sie und wir in der Dunkelheit unserer Zeit und mit der schier übermenschlichen Aufgabe, jede Jugend auf ihrem eigenen Boden, aber beide mit wahrhaft gutem Willen ringen? Ist denn da nicht doch etwas wie eine Verbundenheit zwischen sozialistischer Jugend und uns vorhanden?

2. Welches ist der Boden, von dem aus wir mit der Wirklichkeit unserer Zeit ringen? Was ist der BDJ? - Fragt einen 15jährigen Jungen der SAJ. Er gibt euch eine runde Antwort. Er weist hin auf sein rotes Wimpel und "seine" Gewerkschaft, auf "seine" Partei. Er marschiert mit Stolz in Reih und Glied im festen Tritt der Arbeiterbataillone. - Was sagt ein gleichaltriger Junge aus unseren Bünden? Ist die Unsicherheit, mit der er antwortet, seine Schuld?"

Ich sage in aller Schroffheit die These: BDJ ist Jugend der evangelischen Kirche! - Ich bin auf allen Widerspruch gefaßt. Ich weiß auch, daß bei dieser Formulierung das Wort "Kirche" nicht eindeutig ist, sondern der nachfolgenden Erläuterung bedarf. Aber ich unterstreiche ausdrücklich: Wer im BDJ nicht eine Verantwortlichkeit gegenüber der evangelischen Kirche anerkennt, hat keinen festen Boden unter den Füßen.

Die Geschichte der Jugendbewegung zeigt uns, wie am Anfang und bis zum Höhepunkt der Bewegung sich eine selbständige Bindung junger Menschen vollzog, die bewußt aus ihren angeborenen Bindungen heraustraten, denen "Jugend" nicht ein Unterschied der Generationen, sondern ein Gegensatz der Weltanschauung bedeutete. Seit dem Höhepunkt der Jugendbewegung bis heute sind so gut wie alle Jugendgruppen in einen Verband Erwachsener zurückgekehrt oder haben in deren Ideologie Anlehnung gefunden. Natürlich besteht da noch eine starke Spannung und eine Aufgabe der Jugend: sie ist lebendiger, aufgeschlossener, radikaler, hat Witterung für das Neue, kann über die Grenzpfähle sehen. Aber: es gibt so gut wie keine Jugendgruppen als soziologische Neubildungen mehr.

Wir Älteren müssen darüber Klarheit haben, daß der BDJ gegenüber der evangelischen Kirche, ihrem Sinn, ihrer Aufgabe in der heutigen Welt Verantwortung hat. - Der BDJ ist zumeist eine Gründung von Pfarrern. Er wuchs auf dem Boden der liberalen Theologie und des evangelisch-sozialen Kongresses. Fast alle Bünde des Bundes haben ihren persönlichen, materiellen und organisatorischen Rückhalt an den Konfirmandenpfarrern, an der Kirchengemeinde. Autonome Gruppen, die sich von ihren Pfarrern und der Gemeinde loslösen, haben selten langen Bestand. Wenn ich diese, für manchen "radikalen" Stürmer etwas peinlichen Tatsachen feststelle, so will ich damit keineswegs zu jener Bescheidenheit mahnen: "gehorcht ohne Kritik und eigenen Willen!" Aber ich weise mit Bestimmtheit die nur stimmungsmäßigen Vorurteile, ein Kritisieren ohne Verantwortungsbewußtsein als unwürdig zurück. Wenn die proletarische Jugend, wenn die meisten (auch der Kirche noch angehörenden) Gesellschaftsschichten mit einer evangelischen Kirche nichts anzufangen wissen, so müssen wir doch ernsthaft ringen mit der Frage: "Verlangt die gegenwärtige Weltlage eine evangelische Bewegung oder nicht?"

3. Wir haben unsern Ausgangspunkt zu nehmen in der Notlage der Welt, nicht in einer Notlage der organisierten Kirche. Wenn wir uns zur kirchenpolitischen Mitarbeit auffordern lassen, wenn wir uns an der kirchlichen Fürsorgearbeit beteiligen, wenn wir am Gottesdienst der Kirche mitwirken, so bleibt immer die beunruhigende Frage: "Warum?" Ist das alles vom Letzten her wirklich notwendig? - Wenn uns diese Frage nach dem Sinn der evangelischen Kirche einmal brennend wird, dann sehen wir auch, daß die organisierte Kirche mit allen ihren Auswirkungen nur soviel Wert hat, als sie Gefäß für evangelische Bewegung ist. Es kann so sein, daß die Macht einer Kirche und die Mächtigkeit der von ihr der Welt zu spendenden Lebensströme im umgekehrten Sinne proportional sind. Gerade bei der heutigen katholischen Kirche in ihrem politischen und kulturellen Machtwillen habe ich oft den starken Verdacht, daß ihre Macht darauf beruht, daß in der vom Kapitalismus zerfetzten Welt immer mehr die letzten symbolischen Hinweise auf den Lebenssinn verschwinden, ja, daß die Kirche gerade um ihrer Macht willen sich gegen eine radikale Erneuerung der Formen und Ordnungen dieser Welt wehrt. Und die Politik sehr weiter protestantischer Kirchenkreise ist bewußt oder unbewußt von derselben Einstellung geleitet. Es geht uns also nicht um die Macht der evangelischen Kirche, sondern um die Mächtigkeit der evangelischen Bewegung. Wir glauben, daß in gewissen Zeiten des frühen Mittelalters die christliche Kirche deshalb so großen Einfluß hatte, weil sie die in den germanischen Volksordnungen liegenden sittlichen Kräfte gegenseitiger Verantwortlichkeit mit starken religiösen Impulsen erfüllen konnte. Die Kirche löste sich als "Salz" auf in ihrer Umwelt und wirkte lebensfördernd in jeder Weise. Gegenüber weltlichen Formen und Ordnungen mit Sinngehalt hat die Kirche immer eine konservierende Aufgabe. Wenn aber durch Mitschuld der Kirche der Sinngehalt einer Kultur entschwindet, wie es im Mittelalter der Fall war, als in Welt und Kirche der Machtwille triumphierte über die gegenseitige Verantwortlichkeit, wie es heute der Fall ist, wo ein Einzelgebiet wie das Wirtschaftsleben alle anderen Lebensgebiete beherrscht, dann wird es Aufgabe der Kirche, "protestantisch" zu werden, zu zerschlagen, um neuzubauen. Dann muß sie die schwere Sendung eines Propheten auf sich nehmen, der das Gericht verkündigt, damit aus der Buße wieder ein Neues im Sinne der göttlichen Schöpfung werden kann. Wer Tillichs Rede gestern mit dem Gewissen gehört hat, der muß - wenn er nicht schon vorher dazu gedrängt wurde - erkennen, daß keine andere als eine solche protestantisch-prophetische Haltung der evangelischen Kirche heute in Frage kommen kann. Für sich allein haben alle kulturellen Programme, sozialen Botschaften, Werke der inneren Mission, Organisationen der Gemeinde, Reformen des Kultes, an denen die heutige evangelische Kirche ihre Lebendigkeit erweisen will, keinen Wert. Sie müssen in dieser grundsätzlich durch unseren Zeitgeist und seine Ordnungen durchstoßenden radikalen Grundhaltung zusammengefaßt sein. Evangelische Bewegung als zentrale Bewegung der um ihre Neugestaltung ringenden Welt - das immer wieder und immer stärker zu sein, ist der Sinn der evangelischen Kirche. Dann ist die Kirche Christi, d. h. die von ihrem Führer aufgerufene Schar im Kampf mit den dämonischen Mächten des Antichrists. Zu Euch Älteren sage ich also: Nur eingebettet in eine solche universale evangelische Bewegung hat der BDJ eine Bedeutung. Damit wird seine historische Tradition nicht abgebrochen. Wenn der religiöse Liberalismus vor der antireligiösen bürgerlichen liberalen Welt kapi-

tulieren mußte, so ist damit für die Zukunft nur die Warnung aufgerichtet. Prüft das Rüstzeug eures Glaubens, bevor ihr gegen die Dämonen dieser Welt den Kampf wagt! Aber - und darin hat der "weltoffene" Liberalismus recht - der Kampf muß hier in der Welt um eine Neugestaltung der Welt gewagt werden. Sollte es nicht gerade die schicksalsmäßige Aufgabe des BDJ sein, soziologisch eingegliedert in diese Bewegung, alle die Probleme anzupacken, die ihn als Jugend bedrängen? Wäre damit nicht gerade auch den geistig lebendigen Älteren eine Heimstätte im Bund gesichert?

4. Diese evangelische Bewegung ist Protestbewegung gegen Geist und Form der heutigen "bürgerlichen" Welt. Das Wesen dieser unserer heutigen Welt ist dadurch bestimmt, daß sie sich in ihrem Ganzen und in ihren Einzelgebieten vollkommen auf sich selbst, auf die Diesseitigkeit und Endlichkeit stellt. Eine Sinngebung vom Ewigen und Absoluten her in der Weise, daß die Formen und Ordnungen dieser Welt über sich hinausweisen auf das "Reich Gottes" und von dem "Reich Gottes" her Gericht und Gnade, d. h. Richtung und Leben empfangen, ist ausgeschaltet. Weil sie sich absolut setzt, negiert diese "bürgerliche" Welt "Gott", auch wenn sie noch überkommenes Kirchentum und Religion duldet. Aber "Gott ist ein eifersüchtiger Gott!" Solche Sünde ist der Menschen Verderben. Weil diese Ordnungen gegen den Sinn des Lebens gerichtet sind, steht über ihnen das Gerichtswort: "Gewogen und zu leicht befunden!" In den schweren sozialen Kämpfen, in dem Weltkrieg, in der Zerrissenheit der Menschheit, in der Geistlosigkeit unserer Zivilisation vollzieht sich das Gericht. Nie hat eine Epoche, über deren Anfang die Namen Kant, Schiller, Goethe, Pestalozzi, Beethoven leuchteten, einen so tiefen Absturz erlebt. Man hat im bürgerlichen Liberalismus die Freiheit auf den Thron erhoben, man hat die Würde alles dessen, was Menschenantlitz trägt, verherrlicht. Man hat das "freie Spiel der Kräfte" zum Abgott gemacht, der die Welt regiert. Man hat vergessen, daß Verantwortlichkeit sowohl gegenüber Gott wie gegenüber dem Menschen die stärkste Bürgschaft für die Freiheit ist. Hand in Hand mit der Entfaltung der Naturwissenschaften ging die totale Umstellung der Gütererzeugung vom Handbetrieb in den Fabrikbetrieb. Die Wirtschaft wurde zur beherrschenden Macht über alle Lebensgebiete. Der Kapitalismus ist die Form der Wirtschaft, in welcher der private Besitzer des mobilen Kapitals und der Sachwerte als Einzelmensch oder als Verband Macht ohne Verantwortlichkeit erhält über die Organisation und technische Einrichtung des Betriebs, über die Arbeiter bis in ihr persönlichstes Schicksal, über die Gestaltung der Produktion und die Auswahl der zu erzeugenden Güter, über den (Steuer-)Staat, über das Recht und die Verwaltung, über die Presse, über die Erziehung, über die Wehrmacht und Außenpolitik - auch über die Kirche. Diese Macht findet ihre Anwendung nach dem Gesetz der Rentabilität. Dies Gesetz ist amoralisch, es steht jenseits der Werte "Gut" und "Böse". In diesem System ist von Anfang an der Gegensatz der Klassen gegeben. Die Gegenschaltung der entgegengesetzten Interessen zwischen den Besitzern der Produktionsmittel und den Besitzlosen erzeugt die Spannung, welche dies System am Leben erhält. Der Klassenkampf ist keine Erfindung des Proletariats, sondern er gehört zum Wesen des Kapitalismus und muß solange dauern, wie dieser besteht. Und es gibt nichts mehr in der Welt, keinen Kulturbesitz, keine Kunst, keine Bildung, kein Vaterland, keine Kirche, was Brücke bilden könnte zwischen den Klassen. Es sind zwei Welten, die durch den Abgrund voneinander geschieden sind. Irgendwo steht jeder von uns in der Klassenfront, hüben oder drüben. Dazwischen stehen zu wollen, ist Utopie; die klare Alternative: Entweder - oder! scheidet uns. Und immer größer wird die Zahl derer, die interessemäßig noch auf der bürgerlichen Seite stehen müßten, die aber einer Stimme aus den letzten Tiefen des Gewissens gehorcht haben: "Gehe aus deiner Heimat in ein Land, das Ich dir zeigen werde...", und die Heimat und Vaterland fanden im Proletariat, bei den Notleidenden unter der ungerechten heutigen Ordnung

und bei den Glaubenden an eine kommende Ordnung, "in der Gerechtigkeit wohnt". - Es ist endlich für uns im BDJ an der Zeit, daß wir uns diese eiskalte Realität des durch den Kapitalismus gegebenen Klassenkampfes klar machen, daß wir die Utopie unserer Kasseler Älterentagung über "Wirtschaft und Gewissen" begraben, als ob man mit persönlichem Ethos irgendetwas Wesentliches zu einer "moralischeren" Gestaltung der Wirtschaft tun könne, solange das Wirtschaftssystem ohne jeden sittlichen Sinn ist. Man müßte um der Wahrhaftigkeit willen und um der Barmherzigkeit willen aufhören, von seiten der Kirche "soziale Gesinnung" vom einzelnen Unternehmer zu verlangen in einer Zeit, wo der anonyme und vollkommen unpersönliche 'Verbund, vertreten durch den mit der Wahrung der Interessen betrauten Syndikus, alle Macht an sich genommen hat und nach rein taktischen Gesichtspunkten den Kampf gegen die Gewerkschaften als die Interessenvertretung der Arbeiterschaft führt. Wo ist denn da noch Platz für "soziale Gesinnung", für "Arbeitsgemeinschaft"? Seitdem auf dem sozialen Pastorenlehrgang in Spandau 1926 der uns Pfarrern als "Wuppertäler Christ" empfohlene Vorsitzende des Reichsverbandes der deutschen Industrie, Frowein, als notwendige Forderung der Industrie den Abbau der Sozialpolitik, die Verlängerung der Arbeitszeit, die Reduzierung der Löhne, die Rückkehr zum Autoritätsstaat verkündigte, seitdem das gegen Frowein geführte Scheingefecht des ihm politisch nahestehenden christlichen Gewerkschaftsführers Baltrusch (M.d.R.) mir die ganze Gefährlichkeit der Parole "Arbeitsgemeinschaft" zeigte, seitdem die Antwort der beiden auf meine Forderung, sie sollten unverbindlich einmal als Christen zu den brennenden sozialen Problemen sprechen, nur eine Unterstreichung ihrer bisherigen Standpunkte war -seitdem ist es mir unerschütterliche Gewißheit: Christentum und Kapitalismus sind wie Feuer und Wasser! Und die Kirchen haben nicht nur die Aufgabe, wie in der Stockholmer Erklärung eine schöne Predigt an den Kapitalismus hin zu halten, sondern haben die Aufgabe, mitzuhelfen, den Kapitalismus zu überwinden.

5. Die Forderung des "Realismus" drängt uns zur nüchternen Erkenntnis der Wirklichkeit, wie sie ist, in ihrer gottabgewandten Dämonie. Nach den alten Sagen ist es im Kampf gegen böse Gespenster erstes Erfordernis, daß man sie mit Namen nennen kann; dann sind sie gebannt. Sie verlieren ihre Macht, wenn man ihnen "gläubig" den höchsten Namen entgegensetzt.

Der Mann, der dem Proletariat die Wirklichkeit des Kapitalismus zeigte, ist Karl Marx. Daß Tillich ihn gestern uns als den prophetischen Verkündiger einer neuen Geschichtsbetrachtung darstellte, ist trotz Brunstäds lapidarem Satz: "Der Marxismus ist tot, seine Verwesung aber vergiftet noch die deutsche Gegenwart" (Deutschland und Sozialismus, 1928, S. 293) richtig und ein Zeichen dafür, daß Marx leben wird, nicht nur im Herzen des Proletariats, sondern auch in der Welt des Geistes, wenn die Namen seiner Feinde längst vergessen sind. Marx sieht und zeigt die Geschichte in ihrer lebendigen Bewegung, in ihrer Spannung des Klassenkampfes, hervorgerufen durch absolutistischen Machtmißbrauch der besitzenden Schicht. Diese gestaltet neben der Wirtschaft auch das Staats- und Rechtsleben, Kultur und Religion, den ganzen ideologischen Überbau. Die unterdrückte Schicht ist Trägerin des Neuen, Trägerin des Rechts. Ihr Interesse ist das Interesse der Menschheit. Das Proletariat aller Länder wird aufgerufen zu innerer und äußerer Solidarität. Es soll sich durch bewußten Kampf in den Dienst der Entwicklung stellen, die zum Sozialismus treibt. Professor Heimann (Hamburg) weist in seinem Buch "Die sittliche Idee des Klassenkampfes" mit Recht darauf hin, daß es eigentlich ein Zerhauen des gordischen Knotens ist, wenn Marx durch konsequent geführten Klassenkampf zum Sozialismus kommen will. Und bei der Mitarbeit an der Lösung des Problems der "sozialistischen Gestaltung" heute und damit an die Weckung letzter sittlicher Triebkräfte zur Verwirklichung des Sozialismus setzt der Kreis der "Religiösen Sozialisten" mit seinem Wirken ein. Jeder aber, der aufgeschlossen und mit gutem Willen der Geschichte der sozialistischen Bewegung und dem kämpfenden Proletariat gegenübersteht, wird bezeugen, daß trotz mancher "materialistischer" Theorien ein Rechtsbewußtsein, eine religiöse Gläubigkeit, eine Opferbereitschaft, ein sittlicher Idealismus in der Masse und den meisten ihrer Führer lebt, der gestaltungskräftig genug ist für eine neue Ordnung der Gemeinschaft und gegenseitiger Verantwortung.

Wir erleben als Menschen, die durch das Evangelium aufgerufen sind, nicht nur den an der Oberfläche sich abspielenden wirtschaftlichen und politischen Klassenkampf. Unser Ansatzpunkt liegt in der "dahinter" befindlichen Seinsschicht, in der bürgerlich-kapitalistischen Geisteshaltung. Gegen sie richtet sich die evangelische Bewegung. Wir ringen um das Reich Gottes in der ganzen Gegenständlichkeit der Bitte des Unser-Vaters: "Dein Wille geschehe auf Erden wie im Himmel!" Dazu ist Christus geboren, gestorben und auferstanden, dazu lebt ER heute, daß ER mit uns und wir mit IHM kämpfen, daß "die Welt einst werde Gottes Ort!" Ich glaube an die Wiederkunft des Christus und eine dann erst erfolgende Vollendung. Aber ich glaube ebenso fest daran, daß heute und hier Christus nicht nur in meinem Gewissen, sondern auch in den wirtschaftlichen und politischen Ordnungen der Menschen auferstehen will. Blumhardts Mahnung, das Evangelium viel materialistischer, d. h. konkreter aufzufassen, gilt der heutigen Christenheit ganz besonders. Bei solchem Ringen mit der Wirklichkeit findet der Fuß des Gläubigen immer wieder festen Boden in dem dunkeln Abgrund. Die Lösung, die er findet, ist ein Schritt vorwärts, der bedeutungsvoll ist für die Gestaltung einer Ordnung der Gemeinschaft und Gerechtigkeit, auch wenn das Ende des Weges nicht abzusehen ist. Der Zukunftsweg der Menschheit heißt: Sozialismus; an der verantwortlichen Mitarbeit der gläubigen Christen liegt es, was für Gebäude diesen Weg umsäumen und zu welchem Ziel er führt.

6. So ist Sozialismus nicht ein fertiges Programm, nicht eine Medizin, die tropfen- oder löffelweise der kranken Welt eingeflößt wird, sondern er ist Wagnis, Tendenz, Glaube. Es wäre lächerlich, zu fordern: erst beweise mir einmal die Richtigkeit deines Weges, dann will ich ihn gehen. Wir Menschen sind nun einmal dazu bestimmt, mit "gehaltenen Augen", auf das Irrationale vertrauend, durch das Leben zu gehen und an der Zukunft zu schaffen. Aber: aller Krafteinsatz gelte der Verwirklichung, dem verantwortlichen Mitarbeiten in der politischen und wirtschaftlichen, kulturellen und kirchlichen Gestaltung. Es kann sein, daß nicht nur der tagtägliche Lebenseinsatz an die Pflicht, sondern auch einmal der spontane Lebenseinsatz im Kampf, ja auch im Kampf auf den Barrikaden, von uns verlangt wird. Die Mächte eines brutalen absolutistischen Gewaltwillens werden der Neugestaltung nicht kampflos das Feld freigeben. Gebe Gott uns immer ein waches Herz, daß wir den Augenblick in seiner Ewigkeitsbedeutung erfassen!

Wir kommen als Älterenbund aus unserer gegenwärtigen Krisis nur heraus, wenn wir die in der Praxis erlebten und erlittenen Nöte der geistig mündig werdenden Jungen und Mädchen, ihre Berufsnöte, ihre Kämpfe um den Sinn ihres Daseins in der heutigen Welt des Kapitalismus, nicht nur ernst nehmen, sondern gerade diese Wirklichkeit zum Inhalt unseres Bundeslebens machen. Reden wir in Wahrheit vom Leben, wie es ist und wie es sein soll, dann reden wir zugleich auch von Gott. Wer mit der dunklen Wirklichkeit ringt, wird immer von ihr gesegnet. So steht unser Bund in der lebendigen Kirche als in der Bewegung zur Neugestaltung der Welt. Den Geist gibt das Evangelium, das Material bringen unsere Brüder und Schwestern aus ihrer praktischen Lebenserfahrung. Dann taumeln sie nicht mehr nur träumerisch durch die Welt, wie so viele heute, die nicht reifen können. Dann hört eine falsche und lebensfremde Theologie, die aus sich heraus ihre Begriffe bildet statt aus dem Leben, auf, in unserem Bund ihre verhängnisvolle Rolle zu spielen. Dann wird auf die leidenschaftlich immer wieder gestellte Frage: "Was sind wir?" auch eine Antwort: "Wir sind Jugend der evangelischen Kirche, die protestantisch gegen die kapitalistisch-bürgerliche Welt, gläubig ringt um die Verwirklichung des Sozialismus in allen Lebensgebieten."

Was ist jetzt noch zu sagen über unsere Stellung zur sozialistischen Jugend? Ein Führer der Jungsozialisten schreibt in seiner Programmschrift: "Starre Dogmengläubigkeit ist nicht Sache der Jugend. Nicht darauf kommt es an, jede These der großen sozialistischen Denker zu verteidigen, die durch die Erfahrung der letzten Jahrzehnte reformbedürftig geworden ist. Denn nur die Theorie ist wahr, die die sozialen Tatsachen am tiefsten und am eindeutigsten zu begreifen vermag. Darum halten sich die Jungsozialisten auch an den Geist der Marxschen Soziologie. Und darum werden sie auch allen Versuchen gegenüber aufgeschlossen sein, die um eine Vertiefung und Ergänzung dieser Lehre bemüht sind. Ebenso entschieden müssen sie jedoch alle jene Experimente ablehnen, die unter der Parole einer "Überwindung des Marxismus" in überwundene bürgerliche Ideologien zurückzuführen." - Ich gebe absichtlich keine Anweisung: geht in eine sozialistische Partei, gebt den oder jenen Stimmzettel ab. Entscheiden muß sich jeder selber. Hier einen Druck auszuüben, liegt außerhalb der Befugnis unseres Bundes. Standpunkt und Gesichtswinkel mag bei vielen unter uns sehr von dem der sozialistischen Jugend verschieden sein. Aber: Kampffeld und Ziel haben wir gemeinsam! Darum wage ich es doch, zwischen die sozialistische Jugend und uns das "und" der Gemeinschaft zu setzen.

(9)
Der Kampf in der Hardt
(1929)

Als Antwort auf die beiden Entschließungen der Bezirkssynode Karlsruhe-Land vom 3.12.28, welche ein Disziplinarverfahren gegen Pfarrer Eckert verlangten und die Herausgabe eines amtlichen Einheitsstimmzettels "um der wünschenswerten Reinlichkeit willen" ablehnten, haben wir in den meisten Orten des Kirchenbezirkes öffentliche Gemeindeversammlungen, zumeist in den Rathäusern, abgehalten. An einigen Orten stehen die Versammlungen noch aus. Wir führen unseren Kampf nicht mit Papier und Resolutionen! Die Bezirkssynode ist eine gewählte Körperschaft, welche im Namen der Gemeinden spricht. Sie muß, auch wenn alle Pfarrer und Laien positiv sind, auf diese Gemeinden Rücksicht nehmen und sich vor ihr (sic!) verantworten. Man sollte annehmen, daß dieser Ruf zur Verantwortung vor der Gemeinde als eine Selbstverständlichkeit aufgenommen würde; statt dessen stellt in den "Positiven Blättern" der eine Pfarrer, der mir auf meinen offenen Brief eine "offene Antwort", allerdings unter Verschweigung seines Namens erteilte, diese Aufforderung zur Rechenschaft als einen agitatorischen Feldzug gegen die Pfarrer dar und beruft sich dabei noch auf ein völlig verdrehtes und gar nicht auf mich und die Kirchenpolitik gemünztes Wort des Sen. Engler-Frankfurt. Aus dem ganzen Vorgehen dieses Pfarrers sieht man wieder einmal, wie sehr bei ihm und vielen seiner Amtsgenossen noch das Ideal der von den Pfarrern geführten und beherrschten Kirche lebendig ist. Dieser Pfarrerskirche steht die Volkskirche gegenüber mit der gleichberechtigten und selbständigen Mitarbeit der Laien. Es ist interessant, daß nach der Landessynodalwahl 1926 in Baden wieder 32 Pfarrer und 31 Laien zur Landessynode gehörten, eine Zahl, die sich durch Rücktritt und Tod jetzt auf 30 und 33 verändert hat. In den Bezirkssynoden ist das Verhältnis von Pfarrer zu Laien, vor allem in den ländlichen Bezirken, auch annähernd ein hälftiges. Wenn wir auf diesen Tatbestand hinweisen, wird uns von der Seite der Pfarrer sicherlich wieder vorgeworfen werden, wir hetzten gegen den Pfarrerstand und wollten Mißtrauen zwischen Pfarrer und Gemeinde stiften. Dieser Vorwurf trifft uns nicht. Wir haben aber die Pflicht, gerade im Zusammenhang mit diesem Tatbestand und der 2. Resolution die Kirchengenossen auf Strömungen zur Wahlrechtsreform aufmerksam zu machen. Überall redet man nun auch in der Kirche von der bekannten "Krisis des Parlamentarismus". Kirchenpolitische Kämpfe von großer Heftigkeit gab es in Baden auch in der Vorkriegszeit, als wir noch nicht die Urwahl zur Landessynode hatten. Diese Kämpfe sind in der letzten Zeit - wir erinnern uns vor allem an die letzte Landessynode - immer schärfer geworden. Kenner der Verhältnisse reden weniger von einer Krisis des Parlamentarismus als von einer Krisis der mächtigsten Gruppe, der positiven Partei. Wenn man heute wieder die Parolen hört: Rückkehr zur indirekten Wahl zur Landessynode, Urwahl nur zu den örtlichen Körperschaften!, dann löst man die Krisis, in der heute die Kirche steht, nicht; man verschärft durch eine ungerechte Aussiebung der Minoritäten und durch eine Verstärkung des Pfarrereinflusses nur die Gegensätze! Es werden dann auch in Zukunft weiter die dogmatisch-theologischen Streitfragen, an welchen die Pfarrerschaft interessiert ist, zu den kirchenpolitischen Gestaltungsprinzipien der Kirche werden, anstatt daß die Stellungnahme vom Evangelium der Tat und der Liebe aus zu den großen Lebensfragen der Gemeinde, des Volkes, der Menschheit zum entscheidenden und unterscheidenden Prinzip der kirchlichen Gruppenbildung wird. Wir haben bei unseren Versammlungen in der Hardt vor den "Freunden der evangelischen Landeskirche" die großen Fragen aufgerollt: Reichgottesglaube und Kapitalismus, Kirche und Proletariat. Wir haben zu zeigen versucht, wie wenig unser jetziges Kirchentum in der vollkommen aus der Gebundenheit an Gott herausgelösten jetzigen Welt seine "evangeliumsgemäße und geschichtlich gewordene Aufgabe" erfüllt.

Die Hardt mit ihren 14 Kirchengemeinden und Filialen, ein rein evangelischer Bezirk in der Rheinebene nördlich und westlich von Karlsruhe, ist ein kirchlich interessantes Gebiet, dessen Verhältnisse in anderen Gegenden Deutschlands ihre Parallelen haben werden. Vor der Union war das Gebiet lutherisch, hatte aber einen starken reformiert-wallonischen Einschlag. Im vergangenen Jahrhundert entstand durch Pfarrer Hennhöfer in den meisten dieser Orte eine lebendige Erweckungsbewegung. Das Leben der Gemeinschaften blühte auf. Die Hardt wurde zu einem der kirchlichen Bezirke Badens. Heute ist das bei weitem nicht mehr so. Es gibt Orte, bei denen der Kirchenbesuch ziemlich gering ist und die Männer fast fehlen. Aus der Glut der Erweckung konnte eben oft nicht ein gleichmäßig erwärmtes Gemeindeleben entzündet werden; es blieb die ausgebrannte Asche an formaler Kirchlichkeit. Diese war dem zerstörenden Zeitgeist der Aufklärung nicht gewachsen. Dazu kommt die soziale Umschichtung. Annähernd 3000 Menschen arbeiten aus diesen Orten in Karlsruhe. Die Frauen und Alten besorgen die Allmendäcker. Das selbständige Bauerntum wird zurückgedrängt. Weite Wege, Doppelarbeit in Fabrik und Feldbau überanstrengen diese Menschen. Sie sind am Sonntag müde, werden geistig stumpf. Interessant ist die politische Entwicklung. Bei den letzten Reichstagswahlen 1928 waren es bei rund 17000 Wahlberechtigten nur etwa die Hälfte Wähler. Davon kamen auf die bürgerlichen Parteien etwas über 5000, auf die sozialistischen Parteien etwas über 3500. Auch bei den kirchlichen Wahlen 1926 gab es 50 Prozent Nichtwähler, dagegen 43,4 Prozent Positive, zuzüglich weniger als 100 Liberalen und Landeskirchlern und 6,7 Prozent religiösen Sozialisten. Während offenbar bei den Reichstagswahlen der in sich vollkommen zersplitterte bäuerlich-bürgerliche Teil einen hohen Prozentsatz der Nichtwähler stellt, tat dies bei den Kirchenwahlen umgekehrt der sozialistische Bevölkerungsanteil. Jedenfalls kann man aus dem Vergleich der Zahlen den Schluß ziehen, daß die Positiven in der Hardt den größten Teil ihrer Reserven schon in den kirchlichen Wahlkampf eingegliedert haben, zumal mit der Agitation "die rote Flut bedroht die Kirche" erfolgreich gearbeitet wurde. Die Arbeiterschaft beginnt nun allmählich zum Interesse an der Kirche zu erwachen. Gelingt es uns, diese Reserve nicht nur für die Urwahlen zur Landessynode, sondern auch für die örtliche kirchliche Mitarbeit zu aktivieren, dann wird wohl das kirchliche Leben der Hardt ein anderes Gesicht bekommen. - Gegen diese Aktivierung wehren sich die bäuerlich-konservativen Schichten, welche heute noch die Kirchengemeinderäte beherrschen. Unter diesen Männern vor allem, soweit sie Gemeinschaftsleute sind, befinden sich zweifellos hochachtbare Menschen mit Charakterköpfen; sie stehen aber dem heutigen Leben fremd gegenüber. Und hinter ihnen und den übrigen positiven Bauernvertretern steht eben die soziale Schicht, welche durch die Arbeiterschaft aus ihrem bisherigen Einfluß auf den Rathäusern zurückgedrängt wurde und in der Kirche noch die letzte Domäne ihrer Macht hat. Auch hier spielt sich ein Klassenkampf ab. Man will seine Sitze an die Arbeitgebervertreter abtreten. Die Stellung des Pfarrers zwischen den beiden Schichten ist sehr schwierig. Er neigt von Hause aus zu der sich mehr am kirchlichen Leben beteiligenden bäuerlichen Schicht. Mit einer allgemeinen Neutralitätserklärung, mit der pathetischen Versicherung, daß er die Arbeiter ebenso liebe wie die Bauern, ist nicht geholfen. Immer mehr müssen auch die kleinen Bauern erkennen, daß die Ursache ihrer wirtschaftlichen Nöte im kapitalistischen System beruhen. Da müßte es dann einem in wirtschaftlichen Dingen gebildeten Pfarrer möglich sein, den Gegensatz zwischen Bürgerlich und Proletarisch in seiner Gemeinde aufzulösen, beiden Gruppen zu helfen, die ökonomische Lage sowohl nach der Richtung der Ursache wie nach der Richtung des Ziels "bis zu Ende" durchzudenken. Ein mir bekannter Pfarrer, der in seiner gemischten Gemeinde regelmäßig einen Diskussionsabend für seine Bauern und einen für seine Arbeiter hielt, scheint mir ein vorbildlicher Verkünder des Evangeliums zu sein. Denn man soll nicht einwenden: "Der Pfarrer soll sich nicht in die politischen Geschäfte mischen". Es ist hier von keiner parteipolitischen Festlegung die Rede. Es muß aber von dem Pfarrer verlangt werden, daß er über die wirtschaftlichen Lebensfragen seiner Gemeindeglieder (und nicht nur durch eine Parteizeitung!) ebenso gründlich orientiert ist wie über die zur allgemeinen Bildung gehörigen Dinge des Schulwissens. Als ich mit meinem Vater einmal als Bub über die Dorfflur ging, sagte er mir: "Wenn ich meinen Bauern nicht sagen kann, ob sie ihr Feld gut oder schlecht bestellt haben, dann kann ich ihnen auch nicht Pfarrer sein". Es ist oft niederdrückend gewesen, wie sich bei den Diskussionen über das Problem "Evangelium und Wirtschaft" immer wieder zeigt, daß sehr viele, vor allem von älteren Pfarrern, von den Grundbegriffen der Volkswirtschaft und von Grundtatsachen des Alltagslebens ihrer Arbeiter nur eine sehr dunkle Ahnung hatten. Diese Pfarrer isolieren sich vom Leben; daran krankt dann auch ihre kirchliche Verkündigung und Seelsorgetätigkeit. Der Arbeiter versteht seinen Pfarrer nicht mehr!

Die Versammlungen waren an allen Orten mit je etwa 100 Besuchern sehr gut besucht. Es ist sehr dankenswert, daß mit einer Ausnahme alle Pfarrer auf die persönliche schriftliche Einladung hin erschienen sind. Nur an einem Ort nahm der Pfarrer (der jetzige Dekan) ausgerechnet eine Beerdigung zum Anlaß, um durch die Bekanntgabe, die Versammlung sei keine Gemeindeversammlung, sondern eine "sozialdemokratische", seine Gemeindemitglieder zu warnen. Diese Versammlung nahm einstimmig vier Entschließungen an, von denen die erste das Fernbleiben des Pfarrers bedauert, die beiden nächsten sich gegen die Resolutionen der Bezirkssynode wenden, die vierte den Wunsch ausspreche, daß Pfarrer Kappes einmal in der Gemeinde predige; sonst wurde nur noch in einer Gemeinde, in der des Einbringers der beiden Resolutionen, über diese abgestimmt mit dem Ergebnis, daß der anwesende Pfarrer nur 1/3 bei der ersten und 1/4 bei der zweiten Resolution für sich gewann. Die Kirchengemeinde scheint sich auf den Standpunkt zu stellen, daß sie auch ohne die Anregung der Bezirkssynode die Frage geprüft hätte, ob ein Disziplinarverfahren einzuleiten ist oder nicht. Andernfalls hätten der Behörde, wenn die Abstimmungen überall durchgeführt worden wären, wohl aus jedem Ort Mehrheiten gegen jene beiden Resolutionen mitgeteilt werden können.

In den Diskussionen kamen hauptsächlich die Pfarrer zu Wort. Abgesehen von vereinzelten Nationalsozialisten sprachen auf der Laienseite gegen uns hauptsächlich Vertreter jener pietistischen Weltflüchtigkeit, welche sich auf das Wort Jesu beruft: "Mein Reich ist nicht von dieser Welt" und welche sich mit der Ausflucht, daß es immer Kriege und Not gegeben habe und auch bis zum Ende geben werde, passiv mit diesen Auswirkungen des Bösen abfinden. Ein Stundenhalter aus dem Arbeiterstand bekämpfte gleichzeitig die hohen Gehälter in der Kirche und bei Arbeiterführern und wandte die Botschaft des Evangeliums vor allem in die Forderungen rein persönlicher Sittlichkeit. Sehr scharf hob ein zu den ernsten Bibelforschern gehöriger Arbeiter den radikalen Glauben der Bibel an die Verwirklichung eines Reiches der Gerechtigkeit und des Friedens hier auf Erden hervor. Die Frage Kirche und Krieg spielte überall eine große Rolle. Die leidenschaftlichen Anklagen gegen die Kirche aus dem Volk werden nie verstummen. Auch hier helfen keine billigen Erklärungen der Pfarrer: "ich bin gegen den Krieg", wenn bei den Fragen einer aktiven Friedenspolitik, einer Erziehung im Geiste des Völkerfriedens, einer konsequenten Abrüstung immer wieder ausgewichen wird. - Die Pfarrer beschränkten sich meist auf die Polemik gegen den Wortlaut jenes Aufrufes mit seinen Anklagen gegen die Kirche. Sie sahen darin maßlose Verleumdungen der Kirche und des Pfarrerstandes. Immer wurde wieder hervorgehoben, daß der Pfarrer ein Beamter sei und sich deshalb seiner Behörde fügen müsse. Es ist sehr bedauerlich, wenn man evangelische Pfarrer immer wieder dahin erinnern muß, daß wir Pfarrer eben keine Beamte sind wie die übrigen Staats-usw. Beamten, keine von der hierarchischen Obrigkeit Abhängigen wie der katholische Klerus; wir haben immer noch unser an Gott gebundenes Gewissen höher zu halten als alles andere. Ganz unverständlich war es den meisten Pfarrern, daß eben aus den Worten jenes Aufrufs nicht eine Privatmeinung Eckerts spricht, sondern daß hier die Millionen Stimmen derer erklingen, die als Proletarier nur noch als passive Mitglieder zur Kirche gehören oder im Zorn aus ihr ausgetreten sind. Daß wir diesen schweren Anklagen ihr Recht zuerkennen, das ist gerade das Ärgerliche für viele Kirchenleute, denn damit erklingen jene Anklagen auch innerhalb der Kirche, wo sie nicht mehr so leicht ignoriert werden können. Aber weil wir nicht als Einzelne von uns reden, sondern im Namen der Vielen, deshalb ist auch damit, daß Einzelne von uns von der kirchlichen Obrigkeit diszipliniert werden, die Sache ja nicht erledigt. Um die Sache geht es, nicht um unsere Person. Und dieser Sache gegenüber gibt es eine Kollektivschuld der Pfarrerschaft, von welcher wir sozialistischen Pfarrer ein schwereres Teil tragen müssen als die anderen Kollegen, denn wir stehen mitten zwischen den Verleumdungen von beiden Seiten, mißtrauisch angesehen selbst von den noch zur Kirche gehörigen Proletariern und doch solidarisch mit ihnen, weil auch hier die Gerichtsstimme des Volkes in gewissem Sinne die Gerichtsstimme Gottes ist. - Ich sah es als meine Aufgabe an, über die Formulierungen hinweg, an welchen die Pfarrer Anstoß nahmen, ihnen diese Tatsachen zu zeigen. Gerade im persönlichen Gespräch mit vielen Arbeitern aus diesem Kirchenbezirk ist mir klar geworden, wie groß selbst hier schon die Kluft zwischen Pfarrer und Arbeiter ist: Man versteht sich gegenseitig nicht, man redet aneinander vorbei. Es ist meine Hoffnung, daß diese Aussprachen bei vielen Kollegen eine innere Unruhe zurückgelassen haben, daß sie den Grundfragen nun noch intensiver nachgehen. Wenn einer von ihnen an seine frühere Ergriffenheit durch Kutter erinnert wurde, ein anderer an das Wort seines Vaters, daß keiner seiner Söhne Kaufmann werden solle, da in der heutigen Welt ein Kaufmann nicht ehrlich sein könne - so sind das Anzeichen dafür, daß bei dem beiderseitigen Willen zur Sachlichkeit eine weitere förderliche Aussprache möglich ist. Von solchen positiven Pfarrern darf man auch eine Wehr gegen die unsachliche Kampfesweise erwarten, welche D. Greiner in den "Positiven Blättern" gegen uns anwendet.

Wir hoffen, daß das Ergebnis dieses Kampfes nicht nur die Neubefestigung der Gruppen und die Gewinnung von vielen neuen Lesern des Sonntagsblattes war, sondern daß auch der Verständigung über die große Aufgabe, welche die Kirche in der heutigen Zeit zu leisten hat, damit gedient wurde.

(10)
Der theologische Kampf der religiösen Sozialisten gegen das nationalsozialistische Christentum
(1931)

Vorbemerkungen:
Der folgende (umgearbeitete und erweiterte) Vortrag steht unter dem Gesamtthema: "Reich Gottes - Sozialismus - Marxismus." Er sucht darzustellen, wie hinter der gegenwärtigen wirtschaftlichen, politischen und ideologischen Auseinandersetzung zwischen Sozialismus und Faschismus zugleich ein Ringen um die Neuerfassung des Christentums vom Reich-Gottes-Glauben her stattfindet.

Dabei wird im Folgenden nur die Auseinandersetzung in der evangelischen Kirche behandelt. In der katholischen Kirche ist ebenfalls ein lebhafter Kampf im Gange. Er ist andersartig und kann hier nur angedeutet werden. Einstweilen wird noch die ganze Autorität des kirchlichen Lehramts gegen den Nationalsozialismus wegen seiner "Irrlehren" und wegen seiner für den Katholizismus bedenklichen Ethik eingesetzt, und es wird gegen katholische Geistliche, die in der nationalsozialistischen Bewegung aktiv tätig sein wollen, vorgegangen. Der Universalismus der katholischen Kirche kämpft gegen den Universalismus des faschistischen Staatsabsolutismus um die Suprematie auf dem Gebiet der Seelenführung; die Kirche wehrt sich gegen den Rassekult eines "arischen Christentums", gegen die Proklamierung einer "Deutschen Volkskirche", welche Protestantismus und Katholizismus harmonisieren will. Die Position der katholischen Kirche ist in den Gegenden mit einer kirchentreuen, gläubigen Bevölkerung aus organisatorischen Gründen noch relativ stark. Aber sie wird dort schwach, wo die katholischen Sozial- und Wirtschaftstheorien des Romantismus und Solidarismus sich auseinandersetzen müssen mit den wesensgleichen, nur unvergleichlich stärkeren des faschistischen Romantismus und Solidarismus. Mit ihrer faszinierenden Agitationskraft brechen die Nationalsozialisten über die konfessionellen Grenzen hinaus auch in die Reihen der katholischen Bauern und Kleinbürger ein. "Es besteht die Gefahr, daß dann der katholische Kleinbürger dahin stößt, wo seine nicht-katholischen Schicksalsgenossen seit dem Aufbruch der nationalsozialistischen Bewegung marschieren, oder daß er innerhalb des Katholizismus eine nachbarlich empfindende Kolonne organisiert" (Walter Dirks in "Katholizismus und Nationalsozialismus", in "Die Arbeit" März 1931). Für eine solche soziale Entwicklung würde dann wohl die katholische Kirche eine nachträgliche ideologische Rechtfertigung geben, welche ihr nach dem Inhalt der neuen Enzyklika zur Arbeiterfrage nicht sehr schwer fallen würde und welche sich mit einer Neutralitätserklärung des Nationalsozialismus gegenüber der katholischen Weltanschauung im Sinne Hitlers zufrieden geben könnte. Aber dann müßte erst recht der Kampf der katholischen Sozialisten beginnen, welche auf dem Boden der marxistischen Kritik des Kapitalismus als entschlossene

Sozialisten nun innerhalb des Katholizismus und aus seiner Glaubenswelt heraus mit einem besseren Rüstzeug als die jetzige katholische Kirche auf dem politischen, wirtschaftlichen und religiösen Gebiet die Auseinandersetzung mit dem Nationalsozialismus führen müßten. Dieser Kampf wäre in der Methode verschieden, aber in der Energie und Zielrichtung dem gleich, den die religiösen Sozialisten in der evangelischen Kirche kämpfen; nur besteht im Protestantismus heute die Situation, daß die Kirche als solche den Nationalsozialismus freundlich toleriert.

Der Nationalsozialismus wie der Marxismus drängen nach einer eigenen Theologie hin. Alle Spannungen und Kämpfe, welche auf der Ebene des politischen und wirtschaftlichen Geschehens entstehen, müssen auch in den höchsten Sphären der Weltanschauung und Theologie ausgetragen werden. Darum wurde der Kampf, der sich auf dem politischen Gebiet seit Ende 1930 fast bis zum Bürgerkrieg steigerte, auch zu einem Kampf in der Kirche, der sie bis in ihre Fundamente erschüttert. Der äußere Anschein verdeckt diese Tatsache. Das marxistische Proletariat ist entweder gleichgültig oder ablehnend gegenüber der Kirche; die Gottlosenbewegung und das Freidenkertum haben heute Werbekraft und bekämpfen die Kirche von außen. Die höheren Schichten des Bürgertums stehen indifferent in der Kirche gegen die Kirche. Die sozialen Schichten des Bauern- und Bürgertums, welche das sogenannte Kirchenvolk repräsentieren, sind meist nationalsozialistisch. So könnte es erscheinen, als ob die Nationalsozialisten in der Kirche seien und die Marxisten draußen. Dann müßte eben der Kampf zwischen den beiden Theologien (wie heute schon weithin!) unter der Parole "Für oder gegen die Kirche" gekämpft werden. Und es wäre zu erweisen, ob wirklich die Gottesgläubigen in der Kirche sind! Solange die religiös-sozialistische Bewegung noch innerkirchlich arbeitet, wird der Kampf zwischen den Theologien noch in der Kirche ausgekämpft.

Die Kirche hat eine doppelte Funktion in der Welt zu erfüllen. Sie muß unablässig die Wahrheitsfrage stellen und beantworten; sie muß für die wechselnde und verwirrende Welt der Erscheinung eine Sinndeutung aus einer Welt des Absoluten her zu geben versuchen. Und weiter hat die Kirche die Ordnung der sittlichen Werte für das individuelle und soziale Leben zu vergegenwärtigen; sie soll also den persönlichen und gesellschaftlichen Willen durch die Verkündigung des offenbaren Willens Gottes bestimmen.

Im Ringen um die Erkenntnis der Wahrheit und des Willens Gottes steht aber die Kirche wie jedes ihrer Glieder in der gegebenen Welt. In dieser muß jeder Mensch politisch, wirtschaftlich, weltanschaulich Partei nehmen. Wer es vermeintlich nicht tut, bestärkt durch seine passive Haltung nur die Macht des Bestehenden. Infolgedessen muß auch die Kirche die ganze fast brückenlose Zerklüftung unseres Volks durch die politischen und wirtschaftlichen Gegensätze als zu ihrer eigenen Körperlichkeit zugehörig bejahen. Es ist eine unrealistische Fiktion, wenn man meint, Kirche könnte jenseits dieser Parteien existieren, gewissermaßen als eine Friedensinsel im stürmisch bewegten Meer. Das war nie so und wird nie so sein. Die kirchlich-theologischen Parteibildungen und Parteikämpfe, welche die Kirchengeschichte erfüllen, standen immer in einem direkten Verhältnis zu den wirtschaftlich-politischen Kämpfen der profanen Zeitgeschichte. Das gilt gerade für die Kämpfe zwischen "Positiv" und "Liberal" im vergangenen Jahrhundert.

Die "Kirche jenseits der Parteien" existiert nie statisch als die vermeintliche "überparteiliche Kirche, in der Alle Brüder sind", sondern nur dynamisch da, wo in der Verantwortlichkeit vor dem lebendigen, überzeitlichen, gegenwärtigen Herrn der Kirche die realen Antithesen profan- und kirchenpolitischer Gegensätzlichkeit gleichzeitig behauptet - und doch in der dialektischen Synthese des gemeinsamen gläubigen Ringens um das Reich Gottes aufgelöst werden. Nur diese kämpfende evangelische Kirche, welche die notwendigen Gegensätzlichkeiten wahrhaftig in sich austrägt, ist auch eine lebendige Kirche mit zentripetalen Kräften. Eine betont "überparteiliche" evangelische Kirche wird sich bei näherem Zusehen immer als sehr parteiisch offenbaren und wird wegen ihrer fehlenden dialektischen Dynamik an ihren zentrifugalen Tendenzen sicher zugrunde gehen. Die "überparteiliche Kirche" ist ein ebenso verdächtiger Begriff wie im politischen Leben die "Volksgemeinschaft". Auch diese ist nie eine statische, sondern nur eine dynamisch-funktionelle Wirklichkeit, die immer wieder zustande kommt in dem doppelten Kampf des ehrlichen Austragens der Antithesen und des gemeinsamen Ringens um die Synthese.

So ist es nicht nur gegeben, daß dem erbitterten Kampf zwischen Faschismus und Marxismus auf der politisch-wirtschaftlichen Basis auch die scharfe Auseinandersetzung im kirchlichen "Überbau" zwischen religiösem Nationalismus und religiösem Sozialismus parallel geht, sondern es ist für die Kirche notwendig, daß dieser Kampf in dem ausgedeuteten dialektischen Sinne prinzipiell und praktisch bis zur letzten Tiefe der Probleme wirklich ausgetragen wird.

Die religiösen Sozialisten dürfen für sich in Anspruch nehmen, daß sie um der Kirche willen schon seit dem Hervortreten der nationalsozialistischen Bewegung diesen Kampf führten, und zwar so, daß wirklich gekämpft und eine klärende Auseinandersetzung herbeigeführt wird. Pfarrer Eckert (Mannheim) als Schriftleiter des "Religiösen Sozialisten" (früher "Sonntagsblatt des arbeitenden Volkes") wies seit Jahren durch eine Fülle von Tatsachenmaterial über nationalistischen Mißbrauch von Kirche und Christentum und durch prinzipielle Erörterungen auf die Gefahren hin, welche den evangelischen Kirchen in Deutschland drohen. In den Landessynoden, in welchen die religiösen Sozialisten vertreten sind, wurde fast in jeder Tagung dieses Problem erörtert. Der Reichskongreß der religiösen Sozialisten in Stuttgart im August 1930 verhandelte ausführlich über "Faschismus und Christentum". Und im November 1930 trat die religiös-sozialistische Internationale auf Grund ihrer Basler Verhandlungen mit einem Aufruf "Christentum und Faschismus sind unvereinbar" vor die Weltöffentlichkeit. Im "Deutschen Pfarrerblatt" führten Mitglieder der religiös-sozialistischen Pfarrbruderschaft die Debatte gegen die Verfechter des Nationalsozialismus. Neben der "Zeitschrift für Religion und Sozialismus" wiesen die der religiös-sozialistischen Bewegung nahestehenden Zeitschriften "Eiche", "Unruhe", "Mutiges Christentum", "Neuwerk" immer wieder auf die Widersprüche zwischen faschistischem Geist und der Botschaft Jesu hin. Aber weit über das Literarische hinaus war es eben die öffentliche Rede, die Diskussion mit dem Gegner vor insgesamt mehreren hunderttausend Zuhörern, wo in Hunderten von Versammlungen teils auf der Basis der SPD, teils auf der des Bundes religiöser Sozialisten die Wortführer des Bundes den wirklichen Kampf austrugen. Da wurden die Fragen so entschieden gestellt, daß man sich nicht gut daran vorbeidrücken konnte, z. B. "Christuskreuz oder Hakenkreuz?" Das war viel wirkungsvoller als die mancherlei literarischen Fragezeichen, welche wohlmeinende bürgerliche Theologieprofessoren den Grundsätzen der völkischen Bewegung beifügten.

Diese Kämpfe führten zu den bekannten politischen Kirchenprozessen um die Pfarrer Kleinschmidt (Thüringen) und Eckert (Baden), wo die Kirchenbehörden im subjektiven Wollen zu jener oben charakterisierten kirchlichen Überparteilichkeit, um die Kirche vor Erschütterungen zu bewahren, gedrängt durch die ihnen nahestehenden politischen Rechtskreise, objektiv parteiisch gegen die religiös-sozialistischen Pfarrer vorgingen. Die Prozeßakten werden dem späteren Historiker reiches Material zu Quellenstudien darüber bieten, wie stark und aus welchen Gründen die herrschenden positiven Führer evangelischer Kirchen den Nationalsozialismus gegen den Sozialismus stützten und damit den Massenprotest der Linken in Versammlungen, Unterschriftsaktionen und in der Presse hervorriefen, von den sozialistischen bis weithin in die bürgerlichen Kreise hinein.

Die Kirchenbehörden haben in diesen Prozessen Niederlagen erlitten, obwohl z. T. sehr harte Geldstrafen über die religiös-sozialistischen Pfarrer verhängt wurden. Die Kirchenbehörden mußten erklären und es sich von den Gerichten bescheinigen lassen, daß sie nicht politisch parteiisch sind und sein wollen. Daraus zieht nun die religiös-sozialistische Bewegung das Ergebnis: Also gibt es für die evangelische Kirche prinzipiell keine bevorrechteten "christlichen" Parteien mehr! Diese prinzipielle Klärung muß zur praktischen Wirklichkeit werden durch die Entmächtigung jener konservativen und nationalistischen Kreise, welche durch ihre Vormachtstellung der evangelischen Kirche heute noch das Gepräge geben, als ob evangelisch und reaktionär identisch wären. In dem Maß, wie diese Machtverschiebung durch Heranziehung der sozialistischen Kirchengenossen zu verantwortlicher Mitarbeit und Mitgestaltung gelingt, wird die Debatte: "Evangelium - Nationalsozialismus - Sozialismus" in die breiteste Öffentlichkeit getragen. Dadurch wird die Resonanz geschaffen für die demonstrativen öffentlichen Disputationen, zu welchen die religiös-sozialistischen Führer nun die nationalsozialistischen Pfarrer auffordern werden. Welche religiösen und theologischen Probleme diesen Disputationen zugrunde liegen, soll im folgenden erörtert werden. Zuerst bedarf es aber noch einer Betrachtung des "nationalsozialistischen Pfarrers".

Der nationalsozialistische Pfarrer ist ein ziemlich eindeutig zu bestimmender psychologischer Typ. Viele dieser Pfarrer gehören der Generation an, welche sich im Krieg von der Universität weg freiwillig stellte und es bis zum Reserveoffizier brachte. Die stark gefühls- und willensmäßig bestimmten Menschen - bzw. die willensschwachen mit deutlichen Überkompensationen - mit Neigungen oder Gaben zur Volkstümlichkeit werden vom Elan der nationalsozialistischen Bewegung mitgerissen. Charakteristisch dafür ist etwa das Urteil eines Pfarrers im "Sonntagsgruß" vom 5.4.31 über die nationalsozialistische Bewegung:

"Oft scheint es, als ob die Nationalsozialisten die einzigen wären, die trotz allen Zwanges der rauhen Wirklichkeit die Hoffnung auf den Sieg deutscher Wahrheit aufrechterhalten; die auch an eine deutsche Zukunft glauben und den Mut haben, darauf loszumarschieren. Weil ich auch immer noch an eine deutsche Zukunft glaube und darum ringe, habe ich die nationalsozialistische Bewegung lieb. In mir und jenen schlägt ein gleicher Rhythmus. Es ist Bein von meinem Bein, und wenn sie heute zugrunde gingen, würde ich versuchen, morgen Ähnliches neu zu gestalten. Sie mußten kommen, sie müssen da sein und sie werden siegen. - Ich liebe die Nationalsozialisten, weil sie frisch drauf losmarschieren."

Ganz unproblematisch, rein gefühlsmäßig stellen sich solche Pfarrer in die Bewegung:

"Ich bete jeden Abend mit dem Vaterunser, daß dies korrupte System (Republik) bald zugrunde gehen möchte. Ich wiederhole auch hier in dieser Versammlung, was ich schon in Zittau gesagt habe: daß dann genügend Hanfstricke vorhanden sein möchten!" (Pfarrer Krieger [Eschefeld] in Meißen am 20.3.31.)

Oder:

"Das Herrlichste, das wir in unserem Kampf gegenwärtig erleben, ist, daß das, was wir hingeben, tausendfach in unsre Brust zurückgeht. Wir wollen nicht eines Tages einen Strohtod erleben, sondern wir wollen im Leben einen Sinn finden; wir wollen wissen, daß wir gelebt haben, zum Sieg und Durchbruch. Ewigkeit, das Wort ist Phrase, wenn wir sie nicht empfinden als Macht, der wir uns hingeben. Der Glaube muß in der Persönlichkeit aufgehen, sonst ist er tot. In Adolf Hitler sehen wir die Kräfte wieder aufbrechen, die einst dem Heiland gegeben wurden.... Unser Weg ist rauh, aber eins wissen wir, daß wir eine reine Seele dabei behalten! Auf ein Golgatha folgt auch eine Auferstehung. Noch stehen wir auf dem Weg nach Golgatha. Mancher wird auf ihm bleiben, doch die Seele, die kann man uns nicht rauben. In deine Hände geben wir unsern Geist, für Adolf Hitler sterben wir gern" (Pfarrer Leutheuser [Flemmingen] nach "Peniger Tagblatt" 20. 1. 31.)

Von da bis zu dem geistlichen Rat, "führende Finanzgrößen an die Wand zu stellen und einige handfeste Männer nicht gerade mit Gesangbüchern ihnen gegenüber" (Pfarrer Peperkorn (Viöl) in Wyk auf Föhr am 11.3.31) ist es schließlich kein allzu weiter Weg mehr.

Das ist der Typ nationalsozialistischer Pfarrer, die (sogar im Braunhemd) in nationalsozialistischen Massenversammlungen auftreten, "Politik" in der Weise treiben, daß sie den "christlichen Charakter" des nationalsozialistischen Wirtschaftsprogramms herausheben, nämlich "Gemeinnutz geht vor Eigennutz" und die "Brechung der Zinsknechtschaft", die ihren gefühlsmäßigen Nationalismus als "gemäß der göttlichen Schöpfungsordnung" verkündigen, die Adolf Hitler und den Nationalsozialismus als "gottgesandt" proklamieren und in Standartenweihen in der Kirche, Feldgottesdiensten, Totengedächtnisfeiern mit waffengeschmücktem Altar, Kampfpredigten bei Bestattungsfeierlichkeiten für solche, die im politischen Kampf getötet wurden, ja die, mit dem Titel "Standartenpfarrer" dekoriert, verkündigen, daß "sich die evangelische Kirche einig wisse mit der deutschen Freiheitsbewegung".

Wird so für den Außenstehenden und vor allem für das der Kirche mißtrauisch gegenüberstehende marxistische Proletariat der Eindruck erweckt, daß die evangelische Kirche, wie früher monarchistisch, nun nationalsozialistisch sei - und die Propagandaleitung der NSDAP legt natürlich Wert darauf, die Kirche mit dem starken seelischen Einfluß ihrer Feiern und ihrer Pfarrerschaft zu Agitationszwecken zu benutzen -, so soll doch nicht verkannt werden, daß viele nationalsozialistische Pfarrer nur deshalb parteipolitisch tätig sein wollen, um "die politische Bewegung zu christianisieren". Sie wollen "den Durchbruch zur letzten Glaubenstiefe herbeiführen helfen" und bemühen sich deshalb, die heidnischen Symbole christlich auszudeuten. Das geht aus der Debatte im Deutschen Pfarrerblatt, die von Ende 1930 bis Mitte 1931 über "Christentum und Nationalsozialismus" geführt wurde, deutlich hervor. Man weist auf das Versagen der Kirche gegenüber der marxistischen Bewegung im vergangenen Jahrhundert hin und will gerade durch politische Mitarbeit in Stahlhelm und NSDAP missionarisch wirken. Hierfür entwickelte bei der Tagung des "Gesamtverbands für Innere Mission" (!) in Karlsruhe im Mai 1931 Pfarrer Willm (Potsdam) das Programm der "christlich deutschen Bewegung", wonach in die politischen Rechtsparteien Kampfgruppen von Pfarrern und Laien eingebaut werden müssen, welche an der politischen Bewegung und an den politisch tätigen Pfarrern bewußt missionarische Dienste leisten ("Neue Wege der Volksmission"[!]). Weit mehr scheint aber jene Tendenz zu überwiegen: die politische und die religiöse Sphäre vollkommen voneinander zu trennen. Es ist typisch, daß man sich dabei auf Luther beruft, welcher "säuberlich zwischen Staat und Gottesreich geschieden habe" (Pfarrer Schmitt (Nünschweiler-Pfalz) bei einer Pfarrfreizeit über Kirche und politische Parteien, Pfingsten 1931). In beiden Gebieten herrschten vollkommen unterschiedliche Gesetzmäßigkeiten, man dürfe Christentum und Politik nicht miteinander vermischen. So gewinnt man die Freiheit für Staatsabsolutismus, Imperialismus, Terror, Rassenhaß usw. für die politische Sphäre und "rettet" die "Gnadenmacht des Christentums" für die rein persönliche Sphäre des einzelnen Menschen.

"Hitler arbeitet darin ganz aus dem Geist Luthers, daß er sich gegen die Suprematie des Religiösen über den Staat wendet, denn nach Luther gibt es nur eine christliche Bevölkerung im Staat, aber keinen christlichen Staat" (Pfarrer Schmitt, s. o.).

Es wird auf der einen Seite gegen den Vorwurf der Rassenvergötzung entschieden Stellung genommen und gegen Dinter und ähnliche Verkündiger einer Germanischen Religion gekämpft, ja es werden religiöse Betrachtungen in nationalsozialistischen Tageszeitungen ganz unpolitisch, abstrakt religiös, dogmatisch orthodox abgefaßt - und es wird auf der andern Seite alles Denken und geistig-seelische Leben auf das "Blut" zurückgeführt, gegen das A. T. und Paulus gekämpft, Karl Marx einfach deswegen verfemt, weil er Jude war, und in religiösen Betrachtungen eine Übersteigerung jenes aus der Kriegs- und Vorkriegszeit genügend bekannten national-idealistischen deutsch-evangelischen Bindestrichchristentums dargeboten. So wenig, wie auf kirchenpolitischem Gebiet eine Klarheit darüber existiert, ob man überall eine eigene Kirchenpartei, die "Deutschkirche", aufmachen will, oder ob man in den alten Gruppen, hauptsächlich in der positiven, verbleibt, so wenig besteht eine theologisch-ideologische Klarheit. Gerade die von uns religiösen Sozialisten eingeleiteten Disputationen werden zur Klarheit führen müssen. Wir haben zu beweisen, daß die Bejahung der nationalsozialistischen Bewegung dazu führen muß, daß die faschistische Ideologie das Evangelium umprägt und verfälscht, und daß es um der Wahrheit willen zu der Entscheidung kommen muß: Christuskreuz oder Hakenkreuz! Wir werden das tun trotz der Mahnung von D. Wahl, dem Schriftleiter des "Deutschen Pfarrerblatts", der den religiösen Sozialisten zuruft: "Verdirb es nicht, es ist ein Segen drin."

Wenn wir die Wahrheitsfrage stellen, bedienen wir uns der marxistischen Methode der "materialistisch-dialektischen Geschichtsbetrachtung" zur Analyse der nationalsozialistischen Bewegung und zur Klarstellung der Funktion, welche sie - mit oder ohne den Willen der einzelnen Funktionäre und Mitglieder - in der heutigen politischen und wirtschaftlichen Situation zu erfüllen hat. Sie ist eine Bewegung des Bauern- und Bürgertums, die in der Weltwirtschaftskrise des Hochkapitalismus, die in Deutschland verstärkt ist durch die Reparationslasten, ausbrach, weil diese Schichten (Bauern, Kleingewerbetreibende, Angestellte, Beamte, Rentner, Intellektuelle) sich wehren gegen einen doppelten Feind: gegen die drohende Proletarisierung als ihr unvermeidliches Schicksal und gegen die Weltplutokratie als die vermeintliche Urheberin dieser Not. Die noch wachsenden Millionenmassen konnten deswegen durch die überaus geschickte Propaganda der NSDAP und ihre skrupellose Demagogie gewonnen werden, weil sie stimmungsmäßig antikapitalistisch sind. Sie wollen keinen Sozialismus, keine genossenschaftliche oder verstaatlichte Planwirtschaft.

"Wir stehen grundsätzlich auf dem Boden des Privateigentums... Sie haben gar keinen Grund, uns sozialistische Tendenzen zu unterschieben..." (Gottfried Feder, der von Hitler besonders bevollmächtigte Programmatiker der NSDAP im Reichstag 4.12.30).

Sondern auf allen Gebieten der Wirtschaft sollen die Gesetze des freien Marktes und die ungebundene Führerinitiative in der Industrie entscheiden, also das System des liberalen Frühkapitalismus gelten.

Nur an einem Punkt, dem des Geldwesens, will man eine Art "Staatssozialismus" errichten. Um Deutschland aus seiner Abhängigkeit von der Weltwirtschaft möglichst zu befreien, erstrebt man ein autarkes Weltwirtschaftsimperium mit großem Kolonialbesitz und Raumvermehrung nach dem Osten Europas hin. Der Rassegedanke muß zum beherrschenden ideologischen Überbau dieser erstrebten Nationalwirtschaft werden: positiv im Rassedünkel, weil die bevorzugte arisch-germanische Rasse ein absolutes Recht auf Weltherrschaft und Unterdrückung der minderwertigen Rassen hat (z.B. gegenüber Slawen und Ungarn), - negativ im Antisemitismus, weil der Jude als alleiniger Inhaber des "raffenden Kapitals" nur entrechtet zu werden brauche, damit dann das "schaffende Kapital" sich ungehemmt zum Segen aller produktiv tätigen Menschen auswirken könne. Diese Wandlung der wirtschaftlichen Verhältnisse zu schaffen, ist Aufgabe des absoluten und wehrhaften Staats. Er diktiert dem Wirtschaftsleben, hält alle revolutionären Bewegungen des "Untermenschentums" (Proletariats) nieder und stützt sich "auf eine

Auswahl der neuen Herrenschicht, die nicht von irgendeiner Mitleidsmoral getrieben wird, sondern die sich darüber klar ist, daß sie auf Grund ihrer besseren Rasse das Recht hat, zu herrschen, und die diese Herrschaft über die breite Masse rücksichtslos aufrecht erhält und sichert" (Hitler am 1.7.30 zu Dr. Otto Strasser).

Dieser Staat hat nach dem Vorbild des faschistischen Italien (Mussolini bekennt sich selbst zur hegelianischen Auffassung des Staatsabsolutismus) das alleinige Recht auf die Kinder- und Jugenderziehung (daher dessen Konflikt mit dem Papst), militarisiert die junge Generation von früh auf und sieht in der Kriegerkaste, im Kriegsheldentum die Blüte der Nation (vgl. Rosenbergs Staatsorganisation im "Mythus des 20. Jahrhunderts"). Von diesem Ideal des kriegerischen Heroismus aus wird die gesamte soziale und individuelle Ethik bestimmt. Der diktatorische Militärstaat, der prinzipiell jeder Demokratie abgeneigt ist, konstituiert das System der wirtschaftlichen "Korporationen". Über diesen Staat sagt nach einer eingehenden historischen und juristischen Analyse Hermann Heller in seinem Buch "Europa und der Faschismus" (Berlin 1929, S. 123): "erst dadurch, daß der Faschismus neben der militärischen Macht, der Miliz und der politischen Herrschaftsorganisation der Partei auch noch über die ökonomischen Interessenverbände der Massen (Arbeitersyndikate) verfügt, gelingt es ihm, sich an der Macht zu erhalten... Alles in allem kann der Faschismus durchaus nicht als eine neue Staatsform gelten, sondern als die der kapitalistischen Gesellschaft entsprechende Form der Diktatur."

Vergleicht man hiermit das Buch des Syndikus des Reichsverbands der deutschen Industrie, Hans Röpke: "Der Nationalsozialismus und die Wirtschaft" (Verlag Elsner, Berlin), so findet man für die NSDAP die Bestätigung, daß auch in Deutschland die Zielsetzung dieselbe ist: der kleinbürgerliche Antikapitalismus ist revidiert, Abschaffung des arbeitslosen Einkommens, Verstaatlichung aller bereits vergesellschafteten Betriebe, Gewinnbeteiligung an Großbetrieben usw. stehen nur noch auf dem Papier:

"Es ist gar kein Zweifel, daß die antikapitalistische Parole des Nationalsozialismus, die heute in eine antimaterialistische veredelt worden ist, ursprünglich eine viel zu mechanische war. Die diesbezügliche programmatische Forderung, die später einbezogen wurde in die Brechung der Zinsknechtschaft, lautete: Abschaffung des arbeits- und mühelosen Einkommens. Das bedeutet klipp und klar Abschaffung von Rente und Profit. Hier stand schon das schwere Geschütz, mit dem Marx die Position des Kapitalismus beschossen hatte, und wir brauchen uns darüber keiner Täuschung hinzugeben, daß die Forderung heute noch große Popularität besitzt" (S. 30/31).

Es ist nur ein Zeichen für die dauernd in Programm und Praxis der NSDAP festzustellende "Tarnung", wenn Röpkes Deutungen jetzt als nicht parteioffiziell abgeschüttelt werden. Sie begründen zu gut, warum Hugenberg und die Schwerindustrie in der national"sozialistischen" "Arbeiter"partei einen so willkommenen Bundesgenossen erblicken. Man tarnt die Widersprüche im Programm mit angeblichem "Antimammonismus". "Marxismus und Kapitalismus sind beide materialistisch und mammonistisch; der Nationalsozialismus ist antimammonistisch und idealistisch!" Die Auguren wissen, daß mit der Parole "Antimammonismus" innerhalb der Systematik des Kapitalismus zur Vernebelung der Gehirne Camouflage des wahren Sachverhalts getrieben wird. Und sie lächeln über ihren Erfolg, daß alle diese schicksalsmäßig antikapitalistischen Massen nun mit glühender Begeisterung militant geworden sind, durch ihre militärischen Formationen die Macht im Staat zu erobern sich anschicken, welche dann von diesen an der Stabilisierung des Kapitalismus interessierten Herren allein in ihrem eigenen Interesse, gegen jene frühkapitalistischen Romantismen und gegen die Sozialpolitik der bisherigen Republik verwandt werden soll; denn deshalb proklamiert man die "Krise der Demokratie", weil durch demokratische Mitbestimmung bei der staatlichen Gesetzgebung der Kapitalismus immer mehr entmächtigt wurde. So spielt der Begriff "Antimammonismus" bei den Nationalsozialisten eine ähnlich verhängnisvolle Rolle wie in der Ideologie jener konservativen christlichen Sozialtheoretiker um den "kirchlich-sozialen Bund", welche den Kapitalismus als System bejahen, aber ihm ein soziales Gewissen einsetzen wollen, was nur in jener Fabel Meyrinks von dem "Löwen Alois" gelingt, der in einer Schafherde erzogen, schließlich zum braven Schaf geworden ist.

In unsern Diskussionen und Kämpfen mit dem Nationalsozialismus spielen diese wirtschaftstheoretischen Fragen eine entscheidende Rolle. Ausführlicher, als es hier dargestellt werden kann, arbeiten wir aus der nationalsozialistischen Theorie und Praxis mit genauer Kenntnis des Materials und durch Vergleiche mit dem italienischen Faschismus den kapitalistischen Charakter dieser "sozialistischen" Bewegung heraus. Jener Gefühlsnationalismus und Gefühlssozialismus unsrer nationalsozialistischen Amtsbrüder kann einer solchen scharfen Analyse nicht standhalten. So wenig wie die andern durchschnittlichen politischen Führer der NSDAP. Dann müssen eben die fehlenden geistigen Verteidigungswaffen ersetzt werden durch Provokation von Tumulten, und die "geistig unbelasteten" SA-Leute führen mit Brachialgewalt die Diskussion weiter. Eckert, Kleinschmidt und ich haben schon solche Erlebnisse gehabt.

Und wie in der Wirtschaftstheorie, so muß vor allem auch bezüglich der Stellung zum Krieg und zur Außenpolitik das gewissenlose Spiel mit Romantismen durch unerbittlichen Realismus niedergezwungen werden. Auch wir waren Kriegsfreiwillige und Frontoffiziere; heute gehören wir zu den vielgeschmähten Pazifisten. Das hat seinen Grund darin, daß wir das tiefste Fronterlebnis darin fanden, daß im letzten Weltkrieg der Krieg an sich selber ad absurdum geführt worden ist und daß ein Sinn für das Sterben von zehn Millionen Menschen nur darin gefunden werden kann, daß aus dieser Saat die Ernte eines wirklichen Völkerbunds und Völkerrechts, einer Weltabrüstung, eines Zusammenarbeitens der Völker hervorgeht. Das typische Beispiel für einen solchen romantischen Imperialisten bildet der Reichstagsabgeordnete Pfarrer Teutsch, der im Juli 1931 (während der Verhandlungen über das Reparationsfeierjahr) in einer großen Festhalleversammlung in Karlsruhe, in welcher er seinen Austritt aus dem "Christlichen Volksdienst" und den Eintritt in die NSDAP begründete, die fulminanten Sätze über begeisterte Tausende hinschleuderte:

"Wir Deutsche sind nicht auf der Welt, um auf uns herumtrampeln zu lassen. - Wenn die andern nicht abrüsten, dann werden wir eben aufrüsten. Das muß jedem ganz klar sein, der sein Volk liebt hat! - Wir sind in diesem Sinne national, weil die ganze Heilige Schrift uns das vorschreibt."

So sind es gerade die nationalsozialistischen Pfarrer, welche mit einer verdächtigen Leidenschaft immer wieder behaupten, daß das Evangelium mit Abrüstung und Abschaffung des Kriegs nichts zu tun habe. Unaufgelöst bleibt der Widerspruch, daß nach dem 14.9.30 Adolf Hitler in seiner Auseinandersetzung mit Gustave Hervé und die Reichstagsfraktion in ihrer Stellungnahme zum kommunistischen Antrag auf Einstellung der Reparationen den "privatrechtlichen Charakter der Schuldverpflichtungen" anerkannten, aber nach außen hin in der gewissenlosesten Weise gegen die "marxistische Erfüllungspolitik" hetzen.

Ist es nicht eine der Öffentlichkeitsaufgaben der Kirche, um der Wahrheit willen sich gegen diese unerträgliche Unwahrhaftigkeit der NSDAP zu wenden? Soweit ich sehe, ist dies von den bürgerlichen Kirchenführern noch nie versucht worden. Man wendet sich in allgemeiner Form gegen die Anwendung von Gewalt und Terror im politischen Kampf (z. B. in der Thüringer Entschließung gegen die Verwilderung des öffentlichen Meinungskampfes). Aber, gehört nicht gerade das auch zur Funktion der "Kirche als Weckerin des öffentlichen Gewissens", daß die Kirchenführer, die doch durch wissenschaftlich gebildete Spezialisten in den kirchlichen Sozialämtern und durch das Tatsachenmaterial des internationalen Instituts in Genf genügend über die Wirklichkeit der Wirtschaft orientiert sein sollten, sich gegen diesen gefährlichen Romantismus wenden? Liegt hier nicht eine viel gefährlichere Versündigung gegen den Geist der Wahrheit vor, zumal wenn der Romantismus aus Machtinteressen künstlich genährt wird, als in aller atheistischen Propaganda der Gottlosenverbände?

Auch in der sehr klugen Erklärung des mecklenburgischen Landesbischofs D. Dr. Rendtorff wird diese Aufgabe der Kirche gar nicht gesehen:

"Die Kirche würdigt die nationalsozialistische Bewegung, warnt vor Vergötzung von Volk und Rasse, mahnt, daß die soziale Forderung des Brudergedankens bis zur Tiefe durchgeführt wird, wo sie zum Angriff auf die innerste Haltung des Menschen wird, und begrüßt schließlich in der nationalsozialistischen Bewegung dankbar das große Wollen."

Man muß eben bedenken, welche Hoffnungen der "deutsch-evangelische Protestantismus" auf die Machtergreifung der Nationalsozialisten für die Wiedergewinnung protestantischer Vormacht in Deutschland setzt. Uns religiösen Sozialisten scheint dieser "deutsch-evangelische Protestantismus" um das Linsengericht äußerer Macht willen das geistige Erstgeburtsrecht zu verkaufen. Er wird in einer nationalsozialistischen Diktatur noch rettungsloser als die alte evangelische Staatskirche in die Abhängigkeit vom absoluten Staat kommen. Sein Versuch, einen Rückversicherungsvertrag auf Gegenseitigkeit mit dem Faschismus zu schließen, wird dazu führen, daß nach einer etwaigen Epoche nationalsozialistischer Diktatur bei dem notwendig kommenden sozialistisch-kommunistischen Gegenstoß nur ein unabwendbares russisches Schicksal die deutschen evangelischen Kirchen treffen muß! Von einem nationalsozialistisch umgeprägten Christentum ist in eine sozialistische Gesellschaft schlechterdings keine Brücke zu schlagen! Die Kontinuität kirchlicher Entwicklung ist dann im Protestantismus abgebrochen. Ganz neu, so arm und so reich wie zu der Apostel Zeiten, muß dann Christi Botschaft vom Reich Gottes in der Sprache und Form jener kommenden sozialistischen Ordnung verkündigt werden, nachdem das Blut vieler unschuldiger Märtyrer über die gekommen ist, welche heute in dieser weltgeschichtlichen Auseinandersetzung zwischen Faschismus und Sozialismus nicht erkennen wollen, was der von ihnen geführten Kirche Christi zum Frieden dient.

"Es kommt uns manchmal vor, als ob die heutigen verantwortlichen Führer der Kirche von einer furchtbaren Macht direkt verstockt gemacht worden sind, daß sie nicht sehen können, was ihre Aufgabe ist" (Eckert in seiner Rede vor dem Dienstgericht am 12.6.31).

Man begreife doch einmal in den kirchlichen Kreisen, die gegen uns religiöse Sozialisten für den Nationalsozialismus Stellung nehmen, daß wir nicht als Parteileute der SPD., sondern als evangelische Christen und Theologen mit solcher Schärfe unsre warnende Stimme erheben, weil wir den Gesichten einer dunkeln Zukunft, einer großen Not für die evangelische Kirche nicht wehren können, die uns bedrängen. Und unsre Ahnungen werden Wirklichkeit werden müssen, wenn man unsre Stimmen nicht hört!

Das offizielle nationalsozialistische "Christentum", welches jenen wirtschaftlichen und politischen Ideologien entspricht, diesen "religiösen Überbau" über jene faschistischen, kapitalistischen und imperialistischen Aspirationen lernt man heute nicht so sehr kennen bei den zitierten harmlosen nationalsozialistischen Theologen, sondern man findet es bei den nationalsozialistischen Politikern. Dort erfährt man, was für einen Inhalt das positive Christentum hat, auf dessen Boden nach Punkt 24 des Programmes die NSDAP steht.

"Positiv wird unsre Einstellung zum Christentum vielleicht am besten umschrieben durch die von Minister Dr. Frick empfohlenen Schulgebete" (Das Programm der NSDAP, S. 17f.). Z.B.:

"Vater, in deiner allmächtigen Hand
Steht unser Volk und Vaterland.
Du warst der Ahnen Stärke und Ehr,
Bist unsre ständige Waffe und Wehr.
Drum mach uns frei von Betrug und Verrat,
Mach uns stark zu befreiender Tat,
Gib uns des Heilands heldischen Mut,
Ehre und Freiheit sei höchstes Gut.
Unser Gelübde und Losung stets sei:
Deutschland erwache! Herr, mach uns frei!"

Dies hier von Politikern offiziell gemachte Glaubensbekenntnis paßt doch herrlich zu jenem deutsch-evangelischen Christentum, über welches Karl Barth in seiner Rede "Die Not der evangelischen Kirche" ("Zwischen den Zeiten" 1931, Heft 2, S. 115) schreibt:

"Was soll man davon denken, daß die Assoziation und der Bindestrich zwischen Christentum und Volkstum, evangelisch und deutsch, nachgerade in der Weise in den eisernen Bestand der mündlichen und gedruckten Rede unsrer Kirche aufgenommen worden ist, daß man sagen muß: das, dieser Bindestrich, ist heute das eigentliche Kriterium der kirchlichen Orthodoxie geworden... Wehe dem, der hier, in Sachen dieses in der zweiten Hälfte des 19. Jahrhunderts erfundenen Bindestrichs, von der allgemeinen Linie abweicht... Wäre es nicht besser..., überhaupt vieles nicht zu tun, wenn es ohne diese unmögliche Rolle Jesu Christi neben den vaterländischen Gefühlen dabei nicht abgehen kann? Meint man denn auch nur dem Vaterland durch solche Kombinationen einen Dienst zu tun? Meint man wirklich, es gebe irgendeine nationale Not und Hoffnung, die die Kirche berechtigt, in dieser Weise fremdes Feuer auf den Altar zu bringen? Sollte nicht schließlich auch und gerade einem ernsthaft nationalen Denken die Erwägung möglich und notwendig sein, daß das, was das deutsche Volk heute nötig hat, die Existenz einer evangelischen und gerade nicht einer deutsch-evangelischen Kirche ist?"

Sicherlich befindet sich Gottfried Feder im Programm S. 62 auf der Linie der Kontinuität deutsch-evangelischen Christentums, wenn er orakelt:

"Alle Fragen, Hoffnungen und Wünsche, ob das deutsche Volk dereinst einmal eine neue Form finden wird für seine Gotteskenntnis und sein Gottesleben, gehören nicht hierher, das sind Dinge von säkularer Bedeutung, die auch über den Rahmen eines so grundstürzenden Programms, wie es der Nationalsozialismus verkündet, weit hinausgehen."

Interessant ist die Koordinierung der Religion mit den drei andern Grundprinzipien nationalsozialistischer Erziehung in folgendem Zitat aus der nationalsozialistischen Lehrerzeitung:

"Wir erblicken in den Begriffen Rasse, Wehr, Führer und Religion die Elemente eines gesunden organischen Volkswachstums und die Grundlagen, die ein Volk auf die Höhen der Menschheit führen; sie müssen auch die Fundamente der Erziehung sein."

Adolf Hitlers persönliche Stellungnahme zum Religionsproblem habe ich schon oben berührt. In "Mein Kampf I" streift er es an verschiedenen Stellen, z. B. S. 121 und 382. Er wehrt jene Wodanskultschwärmer strikte ab und bekennt sich zu einem positiven, in fester kirchlicher und dogmatischer Form vor Verflüchtigung geschütztem Christentum. Wer von Hitler nach jenen Apotheosen, die ihn als "gottgesandt" verherrlichen und mit Christus vergleichen, ein lebendiges, persönliches, religiöses Bekenntnis erwartet haben sollte, muß sehr enttäuscht werden. Aber man lernt bei ihm verstehen, welchen Sinn im Erziehungsprogramm jene Koordination der Religion hat. - Die Religion, das "positive Christentum" hat den Wert des stärksten autoritären Erziehungsfaktors im Staat; sie muß deshalb dem Volk erhalten bleiben.

"Der Angriff gegen die Dogmen an sich gleicht sehr stark dem Kampf gegen die allgemeinen gesetzlichen Grundlagen des Staates, und so wie dieser sein Ende in einer vollständigen staatlichen Anarchie finden würde, so der andre in einem wertlosen religiösen Nihilismus."

Es würde also zweifellos die Staatsmacht im Dritten Reich auch bei Ketzergerichten zur Verfügung stehen und einer kirchlichen Bannbulle die staatliche Achterklärung folgen lassen! Insofern ist allerdings ein gewisser Parallelismus mit Luther, der die Hinrichtung von Schwarmgeistern durch die staatliche Obrigkeit forderte.

Will man also - und darauf kommt es an - den Begriff "positives Christentum" klären, dann gehe man nicht zu einem nationalsozialistischen Pfarrer theologisch positiver Richtung. Dort wird mit den Begriffen gespielt, wofür vielleicht folgender Nachruf des Vertreters des nationalsozialistischen badischen Pfarrerbunds am Grab eines Demonstrationsopfers charakteristisch ist (Pfarrer Kramer (Meißenheim) in Lahr am 29.5.31):

"Mit tiefbewegtem Herzen stehe ich hier, um des teuren Opfers unsrer Bewegung liebend und trauernd zu gedenken. Angesichts des furchtbaren Geschehens rufe ich über das offene Grab des treuen und furchtlosen Kämpfers das Wort des Glaubens und der Hoffnung:"Ist Gott für uns, wer mag wider uns sein?" Die Sache der NSDAP ist bis zur Stunde noch eine Sache des Glaubens und der Hoffnung. Und es müssen Opfer um Opfer dafür gebracht werden... Als Christen liegt uns der Opfergedanke überhaupt nicht ferne. Vom Boden des positiven Christentums aus, auf den unsre Bewegung bewußt sich stellt, sehen wir auf zu dem größten und heiligsten Opfer, das auf dieser Welt geschah am Kreuz auf Golgatha... Und wir meinen, das ist nicht unterchristlicher Geist oder neues Heidentum, wie man von unsrer Bewegung so oft und gern zu sagen pflegt, sondern das ist heiße Liebe zum Vaterland und gläubiges Hoffen auf den geoffenbarten Christengott..."

Der Begriff "positives Christentum" wird ganz eindeutig bestimmt in Alfred Rosenbergs grundlegendem Werk "Der Mythos (sic!) des zwanzigsten Jahrhunderts" (München 1930). Dort ist ihm das "negative Christentum" gegenübergestellt. Dies ist die Bastardisierung des Christentums dadurch, daß seine Verkünder ihr arisches Blut, dessen Träger auch Jesus war, nicht rein erhalten, sondern sich mit asiatisch-syrischem (jüdischem) in Asien, etruskisch-pelasgischem in Italien, sonstigem niederrassischem in den germanischen Ländern vermischt haben. "Negativ" sind der ganze alttestamentliche Prophetismus, die Messiasidee des N. T., Kreuz und Auferstehung des Christus, die Lehre von der Rechtfertigung aus dem Glauben, von der Sündenerlösung durch Gnade, alle christlichen Liebesforderungen, alle Geltung der Demut, der allgemeinen Menschenliebe. Vor allem der Jude Paulus ist verantwortlich für dies negative Christentum; der Papst ist der Medizinmann, der mit der Magie der Sakramente, mit erfundenen Dogmen die allzu menschlichen Ängste und hysterischen Anlagen züchtete, alle freien und starken Charaktere mit der Inquisition zerbrach und schließlich durch den Jesuitismus dieser Medizinmannphilosophie im Vatikanischen Konzil den Schlußstein durch die Unfehlbarkeitserklärung schaffen ließ. Luther findet aber ebensowenig Anerkennung, denn er hat das A. T. und den Paulinismus anerkannt, er konnte von freier Vernunft nicht mehr reden, sondern pochte auf den Buchstaben. - Dieses negative Christentum findet seine Gipfelung in dem Begriff der Caritas, des "kirchlich-christlichen Mitleids":

"Aus dem Zwangsglaubenssatz der schrankenlosen Liebe und der Gleichheit alles Menschlichen vor Gott einerseits, der Lehre vom demokratischen, rasselosen und von keinem national-verwurzelten Ehrgedanken getragenen "Menschenrecht" anderseits hat sich die europäische Gesellschaft geradezu als Hüterin des Minderwertigen, Kranken, Verkrüppelten, Verbrecherischen und Verfaulten "entwickelt". Die "Liebe" plus "Humanität" ist zu einer, alle Lebensgebote und Lebensformen eines Volkes und Staates zersetzenden Lehre geworden...." (S. 163). - "Die Religion Jesu war zweifellos die Predigt der Liebe. Alle Religiosität ist tatsächlich auch vornehmlich eine seelische Erregung, die der Liebe zum mindesten immer nahe verwandt sein wird. Niemand wird dies Gefühl mißachten; es schafft das seelische Fluidum von Mensch zu Mensch. Aber eine deutsch-religiöse Bewegung, die sich zu einer Volkskirche entwickeln möchte, wird erklären müssen, daß das Ideal der Nächstenliebe der Idee der Nationalehre unbedingt zu unterstellen ist; daß keine Tat von einer deutschen Kirche gutgeheißen werden darf, welche nicht in erster Linie der Sicherung des Volkstums dient." (S. 570)

Darum gilt als positives Christentum alles Heidnische und Ehrenhafte! Der Mensch steht nicht demütig vor Gott, sondern er hat Gott in sich, er ist gottähnlich, ja Gott gleich! Darum wird Meister Ekkehart von Rosenberg als der "Apostel der Deutschen" proklamiert, dessen "Gott in der Seele" und "Himmelreich in uns" dem genuinen Jesus am meisten entsprochen haben soll:

"Sich dem Bösen nicht zu widersetzen, die linke Backe hinzuhalten, wenn die rechte geschlagen wird usw., sind feministische Zuspitzungen..., umfälschende Zusätze anderer Menschen. Jesu ganzes Dasein war ein feuriges Sich-Widersetzen. Dafür mußte er sterben" (S. 569)

"Aus dem Schutt (des heutigen Kulturzusammenbruchs) erheben sich heute Mächte, die begraben schienen, und ergreifen immer bewußter Besitz von allen, die um ein neues Lebens- und Zeitgefühl ringen. Die nordische Seele beginnt von ihrem Zentrum - dem Ehrbewußtsein - heraus wieder zu wirken. Und sie wirkt geheimnisvoll, ähnlich wie zu der Zeit, als sie Odin schuf, als einst Otto des Großen Hand spürbar wurde, als sie Meister Ekkehart gebar, als Bach in Tönen dichtete und Friedrich der Einzige über die Erde schritt. Eine neue Zeit deutscher Mystik ist angebrochen, der Mythus des Blutes und der Mythus der freien Seele erwachen zu neuem bewußtem Leben." (S. 204)

Im Zentrum des nationalsozialistischen Denkens über Religion steht also der nordische heldische Mensch, dessen sittliche Grundbegriffe Ehre, Freiheit, Pflicht aus der Seele seiner Rasse emporsteigen und den deutschen Gott schaffen.

"Mit dieser Erkenntnis, daß Europa in allen seinen Erzeugnissen schöpferisch gemacht worden ist allein vom Charakter, ist das Thema sowohl der europäischen Religion als auch der germanischen Wissenschaft, aber auch der nordischen Kunst aufgedeckt. Sich dieser Tatsache innerlich bewußt zu werden, sie mit der ganzen Glut eines heroischen Herzens zu erleben, heißt die Voraussetzung jeglicher Wiedergeburt schaffen" (S. 112).

Die kirchlich-positiven Theologen sollten wohl bei so viel Widersprüchen gegen ihr positives Dogma einige Zweifel darüber verspüren, ob ihr Begriff von positivem Christentum mit dem der Nationalsozialisten sich deckt. Man beachte bei all den Ausreden, Rosenbergs Buch sei eine Privatarbeit, daß er der Hauptschriftleiter des "Völkischen Beobachters" ist und wirklich konsequent auf den oben dargestellten wirtschaftlichen und politischen Fundamenten den Tempel nationalsozialistischer Religion aufgebaut hat. Das ist die gleichzeitig mystische wie rationalistische Herrenreligion des nordischen Aristokraten und Welteroberers, der sich seinen Gott selbst schafft. Hitler müßte, um einen Ausgleich zwischen Rosenberg und seiner Religionsansicht zu schaffen, nun eigentlich eine zwiefache Religion im Dritten Reich statuieren: eine dogmenlose für die Führer (Rosenberg lehnt alle Dogmen und Wunder ab) und eine dogmengebundene für die breite Masse! - Bei Rosenberg liegt über dem Verhältnis von Blut und Geist das Dunkel der Mystik. Kleinere Geister als er sinken gerade in den blanken Materialismus zurück, den sie bei den "Marxisten" so hochmütig bekämpfen. Ein Beispiel dafür ist das Buch "Jesus der Arier - ein

Heldenleben" von Hans Hauptmann (Deutscher Volksverlag Dr. E. Boepple, München):

"Jesus war Arier, nordischer Mensch... tiefer und heißer durchglüht als alle vom arischen Gottwissen, vom Heldengeiste arischen Blutes. Eine Kampfnatur... Ihm ist es zur Gewißheit geworden, daß allein der arische Mensch gottgeschaffen nach dem Ebenbild des Vaters sei, allein der berechtigte Herr der Erde nach dem Willen des Schöpfers!... Mit der Sünde wider den Heiligen Geist, die nicht vergeben werden kann, kann Jesus keine andre als diese Blutsünde gemeint haben: die fluchtbeladene Selbsterniedrigung der Hochrasse durch die Vermischung mit Niederrassigen..." (S. 6, 7).

Ohne alle "Wunder" wird ein romantisch-kitschiges Lebensbild Jesu gegeben, von welchem noch ein Stück aus der Bergpredigt zitiert sein mag, welches die Überschrift trägt: "Der Hochtag" (S. 107 ff.):

"Fünfzig essäische Jünglinge gingen auf dem Weg zur Schule vor Jesu und seinen Jüngern her, fünfzig folgten ihnen. Ihnen zu Ehren hatte Jesus die weiße Stirnbinde mit dem goldenen Hakenkreuz und ein weißes Linnenkleid angelegt....

So bin ich denn müde geworden, in Gleichnissen zu euch zu reden, und will euch fortan rütteln mit rauher Hand. Ich habe zu euch gesagt: Meinet ihr, daß ich gekommen sei, Frieden zu bringen auf Erden? Ich sage: Nein! sondern Zwietracht! Und ein andermal: Wähnet nicht, daß ich den Frieden zu bringen gekommen sei, sondern das Schwert! Und ich habe ein drittes Mal zu euch gesprochen: Ich bin gekommen, daß ich ein Feuer anzünde auf Erden; was wollte ich lieber, denn es brennete schon! -

Die Zwietracht, von der ich sagte, bedeutet, daß die Gottessöhne, wo immer sie wohnen, einen Wall um sich aufwerfen müssen gegen die Niederrassigen und Mischlinge, die Kinder des Teufels! Das Schwert, von dem ich sagte, bedeutet, daß die Gottessöhne nur zur Vernichtung der Niederrassigen und Mischlinge, der Kinder des Teufels, über diesen Wall herausbrechen dürfen! Das Feuer, von dem ich sagte, ist der Tag des Gerichts, der leuchten wird und muß über dem Sieg der Gottessöhne und über dem Untergang der Niederrassigen und Mischlinge, der Kinder des Teufels! Wahrlich, ich rate euch: tut an das Kleid der Keuschheit, damit ihr euch auf die artreine Liebe zu edelgeborenen Frauen unseres Stammes beschränket!"

Difficile est, satyram non scribere, wenn man die Ausdeutung des Unser-Vater-Gebets, des Abendmahls, der Abschiedsreden, des Todes Jesu aus dem Geist dieser arischen Blutreligion liest! - Ist dies nun das positive Christentum der Nationalsozialisten?

Da ist doch jener Aufsatz "Der Faschismus als Wille zur Weltherrschaft und das Christentum" von J. Evola in "Critica Fascistica" Rom vom 15.12.27 weit ehrlicher, der in der "Eiche" II, 1928 abgedruckt ist: Er lehnt das Christentum als Grundlage des faschistischen Staates glatt ab! Zwar mußte angesichts der damaligen Verhandlungen zwischen Mussolini und dem Vatikan die Critica Fascistica in der nächsten Nummer von dem Verfasser abrücken und erklären, der Artikel sei eine einzige Ketzerei; aber sicherlich ist die Tatsache, daß jener Artikel gerade die Wahrheit über das Wesen der faschistischen Staatsreligion enthält, bedeutsam, damit der Nichtitaliener verstehen kann, warum es trotz jenem Konkordat, das den Katholizismus zur Staatsreligion erklärte, zu immer neuen Spannungen zwischen Papst und Mussolini kommen mußte.

"Das Christentum ist in der Tat der tiefste Grund aller jener heutigen Formen sozialer Degeneration, gegen die der Faschismus sich als Gegenbewegung erhoben hat. Nein sagen zu einer kommunistischen, humanitären, gleichmachenden Ideologie heißt Nein sagen zu allem, worin man heutzutage den Geist des Urchristentums zusammenfassen kann. Hier hat der Faschismus nicht nötig zu wählen. Er hat schon gewählt.

Unser Gott kann nur der aristokratische Römer sein, der Gott der Patrizier, zu dem man stehend und erhobenen Hauptes betet und den man an der Spitze der siegreichen Legionen trägt, - nicht der Schutzpatron der Verzweifelten und Betrübten, den man zu Füßen des Kruzifixes anfleht, in der vollständigen Auflösung der eigenen Seele.

Unser Ideal kann nicht der Gott-Mensch sein, der Gott, der liebt und leidet, das gerechtfertigte Sühneopfer auf dem Schreckenshintergrund der Apokalypse, der Gehennas, der Prädestinationen - sondern der siegreiche Mensch-Gott, der Held der hellenischen Mythen, Mithras, der Besieger der Sonne und des 'Stiers', Siva, der schreckliche, tanzende Gott, die leuchtenden, mächtigen, kosmischen Wesen, gereinigt von Leidenschaft, erloschen für Sehnsucht und Gier, geweiht durch Mysterien.

So sagen wir, daß, wenn der Faschismus Wille zur Weltherrschaft ist, er, zur heidnischen Tradition und Geistigkeit zurückkehrend, wirklich er selber sein wird und dann wirklich in jener Seele brennen, die ihm heute noch fehlt und die kein christlicher Glaube ihm jemals geben kann."

In einem solchen Bekenntnis ist die Mystik überwunden. Da ist dem Pfarrer auch wieder eine klare Aufgabe gestellt:

"Er muß der Rasse und dem Volkstum zu gesunder Entwicklung verhelfen. Er muß, sagt Ziegler, Kampfgeist und völkischen Willen besitzen, muß als Kanzelredner nationalen Instinkt und historischen Sinn wecken, insbesondere die germanische Vorzeit veranschaulichen. Je weniger er durch christliche Vorurteile wie Nächstenliebe, Friedfertigkeit, Demut gehemmt ist, desto besser - muß man schließen - ist er geeignet. Für die knechtischen jüdisch-christlichen Werte blüht ihm reicher Ersatz in den völkischen, in systematischer vaterländischer Jugenderziehung" (Friedrich Franz von Unruh in der "Frankfurter Zeitung" vom 23.2.31).

Hat nach dieser Darstellung, die es sich versagt, auf alle die traurigen Erscheinungen des nationalsozialistischen Tageskampfes einzugehen, nicht jener Aufruf der religiös-sozialistischen Internationale recht, wenn er sagt:

"Man darf sich nicht durch den christlichen Schein der Bewegung über ihren wahren Charakter täuschen lassen. Abgesehen davon, daß das christliche Bekenntnis in ihrem Munde zugestandenermaßen oft bloß wieder Demagogie ist, also schlimmster Mißbrauch des Heiligen zu fremden Zwecken, so liegt doch offen zutage, daß sie das Kreuz Christi unter der Hand in das Hakenkreuz verwandelt, also das Sinnbild der vergebenden und rettenden Liebe Gottes für alle in das Zeichen selbstgerechter und hochmütiger Ausschließlichkeit, ja sogar des Hasses und der Gewalt. Ist das nicht die schlimmste Lästerung des Kreuzes, die man sich denken kann?

Ihr Vertreter der Sache Christi: Solltet ihr das nicht sehen? Solltet ihr nicht die ungeheure Gefahr für die Sache Christi sehen, die in dieser Verwechslung liegt? Wenn der Gewaltgedanke, der mit diesem Götzendienst des Nationalismus aufs engste verbunden ist, mit einer noch nie dagewesenen Frechheit sein Credo in die Welt schreit, wer wäre so abgestumpft, um ihn nicht als frivole Gottlosigkeit zu empfinden? Und der zäsarische Despotismus, der den Staat zum Gotte macht, der nichts neben sich gelten läßt, der keine Regung des selbständigen Gewissens duldet und seine Gegner mit Gewalt und Mord unterdrückt, wie kann er neben dem Anspruch auf die Freiheit eines Christenmenschen, die das Palladium des Protestantismus, und neben dem Anspruch auf die Herrschaft Christi über alles Leben bestehen, die der Sinn des Katholizismus ist?"

Die religiös-sozialistische Bewegung, die so das Gewissen der christlichen Kirchen zu einer klaren Auseinandersetzung mit dem Nationalsozialismus aufruft, ist keine Bindestrichbewegung im Sinn meiner obigen Kritik am deutsch-evangelischen Christentum! Sie hat nie Reich Gottes und Sozialismus verwechselt, sie trägt die Erkenntnis der dialektischen Theologie von der Autonomie Gottes in sich. Ihr Glaube ist auf Gott und sein Reich gerichtet. Gerade darum sieht sie mit Blumhardt den jetzigen Augenblick der schweren Erschütterung des Weltkapitalismus, des Versagens aller Gewalt- und Kriegsideologie, des Willens aller unterdrückten Klassen und Völker zu einer Ordnung des Friedens und der Gerechtigkeit - als einen Augenblick an, wo im Weltgericht auch Welterlösung - von Gott her! - geschieht. Die frohe Botschaft vom Reich Gottes ergeht heute, nicht wie bei der Reformation des 16. Jahrhunderts zunächst an die Einzelseele, sondern an die großen Menschheitszusammenhänge, sie ist nicht mehr individuell, sondern kollektiv und gerade deshalb in viel eminenterem Sinn auch an die in ihrem Wert unermeßliche Einzelpersönlichkeit gerichtet. Wie ein Spuk, ja wie eine dämonische Personifizierung des Antichrists erscheint demgegenüber jenes arische Blutchristentum, dämonischer als der zynische Atheismus der Besboschniki! Im Kampf gegen diese Mächte glauben die religiösen Sozialisten die Aufgabe zu erfüllen, welche der Kirche Christi heute gestellt ist. Es mag dem herrschenden deutsch-evangelischen Kirchentum als eine Anmaßung erscheinen, wenn die zahlenmäßig noch kleine religiös-sozialistische Bewegung es für sich in Anspruch nimmt, daß sie allein die Sache Christi in der Kirche verteidigt. Die Entscheidung hat der Herr der Geschichte, Gott, in der Hand. Sein Urteil lautete regelmäßig anders als das der Kirchengerichte. Für die religiösen Sozialisten liegt die Situation etwa so: Rettet sich aus der jetzigen Kirche noch einmal die demokratische Republik, dann wird der Nationalsozialismus in gemäßigter Form die Ideologie einer breiten bürgerlichen Rechten werden und wird die evangelische Kirche als die festeste Säule seiner Ideologie beanspruchen; dann muß der Kampf der religiösen Sozialisten in der Kirche geführt werden. Geht die Republik unter, und erhebt sich gegen die Verzweiflungskämpfe des Proletariats die nationalsozialistische Diktatur, dann wird aus der hiervon abhängigen faschistischen Staatskirche das marxistische Proletariat entfliehen; die religiös-sozialistische Bewegung wird dann in der Kirche durch die Maßnahmen der weltlich-geistlichen Obrigkeit schnell erledigt sein und außerhalb der Kirche als eine der Form nach profanisierte Bewegung ohne Sektencharakter für die Sache Christi in der marxistischen Gesamtbewegung einzustehen haben. Erwächst - was notwendig ist - aus dem Kampf gegen die kapitalistische Reaktion die sozialistische Revolution, dann ist das Schicksal der "deutsch-evangelischen" Kirche besiegelt. Dann wird jener religiöse und kirchliche Neuanfang geschehen müssen wie im heutigen Rußland. Aber gleichzeitig wird auch in den andern Kontinenten der Erde die Umgestaltung der Produktionsverhältnisse nach dem Grundsatz der Gerechtigkeit sich durchsetzen, und damit wird jene neue Welt emporsteigen, in welcher das "ganze" Evangelium Jesu vom Reich Gottes eher lebendig und eine christliche Kirche eher zum Gewissen der Welt werden kann als in der vom Nationalsozialismus heute noch einmal gestützten Welt des Kapitalismus und Imperialismus.

(11)
"Wir sind der Sturm, wir sind der Sieg!"
Rede im Nibelungensaal Mannheim am 19. Februar 1931

Der Oberkirchenrat hat durch seine Pressestelle folgende Erklärung im "Fall Eckert" gegeben: "Wie nicht anders zu erwarten war, wird jetzt durch Pfarrer Eckert und seine Freunde eine umfangreiche Pressefehde gegen den Oberkirchenrat zu führen gesucht. Im Vordergrund all der Erklärungen und Betrachtungen steht dabei die Meinung, das Dienststrafverfahren sei aus politischen Erwägungen eingeleitet worden. Demgegenüber muß mit aller Eindeutigkeit gesagt werden, daß weder allgemeinpolitische noch kirchenpolitische Erwägungen bei den Maßnahmen, die die Kirchenbehörde ergreifen mußte, eine Rolle gespielt haben. Hätte ein anderer Pfarrer, ganz gleichgültig, welcher Richtung er auch angehören mag, sich auch nur annähernd so verhalten wie Pfarrer Eckert, so wäre schon längst gegen ihn vorgegangen worden." (Nach einer Stellungnahme zu dem in Eckerts "Anklage" angeführten Fall des nationalsozialistischen Pfarrers Walter Teutsch in Obereggenen fährt diese Rechtfertigung des Oberkirchenrates fort):

"Die Gründe, warum bei dem Vergehen gegen Pfarrer Eckert politische Momente in den Vordergrund geschoben werden, sind nur zu durchsichtig. Der wahre Kern der Sache, das zügellose, jeder Ordnung hohnsprechende Verhalten des Pfarrers Eckert, das ganz zwangsläufig zu den getroffenen Maßnahmen führen mußte, soll nicht jede Ordnung in der Kirche aufhören, muß um jeden Preis, auch um den der Wahrheit, verdeckt und Pfarrer Eckert muß als ein Märtyrer seiner politischen Überzeugung hingestellt werden. Damit hofft man, auch noch solche Kreise für ihn auf den Plan zu rufen, die sich bisher um die Kirche nichts gekümmert haben."

Vielleicht hat sich der Oberkirchenrat inzwischen davon überzeugt, daß es lächerlich ist, den sozialistischen Kreisen in der Kirche zuzumuten, den Inhalt dieser Erklärung zu glauben. Allein die Tatsache, daß diese Erklärung der Kirchenbehörde nur von den bürgerlichen und nationalsozialistischen Zeitungen, die gegen Eckert Partei genommen haben, Aufnahme fand, mag den Oberkirchenrat darüber belehren, was die sozialistischen Kreise in der Landeskirche von dem politischen und kirchenpolitischen Hintergrund des Vorgehens gegen Eckert denken. Aber das ist das Tragische, daß der Oberkirchenrat seine Erklärung selbst zu glauben scheint! Daß er vor die Öffentlichkeit hintritt, als handle es sich um formale Dinge, daß er nicht zu merken scheint, daß es um den Entscheidungskampf geht darüber, ob die Kirche des Evangeliums und des Protestantismus weiterhin der Hort der politischen und kulturellen Reaktion bleiben soll! Die Dinge haben sich zwangsläufig entwickelt. Gewiß hat der Herr Kirchenpräsident einen Kampf in diesem Ausmaß nicht gewollt. Niemand hat geahnt, daß aus der Frage, ob Eckert in Neustadt eine zweite Rede halten darf, dieser Kampf zwischen dem positiven Kirchenregiment und den religiösen Sozialisten kommen wird, der nun nicht nur die badische Landeskirche erschüttert, sondern über ganz Deutschland hin mit stärkster Anteilnahme und Spannung beobachtet wird. Dieser Kampf ist Schicksal. In ihm wird die seit mehreren Generationen immer wieder unentschieden gebliebene Frage des Verhältnisses von evangelischer Kirche zum Sozialismus ausgetragen.

Und wir nehmen voraus: Siegt jetzt der Kirchenpräsident im verwaltungsgerichtlichen und dienstgerichtlichen Verfahren, bleibt es bei der Amtsenthebung Eckerts, dann donnert mit ungeheuer verschärfter Wucht die Lawine der religiös-sozialistischen Bewegung durch ganz Deutschland! Dann wird die Auseinandersetzung in den anderen Landeskirchen, vor allem in Preußen, mit verstärkter Wucht geführt. Kann aber die Amtsenthebung nicht aufrechterhalten werden, dann haben die Positiven erst recht den Kampf verloren, und es ist ihr Prestige und ihre Vollmacht zur kirchlichen Führung endgültig erschüttert. Bei dem Verfahren gegen Eckert, das vor zwei Jahren wegen des Wahlflugblattes zu den preußischen Kirchenwahlen stattfand, wurde durch das Disziplinargericht das Recht der religiös-sozialistischen Bewegung in der Kirche festgestellt. Damals haben die "Positiven Blätter" voll Zorn sich gegen diese Führung gewandt. Sie empfanden dies Feststellung offenbar als einen Sieg der religiösen Sozialisten. Es wird ihnen bei diesem Prozeß wieder so gehen! Wie überall, wenn eine Macht, die keine Vollmacht mehr zum Regiment hat, mit Gewalt Einfluß und Stelle behaupten will, so gilt ein ewiges Gesetz auch für das Vorgehen der Positiven: "Alles, was sie tun, ist falsch!" Der Schuß ist nach hinten losgegangen!

Und der Krampf, daß nun durch die Dekane in Pfarrkonferenzen festgestellt werden soll, ob

Eckerts Auftreten im Kirchenvolk Ärgernis erregt habe, daß Laien ausdrücklich von Pfarrern hierüber befragt werden sollen, - so demokratisch dieses Verfahren aussieht -, wird wieder zu einem parteiischen Vorgehen. Durch Jahre hindurch haben die Schriftleiter der "Positiven Blätter", und vor allem Herr D. Greiner in Ichenheim, mit persönlichen Verunglimpfungen gegen Eckert und die sozialistischen Pfarrer gehetzt. Den Lesern des "Religiösen Sozialisten" ist der Abdruck des von Gemeinheiten strotzenden Berichts aus nationalsozialistischen Quellen über Eckerts Auftreten in Köln bekannt. Nach dieser Methode handeln die "Positiven Blätter" aber nun seit Jahren. Systematisch wird mit kaltblütiger Geschäftigkeit den positiven Pfarrern und dem positiven Kirchenvolk ein Bild von uns eingeprägt, lieblich umrankt von all dem, was an Pfarrerstammtischen und Pfarrfrauenkaffeekränzchen noch an Klatsch hinzugedichtet wird, welches in all diesen frommen Seelen, die Eckert oder mich weder persönlich kennen noch irgendwo einmal in Predigt oder Rede gehört haben, die Überzeugung entstehen lassen mußte: Eckert ist der wahrhaftige Antichrist, der wahrhaftige Gottseibeiuns. Dieses Vorgehen ist im Prinzip nichts anderes als das der Inquisition im Mittelalter: da man leider nicht mehr verbrennen kann, erledigt man den Gegner wenigstens moralisch. Und das am meisten verbreitete "Kirchen- und Volksblatt", das kirchenpolitisch neutral sein will, stellt sich in edler Beflissenheit in den Dienst dieses persönlichen Kampfes. Nun weiß das Kirchenvolk, auf welches eine positive Kirchenbehörde allein Rücksicht nehmen will, wie es über Eckert und die religiösen Sozialisten zu urteilen hat. Man hat in diese Massen hineingelegt, was man von ihnen herausbekommen will. Wir wundern uns nicht, wenn das Echo einer solchen "Volksbefragung" sein wird: "Heraus mit ihnen aus der Kirche." Und der Stahlhelm und andere "kirchliche" Verbände werden mit ihren "geistigen Waffen" hierzu lärmen, und dann wird man im Oberkirchenrat diese "Volksstimme" als "Gottesstimme" in richtiger Weise würdigen!! - Dagegen tut man nun die großen sozialistischen Massen, in deren Namen Eckert und die religiösen Sozialisten seit zwölf Jahren reden und handeln, die nun einmütig ihrer Empörung gegen das Kirchenregiment Ausdruck geben, einfach ab; sie gehören zu der verdammten Masse derer, "die sich bisher um die Kirche nichts gekümmert haben". Wir geben dem Oberkirchenrat anheim, ein ehrliches Referendum durchzuführen, und schlagen ihm zur Vereinfachung als Text die drei Worte vor: "Wurth oder Eckert?!" Dann wird ja der Oberkirchenrat merken, wie die wahre Stimmung in der Landeskirche ist.

Seit Generationen wird der Kampf geführt, der heute zur Entscheidung drängt. Mir kam in diesen Tagen ein vergilbtes Heft in die Hand, welches im Jahre 1898 der nächste Freund Friedrich Naumanns, der frühere badische Geistliche Martin Wenck, schrieb: "Kirchenregiment oder Gewissenssache, ein Wort über die Stellung des evangelischen Geistlichen zur sozialen Frage, sozialer oder politischer Tätigkeit". Es ist der leidenschaftliche Protest eines Mannes, der um die Mitte der 90er Jahre von der hessischen Landeskirche diszipliniert wurde, weil er in der "Hilfe" nur auf die Möglichkeit hingewiesen hatte, daß die Sozialdemokratische Partei einmal staatsbejahend werden könnte. Er mußte sein Pfarramt aufgeben, wie so viele soziale Pfarrer der damaligen Zeit, die an der reaktionären Kirche verzweifelten. In dieser Schrift erhebt er Anklage gegen die Kirchenbehörde, die Staatskirche, welche gehorsam dem Willen ihres kaiserlichen Herrn, der 1896 mit seinem Telegramm: "Christlich-sozial ist Unsinn" seine maßgebende Meinung diktatorisch zu erkennen gegeben hatte, alle sozial eingestellten Pfarrer dienstpolizeilich überwachten, ihnen politische Betätigung verboten, sie schikanierten, während den konservativen Pfarrern alle Freiheiten, selbst die der Kandidatur bei politischen Wahlen, selbstverständlich gegeben wurden. Kirchhofsruhe war wieder eingekehrt in den Landeskirchen, deren Geistlichen durch die aufrüttelnde Wachsamkeit eines Stoecker und Friedrich Naumann das soziale Gewissen mächtig geweckt worden war. Wenck weist darauf hin, daß die Gewissenskonflikte, in welche die sozialen Pfarrer getrieben wurden, ein Unheil für die evangelische Kirche sind.

Es muß wieder dahin kommen, daß der evangelische Geistliche sich zur sozialen und politischen Tätigkeit verhalten kann genau so, wie es sein bestes Wissen und sein in Gottes Wort gebundenes Gewissen ihm vorschreibt."

Damals gab es noch keine Demokratie in den Kirchen. Der Appell Wencks an die Gemeinden als die Träger des kirchlichen Lebens mußte ungehört verhallen. Pfarrer, die um ihres Gewissens und Charakters willen sich der Reaktion nicht beugen konnten, mußten gehen. Die Redaktionen politischer Zeitungen wurden ihre Kanzeln. In den Kirchen verschärfte sich der Riß zwischen Proletariat und Kirchenobrigkeit. Wenn in Baden auch unter dem liberalen Regime der Vorkriegszeit es weniger zu Konflikten kam als in Preußen und Sachsen, so war doch in einer Zeit, wo in der Schweiz, in den englischen Freikirchen mit Leidenschaft um die Verbindung zwischen Christentum und Sozialismus gekämpft wurde, in den deutschen Kirchen alles still. Und als dann die Revolution kam, als sich in Baden die Wähler liberaler Richtung mehr um den Staatsneubau als um den Neubau der Kirche kümmerten, als das Proletariat nur sehr zögernd den Aufrufen des Volkskirchenbundes Evangelischer Sozialisten folgte, da kam bei einer Wahlbeteiligung von etwa 30 Prozent der Wahlberechtigten die Positive Partei mit beinahe Zweidrittel-Mehrheit an die Macht in der Kirche. In ihr waren alle die politischen Kreise zusammengefaßt, welche mit Ressentiments dem neuen Staat, der Republik und dem Sozialismus gegenüberstanden. Jene Einstellung, welche Wenck 20 Jahre vorher schon als überaltert, als verhängnisvoll für die Kirche gekennzeichnet hatte, wurde zur herrschenden in der Kirche. Der Exponent dieser Richtung war der deutschnationale Abgeordnete, Geheimer Oberkirchenrat D. Mayer. Alle Anträge der religiösen Sozialisten in der Synode wurden mit Hohn abgetan. Bis in die Inflationszeit hingen schwarz-weiß-rote Fahnen aus dem Oberkirchenratsgebäude, bis der Staat, um dessen Papiergeld man zur Fortführung des kirchlichen Betriebs bettelte, gezwungen war, die Kirche vor die Alternative zu stellen. Erinnerlich ist noch, wie bei einem Republikanischen Tag in Karlsruhe der Kirchenpräsident eigenmächtig verbot, daß eine Reichsbannerkapelle vom evangelischen Stadtkirchenturm evangelische Choräle blies, so daß dann vom kath. Stadtkirchenturm "Ein feste Burg ist unser Gott" über der Stadt erklang. - Damals verbot der Kirchenpräsident bei der Fürstenabfindung den Geistlichen ausdrücklich, für die Enteignung einzutreten, und jeder Hinweis auf den kurz vorher in Bethel formulierten christlichen Eigentumsbegriff prallte ab an dem cäsarischen "ICH". ICH war in Bethel und habe an jenen Formulierungen mitgewirkt; ICH erkläre, daß die Fürstenvermögen unter die christlichen Eigentumskategorien fallen: "ehrlich erworben! und in Verantwortung vor Gott und Mitmenschen verwaltet!" - Mit allen Schikanen wurde verhindert, daß Pfarrer sozialistischer Richtung in die badische Landeskirche aufgenommen wurden. Bekannt ist ja noch, daß der frühere badische Pfarrer, Universitätsprofessor D. Wünsch in Marburg mit allen möglichen Quertreibereien daran gehindert wurde, in Karlsruhe Pfarrer oder Religionslehrer zu werden, selbst nachdem er einmal in Karlsruhe bei einer Pfarrwahl die meisten Stimmen hatte. Und als man gar keine andere Möglichkeit mehr hatte, sich den sozialistischen Theologen vom Hals zu halten, entdeckte Herr Landeskirchenrat Bender in Mannheim in der "Volksstimme" Wünschs Stellungnahme zum §218, und dem theologischen Universitätsprofessor, der an der Universität die Studenten zu künftigen Geistlichen heranziehen darf, wurde von der positiven Mehrheit der Kirchenregierung die Befähigung zum Pfarrer in der badischen Kirche abgesprochen, weil er sich gegen das Gebot: "Du sollst nicht töten" versündigt habe. Und in dem schon erwähnten "Kirchen- und Volksblatt" der Positiven, dem meistgelesenen evangelischen Sonntagsblatt, konnte man jeden Sonntag politische Betrachtungen lesen, welche geladen waren mit Böswilligkeiten gegen Republik und "Marxismus". Da wurde die politische und kulturelle Reaktion religiös verabsolutiert und "im Namen Gottes" verkündigt. Ich will nicht die Hunderte Beispiele dafür anführen, wie sich in dieser Zeit durch die positive Partei die Kirche zum Hort der Reaktion machte. Das ist vielleicht als Überschrift über das ganze Verhalten gegen die Sozialisten am charakteristischsten, was in der letzten Synode einmal uns entgegengeschleudert wurde: "Laßt unsere Kirche ungeschoren mit eurem Sozialismus"!

Darin haben wir den Schlüssel zum kirchenpolitischen Verständnis im jetzigen Kampf gegen Eckert. Bei der Kirchenwahl 1926 haben die Positiven dank einem Wahlrecht, welche den ländlichen Stimmen mehr Gewicht als den städtischen gibt, zwar nicht mehr 50 Prozent der abgegebenen Stimmen, aber mehr als 50 Prozent der Sitze in der Synode erhalten. In der Kirchenregierung bekamen sie deshalb mit 5 von 9 Stimmen die absolute Macht. Diese Macht ist durch jeden Stimmenzuwachs auf der religiös-sozialistischen Seite gefährdet! Man braucht darum eine große Lokomotive, die mit viel Dampf den positiven Wagen durch diese Wahl schleppt. Die Deutschnationalen bedeuten nichts mehr. Im Christlichen Volksdienst sind Kräfte am Werk, welche der Kirchenpolitik des Herrn Kirchenpräsidenten durchaus skeptisch gegenüberstehen. Da sind nun die Nationalsozialisten, die doch Vertreter des "positiven Christentums" sind. Sie gilt es, zu gewinnen. Ich weiß, daß man auf jener Seite jetzt schon erwägt, wenigstens indirekte Wahlparolen für die Kirchenwahlen auszugeben. Man braucht für diese "Verlobung" eine anständige Morgengabe. Und so hoch schätzt man den Genossen Eckert doch noch ein, daß man ihn einem solchen Bündnis zum Opfer bringt. Aber nach außen muß man natürlich den gänzlich unpolitischen Schein dieses Prozesses gegen Eckert behaupten. Es wäre sehr lockend, mit den Mitteln der modernen Tiefenpsychologie die eingangs erwähnte oberkirchenrätliche Erklärung zu untersuchen. Jede Formulierung dort ist aufschlußreich für die Richtigkeit einer Deutung von "überkompensiertem Minderwertigkeitsgefühl" heraus, für die Tatsächlichkeit dessen, was abgeleugnet wird.

Aber wir Marxisten sind gewohnt, noch mit dem Rüstzeug der Soziologie an solche Probleme heranzutreten. Auf der Ebene, in der Wirklichkeit der realen Dinge spielt sich in der kapitalistischen Ordnung der Klassenkampf zwischen Proletariat und Bourgeoisie ab. Und die herrschende Klasse sichert sich die "geistigen Kommandohöhen", welche ihren materiellen Machtbesitz zu verteidigen haben. Sie versucht, ihren "Staat" gegen eine demokratische Mitherrschaft der sozialausgebeuteten, proletarisierten Massen zu sichern, damals durch Klassenwahlrecht, heute durch eine beabsichtigte faschistische Diktatur. Sie erobert und beherrscht die Kommandohöhen des Rechts, der Schule und der Kirche. Man weiß noch, was Kaiser Wilhelm II. am 30. April 1889 im Staatsministerium sagte:

"Befehle, Verordnungen und andere Vorschriften, die gegen die Sozialdemokratie erlassen wurden, sind Palliative, die nur äußere Ausschreitungen eindämmen; um sie aber an der Wurzel anzufassen und im Keim zu ersticken, muß man durch die Schule und die Kirche einwirken."

Auch der Nationalsozialismus, dieser letzte Versuch, vom Staat her die Macht der kapitalistischen Ordnung noch einmal zu stabilisieren, schätzt die Kirche so ein: eine geistige Kommandohöhe, eine geistige Zwingburg! Karl Marx hat die soziologische Funktion der Staatskirchen ganz richtig gedeutet. Und die Positiven geben sich alle Mühe, zu beweisen, daß Karl Marx recht hat, daß die Kirchen nur "ideologische Überbauten" über die gesellschaftliche, politische und wirtschaftliche Macht der herrschenden Klasse sind.

Denn diese Positiven haben keinen Glauben! Sie müßten den Gegenbeweis bringen, daß die wahre Kirche, zu welcher sich die Christenheit im dritten Artikel des Glaubensbekenntnisses bekennt, auf einem ganz anderen als dem soziologischen Fundament aufgebaut ist. Durch die ganze Kirchengeschichte hindurch geht ein Kampf, der gegen die soziologisch fundamentierten Kirchen geführt wurde aus Glauben an den lebendigen Gott von den Propheten. Wir denken an die alttestamentlichen Propheten, an die Apostel der ersten Christenheit, an manche tapferen Kirchenväter in der Frühzeit des römischen Staatskirchentums, an die führenden Männer bei den Albigensern und Waldensern, bei den Hussiten und Täufern, an die Reformatoren, an die letzte prophetische Gestalt in der evangelischen Kirche, den 1919 verstorbenen Christoph Blumhardt. Ketzer und Abtrünnige waren alle diese Männer des Glaubens und des Gewissens. Sie wurden verfolgt vom Kirchenregiment um ihres Gewissens willen. Aber sie waren immer die Fundamente einer neuen Kirche! Denn - und darüber muß die neue Methodik einer "Kirchengeschichte von unten" einmal alles Material zusammentragen - diese prophetischen Männer fanden Glauben nur bei den unterdrückten Massen! Aus deren Lage heraus richteten sie ihre aufrüttelnden sozialen Botschaften als konkrete Forderungen Gottes an die Zeit, an die Kirche und die Mächtigen der Welt. "Den Armen wird das Evangelium verkündigt!" Und sie allein hatten Ohren, es zu hören. Als die für die ganze Zukunft der Kirche symbolische Gestalt steht Jesus von Nazareth bei den Mühseligen und Beladenen. Da wird immer wieder die kirchliche Zwingburg zusammengeschlagen. Da verbinden sich immer Revolution mit Reformation! Und Blumhardt, der Erwecker der protestantischen Theologie, für den "Reich Gottes auf Erden" und "der auferstandene Christus erneuert die Welt" die Fundamentalsätze seines Glaubens - und welches Glaubens! - sind, bekennt sich zur Sozialdemokratie, wird der erste Geistliche in ihren Reihen, der 1900 ein Landtagsmandat in Württemberg ausübte. Da wird wahr, was in den 90er Jahren Friedrich Naumann einmal vorausschauend aussprach: "Die sozialistische Bewegung ist die erste Häresie (Ketzerei) in der protestantischen Kirche seit Luther."

Ja! Wir religiösen Sozialisten bekennen uns zu dieser Auffassung in der Überzeugung, daß immer die Ketzer die Träger der kommenden Kirche sind!

Die Positiven sehen ja überhaupt nicht, in welcher weltgeschichtlichen Situation sich das Christentum heute befindet. Sie meinen immer noch, mit braven Predigten an das Einzelgewissen der Unternehmer ihren sozialen Auftrag ausführen zu können. Es erwecke doch der Herr Kirchenpräsident einmal dem Herrn Hugenberg, seinem Parteigenossen, das soziale Gewissen! Wie lächerlich ist solch ein Bemühen im Zeitalter des Hochkapitalismus, wo auch die sozialgesinnten Unternehmer die Gefesselten ihrer wirtschaftlichen Machtorganisationen sind. In dieser "Krisis des Kapitalismus", der sich nicht mehr an seinem eigenen Schopf aus dem Sumpf ziehen kann, muß sich das Christentum mit der Gesamtordnung, mit den großen Kollektivs, welche das Leben der Menschheit bestimmen, auseinandersetzen. Will davon der Herr Kirchenpräsident auch heute noch nichts verstehen, nachdem er mir 1923, als ich zum erstenmal nach einer Reihe von etwa 100 Vorträgen im sozialistischen Proletariat über meine Erfahrungen und diese Grundfrage berichtete, nur eine ironische Ablehnung entgegenstellte?

Wer heute nicht die Frage des Christentums aus der Perspektive betrachtet, welche durch die Vorgänge in Rußland eröffnet ist, ist nicht mehr bevollmächtigt zur Kichenführung! Was nützt es denn, wenn man in Stockholm große Worte von der Wirtschaft redete, daß für sie die Rede Jesu gelten müsse: "Alles, was ihr wollt, daß Euch die Leute tun, das sollt Ihr ihnen auch tun!", wenn man gleichzeitig den privatwirtschaftlichen Kapitalismus aufrechterhalten will, der in seinem Grundprinzip diametral entgegensteht? Die Kirche hat keinen Kredit mehr für Botschaften und Worte! Es werden von ihr Realitäten verlangt.

So stehen wir sozialistische Pfarrer gläubig und als Funktionäre dessen, was die Kirche eigentlich soll, auf unserem Posten! So stehen wir solidarisch neben Eckert! Das ganze Gespinst beamtenrechtlicher Zwirnsfäden, über die das Kirchenregiment uns zum Stolpern bringen will, zertreten wir. Wir müssen! Wir sind keine stummen Hunde, die schweigen können, wenn die Not der Zeit zum Reden drängt. Unsre Waffen sind die Worte, die aus Geist, Gewissenhaftigkeit und dem leidenschaftlichen Willen zur Wahrheit geboren sind. Wer im Vorfeld einer großen Entscheidungsschlacht kämpft, muß allein stehen können! Auch wenn das Kirchenregiment gegen uns ist, wissen wir, daß die wahre Kirche Christi auf unserer Seite ist!

Und wenn um eine so gigantische Entscheidung gekämpft wird: Kapitalismus gegen Sozialismus, dann "springen wir in den Riß der Zeit!" (Lassalle), weil unser Leben dem Proletariat gehört. Da sitzt zu meinen Füßen der Arbeiter, der mich, den Sohn eines deutschnationalen positiven Pfarrhauses, als ich über dem Neckar 1920 Vikar war, in den Betrieb mitgenommen hat; da sitzen die Genossen, mit denen ich halbe Nächte hindurch damals über den Sozialismus und Marxismus diskutierte. Die Wirklichkeit und das Gewissen haben mich in die Reihen des Proletariats gezwungen. Von da ab bekam das Leben einen neuen Sinn. Das Opfer, welches der Schnitt zwischen mir und meinen bürgerlichen Bindungen bedeutete, wurde vielfältig aufgewogen durch den Gewinn an Klarsicht, Mut und Kraft, der mir aus der sozialistischen Bewegung zufloß. Und das bezeugen die Hunderte sozialistischer Pfarrer mit mir. Von da aus ging uns unsere Aufgabe in der Kirche auf. Und wir suchten in der Kirche wahrhaftig nach jenen geistlichen Führern, welche aus ihrem heiligen Amt heraus uns hätten verstehen und unserer Bewegung freiwillig Raum in der Kirche geben sollen! Wir haben Kirchenpolitiker und Juristen gefunden, aber keine Bischöfe! Warum hat man das Amt des Prälaten an unserer Kirche so sehr entleert? Warum will man uns bei dieser Auseinandersetzung so lächerlich kommen, wie damals der Kirchenpräsident Muchow bei meinem zweiten Examen, als er uns ausdrücklich an Römer 13, Ziffer 1, erinnerte: "Ein jeglicher sei untertan der Obrigkeit, die Gewalt über ihn hat"? Es ist weder für Pfarrer noch für die Kirchenobrigkeit eine bequeme Sache, Geistlicher zu sein. Und so einfach lösen sich die Konflikte nicht, wie man jetzt in Thüringen meint, daß man den Pfarrern einfach verbietet, politisch aufzutreten. Gerade heute ist die Tribüne der Politik auch eine Kanzel der Kirche: Und ich will es gerne wagen, mit meinen nationalsozialistischen, deutschnationalen, volksdienstlichen oder anderen Amtsbrüdern ein persönliches oder öffentliches Gespräch über die brennenden Fragen der Gegenwart zu führen, wenn sie, fern von allgemeinen Theorien, das ökonomische und politische Tatsachenmaterial unserer Zeit mit solcher Leidenschaft zur Erkenntnis durchzuarbeiten sich bemühen, wie das mein Anliegen ist. Ich fürchte aber: das möchte eine Bekehrung zum Sozialismus für viele werden.

Eine solche protestantische Kirche, die aus innerer Kraft so viel Freiheit zu geben vermag, die so unabhängig ist von allen soziologischen Mächten, die mit ihrem Wissen so in den kommenden Dingen steht - eine solche Kirche hat die Krisis der Ohnmacht des heutigen Protestantismus überwunden. Sie wirkt wieder anziehend auf die starken und lebendigen Geister! Und Glieder dieser Kirche seid Ihr, meine sozialistischen Genossen und Genossinnen. Wir Pfarrer stehen in diesem Kampf aus unserem Gewissen und in Eurem Namen! Euch trifft man, wenn man geringschätzig von denen redet, "die sich bisher um die Kirche nicht gekümmert haben". Wir wissen, daß Ihr hinter uns steht. Darum wird heute der Kampf, der vor 35 Jahren mit dem Tag der Reaktion in der Kirche endete, durch die Wucht Eures Willens mit unserem Sieg enden müssen. Euer Gewicht, nicht nur zahlenmäßig, sondern auch das Gewicht Eures sozialistischen Glaubens, Eures Ketzerglaubens im Sinne meiner obigen Worte, fällt in die Waagschale. Und die andere Schale mit der positiven Kirchenmacht schnellt empor: "Gewogen und zu leicht befunden!" Sie haben den Wind gesät, sie haben den Sturm geerntet, "nun sind die Stürme aufgewacht!" Gott sei Dank, nach all der stumpfen und stickigen Atmosphäre der vergangenen Jahre! Laßt Euch erfassen von der Gewalt dieses Sturmes! Damit es wahr werde:

"Wir sind der Sturm, wir sind der Sieg!"

(12)
Der Fall Eckert
(1931)

Der Fall Eckert ist entschieden. Zweieinhalb Tage dauerte der Prozeß. Er ging hinter verschlossenen Türen vor sich. Einer unserer Freunde meinte, diese Methode mute an wie ein kirchliches Femegericht. Der Vorsitzende, Oberbürgermeister Dr. Finter (Karlsruhe), hielt sich dabei aber streng an die Vorschriften des Dienstgesetzes, wonach alle Verhandlungen und auch die Urteilsverkündung nicht öffentlich sind. Dadurch entstand das Widersinnige: erst wühlt der Fall Eckert in ganz Deutschland das öffentliche Interesse in einem bei kirchlichen Auseinandersetzungen sonst nicht üblichen Maß auf. Es findet die öffentliche Verhandlung vor dem Verwaltungsgericht am 16. März statt, worüber die Presse ausführlich berichtet. Alles wartet auf die Entscheidung des Dienstgerichts. Aufs höchste gespannt sind die Genossen, vor allem die Mannheimer, denen es um ihren Pfarrer geht. In der gesamten marxistischen Arbeiterschaft wartet man auf den Ausgang in dem Bewußtsein, daß dieser Prozeß alle, die noch zur Kirche gehören, vor eine persönliche Entscheidung stellt. Ein Genosse erzählte mir von einer Motorradreise durch Württemberg und Bayern. In allen Naturfreundeherbergen dieselbe Frage an ihn, als er seine badische Heimat bekanntgab: "Was weißt du von Eckert?", einerlei ob die Genossen vom Süden oder vom Norden Deutschlands waren. Annähernd 100 000 badische Evangelische hatten ihren Namen mit voller Anschrift unter das Votum gesetzt: "Wir unterstützen den Kampf der religiösen Sozialisten und fordern die Wiedereinsetzung von Pfarrer Eckert in sein Amt". Selbst bürgerliche Zeitungen bis weit über die politische Mitte hinaus nach rechts brachten deutliche Meinungsäußerungen gegen die Methode des Oberkirchenrats und forderten eine evangelisch-protestantische Lösung des Konflikts. Wenige Tage vor dem Dienstgericht erschien in dem politisch rechts orientierten "Karlsruher Tagblatt", das noch vor nicht langer Zeit einmal offiziöses Organ des Kirchenpräsidenten war, ein Artikel des bekannten Freiburger Pfarrers D. Paul Jäger unter der Überschrift: "Die Antinomie des evangelischen Pfarrers", dessen Schluß folgendermaßen lautete:

"Das ist nun die Spannung des gegenwärtigen Augenblicks, ob die kirchliche Obrigkeit, wenn der richterliche Urteilsspruch, juristisch völlig einwandfrei, auf Verurteilung und Amtsenthebung des inkriminierten Pfarrers lautet, die Überlegenheit hat, die andere Seite der Antinomie praktisch zur Geltung zu bringen und zu sagen: Wir haben das klare Recht auf Grund des Tatbestandes, Dich abzusetzen, aber wir selbst haben Dich auf die unendliche Aufgabe verpflichtet, die Christus stellt, - und darum bleibst Du im Amte!" Aber - mit Verlaub - wohin kommen wir denn, wenn ein Pfarrer ... So spricht die Angst. Die Kirche darf keine Angst haben. "Die Pforten der Hölle sollen sie nicht überwältigen" sagt Christus, - wieviel weniger ein in seiner Gewissensbindung unbändig gewordener Pfarrer, der der Kirche Christi dienen will, vielleicht mit Unverstand, aber mit Aufrichtigkeit. Und den Aufrichtigen läßt es Gott gelingen (Sp. Sal. 2,7).

Wir warten der Dinge, die da kommen sollen, und hoffen auf eine evangelische Lösung. Denn die Antinomie besteht nur in der evangelischen Kirche. Die katholische Kirche kennt nur die Lösung innerer Konflikte durch die löbliche Unterwerfung unter das Diktat der bischöflichen Gewalt."

So war es eigentlich sinnlos, daß bei einer solchen Spannung die Öffentlichkeit ausgeschlossen war. Sie ist z. T. dadurch hergestellt worden, daß die Verhandlungen bei geöffneten Fenstern stattfanden und die Stimmen der Redner bei den Plädoyers in die idyllische Ruhe des Nympfengartens hinüberklangen, wo der intelligente und innerlich am Prozeß stark interessierte Berichterstatter der Mannheimer "Volksstimme" das wichtigste aufnehmen konnte. Die dramatischen Spannungen traten manchmal, vor allem bei der Rede des Anklagevertreters Dr. Friedrich, effektvoll akustisch in Erscheinung. Da durch uns auch auf Grund der mündlichen Verkündigung die Urteilsbegründung veröffentlicht worden ist, wird der Oberkirchenrat ihren Wortlaut der Presse nach ihrem Erscheinen übergeben. Das kann uns nur recht sein, denn dadurch wird eine öffentliche Debatte über das Urteil und seine kirchenrechtliche und kirchenpolitische Bedeutung möglich.

Die Anklageschrift, die 42 Seiten umfaßte und als Beilage noch die 22 Druckseiten umfassende Begründung des Urteils des Verwaltungsgerichts hatte, forderte die Dienstentlassung Eckerts. Der im Dienstgesetz gezeigte Weg, an den offenbar auch D. Jäger dachte, daß das Disziplinargericht zur Dienstentlassung verurteilt und die Kirchenregierung dann begnadigt, war ungangbar, zumal in der Kirchenregierung die positive Gruppe, die auf die Entlassung Eckerts drängte, 5 von 9 Sitzen hat. Unter den 9 Richtern des Dienstgerichts waren 5 Theologen und 4 Juristen; der Richtung nach außer dem Vorsitzenden 3 Positive, 3 Liberale, 1 Landeskirchler und 1 religiöser Sozialist; der Oberkirchenrat war unter den Richtern durch den Prälaten und den Stellvertreter des Kirchenpräsidenten vertreten. Es mußte also die Antinomie im Kollegium selber erlebt und im Urteil zum Ausdruck gebracht werden. Das Richterkollegium hat sich sein Urteil nicht leicht gemacht. Über fünf Stunden am Sonntag, den 14. Juni vormittags rang es um die Entscheidung. Als Eckert mit den Verteidigern zur Urteilsverkündung den Verhandlungssaal betrat, lag die Atmosphäre des Rückschlags auf stärkste vorhergegangene Spannungen über dem Kollegium: Erschöpfung, Unbefriedigtsein, eine Ahnung davon, daß hier nicht nur über Eckert entschieden worden war, sondern auch über die Unzuständigkeit des Dienstgerichts einem neuen kirchenpolitisch-politischen Prozeß gegenüber. Das Urteil lautet auf Zurückversetzung um 6 Dienstjahre und die Tragung der Kosten. In der mündlichen Begründung führte der Vorsitzende etwa Folgendes aus: "Die Grundlage für die Verhandlung des Dienstgerichts bildet das Urteil des kirchlichen Verwaltungsgerichts vom 18. März 1931. Durch dieses ist festgestellt, daß die Gebote und Verbote der Kirchenbehörde gegenüber Eckert in keinem Widerspruch gegen die Staatsgesetze stehen und daß der Oberkirchenrat sein Ermessen nicht mißbraucht hat. Da diese Entscheidung rechtskräftig und rechtsgültig ist, muß auch Eckert sie gegen sich gelten lassen. Er hat sein Schreiben an den Oberkirchenrat vom 3. Februar "Ich klage an" unzulässigerweise in Zeitungen veröffentlicht. Er hat nach Zustellung des Urteils des Verwaltungsgerichts bewußt rechtswidrig das Redeverbot übertreten, er hat der Behörde den beleidigenden Vorwurf der Parteilichkeit und des Gewaltmißbrauchs gemacht. Das Gericht hat keinerlei Anlaß gefunden, daß der Oberkirchenrat parteilich gehandelt hat oder handeln wollte. Eckert hat eine Reihe von Beleidigungen schriftlich und in seinen Reden gegen den Oberkirchenrat erhoben und dadurch die Würde seines Amtes nicht gewahrt; wenn er auch in der Verteidigung war, kann ihm doch der Schutz berechtigter Interessen nicht zugebilligt werden. Weiter hat Eckert das Verwaltungsgericht mit schweren Beleidigungen angegriffen; auch darin liegt eine Verletzung seiner Dienstpflicht. - Bei der Strafzumessung wurde Eckert zugutegehalten, daß er glaubte, aus Gewissenszwang so handeln zu müssen. Ihm ist ein tief religiöses Wesen zu eigen, und er kann religiöse Gründe für sein Handeln ins Feld führen. Er hat in seiner Gemeinde segensreich gewirkt und voll seine Aufgaben erfüllt; außerdem ist ihm zugute zu halten, daß die bei ihm in Erscheinung tretende Gegensätzlichkeit gegen die Obrigkeit eine weithin feststellbare Zeiterscheinung ist. - Trotzdem erscheinen seine Vergehen so schwer, daß eine Zuruhesetzung hätte verteten werden können. Wenn das Gericht die niedrigste der Dienststrafen verhängt hat, so wollte es dabei Eckert Gelegenheit geben, zu zeigen, daß er gewillt ist, sich in die kirchliche Ordnung zu fügen. Das Gericht hofft, daß es Eckert möglich sein wird, diesem Wunsche zu entsprechen."

Eckert ist also schuldig gesprochen worden und hat eine sehr empfindliche Geldstrafe erlitten. Die bürgerliche Presse hebt dies, soweit sie politisch rechts orientiert ist, vermutlich beeinflußt durch den kirchlichen Pressedienst, auch geflissentlich hervor. Darüber, wie der Pressedienst, dessen Verlautbarungen im Fall Eckert wörtlich vom Kirchenpräsidenten bzw. Oberkirchenrat Dr. Friedrich vorgeschrieben waren, im Verlauf des ganzen Prozesses eine parteiliche Rolle spielte, braucht hier nicht eingehend beschrieben zu werden. Die sozialistische Presse hat seine Berichte und Berichtigungen einfach nicht mehr abgedruckt. Und sie feiert den Ausgang des Prozesses als einen Sieg der religiösen Sozialisten und als eine Niederlage des Kirchenpräsidenten. Damit gibt sie der Stimmung Ausdruck, welche spontan in der sehr zahlreich besuchten Landesversammlung der badischen religiösen Sozialisten ausbrach, als Eckert nach Verkündigung des Urteils unter seinen Freunden erschien. Eigentlich müßte ja die Tatsache dieser Niederlage kirchenpolitische Konsequenzen haben. Wenn wir, ein Jahr vor der Neuwahl und angesichts dessen, daß der Kirchenpräsident fast 70 Jahre alt ist, jetzt nicht darauf drängen, so haben wir unsere guten Gründe. Wir haben durch die Unterschriftensammlung mindestens doppelt soviel genaue Adressen von wahlberechtigten Anhängern, als wir 1926 Stimmen erhalten haben. Wenn Herr Dr. Friedrich in seinem Plädoyer einmal davon sprach, daß Kirchenregierung, Oberkirchenrat und schließlich auch die kirchlichen Gerichte die "Überbauten" über die Wirklichkeit darstellen, die in den "kirchentreuen Kreisen" und der Pfarrerschaft gegeben sind, so wissen wir sehr wohl um unsere Aufgabe, dies Fundament und damit auch den Überbau zu verändern, und wir sind eigentlich dem Kirchenpräsidenten für seine Methoden sehr dankbar, durch die er uns diese Arbeit erheblich erleichtert hat. Von uns aus darf er noch bis zur nächsten Wahl so weiter regieren.

Um die Schlagkraft ihrer Beweisführung zu erhöhen, hatte die Anklagevertretung auch noch die 14 Aktenseiten des Urteils im Fall Kleinschmidt vom 20. Mai 1931 den Richtern zur Verfügung gestellt und offenbar auf folgende Sätze abgehoben: "Für das Dienstgericht hatte daher die Frage, ob die Anordnung des Landeskirchenrats gut und zweckmäßig war, vollkommen auszuschalten. Sie war rechtsgültig erlassen und mußte daher unter allen Umständen von jedem Pfarrer befolgt werden. Dadurch, daß es der Beschuldigte nicht getan hat, hat er schuldhaft seine Amtspflicht verletzt." Da die Rechtsgültigkeit jenes Gebots, die Versammlungslisten vorzulegen, und des Redeverbots schon durch das verwaltungsgerichtliche Urteil festgestellt war, glaubte die Anklagevertetung, leichtes Spiel zu haben. Im letzten Augenblick veränderte sie die beantragte Strafe noch in Pensionierung, "um den Beschuldigten nicht so sehr finanziell zu schädigen." Es war ganz selbstverständlich, daß Eckert erklärte, daß, wenn die Kirche ihm sein Pfarramt nehme, er von ihr auch kein Geld mehr nehme. - Die Verteidigung, die von dem Mitbegründer des Badischen Bundes Rechtsanwalt Dr. Dietz nach der juristischen und von Pfarrer Kappes nach der theologischen Seite hin geführt wurde, legte großen Wert darauf, daß gerade die "obwaltenden Umstände", deren eingehende Erörterung beim Verwaltungsgericht unzulässig ist, sehr ausgiebig zur Darstellung kamen. Es lag ja auch genügend Aktenmaterial vor, allein acht zum Teil sehr dicke Bände Personalia, frühere Verfahren, Beschwerden gegen Eckert und Berichte der Dekane auf die Aufforderung der Kirchenbehörde hin, konkretes Material für oder gegen Eckert beizubringen. (Die meisten dieser Berichte gaben nur das Echo der Stimmungen, welche durch die gegnerische politische und kirchenpolitische Presse gegen Eckert erzeugt worden waren, und hinterließen einen sehr peinlichen Eindruck von der Unzulänglichkeit und Unobjektivität vieler Amtsbrüder). Fast elf Stunden der Verhandlung erforderte die Erörterung der Tatbestände, die Behandlung des umfangreichen Beweismaterials darüber, daß die Nationalsozialisten anders behandelt werden als sozialistische Pfarrer, und daß über deren Kirchen- und Kanzelmißbrauch eine starke, allerdings dem Oberkirchenrat weithin "unbekannte" Empörung besteht. Der Kirchenpräsident wurde als Zeuge über eine im privaten Gespräch einmal gemachte Äußerung vernommen: "Wenn wir die Dummheit begangen haben, Eckert und Genossen nicht rechtzeitig zu entlassen, so wollen wir diese Dummheit nicht noch einmal machen ..." (gegenüber einem zu entlassenden Vikar). An ausführlichen Schriftsätzen lagen 17 von Dr. Dietz mit Beweisanträgen und drei von Dr. Friedrich mit Repliken vor. Eckert hielt nur eine kurze, sehr eindrucksvolle Rede vor Eintritt in die Erörterungen. Er schilderte seinen persönlichen Werdegang und deckte die Motive seines kirchlichen und politischen Handelns auf. Er berief sich auf die Abschnitte der Augustana, der Apologie und der Schmalkaldener Artikel über Kirchenregiment, Evangelium und Gewissen. Aus dem Bewußtsein solcher Gewissensverpflichtung zu seinem Kampf, aus einem Gerufensein hierzu durch Christus erklärte er: "ich habe nichts zu bereuen; ich müßte unter den gleichen Voraussetzungen wieder ebenso handeln." Nur einmal wurde seine Stimme bewegt, als er die Frage stellte, wie es die Behörde wieder gut machen wolle, daß sie ihn ohne Grund aus seinem Amt herausgerissen und vier Monate lang suspendiert habe? - Alle, die immer wieder Eckert nahelegen, er solle sein Pfarramt aufgeben und in die Politik gehen, mußten aus dieser Selbstdarstellung Eckerts den Eindruck erhalten, daß er zum Pfarramt allein bestimmt ist.

Es ist hier nicht der Ort, noch einmal zu all den "Vorstrafen" Eckerts und zu den Tatbeständen, welche dem Prozeß zugrunde lagen, Stellung zu nehmen. Der "Religiöse Sozialist" enthält seit Februar das Wesentlichste, außerdem Dr. Lehmanns obenerwähnte Broschüre. Die Kirchenbehörde befand sich in einer Zwangslage. Seit der letzten Synode verschärften sich die kirchenpolitischen Spannungen zwischen Positiven und religiösen Sozialisten. Eckert hatte ihnen im November mit seiner Karikatur des nationalsozialistischen Pfarrers eine willkommene Gelegenheit zur Stimmungsmache gegeben. Zu dem kirchenpolitischen kam der politische Kampf der Nationalsozialisten, in denen die Positiven die zukünftigen Verbündeten im Kirchenwahlkampf sehen, gegen Eckert als den erfolgreichsten süddeutschen Redner gegen den Faschismus. Mit einer Fülle von z. T. anonymen Briefen, mit Zeitungsartikeln und Resolutionen wurde der Oberkirchenrat bestürmt, endlich diesem Treiben Eckerts ein Ende zu machen. Da man in der Behörde selbst die Auseinandersetzung mit Eckert fürchtete, da man endlich vor ihm Ruhe haben wollte, stellt man Forderungen, von denen man im voraus wußte, daß Eckert sie nicht erfüllen konnte. Man wollte ihn fangen. Neulich hörte ich als Äußerung eines unteren Beamten im Oberkirchenrat: "Jetzt haben wir den Eckert geschnappt, und den Kappes werden wir auch bald haben!" Sie gibt, wenn auch vielleicht etwas popularisiert, die Stimmung in der Behörde recht gut wieder. Wie "kirchlich" man sich in all den Jahren Eckert gegenüber verhielt, geht daraus hervor, daß der Kirchenpräsident Eckert noch niemals in einer Predigt oder politischen Rede gehört hat und daß weder er noch der Prälat Eckert einmal zu einem Gespräch, das nicht unter dienstpolizeilichem Druck stand, aufgefordert haben. Nun wollte man also die "Ruhe" in der Kirche wieder herstellen. Besonders betont hob der Vertreter der Anklage in seinem Plädoyer hervor, daß die Kirche in der Vergangenheit keine Schuld träfe, auch nicht bezüglich ihrer Stellungnahme zum Proletariat und Kapitalismus. Die Kirche sei immer unparteiisch gewesen und müsse es in Zukunft erst recht sein, um sich von allen säkularen Einflüssen freizuhalten. Durch die politische Betätigung der Pfarrer werde die Kirche auseinandergerissen, und darum müsse der Oberkirchenrat die Dienstaufsicht über die politische Betätigung der Pfarrer ausüben. Alle Argumente Eckerts, seine Berufung auf Gewissen und Evangelium, seine Einwände rechtlicher Art und sein Vorwurf, daß die rechtspolitischen Pfarrer anders behandelt würden, suchte Dr. Friedrich wegzudisputieren. Die Kirche werde in Zukunft gegen die nationalsozialistischen Pfarrer mit der gleichen Schärfe vorgehen. Es kam ihm darauf an, den Gerichtshof davon zu überzeugen, daß um der Autorität der Behörde willen Eckert entlassen werden müsse. "Lösen Sie das Band zwischen der Kirche und Pfarrer Eckert!" Man habe sieben Jahre Eckert ertragen und Milde geübt. Nun gehe es nicht mehr! - Die Rede war sehr eindrucksvoll und mußte unbedingt Mitleid mit dieser Behörde erwecken. Aber schließlich ist Mitleid weder gegenüber dem Anklagevertreter noch gegenüber dem Angeklagten die Grundstimmung, aus der sachliche und so weittragende Entscheidungen gefällt werden dürfen.

Die zusammen vierstündigen Reden der Verteidigung machten den Oberkirchenrat zum Angeklagten. Dr. Dietz entwand dem Anklagevertreter alle die Argumente, welche zur Stützung der kirchenbehördlichen Autorität aus dem Beamtenrecht genommen wurden. Er zeigt, wie, objektiv gesehen, eben doch Parteilichkeit hinter dem Vorgehen der Behörde gegen Eckert zu erkennen ist. In einer großen kirchengeschichtlichen Betrachtung zeigte er, wie die Kirche immer in die Händel der Welt verstrickt war und immer sein wird, wie aber immer tapfere Pfarrer an der Spitze der Unterdrückten standen und im Kampf um Gerechtigkeit die Bannerträger waren. Er zeigte vor allem aus seiner genauen Kenntnis des Marxismus, was die Kirchen im letzten Jahrhundert an der proletarischen Bewegung versäumt haben. Er wies auf alle die Ungerechtigkeiten hin, mit denen man in Baden die religiös-sozialistische Bewegung in den zwölf Jahren ihres Bestehens verfolgt hatte. Das gewiß schwierige Problem "Pfarrer und Politik" lasse sich nicht durch behördliche Reglementierung lösen, sondern nur dadurch, daß die Kirche grundsätzlich allen politischen Richtungen freie Entfaltung in ihr läßt und trotzdem die geistige und geistliche Führung behält. An diese weitgespannte Problemstellung mit ihren scharfsinnigen juristischen Ausführungen konnte Kappes anknüpfen und noch einmal die Persönlichkeit Eckerts, seine Motive und Ziele zur Darstellung bringen. Er schilderte die politische und kirchliche Situation seit Herbst 1930, Wesen, Funktion und Ideologie der nationalsozialistischen Bewegung, die Notwendigkeit, daß sich die religiösen Sozialisten politisch und religiös mit ihr auseinandersetzten, da die Kirche schwieg. Er zeigte die Zukunft einer Kirche, die, ganz in die alten "deutsch-evangelischen" Bindungen zurücksinkend, die nationalsozialistische Bewegung ideologisch verstärke, sich vollkommen vom marxistischen Proletariat loslöse und das Schicksal der russischen Kirche erleiden müsse. Wenn heute die religiös-sozialistische Bewegung aus den Kirchen verdrängt sei, dann sei auch die Kontinuität nach der Seite des Proletariats hin abgebrochen. Vor einem Jahr, am 13. Juni zur gleichen Stunde, habe der Führer der Positiven in der Synode erklärt: "Laßt unsere Kirche ungeschoren mit eurem religiösen Sozialismus!" Ob das Dienstgericht sich zum Vollstrecker jener Kampfparole machen wolle! Beide Verteidiger beantragten die Freisprechung.

Die Ausdeutung des Urteils ist nicht einfach. Es ist die Frage, wie der Oberkirchenrat seine Niederlage trägt. Zunächst war man zweifellos in dem Maß erschüttert über den Ausgang des Dienstgerichts, wie man sich bestärkt fühlte durch das Urteil des Verwaltungsgerichts. Es wäre zu wünschen, daß man dort einsieht - und darüber hinaus in allen Landeskirchen Deutschlands -, daß eine dienstpolizeiliche Reglementierung, wenn man bei den Sozialisten anfängt, bei den Nationalsozialisten fortgeführt werden muß, und daß dann jede Landeskirche einen ständigen Gerichtshof für politische Prozesse braucht. Es scheint mir der Sinn dieses Urteils zu sein - und manche Richter sind derselben Auffassung -, daß diese Fragen, zumal wenn keine Gesetze (wie jetzt in Thüringen) über die politische Betätigung der Pfarrer vorliegen, überhaupt nicht von einem Dienstgericht entschieden werden können. Es kann aber auch sein, daß man kurzsichtig ist und die Schlußermahnung der Urteilsbegründung als ein Ultimatum an Eckert auffaßt. Dann könnten wir aus irgend einem zufälligen Anlaß heraus doch bald wieder einen neuen "Fall Eckert" haben. Hoffentlich überwiegen aber die Kräfte des Weitblicks und der Weisheit, die erkennen, daß dies Urteil eigentlich bedeutet, daß die einseitigen politischen Bindungen der Kirche nun restlos aufgegeben sind. Es gibt keine Bevorrechteten "christlichen" Parteien für die evangelische Kirche mehr. Damit bietet sich der Protestantismus an zur Basis für die weltanschaulichen Auseinandersetzungen mit den Ideologien aller politischen und wirtschaftlichen Programme. Er bietet das Evangelium an als Norm für diese Auseinandersetzung. Er wird geistig militant und damit auch den Menschen, die um ihre geistigen Positionen in der heutigen Welt kämpfen, wertvoll. Und er wird zugleich konkret mit seiner religiösen Verkündigung und mit seiner Darbietung von Kraft und Hilfe, für den einzelnen Menschen wie für das soziale Leben. Damit aber, daß "prinzipiell" die Möglichkeit einer solchen Entwicklung gegeben ist, ist diese Entwicklung noch nicht sichergestellt. Der sachliche Kampf zwischen den religiösen Sozialisten und den anderen Gruppen in der Kirche wird weitergehen. Einen Augenblick lang stand die religiös-sozialistische Bewegung vor der Frage, ob sie (wenn Eckert abgesetzt worden wäre und deshalb eine große Massenaustrittsbewegung spontan eingesetzt hätte) das Schwergewicht ihrer Arbeit aus der Kirche und Kirchenpolitik heraus verlegen sollte, um ihre religiöse Aufgabe innerhalb der profanen sozialistischen Gesellschaftsbindungen zu vollziehen. Sie hat diese Alternative noch nicht zu fällen brauchen; ihrem Willen zur Kirche entsprach bei den Richtern eine Verantwortung für die Kirche. Aber kein Mensch weiß ja, was noch im Laufe des nächsten Jahres geschehen kann. - Einstweilen haben wir religiöse Sozialisten die politisch verantwortlich tätigen Pfarrer der andern Parteien zu einer Aussprache über das Problem "Pfarrer und Politik" aufgefordert, um im kleinsten Kreis eine größere Tagung vorzubereiten, zu der dann auch Oberkirchenrat und Kirchenregierung als "freundliche Beobachter" herbeizuziehen sind. Da sollen die Richtlinien für die Synode und zugleich der common sense der politisch aktiven Pfarrer herausgearbeitet werden, damit der Kirche aus dieser Tätigkeit kein Schaden erwächst. Wir wollen die Dienstaufsicht der Behörde darüber, daß nicht Kirche und Pfarramt politisch mißbraucht werden. Wir wollen aber die politische Freiheit ohne eine andere Einschränkung als die, welche dem Pfarrer das Amtsgewissen gebietet.

Das Urteil des badischen Dienstgerichts reicht in seiner Bedeutung weit über die badische Kirche und die Person Eckerts hinaus. Wir müssen Eckert dankbar sein, daß er durch seine Unbeugsamkeit und seinen "Ungehorsam" den Weg zur restlosen Klärung dieser Fragen freigemacht hat.

(13)
Unsere Stellung zum Marxismus
Antwort an Herrn Dr. Ing. Schmechel, Mannheim (M.d.R.)
(1932)

Sehr geehrter Herr Doktor!
Der Hauptsatz Ihrer Rede gegen die religiösen Sozialisten war doch wohl der folgende: "Während von sozialistischen Arbeiterführern und Theoretikern das marxistische Wirtschaftssystem weithin als Gedankenkonstruktion angesehen und nicht mehr ganz ernst genommen wird, geben die religiös-sozialistischen Pfarrer ihm immer wieder so eine Art ideologischen und religiösen Hintergrund. Das ist das, was ich Ihnen so übelnehme. Wenn Sie das weglassen würden, wenn das gestrichen würde, dann könnten Sie aber gar keine kirchenpolitische Gruppe mehr sein." -
Darf ich den Gang Ihrer Schlußfolgerungen noch einmal deutlicher herausarbeiten, als Sie es selbst in Ihrer Rede taten? Es ist folgender:
A. Der Marxismus ist tot. Und zwar a) nach seinem ökonomischen Gehalt: 1. das sagen nicht nur seine praktischen und theoretischen Gegner, sondern 2. viel mehr auch seine Anhänger (Zitat aus einem sozialistischen Gewerkschaftsorgan 1905); b) nach der weltanschaulichen Seite 1. das sagen nicht nur seine Gegner, sondern 2. viel mehr auch seine Anhänger (Zitat aus "Religiöser Sozialist" 3, 1932).
B. Trotzdem treten die religiös-sozialistischen Pfarrer für den Marxismus ein (Zitat aus "Religiöser Sozialist" 46, 1931) und täuschen durch den "theologischen und religiösen Hintergrund", den sie ihm geben, vor, daß er noch lebendig sei und Lebensbedeutung habe.
C. Damit schaffen sie nicht nur "Unklarheit", "Verschwommenheit", "Nebelhaftigkeit", "Verworrenheit", - sondern sie bringen ein kirchenfremdes, ja kirchenfeindliches Element (Stützung des Marx-Leninschen Atheismus) in die Kirche. Sie tun etwas Übles ("übelnehme") damit an der Kirche, trüben die Klarheit kirchlicher Auseinandersetzung zwischen den bisherigen rein religiösen Gruppen durch das heteronome Element dieses "religiösen" Marxismus und provozieren dadurch ein ebenso heteronomes Element des "religiösen" Nationalsozialismus.
D. Diese religiös-sozialistischen Pfarrer tun dies, obwohl sie das Zerstörende ihrer Wirksamkeit in der Kirche einsehen müßten, - doch offenbar aus "üblen" Motiven.
E. Darum: Kann um der Wahrheit in der Kirche willen "die Existenzberechtigung einer kirchlichen Gruppe, wie wir sie in den religiösen Sozialisten vor uns haben, nicht anerkannt werden". Also: ceterum censeo socialismum religiosum esse delendum! (Schluß jetzt mit dem Religiösen Sozialismus!)
F. Und alle Maßnahmen, welche Ihre allmächtige Gruppe jetzt zum Vollzug dieses Schlusses unternehmen wird, werden Ihnen, Herrn Dr. Schmechel, "vertrauenswürdig" erscheinen! -
Darauf antworten wir:
A. Der Marxismus lebt:
1. In seinem ökonomischen Gehalt. a) In der Anerkennung seiner Gegner. Werner Sombart, der doch gerade kein "Marxist" ist, schreibt im Geleitwort zu seinem Werk: "Das Wirtschaftsleben im Zeitalter des Hochkapitalismus":

"Dieses Werk will nichts anderes als eine Fortsetzung und in einem gewissen Sinne die Vollendung des Marxschen Werkes sein. So schroff ich die Weltanschauung jenes Mannes ablehne und damit alles, was man jetzt zusammenfassend und wortbetonend als "Marxismus" bezeichnet, so rücksichtslos bewundere ich ihn als Theoretiker und Historiker des Kapitalismus. Und alles, was Gutes in meinem Werke ist, verdankt es dem Geiste Marx'..." Als Marx seine Gedanken empfing (in den 1840er Jahren), war der Kapitalismus Neuland, das Marx entdeckte und als erster betrat: eine ungeheure Fülle neuer Eindrücke strömt auf ihn ein. Ohne Bild gesprochen: wohin immer er blickte, boten sich neue, unerhörte Probleme seinem geistigen Auge dar. Fragen über Fragen ließen sich tun. Und daß Marx so meisterhaft zu fragen verstand, machte sein größtes Talent aus. Von seinen Fragen leben wir heute noch. Mit seiner genialen Fragestellung hat er der ökonomischen Wissenschaft für ein Jahrhundert die Wege fruchtbarer Forschung gewiesen."

2. Umso mehr betonen das seine Anhänger. Ich zitiere als Beispiel Anfang und Schluß eines Aufsatzes des Nationalökonomen Prof. Dr. Heimann-Hamburg aus "Zeitschrift für Religion und Sozialismus", Heft 2, Jahrg. 1930: "Marx' entscheidende und unverlierbare Leistung für die Entwicklung der nationalökonomischen Erkenntnis liegt keineswegs, wie viele noch heute meinen, in irgendwelchen besonderen Einzeltheorien, etwa in der Mehrwertlehre oder der Konzentrationstheorie oder der Krisentheorie. Die Impulse, die von diesen Einzeltheorien ausgehen, sind zwar noch stark; ja zum Teil, nämlich im Fall der Krisentheorie, sind sie gerade in allerjüngster Zeit wieder im Anschwellen begriffen. Würde Marx nur diese Theorien geschaffen haben, so würde er immer ein großer und für die Geschichte unserer Wissenschaft auf weite Strecken hin entscheidender Forscher sein, aber er würde das Schicksal jedes andern großen Forschers teilen: für unsere gegenwärtige Arbeit allmählich überholt zu werden. Seine wahrhaft kopernikanische Bedeutung für die Nationalökonomie, diejenige seiner Wirkungen, die jetzt erst sich auf breiterer Front zu entfalten beginnt, liegt nicht in den Einzeltheorien, sondern in der Gesamtschau, in der zugrunde liegenden Konzeption. Will man diese entscheidende Leistung in einem Worte ausdrücken, so kann man sie als die Historisierung oder Soziologisierung der Nationalökonomie bezeichnen." Weiter unten heißt es dann: "Indem Marx den sozialen Zwiespalt als die Grundlage der kapitalistischen Ordnung" aufdeckte, indem er also ihren sozialen Herrschaftscharakter enthüllte, machte er die Bahn nicht nur für die Erkenntnis ihrer Gegenwartsnöte frei, sondern gewann vor allem den Zugang zu den Problemen ihrer weiteren Entwicklung und etwaigen Überwindung. Aus der besonderen Art und Wirkungsweise dieser Herrschaftsverfassung ergab sich ihm die Einsicht in die Gegenkräfte, welche aus ihr aufsteigen und zum Träger der geschichtlichen Umbildung werden. Die historische Fragestellung wurde so zur Waffe gegen den Bestand der kapitalistischen Herrschaft ..." "Es ergibt sich vor allem die Erweiterung des Blickfelds ... Nationalökonomie ist keine bloße Güterlehre, Wirtschaft keine bloße Veranstaltung für die Zwecke des Güterverbrauchs. Jede konkrete Wirtschaft erscheint in besonderer sozialer Verfassung und wird so zu einem Teil des Schicksals und der Geschichte schlechthin. Die materialistische Gesinnung der Frage nach dem Gütervertrag, den die Wirtschaft für den Verbrauch bereitstellt, weicht dem unendlich umfassenderen Interesse an dem Schicksal des Menschen, des arbeitenden Menschen, in der jeweiligen Wirtschaftsform und Sozialverfassung. Die Nationalökonomie wird vermenschlicht" ... "Darum ist seit Marx die Frage nach dem proletarischen Schicksal im Kapitalismus allseitig als die Schicksalsfrage für den Kapitalismus erkannt; darum ist seit ihm nicht nur die Nationalökonomie, sondern auch die theoretische und praktische Sozialpolitik und die tägliche politische Auseinandersetzung von seiner Fragestellung beherrscht. Die schicksalsvolle Parallelität der kapitalistischen und proletarischen Entwicklung, die Doppelpoligkeit des zeitgeschichtlichen Verlaufs ist durch ihn in alle Köpfe eingeschrieben worden."

Wir religiös-sozialistischen Pfarrer, die wir dauernd wissenschaftlich und praktisch an den ökonomischen Problemen arbeiten, brauchen uns also wohl nicht zu scheuen, Karl Marx als wissenschaftlichen Ausgangspunkt und Führer in ökonomischen Dingen hochzuhalten!

Und wie ernsthaft wir uns gerade mit seiner hauptsächlichen Forschungsmethode, der materialistischen Geschichtsbetrachtung, auseinandersetzen, zeigen Ihnen die Verhandlungen zweier theologischer Schulungsreihen unseres Bundes: 1930 auf der Georgshöhe mit dem Referat von Prof. D. Wünsch: "Materialistische Geschichtsauffassung und christliche Wahrheit" (veröffentlicht in "Zeitschrift für Religion und Sozialismus" 1930, Heft 3) und 1931 in Caub mit dem Referat von D. Wünsch: "Die Aufgabe des Marxismus in der Bewegung des Reiches Gottes", (veröffentlicht in dem Buch "Reich Gottes - Marxismus - Nationalsozialismus, ein Bekenntnis religiöser Sozialisten", Verlag J.C.B. Mohr, Tübingen).

Wenn Sie also, Herr Doktor, die Dinge aus Unkenntnis der Probleme noch verschwommen und verworren sehen, so sollten Sie nicht andern, die an der Klärung wirklich gearbeitet haben und in dauernder Arbeit stehen, die Verschwommenheit und Verworrenheit vorwerfen, welche im letzten Grund Ihre eigene ist! Sie schreiben:

"Ich würde auch einer Gruppe, wie die religiösen Sozialisten es sind, durchaus die Existenzberechtigung zugestehen, wenn sie mehr oder wenn sie überhaupt etwas täte, damit wir aus dieser Nebelhaftigkeit und Verworrenheit herauskommen!"

Also: studieren Sie unsere Arbeit und treten Sie mit den gewonnenen Erkenntnissen vor Ihre positiven Freunde! Wir möchten Sie gerne beim Wort nehmen!! -

b) Aber nun werden Sie sich auf den weltanschaulichen Marxismus zurückziehen, auf das Religionsproblem im engeren Sinn, wo Sie ja auch Sombart zum Verbündeten haben.

1. Und Sie suchten sich die Verbündeten auch bei den religiösen Sozialisten. Daß Sie die meisten Kirchenleute auf Ihrer Seite haben, dürfen Sie gewiß sein. Alle verkündigen es heute: Der Marxismus ist tot!

Der Leiter der Evang. sozialen Schule in Spandau, Prof. D. Brunstäd-Rostock, schreibt in seinem Buch "Deutschland und der Sozialismus" (1924, Otto Elsner Verlag) S. 298: "Der Marxismus ist tot, getötet überall durch die Berührung mit der Wirklichkeit. [...] Das deutsche Leben strebt anderen geistigen Zeiten zu. Der Marxismus ist tot, seine Verwesung vergiftet noch die deutsche Gegenwart."

Merkwürdig, daß gerade die Totgesagten ein so langes Leben haben! Was gibt denn dem Marxismus dies lange Leben? Die Tatsache, daß Marx seine Wissenschaft um des einen sittlichen Zieles willen getrieben hat, dem Proletariat eine wirksame Waffe für seinen Befreiungskampf zu schmieden. Um dieses Einsatzes für die Unterdrückten willen hat man Karl Marx eine der ethischsten Persönlichkeiten des vergangenen Jahrhunderts genannt. Und wer sein Leben kennt, wird dies bestätigen.

Darum ist das Proletariat in seinem berechtigten Freiheitskampf "marxistisch", weil noch niemand ihm eine bessere Waffe zu dem ihm aufgewungenen Klassenkampf gegeben hat, den es - in marxistischem Sinn! - führt zur Überwindung des Klassenkampfs. Wir haben nicht die Freiheit der Wahl, ob wir am Klassenkampf teilhaben wollen oder nicht; direkt oder indirekt steht jeder auf einer der beiden, einander ausschließenden Fronten. Wir haben nur die Wahl, ob wir hüben oder drüben stehen wollen! Und wir religiöse Sozialisten stellen uns aus Gewissensgründen auf die Seite des Proletariats. (Vielleicht studieren Sie diese Probleme einmal in der kleinen Schrift von Prof. E. Heimann "Die sittliche Idee des Klassenkampfs", Verlag J.H.W Dietz, Berlin.)

Und der größte Teil dieses Proletariats ist noch in der Kirche, und vor allem in der evangelischen! Warum wird uns Theologen dies Recht bestritten, uns öffentlich zum proletarisch-marxistischen Sozialismus zu bekennen, gerade auch um der Millionen sozialdemokratisch-kommunistischer Wähler willen, die noch Kirchgenossen sind - ein Recht, das in den anglikanischen Ländern den Geistlichen nie verwehrt worden ist?

Warum sucht man zu verhindern, daß wir uns zum Mund ihrer Stimme in der Kirche und vor dem Gewissen der Christenheit machen, bevor durch eine unheilvolle Entwicklung, bei der sehr viel Schuld auf seiten der Kirchenleute liegt, das letzte Band zwischen Kirche und Proletariat zerschnitten ist?

2. Gerade wir religiöse Sozialisten führen eine lebendige und fruchtbare Auseinandersetzung mit dem weltanschaulichen Materialismus, mit dem Freidenkertum und Atheismus. Wir debattieren in öffentlichen Versammlungen mit den Vertretern dieser Weltanschauung, während noch jedesmal die Kirchenleute durch Abwesenheit glänzten und nur vom sicheren Port ihres Schreibtisches aus zeterten. Meinen Sie denn, daß man mit staatlichen Polizeimaßnahmen die Gottlosenbewegung überwinden wird? Man wird sie nur verstärken! - Ich verweise Sie auf die demnächst in unserm Verlag erscheinende Rede von Prof. D. Ragaz-Zürich, die er 1932 auf unserer Schulungswoche in Bad Boll hielt: "Religion, Christentum, Dogma, Theologie, Bibel, Kirche - mit besonderer Berücksichtigung der Gottlosenfrage"; Bericht hierüber in "Zeitschrift für Religion und Sozialismus" 1932, Heft 3. Dort ist der entscheidende Punkt aufgezeigt, wo von seiten einer lebendigen Christenheit einzusetzen ist.

Ja. Eine gewisse Art von "Religion" ist so oft Opium für das Volk gewesen! Und auch Lenins Behauptung, daß "Religion eine der widerwärtigsten Sachen ist, die es auf Erden gibt", besteht gegenüber mächtigen Entartungserscheinungen in der geschichtlichen Kirche zu recht. Sollten Sie, Herr Doktor, nicht wissen, wie oft Christus in der Geschichte im Namen der Religion gekreuzigt worden ist? Und gerade weil heute in einer Entscheidungszeit nach dem Wert des Christentums gefragt wird, haben wir Christen allen Anlaß, jene "Religion" zu überwinden, um das Evangelium von Christus als eine wirkliche Erlösungsmacht in die Welt hinauszutragen! Hätte die Christenheit immer aus tiefstem Herzen gebetet und gewirkt: "Dein Reich komme, dein Wille geschehe auf Erden wie im Himmel!", so wäre es in der kapitalistischen Epoche nicht zu solcher Kluft zwischen Proletariat und Kirche gekommen. Denn es ist doch gar nicht ausgemacht, wo Gott heute steht, wo der wahre Unglauben ist! Und die Versöhnungsbotschaft von Christus hätte eine andere Resonanz bei den Mühseligen und Beladenen gefunden, wenn die Kirche ihre Machtbündnisse mit den herrschenden staatlichen und gesellschaftlichen Gewalten beizeiten aufgegeben hätte! -

Obwohl Eckert in Rußland als Kommunist die Diskussion mit den Führern der internationalen Gottlosenbewegung über ihre Weltanschauung aufgenommen hat, gegen ihren naturwissenschaftlichen Kausalitätsmaterialismus, hat man ihn aus dem Amt gestoßen. Und Sie, Herr Doktor, vergehen sich gegen das primitivste Gebot wissenschaftlicher Genauigkeit, indem Sie bei Ihren Zitaten aus Nr. 3 (1932), "Religiöser Sozialist", dem Aufsatz von Dr. Emil Figge-Dortmund über "Die Wirtschaftskrise der Gegenwart im Licht der marxistischen Erkenntnis" durch Ihre willkürlichen Auslassungen den Sinn des ganzen Artikels ins Gegenteil verkehren. Dort heißt es nämlich: "Wenn nach dem Tode von Marx seine Lehre in einen glatten Materialismus und in Atheismus umgedeutet worden ist, so ist die geisteswissenschaftliche Entwicklung der damaligen Zeit zu berücksichtigen. War doch der marxistische Sozialismus in einer Geistesbewegung des Bürgertums eingebettet, die vom positivistischen Wissenschaftsbegriff, von einem naturwissenschaftlichen Entwicklungsfanatismus und von einer Abneigung gegenüber aller Philosophie bestimmt waren. Männer wie Plechanow, Kautsky, Lenin und Bucharin haben durch ihre Verquickung des Marxismus mit dem metaphysischen Materialismus ungeheuer viel für das fortgesetzte Mißverständnis des Marxismus getan. Ihr Materialismus schien ihnen fortgeschrittenste naturwissenschaftliche Einstellung zu sein und war im Grunde vorkantische Metaphysik. Die Abtragung jener bürgerlichen Ablagerungsreste einer unphilosophischen Zeit, die Bloßlegung des ursprünglichen Marxismus als einer Theorie der Erfassung der tatsächlichen Wirklichkeit ist die große Aufgabe der Gegenwart und der religiösen Sozialisten."

Das ist ja gerade die weltanschaulich-wissenschaftliche Aufgabe unserer Bewegung, an der wir seit einem Jahrzehnt ununterbrochen innerhalb des Marxismus arbeiten, und die neben unserer christlichen Verkündigung einhergeht, die ich im ersten Brief Ihnen zeigte. Und jenes andere Zitat aus Nr. 46 (1931) des "Religiösen Sozialisten", aus dem Artikel des Pfarrers Aurel v. Jüchen: "Wenn Luther die materialistische Geschichtsauffassung gekannt hätte", mit seinem Leitsatz: "Wie wichtig für den Christen und für den Theologen der Einblick in die historische Relativität gewisser gesellschaftlicher Ordnungen ist", ist auch erst aus dem Zusammenhang verständlich: nicht die geistige Intuition ist abhängig von den materiellen Lebensbedingungen, nicht die prophetische Erkenntnis, die Entscheidung des gottgebundenen Gewissens, aber "die gesellschaftlichen Schöpfungen der Menschen sind abhängig von den materiellen Lebensbedingungen". Das ist in jenem Artikel über den Bauernkrieg 1525 aufgezeigt. Wenn Sie, Herr Doktor, für die Menschen, welche solche offenkundigen Zusammenhänge bewußt leugnen (es handelt sich um soziologische, gesellschaftswissenschaftliche Erkenntnisse!), lieber einen andern Ausdruck als "blasiert" nehmen wollen, geben wir das Ihnen gerne frei und schlagen Ihnen die ganze Skala zwischen "einsichtslos" und "verstockt" vor. -

B. Nun ist Ihnen aber die Basis für alle weiteren Schlußfolgerungen entgegen! Gerade weil der Marxismus so lebendig ist, braucht er eine fruchtbare Auseinandersetzung mit ihm. Wir haben nie Sozialismus und Reich Gottes miteinander verwechselt oder weltlichen Ordnungen einen religiösen Glorienschein gegeben, wie es z.B. von jenem ganz bestimmten "deutsch-evangelischen" Christentum seit zwei Generationen geschah und heute erst recht geschieht.

C. Wir sind durch unsere auf das Evangelium gegründete Reich-Gottes-Verkündigung genügend als kirchliche Gruppe legitimiert und brauchen dazu gar keine "heteronomen" Motive.

Auf welche Vorgänger wir uns in der Kirchengeschichte berufen können, habe ich in meiner Synodalrede dargelegt. Uns in eine Parallele mit etwaigen "religiösen Nationalsozialisten" zu bringen, ist also sachlich ungerechtfertigt.

D. Sie "nehmen" uns Pfarrern unsere Wirksamkeit "übel"! Ich erinnere Sie daran, wie einst in der Synode 1930 Herr Landeskirchenrat Bender am 13. Juni vor uns Pfarrern erklärte (S. 269 des Berichts), daß sich seine Formulierung "lassen Sie unsere Kirche ungeschoren mit Ihrem religiösen Sozialismus..." bezog auf die Methode, auf die Arbeitsweise, auf den "Dienst ..., den die Führer der religiös-sozialistischen Gruppe, die Pfarrer in der Gruppe der Kirche tun wollen, und in dem ich für die Kirche kein Glück, sondern ein Unglück sehe." Nun bekräftigen Sie jenen Satz. Man kann einem Menschen eine Tätigkeit nur übelnehmen, wenn er trotz besserer Einsicht oder aus bösem Willen handelt. Haben Sie denn Beweise für Ihr Vorurteil?

E. und F. Herr Doktor! Ich habe versucht, Ihnen die Antwort zu geben, welche ich Ihnen in der Sitzung der Synode sofort geben wollte. Wäre ich nicht durch die unqualifizierbare Kampfmethode Ihrer Herren Bender und Rost geradezu entsetzt und seelisch gelähmt gewesen, so hätte ich Ihnen das Hauptsächliche dessen, was ich Ihnen hier schrieb, in freier Antwortrede gesagt.

Wenn Sie nun in alle Maßnahmen des Kampfes Ihrer positiven Gruppe gegen uns einwilligen, dann mögen Sie es nie tun mit gutem Gewissen! Ihr Pfarrer Kappes.

(14)
Jugend ohne Hoffnung!
Die Lage der deutschen jungen Generation in der Wirtschaftskrise (1932)

Meine Darstellung der Not unserer jungen deutschen Generation in der Wirtschaftskrise will nicht "Mitleid" erwecken. Die persönliche Lage des jungen Arbeitslosen in Frankreich, England oder Amerika wird ungefähr dieselbe sein wie die des jungen Deutschen. Die Massenhaftigkeit der Not ist in Deutschland größer. Ich will mit dieser Darstellung die Erkenntnis fördern, daß die Arbeitslosigkeit eine ansteckende Krankheit ist, vor der sich auf die Dauer kein Volk sichern kann. Diese Krankheit muß überwunden werden, wenn nicht die Völker moralisch und physisch zugrunde gehen sollen. Warum wird durch ein Zusammenarbeiten der Völker, durch eine organisierte Weltplanwirtschaft die Not nicht an ihren Wurzeln überwunden? Es gibt eine Fülle von gelehrten Büchern, die uns die Ursachen der Weltwirtschaftskrise und ihre Überwindung zeigen. Wir bedürfen nicht nur der Erkenntnis, sondern vor allem auch einer Stärkung der Verantwortlichkeit. Tua res agitur! das gilt nicht nur für jeden Einzelnen im Volk, der noch nicht vom Unheil betroffen ist; sondern das gilt auch vom Verhältnis der Völker untereinander. Wir haben es am Krieg gelernt, daß wir ihn betrachten nicht mehr vom Standpunkt der einzelnen Nationen aus, sondern als ein Schicksal, das alle kriegführenden Nationen gemeinsam betroffen hat. Wir lernten fragen nach dem Sinn des Opfers der 10 Millionen Menschen, die hüben und drüben gefallen sind, der Leiden, die hüben und drüben von Verwundeten, Frauen und Kindern ertragen wurden. Diese Leiden wurden erlitten, damit in der Zukunft keine Kriege mehr sein sollten! - So fragen wir: wozu leiden etwa 25 Millionen Arbeitslose mit ihren Angehörigen in dem Gebiet der Völker der weißen Rasse? Sie leiden um einer neuen Ordnung in der Wirtschaft willen, in welcher das Anrecht des Menschen auf Arbeit und Brot erfüllt wird.

Wenn wir so die beunruhigende Frage nach dem Sinn der wirklich erlittenen Leiden stellen, welche in der folgenden Darstellung ja nur angedeutet werden können, dann versuchen wir, uns innerlich mit den Leidenden zu identifizieren. Wir nehmen die physisch von ihnen erlittene Not auf unser Gewissen. Je stärker wir dies tun können, umso stärker wird dann auch die Kraft sein, welche wir einsetzen können, um die theoretischen Erkenntnisse über Ursache und Auswege aus der Krise umzuwandeln in die Tat.

Die Lage der arbeitslosen Jugend ist wahrhaft tragisch. Ich kann hierfür nur die eine Bezeichnung finden: "Jugend ohne Hoffnung". Wir kennen aus dem Krieg diese Stimmung der Hoffnungslosigkeit, wo die Zukunft unsres Lebens uns wie abgeschnitten erschien, wo wir wie vor einer dunklen Macht des Schicksals standen, das uns das Recht auf Leben abspricht. Und wir haben an uns selbst die Rückwirkung dieser Hoffnungslosigkeit erfahren: Verzweiflung und Zynismus. Zwischen diesen beiden Polen der Verzweiflung und des Zynismus bewegt sich der seelische Weg der arbeitslosen Jugend.

Zunächst mögen einige Zahlen den Umfang der Arbeitslosigkeit in Deutschland kennzeichnen. Ich gebe die jeweilige Höchstzahl der Arbeitslosen, die etwa Ende Februar des betr. Jahres erreicht wurde, und die Mindestzahl, die im Herbst liegt, in Millionen:

1925: 1/0,5;   1926: 2,6/2,0;   1927: 2,6/1,0;   1928: 2,0/1,25
1929: 3,25/1,4;   1930: 3,5/2,75;   1931: 5,0/4,0;   1932: 6,1.

Aus diesen Zahlen ist ersichtlich, in welchem Maße die allgemeine Weltwirtschaftskrise in ihrer Auswirkung auf Deutschland verschärft worden ist durch die nach den Septemberwahlen 1930 einsetzende Kreditkrise.

Deutschland hat seit 1927, also seit einem Jahr mit einer noch relativ geringen Zahl von Arbeitslosen, die Arbeitslosenversicherung, welche ihre Einnahmen aus einem Lohnabzug von 6 % gewinnt (hälftig getragen vom Arbeitgeber und Arbeitnehmer). Das Reich mußte schließlich mit dem Anwachsen der Krise aus allgemeinen Steuermitteln so große Beiträge an die Arbeitslosenversicherungsanstalt leisten, daß die Sanierung des Reichshaushaltes immer schwerer möglich wurde. Das brutale Mittel zum Ausgleich des Reichshaushaltes hieß: abhängen. Seitdem werden mit dem Anwachsen der Krise, welches eine fortgesetzte Verminderung der Einnahmen der Versicherungsanstalt bedingt, die Leistungen der Anstalt dauernd herabgesetzt. Dadurch gibt es 2 Klassen von Arbeitslosen: die von der Versicherungsanstalt Unterstützten, welche auf den Arbeitsämtern ihr Geld erhalten; und die von der allgemeinen Wohlfahrtspflege Unterstützten, welche aus Mitteln der Gemeinden erhalten werden müssen. Der Arbeitslose erhält aus der Versicherung seine Unterstützung nur für die Dauer von 58 Wochen, wenn er weniger als 40 Jahre alt ist, für die Dauer von 71 Wochen bei höherem Alter. Diese Unterstützung aus der Versicherung zerfällt aber wieder in 2 Klassen: die Arbeitslosenunterstützung (Alu) und die Krisenunterstützung (Kru). Die Alu erhält ein Arbeitsloser nur 20 Wochen (der Saisonarbeiter nur 16 Wochen). Während auf die Alu jeder arbeitslos gewordene Arbeitnehmer Anspruch hat, tritt beim Übergang zur Kru eine Prüfung der Bedürftigkeit ein, bei welcher nach strengen Maßstäben auch die Einkommen aller unterhaltspflichtigen Angehörigen angerechnet werden. Verheiratete Frauen erhalten auch die Alu nur bei nachgeprüfter Bedürftigkeit. - Die Jugendlichen stehen unter noch schwereren Bedingungen. Jugendliche unter 21 Jahren erhalten nur 20 Wochen lang Alu, wenn kein Anspruch auf Familienhilfe besteht, sie also allein stehen, oder die Angehörigen selbst hilfsbedürftig sind. Darüber hinaus erhalten Jugendliche keine Kru. Sie müssen sich also nach Ablauf der Alu unmittelbar auf den Wohlfahrtsämtern ihrer Gemeinden melden. Dort wird die Bedürftigkeitsprüfung nach noch viel strengeren Gesichtspunkten durchgeführt. Es ist bekannt, daß eine ganze Reihe von deutschen Gemeinden vor dem Bankrott stehen. Z. Zt. haben diese Gemeinden und Gemeindeverbände monatlich fast 100 Millionen RM für ihre Wohlfahrtserwerbslosen aufzubringen. Das Reich hat vor allem aus außenpolitischen Gründen seinen Etat ausbalanciert. Die Länder verfahren nach der gleichen Methode. Viele Gemeinden haben schon mehr an Unterstützungen zu zahlen, als sie vom Reich an Steuern erhalten.

Außerdem ist aber die Kurzarbeit außerordentlich groß. Ende 1931 hatte 1/3 aller Arbeiter mehr oder weniger Kurzarbeit. Es werden z. Zt. etwa 250.000 Kurzarbeiter von der Versicherungsanstalt unterstützt.

Je länger die Krise dauert, umsomehr wächst die Zahl der in Wohlfartsunterstützung (Wohlu) Befindlichen über die Zahl derer hinaus, die in Alu oder Kru stehen. Da die Reichsanstalt für Arbeitslosenunterstützung auch zugleich der Arbeitsvermittlung dient, wird die Lage der Wohlfahrtserwerbslosen immer hoffnungsloser.

Die folgende Tabelle zeigt, wie sich das Verhältnis der einzelnen Klassen der Unterstützten zueinander entwickelt hat. Es wächst die Zahl der in Wohlu Befindlichen. Es wächst aber auch die Zahl der Nicht-Unterstützten (Nichtu); und unter diesen Nicht-Unterstützten ist wieder die Mehrheit jugendlich!

Februar 1930: zus. 3,5   Alu 2,4   Kru 0,3   Wohlu 0,4   Nichtu 0,4 Mill.
Februar 1931: "   5,0   " 2,6   "   0,9   "   1,0   "   0,5 "
Februar 1932: "   6,1   " 1,9   "   1,6   "   1,9   "   0,7 "

Man rechnet Februar 1932 mit 124 000 jugendlichen Wohlfahrtserwerbslosen in den Städten mit über 25 000 Einwohnern. Und man darf die Gesamtzahl aller jugendlicher Erwerbsloser wohl auf 600 000 ansetzen.

Diese Millionen von Arbeitslosen mit ihren Familien beanspruchen für ihren Unterhalt ungeheure Summen, die fast ganz ohne Gegenleistung an Arbeit gegeben werden, weil tatsächlich die Sätze der Unterstützung an der untersten Grenze des Existenzminimums liegen. Im Jahr 1931 mußten durchschnittlich 4,4 Mill. Arbeitslose 3 Milliarden Rm. Unterstützung gezahlt werden, und zwar 1,4 Milliarden aus der Versicherungsanstalt, 0,8 Milliarden vom Reich und 0,8 Milliarden von den Gemeinden. Durch die unpopulärsten Steuern werden diese Mittel aus dem wirtschaftlich ausgebluteten Volk ausgepreßt. Vor allem die von den Gemeinden erhobene "Bürgersteuer", welche von jedem erwachsenen Familienmitglied bezahlt werden muß, soweit es sich nicht um Unterstützte handelt, stößt auf den schärfsten Widerstand der Zahlungspflichtigen. Sie wird wegen ihres Charakters als Kopfsteuer "Negersteuer" genannt; sie kann von den Gemeinden je nach ihrer Finanzlage in der doppelten, dreifachen, vierfachen usw. Höhe des Grundbetrages erhoben werden. Meine Heimatstadt, Karlsruhe/Baden, hat bei einer Bevölkerung von 150 000 Einwohnern monatlich fast 700 000 Rm. an Unterstützungen für Wohlfahrtsarbeitslose, Arme der allgemeinen Fürsorge, Inflationsopfer, an Zusatzrenten für Kriegs- und Sozialrentner und Unterstützungen für minderjährige Hilfebedürftige zu zahlen. Im Februar 1932 betrug bei einer Arbeitslosenzahl von über 14 000 die Zahl der von der gemeindlichen Fürsorge betreuten Fälle (nicht Einzelpersonen) über 15000, so daß in dieser Stadt über 35 000 Menschen von öffentlichen Mitteln unterstützt werden mußten. Man kann auch für die Gesamtheit des deutschen Volkes annehmen, daß 1/4 der Bevölkerung aus öffentlichen Mitteln ernährt werden muß. Daß der Teil des Volkes, welcher durch seine Abgaben an Steuern und sonstige Opfer diese Aufgabe erfüllen muß und darunter fast zusammenbricht, über diese "untragbaren Soziallasten" seufzt und schimpft, ist ebenso verständlich wie die Rückwirkung auf die Unterstützten, welche sich zu ihrer Not noch als irgendwie mitschuldig an dem wirtschaftlichen Niedergang des Volkes fühlen müssen.

So zerspaltet sich das Volk immer mehr in 2 Hälften, von denen die Einen über, die Anderen unter dem Existenzminimum leben müssen. Die Unterstützungssätze der Alu betragen etwa 1/3 bis 1/2 des letzten Arbeitseinkommens und sind nach 11 Klassen abgestuft. In der Kru liegen die Unterstützungssätze von den mittleren Stufen ab unterhalb jenes Lohndrittels. So bekommt ein Arbeiter, der in der Woche 24 bis 36 Rm. Lohn verdiente, in der Kru 8,80 Rm. Ist er verheiratet, so erhält die Familie in der Woche 10,80 Rm; für jedes Kind erhält sie in der Woche 1,35 Rm mehr. Für mehr als 5 Kinder und für die Sonntage wird keine Unterstützung bezahlt. Es soll also in dieser am stärksten besetzten mittleren Lohnstufe ein 20jähriger arbeitsloser Jugendlicher als Familienglied mit 1,35 Rm in der Woche durchkommen! Die Sätze in der Wohlu sind für die Familienangehörigen in den Städten etwas höher. Außerdem werden dort noch gewöhnlich Zuschüsse für Miete bezahlt. Doch unterliegen diese Richtsätze der Wohlfahrtspflege einer dauernden Kürzung und liegen heute in den Städten für kinderreiche Familien schon unterhalb der Grenze des medizinischen Existenzminimums. In den Landgemeinden ohne Steuerkapital ist die Lage noch viel schlimmer.

Dadurch, daß die Zahl derer immer mehr zunimmt, die sich nicht mehr ordentlich sattessen, die seit Jahren sich keine neuen Kleidungsstücke, Möbel usw. beschaffen können, wird auch der Mittelstand und vor allem die Landwirtschaft in die Krise hineingezogen. Der "innere Markt" wird immer schwächer. Es werden neue Klassen von kleinen Produzenten in den Strudel hineingerissen. Daher mußte es so kommen, daß die revolutionäre Stimmung immer mehr anwuchs. Die Massen der industriellen Arbeitslosen tendieren vom Sozialismus zum Kommunismus; die Massen des bürgerlichen Mittelstandes und der Bauernschaft zum Nationalsozialismus. Obwohl alle an den Symptomen derselben Krankheit leiden, hebt der nach der entgegengesetzten Richtung tendierende Radikalismus die notwendige praktische Zusammenarbeit auf politischem und wirtschaftlichem Gebiet auf. Immer mehr werden diese notleidenden Schichten die Opfer derer, welche mit einem Pseudomessianismus auf dem Weg der gewaltsamen Lösung nach innen und außen in kürzester Zeit Rettung versprechen. Die allgemeine Stimmung ist: so kann es nicht länger weitergehen! Darum ist die psychische Wirkung der Not die Radikalisierung; sie ist die psychologische Komponente der Verzweiflung.

Die gesellschaftliche Wirkung zeigt sich in der Zunahme der Unterernährung und der damit zusammenhängenden Krankheiten: Rachitis bei den Kindern, gefährlicherer Verlauf aller Erkältungskrankheiten, erneutes Ansteigen der Tuberkulose. Vor allem die nervösen Erkrankungen nehmen in einem starken Maße zu. Die Gewalttätigkeiten in der Familie oder gegenüber den Beamten der Fürsorge und Polizei häufen sich, ganz abgesehen von den politischen Schlägereien, welche jeden Tag Todesopfer fordern. Unter den etwa 800 000 Abtreibungen, mit denen man im Jahr in Deutschland zu rechnen hat, ist ein sehr hoher Prozentsatz auf die soziale Not zurückzuführen. In der Familie des Arbeitslosen bedeutet jedes neue Kind neue Not. 1913 betrug der Bevölkerungsüberschuß des deutschen Volkes noch 800 000, 1929 betrug er 400000, 1932 wird er wahrscheinlich nur noch die Hälfte hiervon betragen.

Vor allem wird die Familie durch die Arbeitslosigkeit zerstört. Der Einfluß des Mannes, der nicht mehr verdient, sinkt. Die Frau und Mutter, welche mit dem wenigen Geld haushalten muß und dabei oft noch außerhalb der Familie arbeiten geht, bedeutet nun alles. Es kann ihrer Sparsamkeit und Güte gelingen, eine Familie auch über eine jahrelange Arbeitslosigkeit hinwegzubringen. Wer will es ihr aber verübeln, wenn sie schließlich auch zusammenbricht und dann die Familie zerfällt? Dann flüchtet der Mann in den Alkoholismus, oder er sucht sich eine andere Frau. Die noch in Arbeit stehenden Kinder verlassen die Familie. Auch bürgerliche Familien geraten weithin in solchen Zerfall. Die Familien sinken in immer schlechtere Wohnungen herab, bis sie in den Elendsquartieren enden. Wer heute mit über 40 Jahren arbeitslos wird, hat kaum mehr für sein Leben die Aussicht, in Arbeit zu kommen. Sehr oft löschen Mord und Selbstmord die Existenz einer solchen Familie aus.

Daß die in einer solchen Atmosphäre aufwachsenden Kinder seelisch und körperlich verkümmern müssen, ist selbstverständlich. Wir finden schon weithin wieder dieselben Verhältnisse wie in den Hungerjahren der ersten Nachkriegs- und Inflationszeit: mangelnde Unterwäsche, unzureichende Kleidung; viele Kinder kommen ohne Frühstück zur Schule. Dieser seelische Druck, der auf dem Gemüt der Kinder täglich und jahrelang lastet, macht sie greisenhaft und unfähig zu wirklicher Freude. Viele gehen betteln. Die Kinderdiebstähle nehmen wieder zu, auch die Kinderprostitution. Hier sind es gerade alte oder jugendliche Arbeitslose, welche aus Mangel an Geld sich an Kinder heranmachen und diese gegen ein geringes Geschenk verführen. Die öffentlichen Mittel für die Kindererholungsfürsorge werden verringert; Erholungsheime müssen in einer Zeit stillgelegt werden, wo sie am notwendigsten wären. - Neben dem Durchschnitt des gesamten Reichs, für welchen diese Schilderungen zutreffen, gibt es noch besondere Krisengebiete: im Osten, Oberschlesien und Breslau, in den Mittelgebirgen von Sachsen und Thüringen, in den stillgelegten Kohlengebieten des Westens. - Durch die rigorose Diktatur der Notverordnungen versucht die gegenwärtige Regierung der Mitte einen Ausgleich dadurch zu schaffen, daß sie auf der einen Seite die Leistungen der Fürsorge beschneidet, auf der anderen Seite neue Lasten auf den Besitz legt. Begreiflicherweise erntet sie nirgends Begeisterung. Und in der radikalen Agitation wird ihr das Odium angehängt, daß sie es sei, welche "die Not verordnet".

In dieser Welt lebt unsere junge Generation. Bei ihr zeigt sich im Besonderen, wie Arbeitslosigkeit und Armut zur seelischen Erkrankung führt. Da sie keine Zukunft vor sich sieht, an welcher sie ihr Selbstgefühl entfalten kann, wird dieses Selbstgefühl immer stärker erschüttert. Ein Leben ohne Pflicht, das nutzlos verträumt wird, führt zur geistigen Verarmung, zur charakterlichen Erschlaffung. Wenn dann noch der Halt der Familie fehlt, wenn der Jugendliche ganz auf sich selbst angewiesen ist, muß er asozial werden. Viele unserer alleinstehenden Jugendlichen waren schon wegen Bettelns im Gefängnis. Viele sind schon wegen Eigentumsvergehen vorbestraft. Auch in normalen Zeiten gibt es einen bestimmten Prozentsatz von Haltlosen und psychopathischen Jugendlichen, welche durch die Fürsorge und Heilpädagogik betreut werden müssen und trotzdem oft in die Verwahrlosung herabsinken. In solchen Notzeiten werden aber auch normal veranlagte junge Menschen durch Arbeitslosigkeit und destruktive Einwirkung der Umwelt haltlos. Und nun fehlt es dem Staat und den Gemeinden an den Mitteln, heilend einzuwirken. Es sind fast 100 000 Jugendliche, welche sinnlos auf der Landstraße vagabundieren. In den großen Städten bilden sich Banden der verbrecherischen Jugendlichen, welche straff organisiert sind und sich auf Einbrüche, Diebstähle von Autos usw. verlegen. 1931 endeten 5000 junge Menschen unter 30 Jahren durch Selbstmord. - Man kann drei "Generationen" unter den arbeitslosen Jugendlichen unterscheiden: der Jahrgang 1907 bis 1910 bietet den Typus der Realisten. Sie haben als Kinder den Krieg durchlitten, haben als Schulentlassene in der Inflationszeit alle Illusionen verloren, haben dann mehrere Jahre gearbeitet und sich zum großen Teil im Leben wieder zurechtgefunden. Sie leben bewußt, viele in den politischen Kampfverbänden, mit innerer Anteilnahme an der Politik. Sie suchen auch dauernd nach Arbeitsmöglichkeiten, drängen sich zu Kursen und Bildungseinrichtungen; oder sie sind bewußt Verbrecher. Ganz anders ist der Jahrgang 1911-1914. Das sind die Weltlosen, welche ihre Schwäche hinter der Fassade eines skeptischen Zynismus verbergen. Sie konnten wohl noch nach der Inflationszeit eine Lehre oder Arbeitsstelle bekommen, sind aber nun auch seit Jahren arbeitslos, unausgereift, vollkommen autoritätslos, "da ja auch die Erwachsenen sich nicht zu helfen wissen". Sie sind geistig wenig interessiert. Den politischen Kampf machen sie als Sport mit, wechseln aber gelegentlich auch die Partei. Der Jahrgang 1915 bis 1918 zeigt eine Jugend, welche während des Krieges geboren wurde, in der Krise aus der Schule kommt und nun überhaupt keine Arbeit finden kann. Von 350 000 Volksschülern, welche Ostern 1932 aus der Schule entlassen wurden, konnten in den Städten vielleicht nur 25 % der Männlichen eine Lehrstelle finden. Wohl müssen sie noch 3 Jahre in die Fortbildungsschule gehen. Aber sie kommen eben nicht an das Leben heran und verwelken, ehe sie zur Reife gelangen.

Nicht besser ergeht es der gebildeten Jugend, welche sich für die höheren Berufe vorbereitet. Ostern 1932 erlangten fast 50 000 die mittlere Reife oder das Abitur. Was für einen Beruf sollen sie ergreifen, wo fast jeder Beruf überfüllt und aussichtslos ist? Außerdem sind gerade bei den kleinbürgerlichen Familien die Eltern immer weniger in der Lage, die Kosten für ein Studium aufzubringen. Andererseits besteht ein Wettlauf nach Diplomen in dem Bestreben, durch eine möglichst umfassende Vorbildung sich einen Arbeitsplatz in der Wirtschaft zu verdienen. Dabei sind z. Zt. etwa 80 000 junge Akademiker nach Beendigung ihres Studiums auf der Universität ohne Erwerb. Es ist begreiflich, daß diese Aussichtslosigkeit gerade die akademische Jugend revolutioniert. Gemäß der soziologischen Voraussetzungen ihrer Herkunft steht sie auf dem rechtsradikalen Flügel. Es ist wenig belangvoll, mit welchen Vorstellungen dieser Radikalismus erfüllt ist. Meist ist es ein Streben nach Gewaltlösungen durch die direkte Aktion. Der Radikalismus ist einfach Ausdruck jener psychischen Spannung, welche vor der Reichspräsidentenwahl vom 13.III. in einem Plakat der Hitlerbewegung ausgezeichnet dargestellt war: Ein Mann, der seine mit Ketten gefesselten Arme über den Kopf wirft und mit der letzten Kraft die Fesseln sprengt: "Jetzt aber Schluß!" - Der Drang, der zur Aktion treibt, ist die innere Wehr gegen eine Verzweiflung über die Sinnlosigkeit des heutigen Lebens. Es ist dieselbe Wut, welche den jungen arbeitslosen Arbeiter oder Angestellten packt, wenn der letzte anständige Anzug aufgetragen ist und er nun fürchten muß, daß kein Mädchen ihn mehr ansieht. Ein Aufruf zu einer Jung-Akademikerhilfe erwog neulich alle Möglichkeiten, wie diesen stellenlosen Lehrern, Philologen, Juristen, Medizinern, Technikern wirklich zu helfen wäre, kam nur zu dem Vorschlag, sie zur unentgeltlichen Arbeit in ihre Berufe einzugliedern, damit sie wenigstens eine "psycho-therapeutische" Hilfe erführen.

Die wirtschaftliche und psychische Lage der arbeitslosen Mädchen wird bestimmt durch die Stärke des Zusammenhalts der Familie, in der sie leben. Zu den Schwierigkeiten, bei der Einschrumpfung des Wirtschaftslebens Lehr- und Arbeitsstellen zu finden, kommen für sie die verschlechterten Eheaussichten, zumal, wenn sie sich nichts zur Aussteuer ersparen konnten, da sie mit ihrem Arbeitsverdienst die Familie erhalten mußten. Die Entwicklung der Nachkriegszeit hat das Verhältnis zwischen den Geschlechtern so frei gestaltet, daß Viésot mit Recht darauf hinweisen konnte, daß "die Virginität kein allgemein anerkanntes Ideal mehr ist". Dabei wird aber die Zahl der unehelichen Geburten immer weniger zum Maßstab, nach welchem man die sittlichen Verhältnisse beurteilen kann, da die Kenntnisse der antikonzeptionellen Technik unter der Jugend weit verbreitet sind. Bei den oben geschilderten Unterstützungssätzen, die für die weiblichen Arbeitslosen geringer sind als für die männlichen (wegen der niedrigeren Grundlöhne), ist aber die Gefahr vor allem für die Alleinstehenden und die Haltlosen sehr groß, daß sie aus wechselnden Verhältnissen in die Prostitution abgleiten.

Wir sehen die Gefahren, welche unsre junge Generation bedrohen. Schon seit der Inflationszeit werden besonders Maßnahmen der Hilfe für arbeitslose Jugendliche durchgeführt. Die wichtigste Hilfe ist die Beschaffung von "Notstandsarbeiten". Bis zum Jahr 1931 wurden von den Gemeinden große besondere Notstandsarbeiten für Jugendliche durchgeführt: vor allem Sportplatzanlagen, Strandbäder, Aufschließung von Gelände für Industrie- und Wohnbauten usw. Hier wurden die jungen Arbeitslosen mehrere Monate lang beschäftigt und erhielten neben einem Arbeitslohn auch jugendpflegerische Betreuung. Sie wurden meist von den erwachsenen Arbeitslosen getrennt beschäftigt. Seitdem die Gemeinden keine Mittel mehr haben und aus dem Ausland keine Leihkapitalien erhalten, mußten diese Notstandsarbeiten eingestellt werden. Jeder Arbeitslose, der Wohlu erhält, muß von Zeit zu Zeit einige Wochen lang 16 Stunden wöchentlich "Pflichtarbeit" leisten, wofür er eine kleine Zulage zu seiner Unterstützung erhält.

Bedeutsam wird für die Zukunft der "freiwillige Arbeitsdienst" für die Jugend werden. Er hat rein jugendpflegerische Tendenzen, und wo sich bei den sogenannten Wehrverbänden militärische Nebenabsichten zeigten, hat die Regierung die Genehmigung versagt. Junge arbeitslose Arbeiter, Handwerker, Bauern und Studenten werden in Arbeitslagern zusammengefaßt und erhalten dort freie Verpflegung und Unterkunft, außerdem ein tägliches Taschengeld von höchstens 1/2 Rm. Bisher konnten nur solche Jugendliche, welche Alu erhielten, in den freiwilligen Arbeitsdienst aufgenommen werden. Die Reichsregierung plant z. Zt., ihn allen arbeitslosen Jugendlichen zugänglich zu machen. Der Jugendliche darf aber nur bis zu 20 Wochen aufgenommen werden und hat das Recht, jederzeit zu kündigen. Auf diese Weise werden unfruchtbare Böden melioriert, Wege gebaut, Anlagen für Wohlfahrtszwecke durchgeführt. Die Arbeitszeit dauert 6 Stunden am Tag. In der übrigen Zeit werden Vorträge und Aussprachen über Bildungsfragen gehalten und Leibesübungen getrieben. Die Träger des freiwilligen Arbeitsdienstes sind in der Hauptsache die großen Jugendpflegeverbände der konfessionellen und politischen Organisationen.

Durch die Arbeitsämter werden regelmäßige Kurse für arbeitslose gelernte männliche und weibliche Jugendliche bis zu 25 Jahren abgehalten, damit sie die Fachkenntnisse nicht verlernen. Die Teilnahme an diesen Kursen ist Pflicht. Daneben gibt es Schulungskurse in Heimen der Jugendpflegeorganisationen etwa für Kaufleute, weibliche Hausangestellte, usw., die mehrere Wochen dauern. In allen größeren Städten gibt es auch Volkshochschulen für Arbeitslose, in welchen freiwillige ehrenamtliche Lehrkräfte aus allen möglichen Berufen Vorträge halten. Vor allem bei den älteren Arbeitslosen zwischen 20 und 25 Jahren finden diese Kurse erfreulichen Zuspruch. In den größeren Städten sind ferner Tagesheime dauernd geöffnet, in welchen neben Einrichtungen der Unterhaltung und Speisung auch Werkstätten vorhanden sind, wo die Arbeitslosen in freier Weise sich in verschiedenen Berufen weiter ausbilden können. Auch werden die Jugendlichen zur Anlage von Kleingärten am Rande der Stadt herangezogen oder, vor allem die weiblichen, mit der Herstellung von Wäsche und Kleidern für Bedürftige beschäftigt. Die vielen Vereine der Jugendpflege haben noch besondere Einrichtungen für ihre arbeitslosen Mitglieder. Weiter finden "Freizeiten" in Heimen und Volkshochschulen auf dem Lande statt. In besonderen Arbeitslagern werden junge Arbeitslose aus der Industrie umgeschult für den landwirtschaftlichen Dienst oder den Siedlerberuf. Jede Organisation sucht die andere darin zu übertreffen, daß sie immer wieder neue Wege zur Hilfe findet.

Aber! Das alles ist doch nur ein unzulänglicher Ersatz für das ‚was den jungen Menschen vorenthalten bleibt: die Arbeit! Und je länger die Krise dauert, umso unheilbarer werden die moralischen und physischen Schäden, welche die Jugend des Volkes erleidet. Werden es am Ende dieses Jahres 1 Million arbeitslose Jugendliche in Deutschland sein? Wie können diese Schäden überhaupt wieder gut gemacht werden? - Wir überlegen noch einmal: Ist diese Generation an ihrer Not schuldig? Nein! Sie leidet nicht nur unschuldig, sondern sie leidet auch stellvertretend - für uns! "Wer ermißt, was uns an Leid geschieht?" fragt ein Arbeiterdichter im Namen der Arbeitslosen. Und wir fragen noch einmal: wozu leiden sie, deren Leben sinnlos, deren Menschsein geschändet ist? - Ich weiß nur eine Antwort: sie leiden für eine Wirtschaftsordnung, in welcher die Gesamtheit der Wirtschaft auch für die Gesamtheit der Menschheit verantwortlich ist! Es geht nicht weiter an, daß die Wirtschaft Millionen Menschen arbeitslos auf die Straße wirft, sich selbst überläßt, der Verzweiflung preisgibt. Die Wirtschaft ist für den Menschen da! Und wir müssen die Not dieser Arbeitslosen so stark auf uns wirken lassen, daß wir dieser Jugend ohne Hoffnung eine neue bessere Zukunft bereiten und ihr zurufen können: "Wir heißen Euch hoffen!" Dazu müssen wir uns über die Grenzen hinweg die Hand reichen.

(15)
"Lasset Euch versöhnen mit Gott!"
Letzter Gottesdienst der Religiösen Sozialisten Karlsruhe mit Abendmahl.
Karsamstag 1933

1) 113, 1-5 Herr, stärke mich
2) Litanei unter dem Kreuz
3) 121, 2 Großer Erstling
4) Predigt 2. Kor. 5, 17-21
5) 215, 1-3, Voller Ehrfurcht
6) Abendmahl
7) 124, 5-7 Wohlauf, mein Herz

Liebe Freunde!

A. Zwischen Karfreitag und Ostern liegt unsere Feierstunde. Über einem Grab, vom Dunkel einer Katastrophe umwittert, erhebt sich das Kreuz. Keine Ostermorgensonne fällt verklärend auf es. Noch hallt der furchtbare Schrei der Gottverlassenheit durch den öden Raum! - Ein dunkles Rätsel ist dieses ganze Ereignis, aber ein solches, das wir nicht ungelöst lassen können! Für unser persönliches Leben und für die Menschheit hat es seine Bedeutung! Wieviel ist schon um diese Enträtselung des Kreuzes gerungen worden! Jeder Mensch, jede Zeit muß zu neuem Verständnis kommen! -

Wir stehen davor, wie wenn wir am Grab eines lieben, unersetzlichen nächsten Menschen stehen. "Warum wurde er uns entrissen?" - Wir sind erschüttert wie dann, wenn uns ein ganzes Gebäude von Hoffnungen, Überzeugungen, Arbeit, Lebensopfern zerschlagen wird: "Welchen Sinn hat dies Schicksal?" - Unser Leben geht es an, darum müssen wir eine Antwort finden! -

B. Wir finden sie nicht von "Unten" her. Mit unsern Fragen erreichen wir nur den äußersten Rand der Finsternis, aber nicht das Licht der Antwort. Das kommt vom Jenseits, "von Gott her", von dem "lebendigen" und gerade in der Tragödie von Golgatha handelnden Gott, auf den alle Sehnsucht, aller Lebenshunger, aller Glaube, alles Wagen um der Wahrheit und Gerechtigkeit willen, im menschlichen Dasein gerichtet ist.

"Ich versöhne euch Menschen mit mir durch das Kreuz!"

I. "Versöhnung", "Frieden" - das sind Klänge, die uns zerrissene, haltlose, hin- und hergeworfene Menschen unmittelbar ansprechen. In viele Kampffronten sind wir zerspalten. In jedem Zeitabschnitt bilden sie sich neu. Aber quer durch diese zeitbedingten Frontbildungen geht eine Front, vor 2000 Jahren genau so wie heute:

An Jesus wird das "Hüben" oder "Drüben" klar. Da scheiden sich wirklich die Geister. Wir wissen, um was es sich handelt: die wenigen Worte der Seligpreisungen sagen es wohl am deutlichsten: "die Sehnsucht haben nach dem heiligen Geist, die Friede stiften, die Sanftmütigen, die hungert nach der Gerechtigkeit, die Barmherzigen ..." die Menschen der Gottesliebe. Die als Panier das Zeichen des Reiches Gottes vor sich sehen, zu dem hin die Welt erlöst werden muß! - Die andere Front ist die in ihrer Naturhaftigkeit noch unerlöste Menschheit mit ihren Strebungen nach eigenem Nutzen, Genuß, Macht, Gewalt, mit ihrem Haß, mit ihrem Elend und Leid, mit ihrer Not und Schuld.

Wollen denn die Menschen ihr Unglück und all das Leid, das sie einander zufügen? - Nein! Sie leben in einem Widerspruch gegen ihre Bestimmung durch Gott - weil sie in der Gewalt von Mächten sind, Zerstörungsmächten, welche die ganze Schöpfung Gottes verderben, Mächten, die gewaltig sind in der Süße der Lust, die sie bieten - und in der Bitternis des Leids, das sie verursachen. Es ist absolut rätselhaft, warum diese Mächte da sind und ihr Zerstörungswerk ausüben können -, wenn Gott doch Gott ist. Aber niemand kann ihre Existenz und ihre Furchtbarkeit ableugnen. Das Wort "Sünde" bezeichnet das ganze Elend des Verfallenseins unter ihren Bann!

Haben sie dich noch - oder bist du frei? Stehst du unter ihrer Gewalt - oder im Kampf gegen sie? -

II. Weil Gott Gott ist, will er Erlösung. Er will die "herrliche Freiheit der Kinder Gottes!" - Er gibt der Front gegen die Zerstörungsmächte einen Führer: Jesus. Er tut ihnen Abbruch: er heilt, er entsühnt, er sammelt eine Kampfgemeinde, er stößt bis in die innersten Bezirke dieser Mächte vor: da, wo der Tod regiert. Schon scheint der Sieg des Reiches Gottes nahe. Was ist das für ein unerhörtes Leben, das damals um Jesus herum aufgebrochen ist in jenem "galiläischen

Frühling". Aber je größer seine Siege, umso größer ihr Widerstand. Sie führen den letzten Stoß. Er muß sterben. - Und er wagt in vollem Bewußtsein, um was es nun geht, den Kampf! "Der Fürst des Lebens" und der "Fürst des Todes" kämpfen den Entscheidungskampf der Menschheit, indem der Fürst des Lebens in den Tod geht. Unsre äußeren Augen sehen nur Niederlage, Gottverlassenheit, Verzweiflung, eine Katastrophe! Der Fürst des Todes triumphiert. - Und doch klingt vom Kreuz nach dem Verzweiflungsschrei noch ein leises Wort "Vater"! Ein Wort, das bedeutet: "Ich bin hindurch, Gott sei Dank!", ein Glaubenswort. Und es erbebt das Reich des Todes bis in seine Grundfesten!

Wo ist nun Schein - wo Wirklichkeit? Wer hat eigentlich gesiegt? Ist nicht alles beim Alten geblieben? Ja! ist nicht Jesu Kreuzigung Gottes vollendete Niederlage?

Wem an Jesu Persönlichkeit, Wort, Wirken, Leben die Wirklichkeit Gottes aufgegangen ist, wer das Wesen seines Kampfes begriff, der glaubt an den Sieg. Er wußte Jesus Christus als Sieger, als den Lebendigen, selbst wenn nicht die Gesichter der Jünger die Auferstehung bezeugten. "Der Fürst der Finsternis ist von seinem Thron gestürzt".

III. Damit ist die absolute Macht der Sünde gebrochen. Wir können los werden! Wir können zur Freiheit der Kinder Gottes kommen. Allerdings nur durch das Kreuz! Allerdings nur, wenn "wir das Kreuz auf uns nehmen". Allerdings nur, wenn wir uns entschieden in die Front des Christus einreihen und hinter ihm, durch ihn geführt, in engster Lebensgemeinschaft mit ihm kämpfen. Ja, kämpfen! Und gerade darum siegreich, aus der Liebe überwindend kämpfen, weil wir Frieden im Herzen haben, keine Angst mehr vor jenen finstern Mächten, selbst nicht vor dem Tod! Weil wir wissen: "Er ist bei uns alle Tage bis an der Welt Ende!" Weil wir wissen: "Gott hat uns!" Unser Leben steht einfach ganz woanders gegründet als vorher! Vorher: in uns selbst, in unsrer Begrenztheit und Unfreiheit gegenüber den dunklen Mächten, in der Daseinsangst, in der Lieblosigkeit, in dem quälenden Gefühl der Gottesferne. Und nun: in Gott, im lebendigen Gott. Wir sind versöhnt! Wir hören inwendig etwas von dem Jubel einer befreiten neuen Kreatur! Das Kreuz wird zum Symbol des Lebens!

IV. "So wir mit Gott versöhnt sind durch den Tod seines Sohnes, da wir noch Feinde waren, wie viel mehr werden wir selig werden durch sein Leben, da wir nun versöhnt sind!"

Das einmalige Geschehen von Golgatha wird zum ewigen, immer neuen Geschehen für jeden Menschen, für alle Zeiten! Denn uns ruft in unsre heutige Zeit Christus zu: "Laßt euch versöhnen!" Laßt euch in die Front des Lebens und Sieges hineinbeziehen! Für Euch geschah auch das Vergangene, damit es für Euch jetzt fruchtbar wird.

Liebe Freunde! Als eine Kampfgemeinschaft ist unser Bund einst gegründet worden. Schauen wir auf die vergangenen Zeiten zurück, so erscheinen uns die Kämpfe, obwohl sie uns manchmal bis ins Innerste erschüttert haben, unbedeutend zu sein gegenüber denen, die vor uns stehen. Ich meine da keine politischen oder kirchenpolitischen Kämpfe im alten Sinn. Es geht um Christus. Es geht um unheimliche Mächte des Bösen. - Es geht um eine neue Lebensepoche in der Menschheit. Es geht um den Zusammenbruch der ganzen bisherigen Kultur. -

Dies gewaltige Entweder-Oder, dem gegenüber die bisherigen Frontbildungen wirklich harmlos waren und an der äußersten Oberfläche der Dinge blieben, erkennt nur, wer bei sich eine Entscheidung darüber getroffen hat, in welcher der durch das Kreuz geschiedenen Fronten er stehen will. Beim Fürst des Lebens - oder beim Fürst des Todes. Die Gewissensentscheidung steht am Anfang. Ein Bündnis mit dem lebendigen, in unsrer Zeit als der Herr unsres Gewissens auferstehenden Christus. Dann ergeben sich die andern Konsequenzen für unsre Stellungnahme von selber: Liebe, Wahrheit, Gerechtigkeit bleiben unerbittliche Forderungen und Maßstäbe. Und der Mut wird uns geschenkt werden von Ihm selber, hinter dessen Siegeszeichen wir uns stellen. (Luc. 21,14-19)

Freunde! Geht ganz in die Tiefe dieser Entscheidung der Geister! Trefft da Eure persönliche Entscheidung! Laßt Euch loslösen aus der Gewalt der dunklen Mächte! Laßt Euch versöhnen mit Gott! Schließt Euer Bündnis neu mit dem Herrn Christus!

C. Und dann folgt ihm in Gottes Namen. Es ist ein Geheimnis in der Geschichte, daß nie im direkten Anlauf die Siege erfochten werden, die bleibende Werte der Menschheit brachten. Selbst in der Geschichte herrscht das Kreuz. Nur was bis in die tiefsten Tiefen hinein durchlitten wurde, trägt Keimkraft der Auferstehung in sich. Wem unter dem Kreuz die Gewißheit wurde für sich persönlich: "Das Alte ist vergangen, siehe es ist Alles neu geworden", dem wird die Gewißheit auch für die Menschheit. Und er schaut aus in zuversichtlicher Erwartung auf den Sieg Christi.

Herr! Dein Reich komme! Amen.

(16)
"Der Geist macht lebendig"
Pfingstgottesdienst, Büchenbronn, 4. Juni 1933

Schriftlesung: Hesekiel 37, 1-14.

"Es kam über mich die Hand des Herrn, und er führte mich hinaus durch seinen Geist und ließ mich Halt machen mitten in der Talebene: die war voller Menschengebeine. Und er ließ mich rings herum an ihnen vorübergehen, und siehe, es lagen ihrer sehr viele auf der Oberfläche der Talebene: sie aber waren ganz verdorrt. Da sprach er zu mir. Menschensohn: werden wohl diese Gebeine wieder lebendig werden? - Ich aber antwortete: Herr, Du weißt es! Sodann sprach er zu mir: weissage über diese Gebeine und sprich zu ihnen: ihr verdorrten Gebeine, höret des Herren Wort! So spricht der Herr: siehe, nun will ich Geist in euch bringen, daß ihr wieder lebendig werden sollt, und will Sehnen auf euch legen und Fleisch auf euch bringen und euch mit Haut überziehen und euch Geist einflößen, daß ihr lebendig werdet, und ihr sollt erkennen, daß ich der Herr bin!

Da weissagte ich, wie mir befohlen war, und es geschah, als ich weissagte, siehe, da gab es ein Rauschen, und die Gebeine rückten eins an das andere heran. Und ich schaute, und siehe da, Sehnen kamen an sie, und Fleisch wuchs darüber und Haut zog sich darüber, aber noch war kein Geist in ihnen. -

Da sprach er zu mir: weissage über den Geist, ja weissage, Menschensohn, und sprich zu dem Geiste: so spricht der Herr: von den vier Winden komm ich herbei und hauche diese Erschlagenen an, daß sie lebendig werden! - Als ich nun weissagte, wie er mir befohlen hatte, da kam der Geist in sie, und sie wurden lebendig und stellten sich auf ihre Füße - eine überaus große Schar!

Dann sprach er zu mir: Menschensohn, diese Gebeine sind das ganze Haus Israel. Diese da, sie sprechen: unsere Gebeine sind verdorrt, und unsere Hoffnung ist geschwunden; es ist aus mit uns! Darum weissage und sprich: so spricht der Herr: siehe, nun will ich eure Gräber öffnen und euch aus euren Gräbern heraufholen und euch ins Land Israel bringen, und so sollt ihr erkennen, daß ich der Herr bin, wenn ich eure Gräber öffne und euch aus euren Gräbern heraufhole. Alsdann will ich meinen Geist in euch geben, daß ihr wieder lebendig werden sollt, und will euch in euer Land versetzen, und ihr sollt erkennen, daß ich der Herr bin. Ich habe es geredet und werde es vollführen! ist der Spruch des Herrn." -

Predigt: Text II. Korinther 3, 6.
"Der Geist macht lebendig."
Auf Weisung des Evang. Oberkirchenrates verlesen wir das Grußwort an die Gemeinden von Pastor D. v. Bodelschwingh aus Anlaß seiner Bestimmung zum Reichsbischof der künftigen Deutschen Evangelischen Kirche (folgt Verlesung von Text und Gebet).
Liebe Pfingstgemeinde!

Das Grußwort und Gebet des neuen Reichsbischofs der deutschen evangelischen Kirchen erfleht Gottes Heiligen Geist über die ganze Christenheit auf Erden und besonders über die evangelische Kirche unsres deutschen Vaterlandes. Sie schickt sich an, sich ein neues Haus zu bauen, alle Landeskirchen zu vereinigen zu einer umfassenden Reichskirche. Mögen die Verantwortlichen im Kirchenbund und in den Landeskirchen nie vergessen, daß der Pfingstgeist die Kirche Christi gründete und immer wieder erbaute. Dieser Geist ist Christi Stellvertreter. Sein Wirken ist Hinweis auf alle die Gaben und Kräfte, die einst in der Fülle da sein werden, wenn Christus selbst wiederkommt, sein Reich zur Vollendung zu bringen. Nur durch diesen Geist wird die neue Kirche lebendig sein! Alle neuen Organisationen, Gesetze und Paragraphen stehen unter dem Gesetz des Todes.

Diese Neuordnung der Kirche vollzieht sich gleichzeitig mit der Neuordnung des Staates und angeregt durch sie. Wenn schon der Einzelne in der Schicksalsverbundenheit mit seinem Volk und in der Verantwortlichkeit gegenüber seiner staatlichen Gestaltung steht, - so steht die Kirche erst recht darin. Denn ihre Haltung gegenüber dem Volk und dem Staat ist die des Propheten: "er betet für sein Volk." Ihr Dienst ist Seelsorge am Volk. Ihre Aufgabe ist: Gewissen des Volks und des Staates zu sein. - Darum muß zu allen Zeiten und jedem Staat gegenüber die Kirche Christi unabhängig sein. Kirchen gleichzuschalten und dem Staat unterzuordnen, wäre das Ende der Kirche. Die Kirche darf weder eine politische Stütze noch eine politische Opposition im Verhältnis zum Staat sein. Denn sie hat ihm etwas zu geben, das jenseits der Politik liegt: Den Geist, der lebendig macht!

Der Staat braucht den Pfingstgeist! - Heute werden viele Predigten gehalten werden, und die offiziellen Zeitungen sind erfüllt von Leitartikeln dieser Art: daß die nationale Revolution ein Pfingsten des deutschen Volkes sei. Können Christen, - und alle, die davon reden und schreiben, sind Christen! - solche Gleichstellung vollziehen, wenn sie wirklich wissen, was Heiliger Geist ist? Wenn auch alle Revolutionen auf letzte ewige Ziele hinweisen, weil sie aus Spannung entstehen, die den Widerspruch der Verhältnisse zu den ewigen Ordnungen Gottes aufweisen, so sind sie doch Menschenwerk, Erdgeist, mit allzu menschlichen Mitteln durchgeführt! Revolutionen "pflügen ein Neues." Die Menschenkraft, welche den Pflug lenkt, ist etwas Anderes als die Keimkraft, welche die Saat erfüllt. Und es kämpfen nun in den Ackerfurchen Saat und Unkraut um den Sieg.

Die Kirche - oder besser: wir Christen, die wir uns zur lebendigen Gemeinde des Herrn Christus in unserm Volk zählen -, wir haben die Aufgabe, die Kräfte wahrer geistiger Auferstehung, Lebenskräfte von Gott, unserem Volk zu vermitteln. Das können wir nur, wenn eine Auferstehung durch den Heiligen Geist uns selbst geschenkt worden ist. Mit Furcht und Zittern müssen wir vor Gott um den heiligen Geist bitten für uns und durch uns für unser Volk!

Die gewaltigste Pfingstprophetie des Alten Testaments ist die Schau des Propheten Hesekiel von dem Totenfeld, über welches der Geist Gottes zu einer Auferstehung weht. - Das jüdische Volk ist national und religiös so gut wie vernichtet. Mit Jerusalem ist der staatliche und religiöse Mittelpunkt zerstört; nur Reste des Volks sind als babylonische Kolonisten in Mesopotamien angesiedelt. Der Gott, auf den die Erzväter und Väter vertraut hatten, hat geschwiegen. Ist es wirklich der "lebendige Gott", wo es doch "ganz aus ist mit uns"? Ist es nicht besser, ihm abzusagen und sich einzuschalten in das Volk der Gewalthaber?

Der Prophet glaubt, auch durch diese Finsternis hindurch! In einer Kerngemeinde, die Herz und Gewissen des Volkes sein will, soll der Glaube an Gott allein die Keimkraft für ein neues Volkstum werden. Nur denen gilt die Verheißung der Auferstehung, welche sich von Gottes Geist erfüllen und zum neuen Leben rufen lassen wollen! - Die Begeisterungen, die von Zeit zu Zeit wie ein Rausch die Menschen erfassen, schaffen keine innere Wandlung. Um die innere Wandlung handelt es sich bei dieser Prophetie! Weil die Lage menschlich gesehen so hoffnungslos ist, darum hilft nur das alleinige Trauen auf Gott, auf Seinen lebenschaffenden Geist!

Wir wissen, welchen Dienst diese Kerngemeinde an ihrem Volk tat. Aus ihr stammen viele Psalmen, der 2. Jesaia, das Hiobbuch, immer neue Gottesmänner wurden ihr geschenkt. Volk wurde vom innersten Heiligtum her. Und es konnte später, nach vielen Jahrzehnten, seine neue staatliche Einheit bauen. Es hat sie wieder verloren. Und es trug den heiligen Samen hinaus in das Ackerfeld fremder Völker.

Politisch ist gewiß die Lage unsres Volkes nicht mit der des damaligen jüdischen Volkes zu vergleichen. Die starke Staatsmacht, die errichtet wurde, erweckt den Anschein, als ob unser Volk seine Auferstehung aus Ohnmacht und Tod erlebt habe. - Und doch kann, wer betend zu seinem Volke steht, eine ungeheure Angst nicht loswerden. In Wirklichkeit ist die Zerrissenheit in unserm Volk nicht überwunden. Es gibt Sieger und Besiegte. 26 000 von den Besiegten sitzen (nach einer Zeitungsnachricht) in Gefängnissen oder Arbeitslagern. Viele sind geflohen, da ihnen die Heimat zum Gefängnis der Freiheit ward. Viele schweigen, oder sie tragen heimlich Rachepläne in sich, oder sie heucheln. Niederste Instinkte rücksichtsloser Streberei, Angeberei, der Rache gegen frühere Verantwortliche (wie beim Ministertransport neulich in Karlsruhe) sind losgelassen. Mit heißer Angst für die Zukunft des Volkes sehen wir dies. Denn drohend und zur Katastrophe sich zusammenballend hängen die Wolken der Wirtschaftskrise und der außenpolitischen Spannung über unserm Volk!

Aus Sorge und Verantwortlichkeit für unser Volk müssen wir auf diese Dinge hinweisen. Und ganz gewiß nicht im Sinne eines politischen Mißbrauchs der Kanzel, ja nicht einmal im Sinne des Vorwurfs gegen Einzelpersonen oder eine Partei! Wer für sein Volk betet, weiß etwas von der Solidarität der Schuld. Denn er sieht und erleidet die Macht des selben "Fürsten dieser Welt", dessen Geistwirkung: Gewalt, Knechtung, Lüge, Haß, Hochmut ist. - Gerade da, wo die edelsten Absichten und Beweggründe sind, gerade da, wo ein Neues gepflügt wurde, ist "er" da und sät sein Unkraut! Wer über das Jetzt in die Zukunft schaut, wer mit Augen Gottes, die Unkraut und Weizen zu sondern verstehen, auf das Saatfeld unseres Volkes schaut, der sieht mit Angst in drohende Katastrophen, der sieht den Satan triumphieren, der sieht ein Totenfeld, wo heute neues, starkes Leben zu sein scheint.

Dafür sind wir Christen da, ist die Kirche Christi da, um mit diesen finsteren Geistern zu kämpfen! - Ist sie stark genug? Ja, ist sie nicht hoffnungslos schwach? Versagen wir nicht aus mangelndem Mut, aus Furchtsamkeit immer wieder? Es ist bequemer, mit dem "Fürsten dieser Welt" zu paktieren, mit dem Strom zu schwimmen, trunken zu sein vom Wein der Zeit, - als da zu kämpfen, wo wir als Christen kämpfen müssen! Das Bild Hesekiels wenden wir auf uns Christen, auf die Kirchen an. Da ist aus eigener Kraft nur: Versagen. Da geht nicht die Kraft aus, die Samenkraft, welche nach dem Umbruch der Revolution nun unser Volk und unser Staat von den Christen erwarten muß: Neues, Gewaltiges, Auferstehung, wirkende Kraft des Heiligen Geistes!

Daß wir doch wenigstens die ganze Not und unsre Armut am Geist verspürten! daß wir so dastünden als "Bettler um den Geist", wie Jesus das in der ersten Seligpreisung fordert, die in wörtlicher Übersetzung lautet: "Selig sind die Bettler um den Geist, denn das Himmelreich ist ihr." Daß wir in Wirklichkeit mit Furcht und Zittern unsere innere Leblosigkeit, unsern geistlichen Tod erkennten! - Denn diese Erkenntnis allein hat Verheißung! Diese Erkenntnis schließt die Ohren auf, daß sie horchen auf das Rauschen des Heiligen Geistes; sie schließt die Herzen auf, daß sie dem Herrn Christus, der der Geist ist, sich öffnen.

Die Wirkung ist Mut: was die Regierenden von einem politischen Gegner nie annehmen, da er ja im Verdacht der Machtkonkurrenz steht, was sie nur von denen gesagt bekommen können, die aus Verantwortung für das Volk beten: die Wahrheit, - das müssen die Christen sagen. Um zu bessern! um den Sieg Christi auszubreiten über die Mächte der Finsternis! Um die Todesgespenster zu verjagen! Um das Unkraut zu verdrängen und dem lebendigen Samen Licht und Platz zu schaffen!

Und der Geist wirkt Liebe: wahre Volksgemeinschaft aus Gerechtigkeit, Lösungen, die Allen Recht und Hilfe schaffen. Aus Liebe zum Volk und aus Gehorsam gegen Christus müssen wir diesem Geist Raum schaffen! Koste es, was es wolle. Auch wenn wir selbst als Opfer in das Saatfeld der Zeit eingesät werden. Denn anders als durch Opfer wird der Geist des Todes nicht überwunden!

Ich bin gewiß, daß wir vor einer gewaltigen Geistausgießung stehen. Alle Versuche zu Lösungen, die von Menschen unternommen wurden, sind zu einem Spott geworden: der Versailler Friedensvertrag, der Völkerbund, die Abrüstungskonferenz. Ein Totenfeld! Aber: ein gesegnetes Totenfeld, damit wir alles Vertrauen aufgeben auf die Organisation ohne Gottes Geist, damit wir wachsam werden gegen die dämonischen Geister, damit wir uns aus allen Kräften ausstrekken nach dem Heiligen Geist, der lebendig macht!

Komm, Heiliger Geist, Herre Gott!
Erfüll' mit Deiner Gnaden Gut
Deiner Gläubigen Herz, Mut und Sinn!
O Herr, durch Deine Kraft uns bereit',
Daß wir hier ritterlich ringen,
Durch Tod und Leben zu Dir dringen!"
Amen!

(17)
Zum rechten Verständnis des evangelischen Bischofsamtes
Brief an den Landesbischof Julius Kühlewein vom 18. Juli 1933.

Herr Landesbischof!
Mit aller Ihrer Person und Ihrem Amt gegenüber schuldigen Ehrerbietung schreibe ich Ihnen diesen Brief und wünsche Ihnen Gottes Segen, Christi Führung und des Heiligen Geistes Kraft für Ihr neues Amt.

Wenn ich nicht persönlich an den Feiern in Karlsruhe teilnehme, so hat dies darin seinen Grund, daß ich an diesem so wichtigen Tag meine Gemeinde nicht verlassen will. Im Gottesdienst am Vormittag und in einer besonderen Abendmahlfeier der Gemeinde am Abend ist der Ort, da ich mit einer Gemeinde in der Gemeinschaft des Leibes Christi fürbittend vor Gott stehe für Sie und für unsre evangelische Kirche. Auf den Gemeinden ist die evangelische Kirche aufgebaut. Der für die Zukunft der Kirche so bedeutungsvolle 23. Juli muß deshalb m. E. in der

Gemeinde mit Buße und Gebet um Gottes Gnade in Christus begangen werden. Nicht auf dem Votum kirchenpolitischer Führer und staatlicher Machthaber beruht zutiefst die Vollmacht Ihrer Stellung, Herr Landesbischof, sondern auf der fürbittenden Gemeinde.

Die neuen Verhältnisse haben Ihnen ein neuartiges Amt gegeben: das des Gewissensleiters und Beichtigers der Staatsführer. In der neuen episkopalen Gestalt nimmt die Kirche ein Amt wieder auf, das sie ähnlich vor 2 Jahrhunderten gegenüber den absoluten Fürsten hatte. Für dies schwere Amt gilt im Besonderen Ihr tapferes Losungswort: Audendum est aliquid in nomine Christi! - Ob die Zukunft für unser Volk eine Aufwärtsentwicklung oder eine Katastrophe bringt, wird wesentlich davon abhängen, ob vom Bischof und von den Pfarrern diese Funktion gegenüber den staatlichen Führern im Reich, Land, Bezirk und in der Gemeinde erfüllt wird. Der totale Staat läßt keiner Körperschaft eine Freiheit. Er läßt sie nur bis zu einem gewissen Grad der Kirche. Sie muß deshalb unerschrocken das Evangelium verkündigen. Die Kirche Christi hat keine Verheißung der Sicherheit. Sie hat nur die Verheißung des Kreuzes. Ich gedenke Ihrer Predigt zur Eröffnung der Landessynode 1926: "Das Wort vom Kreuz ist eine Gotteskraft!"- Und der Konflikt mit dem Staat wird und muß kommen, wenn er die Predigt des Evangeliums Christi nicht ertragen kann. Der Staat wird dann die Verkündiger des Evangeliums verfolgen. Sie haben die Verheißung des Kreuzes, wenn sie Christi Weg dabei gehen. Vor der Kirche erhebt sich dann die Frage, auf welche Seite sie sich stellen wird.

Ich schreibe dies nicht zu einer Rechtfertigung für mich persönlich in der gegen mich schwebenden Angelegenheit. Ich schreibe es mit Bezug auf Ihre Stellung und die der Amtsbrüder. Sie sprechen sich in Ihrem Schreiben an die Geistlichen und in ihrem früheren Hirtenbrief mit rückhaltlosem Vertrauen für die Führer des Staates aus. Warum kann ich dies nicht auch, trotz der Zubilligung des guten Willens für sie? Warum muß ich immer auch die "andere Seite" sehen, die Besiegten, die Gefangenen, die Entflohenen, die Ausgeschalteten, warum sehe ich tödliche Gefahren in der wirtschaftlichen und außenpolitischen Entwicklung im Gegensatz zu dem offiziellen Optimismus? Warum sehe ich Dämonien entfesselt, die nur mit der äußersten Anstrengung des Glaubens zu bezwingen sind? Warum muß ich meinem Volk, dem ich Heil wünsche, Unheil voraussehen? Solches Ringen und Leiden, solche Gewissensnot hat es ja immer bei denen gegeben, welche fürbittend für ihr Volk vor Gott stehen. In diesen Tagen des Schaffens an einer neuen Gestalt der Kirche und an einer neuen Gestalt des Staates ist es besonders groß. Ich danke Ihnen dafür, Herr Landesbischof, daß Sie den Geistlichen versprochen haben, "ein Führer, Helfer und Berater" zu sein.

Mit diesem Dank verbinde ich eine Bitte: Heben Sie den Revers auf, welcher den Geistlichen der früheren religiös-sozialistischen Bewegung auferlegt wurde. Wieder spreche ich nicht für mich. Ich habe es als eine wahrhafte Befreiung meines Gewissens empfunden, als mir im Erlaß vom 9.5. der Oberkirchenrat mitteilte, "daß ich die geforderte Erklärung nicht im vollen Umfang abgegeben habe, und daß der Oberkirchenrat die Verantwortung für alle für mich daraus erwachsenden Folgen ablehne". Ein Prediger des Evangeliums kann nur gebunden sein "an das Wort Gottes, das er in seinem Gewissen aus der Bibel vernimmt" (Prof. Fezer am 2.6.33). - Die Punkte 1 u. 2 des Reverses sind nach der staatlichen Auflösung und kirchlichen Ausschaltung der r.s. Bewegung hinfällig. Der Punkt 3 gilt für alle Geistlichen. Sie würden den andern Pfarrern eine schwere Gewissenslast abnehmen! - Gott behüte Sie und die Kirche!

(18)
"Hat sich durch den Inhalt eines Briefes an den früheren Minister Remmele in das Konzentrationslager Kislau der Achtung und des Vertrauens, das sein Beruf als Pfarrer erfordert, unwürdig erwiesen und sich damit eines Dienstvergehens schuldig gemacht"
Urteil in Dienststrafsachen gegen Pfarrer Heinrich Kappes in Büchenbronn wegen Pflichtverletzung - verkündet am 1. Dezember 1933

Das Evang.Kirchl.Dienstgericht hat in der Sitzung vom 1.12.1933, an der teilgenommen haben:
I.   1. Amtsgerichtsdirektor Dr. Müller von Karlsruhe als Vorsitzender
     2. Landgerichtsdirektor Einwaechter von Waldshut
     3. Oberstaatsanwalt Fitzer von Freiburg
     4. Pfarrer Lic. Hauss von Heidelberg
     5. Pfarrer Kirchenrat Wolfhard von Durlach
        2-5 als Beisitzer
II. Oberkirchenrat D. Dr. Friedrich von Karlsruhe als Anklagevertreter
III. Ministerialoberrechnungsrat Vögelin von Karlsruhe als Protokollführer
     für R e c h t erkannt:
Gegen den Angeklagten Pfarrer Heinrich Kappes aus Fahrenbach wird unter Belastung mit den Kosten wegen Pflichtverletzung im Sinne des § 7 Abs.1 des Dienstgesetzes auf Zurruhesetzung wider Willen erkannt.

G r ü n d e.
Der Angeschuldigte, der am 30.11.1893 zu Fahrenbach geborene, verheiratet, zuletzt als Verwalter der Pfarrei Büchenbronn, daselbst wohnhaft gewesene Pfarrer Heinrich Kappes war angeklagt, daß er unterm 9. August 1933 an den früheren Minister Remmele in dem Konzentrationslager Kislau einen Brief richtete, durch dessen Inhalt er sich der Achtung und des Vertrauens, das sein Beruf als Pfarrer erfordert, unwürdig erwies und sich damit eines Dienstvergehens (§50 KV., §§ 1,7 des Dienstgesetzes) schuldig gemacht habe.
Dem Antrag des Anklagevertreters entsprechend hat der Evang. Oberkirchenrat unterm 31. Oktober 1933 die Dienststrafsache vor das Kirchliche Dienstgericht verwiesen (A.S.133). Die heutige mündliche Verhandlung vor dem Dienstgericht hat folgendes ergeben:
Der Angeklagte war Kriegsteilnehmer. Das eiserne Kreuz 1. Klasse ist ihm verliehen worden. Er hat eine schwere Kopfschußverletzung davongetragen. An den Folgen davon hatte er noch nach dem Krieg zu leiden. Er war infolge seiner schweren Kriegserlebnisse in seinen Nerven stark mitgenommen. Die theologischen Prüfungen bestand der Angeschuldigte im Jahr 1919/20, und zwar die 2. Prüfung mit der Note "gut bis sehr gut" als zweiter unter 19 Kandidaten. Darnach war er bis Anfang Mai 1923 als Vikar in verschiedenen Pfarreien in Mannheim und Karlsruhe tätig. Vom 7. Mai 1923 an war er 10 Jahre lang Jugendpfarrer in Karlsruhe. Am 7. April 1933 ist er mit der Verwaltung der Pfarrei Büchenbronn betraut worden. Zu dieser Maßnahme ist der Oberkirchenrat veranlaßt worden durch die Erwägung einmal, daß Pfarrer Kappes sich bis ins Jahr 1933 hinein politisch in ausgiebigem Maße für die SPD betätigt hat, zum andern, daß im März 1933 die NSDAP in ganz Deutschland die Regierung übernahm. Bei der radikalen Einstellung der NSDAP gegen den Marxismus mußte es als zweifelhaft erscheinen, ob Pfarrer, die der SPD angehört hatten, in ihrem Amte gegenüber kirchlichen wie außerkirchlichen Einwirkungen zu halten waren. Solche Erwägung mußte insbesondere gegenüber dem Pfarrer Kappes angestellt werden, da er als Jugendpfarrer in Karlsruhe mit staatlichen Behörden zusammengearbeitet hatte. Die Kirchenbehörde erfuhr denn auch seitens des Bad.

Kultus-Ministeriums, daß mit der Ablehnung des Pfarrer Kappes seitens der staatlichen Behörden zu rechnen sei. Eine ersprießliche kirchliche Wirksamkeit war daher vom Angeschuldigten als Jugendpfarrer in Karlsruhe nicht mehr zu erwarten. Deshalb wurde Pfarrer Kappes mit der Verwaltung der Pfarrei Büchenbronn betraut.

Bei seiner früheren politischen Betätigung in der Öffentlichkeit hat der Angeschuldigte jegliche Rücksichtnahme auf seine Stellung als Pfarrer und auf die zur Wahrung der gesamten kirchlichen Ordnung berufene Kirchenbehörde außer Acht gelassen.

Gelegentlich der Vorbereitung zur Wahl der Landessynode 1926 hat der Angeschuldigte in Ispringen einen Vortrag mit dem aufreizenden Thema "Wider die Kirchen, die das Evangelium verraten" gehalten. Im Winter 1929 auf 1930 hat die Karlsruher Bühne in einem "Zeit-Theater" eine Reihe modernster, dem Kulturbolschewismus entstammender Stücke zur Aufführung gebracht. Der Oberkirchenrat nahm in der Presse öffentlich gegen dieses Unternehmen Stellung. Der Angeschuldigte hielt sich für berufen, in einer öffentlichen Versammlung seine Bedenken darüber zum Ausdruck zu bringen, daß vom Oberkirchenrat "in so oberflächlicher Weise das Ärgernis nur an der Darstellung genommen wurde, ohne daß man nach der dargestellten Wirklichkeit und ihrer Ursache frägt."

Anfang 1931 sah sich die Kirchenbehörde veranlaßt, gegen den damaligen Pfarrer Eckert, der im Kampf gegen die NSDAP jegliche Rücksicht, die ihm sein Amt gebot, fallen ließ und den deswegen getroffenen Anordnungen der Kirchenbehörde den Gehorsam versagte, das Dienststrafverfahren zu eröffnen. Pfarrer Kappes hielt es für angebracht, voll und ganz für seinen Genossen Eckert einzutreten. Unterm 7. Februar 1931 ließ Pfarrer Kappes im "Volksfreund", im Karlsruher Parteiblatt der SPD, unter der Schlagzeile: "Gewissenskampf und Oberkirchenrat" einen Artikel mit der Überschrift "Wir sind keine stummen Hunde" erscheinen. In diesem Artikel nahm der Angeschuldigte mit den schärfsten Ausdrücken Stellung gegen das Vorgehen der Kirchenbehörde in der Angelegenheit Eckert. Er führte dabei wörtlich aus: "Sollen wir etwa die wahren Gründe nennen, weshalb der Herr Kirchenpräsident und seine positive Partei den sozialistischen Pfarrer Eckert dem Stahlhelm und den Nationalsozialisten opfern will? Werfen die Kirchenwahlen 1931 schon ihre Schatten voraus? Wir sind keine stummen Hunde! Ich stehe solidarisch neben Eckert und mit mir noch andere sozialistische Pfarrer in Baden. Um die Listen der von mir in Zukunft übernommenen Reden gegen den Nationalsozialismus muß sich der Oberkirchenrat ebenfalls selbst bemühen. Wer jetzt schweigen kann, von dem gilt das Jesaja-Wort: 'Stumme Hunde sind sie (sic), die nicht strafen können, sind faul, liegen und schlafen gern`. - Wir reden und wecken." -

Obwohl das Urteil, das erging, sachlich wie formell eine schwere Verurteilung Eckerts darstellte, hat Pfarrer Kappes dieses Urteil als Niederlage der Kirchenbehörde in einem Artikel in der Zeitschrift "Religion und Sozialismus" gefeiert.

Pfarrer Eckert ist im Oktober 1931 zur KPD übergetreten. Er wirkte für diese Partei öffentlich in einer Weise, daß wiederum ein Dienststrafverfahren gegen ihn eröffnet werden mußte. Auch da hat Pfarrer Kappes sich wiederum für Eckert bis zuletzt eingesetzt.

Die zersetzenden Wirkungen auf das kirchliche Gemeindeleben, die der religiöse Sozialismus besonders durch die Art eines Eckert ausgeübt hatte, bestimmte die kirchlichen Körperschaften zu dem Entschluß, keine Pfarrstelle mit einem Geistlichen religiös-sozialistischer Richtung mehr besetzen zu lassen. Demgemäß wurde die Eckert'sche Pfarrstelle in Mannheim nicht mit einem religiösen Sozialisten besetzt. Das war für Pfarrer Kappes Veranlassung, in einer Protestversammlung am 21. Januar 1932 in der heftigsten Weise die Kirchenleitung anzugreifen. Er machte dabei einzelnen Mitgliedern der Kirchenregierung den Vorwurf der Parteilichkeit und der Verfassungsverletzung. Wegen dieses Verhaltens wurde Pfarrer Kappes durch Beschluß des Oberkirchenrats vom 16. Februar 1932 mit der Ordnungsstrafe der Verwarnung belegt. Seine Beschwerde dagegen wurde von der Kirchenregierung unterm 18. Mai 1932 als unbegründet zurückgewiesen. Wie sehr Pfarrer Kappes mit dem politischen Sozialismus und insbesondere mit dessen Presse verbunden war, ergibt sich aus der Tatsache, daß, nachdem die Ordnungsstrafe der Verwarnung gegen Kappes ausgesprochen war, im "Volksfreund" ein Artikel erschien mit folgenden Ausführungen (Pers. Akt. S.583): "Allem Anschein nach gelüstet es den Evang. Oberkirchenrat nach einem neuen Kampf. Der positive Herr Wurth scheint mit dem Fall Eckert - der durch dessen eigene Schuld den bekannten Endausgang nahm - nicht genug zu haben. Herr Wurth will wohl nun einen "Fall Kappes" konstruieren. Damit dürfte er jedoch allerdings auf Granit beißen. Pfarrer Kappes ist nicht Pfarrer Eckert und weiß, was er zu tun hat. Aber auch der evangelische Teil der Arbeiterschaft weiß, was er zu tun hat, und der Evang. Oberkirchenrat kann sein blaues Wunder erleben, wenn es ihn gelüstet, diese Bahn weiter zu begehen."

Dieselben Erwägungen, die zur Wegversetzung des Angeschuldigten von Karlsruhe nach Büchenbronn führten, gaben auch Anlaß dazu, daß der Oberkirchenrat Anfang April 1933 von Pfarrern, die sich zur SPD bekannt hatten, also auch von Pfarrer Kappes, die Unterzeichnung nachstehender Erklärung verlangt:

"I. Ich erkläre, daß ich aus der SPD ausgetreten bin und mich in keiner Weise an einer an Stelle der SPD tretenden, gleiche oder ähnliche Ziele wie die SPD verfolgenden Organisation beteiligen noch solche Organisationen in irgend einer Form unterstützen werde.

II. Ich erkläre, daß ich keiner kirchlichen Gruppe angehöre oder sie unterstützen werde, die unmittelbar oder mittelbar marxistische Forderungen und Ziele fordert, sei es auch nur dadurch, daß sie vom Evangelium her den Versuch mache, geistig-geistliche Unterlagen zur Verwirklichung marxistisch-sozialistischer Ziele zu schaffen.

III. In meinem Amt, insbesondere in Predigt und Unterricht, werde ich das Evangelium frei von rein persönlichen Urteilen politischer, sozialer und wirtschaftlicher Art zur Verkündung bringen und auch in privaten Äußerungen mich nach dieser Richtung hin der Zurückhaltung befleißigen."

Der Angeschuldigte unterschrieb unterm 17. April 1933 die verlangte Erklärung. (Pers. Akt., S. 717). Er sandte die also unterschriebene Erklärung auch an den Oberkirchenrat ein. Er gab sich aber "das Recht, der vollzogenen Unterschrift einige Zeilen (Pers. Akt, S. 713/16) beizufügen "d.h. in einem besonderen Schreiben, auch datiert vom 17. April 1933, zu der vom Oberkirchenrat verlangten Erklärung Ausführungen zu machen, die den Oberkirchenrat veranlaßten, unterm 9. Mai 1933 an Pfarrer Kappes einen Erlaß (Pers. Akt., S.719) zu richten, mit folgendem Inhalt:

"Die von Ihnen geforderte Erklärung haben Sie unterm 17. April 1933 zwar unterzeichnet, in einem Schreiben vom gleichen Tag aber Ausführungen gemacht, die letzlich wieder eine Einschränkung Ihrer Erklärung darstellen. So sagen Sie sich in Ihren Ausführungen zu Ziffer 2 von einem "Vulgärmarxismus" los, betonen aber doch, daß Sie Ihre kirchliche und kirchenpolitische Arbeit im Sinne des "eschatologischen Realismus", der "die Basis des Evang. Volksbundes ist", weiter treiben wollen. Sie erkennen damit, ohne dies allerdings deutlich und aufrichtig zu sagen, eben doch den Marxismus, wenn auch, wie Sie meinen, in einer verfeinerten Form, als mitbestimmend für Ihre Tätigkeit an. Anders kann ich mir Ihre Darlegungen, die mir unklar erscheinen, nicht deuten. Bei dieser Sachlage vermag ich nicht anzuerkennen, daß Sie die geforderte Erklärung in vollem Umfange abgegeben haben, und muß die Verantwortung für alle daraus für Sie erwachsenden Folgerungen ablehnen ..."

Es sei dazu hier gleich festgestellt: Der Angeschuldigte hat unterm 18. Juli 1933 (Pers. Akt. S.775) mit Bezug auf die vom Oberkirchenrat verlangte und von ihm unterm 17. April 1933 unterschriebene Erklärung an den Herrn Landesbischof geschrieben: "... Ich habe es als eine wahrhafte Befreiung empfunden, als mir im Erlaß vom 9. Mai 1933 der Oberkirchenrat mitteilte, 'daß ich die geforderte Erklärung nicht in vollem Umfang abgegeben habe, und daß der Oberkirchenrat die Verantwortung für alle für mich daraus erwachsenden Folgerungen ablehne...'". Und als er wegen des zum Gegenstand des gegenwärtigen Disziplinarverfahrens gemachten Verhaltens vom Oberkirchenrat zur verantwortlichen Äußerung unter Hinweis auf jene, seiner Zeit vom Oberkirchenrat verlangte und von ihm, dem Angeschuldigten, unterm 17. April 1933 unterschriebene Erklärung aufgefordert wurde, da kehrte er in seinem Bericht vom 2. September 1933 (Diszipl. Akt. S.11) die Tatsache, daß der Oberkirchenrat mit Erlaß vom 9. Mai 1933 zu erkennen gegeben hatte, er vermöge nicht anzuerkennen, daß Pfarrer Kappes die geforderte Erklärung in vollem Umfange abgegeben habe, dahin um, als habe der Oberkirchenrat seine, des Angeschuldigten, Unterschrift, unter dem Revers vom 17. April 1933 für ungültig erklärt, also, daß er danach erst wieder ein freies Gewissen bekommen habe.

Die Erwartung der Kirchenleitung, daß Pfarrer Kappes auf der abgelegeneren Gemeindepfarrei Büchenbronn die Kirche in keinerlei Schwierigkeiten bringen werde, hat sich nicht erfüllt. Für den Pfingstgottesdienst in Büchenbronn wählte Pfarrer Kappes als Schriftlesung Hesekiel 37, 1-24, und er predigte über den Text 2. Korinther 3,6: "Der Geist macht lebendig". Er führte in seiner Predigt (Diszipl. Akt., S.51ff.) aus, daß die evangelische Kirche sich anschicke, ihren Bau neu zu ordnen im Zusammenhang mit der Neuordnung des Staates, der mit der Kirche schicksalsmäßig verbunden sei. Im weiteren kam er dann zu folgenden Ausführungen: "Die gewaltigste Friedens-Prophetie des Alten Testaments ist die Schau des Propheten Hesekiel von dem Totenfeld, über welches der Geist Gottes zu einer Auferstehung weht. Das jüdische Volk ist national und religiös so gut wie vernichtet. Mit Jerusalem ist der Staats- und religiöse Mittelpunkt zerstört; nur Reste des Volkes sind als babylonische Kolonisten in Mesopotamien angesiedelt. Der Gott, auf den die Erzväter und Väter vertraut hatten, hat geschwiegen. Ist es wirklich der 'lebendige Gott', wo es doch ganz aus ist mit uns? Ist es nicht besser, ihm abzusagen und sich einzuschalten in das Volk der Gewalthaber? Der Prophet glaubt, auch durch diese Finsternis hindurch! In einer Kerngemeinde, die Herz und Gewissen des Volkes sein will, soll der Glaube an Gott allein die Keimkraft für ein neues Volkstum werden. Nur denen gilt die Verheißung der Auferstehung, welche sich von Gottes Geist erfüllen und zu neuem Leben rufen lassen wollen! - Die Begeisterungen, die von Zeit zu Zeit wie ein Rausch die Menschen erfassen, schaffen keine innere Wandlung. Um die innere Wandlung handelt es sich bei dieser Prophetie! Weil die Lage, menschlich gesehen, so hoffnungslos ist, darum hilft nur das alleinige Trauen auf Gott, auf seinen Leben schaffenden Geist! ..."

Der Angeschuldigte zog weiter in seiner Pfingstpredigt einen Vergleich zwischen der besprochenen Lage des jüdischen Volkes und der jetzigen Lage des deutschen Volkes. Er führte dazu folgendes aus:

"Politisch ist gewiß die Lage unseres Volkes nicht mit der des damaligen jüdischen Volkes zu vergleichen. Die starke Staatsmacht, die erreicht wurde, erweckt den Anschein, als ob unser Volk seine Auferstehung aus Ohnmacht und Tod erlebt habe. - Und doch kann, wer betend zu seinem Volk steht, eine ungeheure Angst nicht loswerden. In Wirklichkeit ist die Zerrissenheit in unserem Volk nicht überwunden. Es gibt Sieger und Besiegte. 26 000 von den Besiegten sitzen (nach einer Zeitungsnachricht) in Gefängnissen oder Arbeitslagern. Viele sind geflohen, da ihnen die Heimat zum Gefängnis der Freiheit ward. Viele schweigen, oder sie tragen heimliche Rachepläne in sich, oder sie heucheln. Niederste Instinkte rücksichtsloser Streberei, Angeberei, der Rache gegen frühere Verantwortliche (wie beim Ministertransport neulich in Karlsruhe) sind losgelassen. Mit heißer Angst für die Zukunft des Volkes sehen wir dies. Denn drohend und zur Katastrophe sich zusammenballend hängen die Wolken der Wirtschaftskrise und der außenpolitischen Spannung über unserem Volke. Aus Sorge und Verantwortlichkeit für unser Volk müssen wir auf diese Dinge hinweisen. Und ganz gewiß nicht im Sinne eines politischen Mißbrauchs der Kanzel, ja nicht einmal im Sinne des Vorwurfes gegen einzelne Personen oder eine Partei! Wer für sein Volk betet, weiß etwas von der Solidarität der Schuld. Denn er sieht und erleidet die Macht desselben "Fürsten dieser Welt", dessen Geistwirkung: Gewalt, Knechtung, Lüge, Haß, Hochmut ist. Und gerade da, wo die edelsten Absichten und Beweggründe sind, gerade da, wo ein Neues gepflügt wurde, ist "er" da und sät sein Unkraut! Wer über das Jetzt in die Zukunft schaut, wer mit Augen Gottes, die Unkraut und Weizen zu sondern verstehen, auf das Saatfeld unseres Volkes schaut, der sieht mit Angst in drohende Katastrophen, der sieht den Satan triumphieren, der sieht ein Totenfeld, wo heute neues, starkes Leben zu sein scheint ..."

Es bedarf keiner weiteren Ausführungen, daß der Angeklagte in seiner Pfingstpredigt und insbesondere mit dem zuletzt wiedergegebenen Teil dieser Predigt dem zuwidergehandelt hat, was er mit jener vom Oberkirchenrat verlangten Erklärung vom 17. April 1933 zu Ziffer 3 dieser Erklärung unterschrieben hatte, daß er nämlich in seinem Amt, insbesondere in der Predigt, das Evangelium frei von rein persönlichen Urteilen politischer, sozialer und wirtschaftlicher Art zur Verkündung bringen werde. Er hat entgegen dem Verlangen seiner vorgesetzten Behörde und entgegen seinem Versprechen sein Predigeramt mit politischer Betätigung verquickt. Er hat insbesondere Kritik geübt an der Betätigung der NSDAP, nachdem sie zur Herrschaft gelangt war. Er stellt die Verhältnisse in Deutschland so hin, als ob nur dem Scheine nach unser Volk seine Auferstehung aus Ohnmacht und Tod erlebt habe. In Wirklichkeit sei die Zerrissenheit in unserem Volk nicht überwunden; 26 000 von den Gegnern der NSDAP müßten als Besiegte in Gefängnissen und Arbeitslagern, nach einem Zeitungsbericht, sitzen. Mit diesen lediglich nach einem Zeitungsbericht wiedergegebenen, aufreizenden Angaben über das Verhalten der neuen Machthaber in Deutschland, insbesondere auch mit dem Hinweis auf die Überführung der früheren Marxisten-Minister Remmele und Marum nach Kislau, bringt der Angeschuldigte in seiner Predigt Ausführungen, die dazu angetan sind, die Kirchenbehörde in eine schwierige Lage gegenüber der Staatsbehörde zu bringen. Tatsächlich hat auch die Polizeidirektion Pforzheim Beschwerde wegen des politischen Teils der Pfingstpredigt des Beschuldigten erhoben.

Der Herr Landesbischof, dem die Beschwerde der Polizeidirektion Pforzheim vorgelegt wurde, ließ dem Pfarrer Kappes unterm 19. Juli 1933 einen Erlaß (Diszipl.Akt.S.41) zugehen mit folgenden Ausführungen;

"Die Vorgänge, die Ihre Predigt am Pfingstsonntag zur Folge gehabt haben, geben mir leider Veranlassung, Ihnen mein schmerzliches Bedauern und Mißfallen auszusprechen. Ich hätte wohl mit Recht erwarten dürfen, daß Sie das große Entgegenkommen Ihrer Behörde, die Ihnen in der Pfarrei Büchenbronn einen neuen Wirkungskreis zuwies, anders zu rechtfertigen zum mindesten versucht hätten. Sie wollte Ihnen damit Gelegenheit geben, nicht nur äußerlich Abstand vom Vergangenen zu gewinnen, sondern sich in ernster Selbstbesinnung um eine neue Haltung Ihrer Kirche gegenüber zu bemühen. Der Predigt, die Sie am Pfingstmontag zu halten für notwendig hielten, ist freilich davon nichts abzuspüren. Sie stellt tatsächlich in den beanstandeten Sätzen den Versuch dar, unter dem Schutz des Amtes persönlichem Unmut über politische Verhältnisse Ausdruck zu geben... Nach allem Vorausgegangenen hätte Takt und Gewissen Ihnen sagen müssen, daß Sie z.Zt. zur Kritik am heutigen politischen Geschehen der zuletzt Berufene sind. Schweigen ist manchmal nicht nur ein Gebot der größeren Klugheit, sondern ein ernstes Stück Selbstzucht. Ich mache es Ihnen nunmehr zur Pflicht, daß Sie sich in Ihren Äußerungen strengste Zurückhaltung auferlegen, daß Sie sich fortan die Arbeit in Ihrer Gemeinde mit allem Ernst befohlen sein lassen. Sollte Unvorsichtigkeit und mangelnde Zurückhaltung Sie in neue Verwicklungen mit den staatlichen Behörden bringen, so würde auch die Kirchenbehörde zu entscheidenden Maßnahmen zu greifen gezwungen sein ..."

Zu den politischen Ausführungen des Angeschuldigten in seiner Pfingstpredigt sei hier folgendes festgestellt:

Der Angeschuldigte war, wie oben schon dargetan, wegen der Anschuldigung, die das gegenwärtige Disziplinarverfahren veranlaßt hat, vom Oberkirchenrat zur verantwortlichen Äußerung aufgefordert worden. Er hat dabei mit seiner Antwort vom 2. September 1933 (Diszipl. Akt. S.19) auch folgendes ausgeführt: "Aus meiner dialektisch-historischen Weltanschauung habe ich die Überzeugung, daß die Zukunft nur aus der gegenwärtigen Situation geschaffen werden kann, daß also nur aus der Thesis eines heute nicht kapitalistischen Nationalsozialismus die Antithese eines sozialistischen Nationalsozialismus und daraus die Synthesis des Sozialismus werden wird. Darum halte ich auch etwaige Bestrebungen, an vergangene politische Parteien anzuknüpfen, wie sie etwa von der Emigration vertreten werden, für Irrealismus ..." Diese letzten Ausführungen stehen in einem merkwürdigen Widerspruch mit den politischen Ausführungen jener Pfingstpredigt, und sie zeugen von einer gewissen Unaufrichtigkeit des Angeschuldigten. Es ist eigentlich unverständlich, wie der Angeschuldigte in der Pfingstpredigt gewissermaßen von einem Mißerfolg der NSDAP sprechen konnte, während er nach seinen zuletzt wiedergegebenen Ausführungen der Auffassung ist, daß die Zukunft nur aus der gegenwärtigen Situation vom Nationalsozialismus hergebracht werden kann. Man kann sich die immer wieder in Erscheinung tretende Einstellung des Angeschuldigten gegen die jetzt herrschende NSDAP und für den zurückgeschlagenen Marxismus erklären nur mit der Annahme, daß er wie viele andere Zweifler für möglich hält, die zweifellos gegebene Wirtschaftskrise und die außenpolitische Spannung würden die Macht der NSDAP beseitigen und die Anhänger des Marxismus oder Kommunismus zur Geltung bringen.

Der oben wiedergegebene Erlaß des Herrn Landesbischofs vom 19. Juli 1933 hat auf den Angeschuldigten offenbar nicht den gewünschten Eindruck gemacht. Der Angeschuldigte hat unterm 9. August 1933 folgenden Brief an den früheren Minister Remmele, der sich im Konzentrationslager in Kislau als Staatsgefangener befindet, gerichtet:

"Lieber Gen. Remmele! Zu meinem großen Bedauern habe ich vom Tod Ihrer lieben Frau gehört und möchte Ihnen meine und meiner Frau herzliche Anteilnahme aussprechen. Ich habe sie ja in glücklichen Zeiten kennen und schätzen gelernt als eine frohe, geistig lebendige, mütterliche Frau, die meine Wohlfahrtsarbeit immer unterstützte und mit ihrem Interesse begleitete, die für unsere kirchliche Bewegung in tatkräftiger Weise sich einsetzte und mit ihrem Humor und ihrer Herzlichkeit immer erfrischend wirkte. So habe ich sie in Erinnerung, und so behalte ich sie auch im Gedächtnis. Sie hat Ihren aufopfernden Kampf um die Besserstellung und sozialpolitische Hebung der Arbeiterschaft mit all den Opfern begleitet, welche die Frau des politisch Tätigen bringen muß, - zuletzt mit dem Opfer der Gesundheit bei all den Aufregungen, die damals den Ausbruch ihres Leidens hervorriefen. Und es ist wohl so, daß die letzten Aufregungen zum Tod geführt haben. Ihr ist der Friede zu gönnen. Denn nun ist ihre Seele befreit von dem Fremden, das die Krankheit über sie brachte. Nun lebt sie erlöst in der ewigen Welt des Geistes, aus der heraus sie Ihnen und den Kindern nahe ist, eine helfende Macht in all den Kämpfen und Nöten des Lebens. Kein Opfer, das gebracht wurde, ist vergeblich.

Ich weiß mich Ihnen in diesen schweren Zeiten besonders verbunden. Ich weiß, daß Sie innerlich ungebrochen sind und die Kraft haben, andre, welche das schwere Schicksal niederwerfen will, aufzurichten. Um die große Sache des Sozialismus ist immer viel gelitten worden. Und sie gewinnt aus dem, was für sie geopfert wird, allein ihre Durchschlags- und Siegeskraft. Auch die, die passiv dulden, helfen ihr groß Teil mit. Denn ihre Lage weckt die Gewissen der andern. Es ist stellvertretendes Leiden. Und gerade Sie, lieber Freund Remmele, sind durch Ihr Schicksal zu einer symbolischen Persönlichkeit geworden, von der nun indirekt eine große Wirkung ausgeht, wie ich immer wieder beobachte. Ich wünsche Ihnen und allen Leidensgenossen die geistige Überlegenheit über Ihre jetzige schwere Lage und grüße Sie und alle mir Bekannten mit besonderer Herzlichkeit Ihr ergebener H. Kappes."

Besagten Brief hat der Angeschuldigte mit der Anschrift des Herrn Remmele nach dem Konzentrationslager Kislau geschickt, und zwar, wie er ausdrücklich zugibt, in dem Bewußtsein, daß der Briefverkehr des Gefangenen Remmele von dem Leiter des Gefangenenlagers überwacht wurde. Der Brief ist denn auch von dem Leiter des Gefangenenlagers gelesen worden. Die Auswirkung war die, daß der Badische Minister des Innern unterm 22.8.1933 an den Herrn Landesbischof folgendes schrieb (Pers. Akt. S.751):

"Ich beehre mich, Ihnen mitzuteilen, daß ich mich veranlaßt gesehen habe, Pfarrer Kappes in Büchenbronn in Schutzhaft zu nehmen und in das Schutzhaftlager Kislau einzuliefern. Kappes hat, obwohl er mir gegenüber nach der Übernahme der Macht durch die nationalsozialistische Bewegung wiederholt versichert hat, von einer weiteren Betätigung in der Sozialdemokratie Abstand zu nehmen und loyal bei dem Aufbau des neuen Staates mitzuarbeiten, neuerdings in einem Brief an den ehemaligen Minister Remmele, derzeit Kislau, sich ganz eindeutig zu den Zielen der Sozialdemokratie bekannt und Remmele aufzurichten und zu stützen versucht."

Die Kirchenbehörde konnte es erreichen, daß die Abführung des Pfarrers Kappes nach Kislau nicht erfolgte. Pfarrer Kappes blieb aber im Bezirksgefängnis zu Pforzheim einige Tage in Haft. Schließlich wurde er auf freien Fuß gesetzt, nachdem die Kirchenbehörde ihn gegen seinen Willen des Dienstes enthoben und die staatliche Behörde über ihn ein Ortsverbot über Büchenbronn ausgesprochen hatte.

Die Staatsbehörde hätte ganz gewiß nichts dagegen einzuwenden gehabt, wenn Pfarrer Kappes anläßlich des Todes der Frau Remmele dem Ehemann Remmele lediglich den Ausdruck seiner Anteilnahme übermittelt hätte, so, wie das im ersten Absatz des infragestehenden Briefes geschehen ist. Daß die Staatsbehörde den zweiten Absatz des Briefes beanstandet hat, in dem Sinn, wie es in dem oben wiedergegebenen Brief des Ministers des Innern vom 22.8.1933 dargelegt ist, ist durchaus verständlich. Dieser zweite Teil des Briefes kann von jedem unbefangenen und nicht irgendwie angekränkelten Leser nur dahin verstanden werden, daß Pfarrer Kappes sich dem ehemaligen Minister Remmele gegenüber zu den Zielen der Sozialdemokratie bekenne und Remmele aufrichten und stützen wollte. Es kommt in dieser Hinsicht in Betracht, daß der Angeschuldigte in der Überschrift des Briefes den Herrn Remmele als Genosse anspricht, also in einer Weise, wie das in der sozialdemokratischen Partei unter Parteigenossen üblich war. Es kommt weiter in Betracht, daß der Angeschuldigte von schweren Zeiten spricht, in denen er sich besonders verbunden weiß mit Remmele. Nach dem ganzen Zusammenhang des Inhalts des Briefes kann der Angeschuldigte die Zeit, in welcher er den Brief an Remmele schrieb, nur deshalb als eine schwere bezeichnet haben, weil die sozialdemokratische Partei von der NSDAP zerbrochen war und weil die früheren Führer der SPD in Konzentrationslagern gefangen saßen. Der Angeschuldigte versucht seinem "lieben Freund Remmele", einen der bekanntesten und markantesten Vertreter der SPD, diesbezüglich Trost zu spenden, indem er ausführt, daß die große Sache des Sozialismus aus dem, was für sie geopfert wird, allein ihre Durchschlags- und Siegeskraft gewinnt, und der Beschuldigte spricht dem Staatsgefangenen Remmele ganz besonders zu, indem er ausführt, daß Remmele durch sein Schicksal zu einer symbolischen Persönlichkeit geworden, von der nun indirekt eine große Wirkung ausgehe, wie er, der Angeschuldigte, immer wieder beobachte.

Daß durch das Schreiben des Ministers des Innern vom 28. August 1933 der an Remmele vom Angeklagten gerichtete Brief richtig gedeutet worden ist, ergab sich für das Dienstgericht auch aus all dem, was oben über die politische Betätigung des Angeschuldigten und über seine Büchenbronner Pfingstpredigt festgestellt worden ist.

Alle diese Feststellungen lassen keinen anderen Schluß zu, als daß der Angeschuldigte auch zuletzt noch innerlich sich zu den Bestrebungen der Sozialdemokratie bekannt und darauf hingearbeitet hat, diese Partei wieder zur Geltung zu bringen. Dieses Verhalten des Angeschuldigten stand in Widerspruch mit jenem Revers, den er auf Verlangen des Oberkirchenrats wegen seines künftigen politischen Verhaltens am 17. April 1933 unterschrieben hatte, es stand auch im schroffen Gegensatz zu dem, was der Herr Landesbischof unterm 19. Juli 1933 nach der Pfingstpredigt des Angeschuldigten diesem geschrieben hatte: "Ich mache es Ihnen nunmehr zur Pflicht, daß Sie sich in Ihren Äußerungen strengste Zurückhaltung auferlegen, daß Sie sich fortan die Arbeit in Ihrer Gemeinde mit allem Ernst befohlen sein lassen. Sollte Unvorsichtigkeit und mangelnde Zurückhaltung Sie in neue Verwicklungen mit den staatlichen Behörden bringen, so würde auch die Kirchenbehörde zu entscheidenden Maßnahmen zu greifen gezwungen sein."

Das durch das Schreiben an den Schutzgefangenen Remmele gezeigte Verhalten des Angeschuldigten hat diesen in neue Verwicklungen mit den staatlichen Behörden gebracht. Nach Auffassung des Dienstgerichts hat der Angeschuldigte mit solchen neuen Verwicklungen gerechnet. Die diesbezügliche Überzeugung des Dienstgerichts gründet sich einmal auf die Tatsache, daß der Angeschuldigte in die Augen springender Weise mit seinem Brief sich für die Sozialdemokratie und für deren ehemaligen Führer Remmele erklärt, dann auf die Erwägung, daß der Angeschuldigte sich bewußt war, daß der Brief von einem verantwortlichen Vertreter der NSDAP kontrolliert wurde, und daß dieser Vertreter, so wie er gegen die Sozialdemokratie und gegen Remmele als deren Vertreter eingestellt sein mußte, die in dem Brief des Angeschuldigten in Erscheinung getretene Verherrlichung der Sozialdemokratie und der Persönlichkeit des Gefangenen Remmele geradezu als eine Herausforderung der NSDAP ansehen mußte, und schließlich aufgrund der Tatsache, daß der Angeschuldigte gegenüber den Bemühungen des Vertreters der Kirchenbehörde, den Angeschuldigten vor der Schutzhaft in Kislau zu bewahren, darauf zu beharren versuchte, daß er nach Kislau abgeführt werde. Es ist offensichtlich, daß der Angeschuldigte in Kislau die Rolle eines Märtyrers als Anhänger der Sozialdemokratie spielen wollte.

Das vorstehend gekennzeichnete Verhalten des Angeschuldigten stellt eine Pflichtverletzung im Sinne des § 7 und des § 1 des Dienstgesetzes sowie des § 50 der Kirchenverfassung dar: Der Angeschuldigte hat, indem er in der festgestellten Weise als Geistlicher dem Schutzgefangenen Remmele anläßlich des Todes von dessen Ehefrau Trost spendete, und damit entgegen seinen früheren Versprechungen und entgegen dem Gebot der Kirchenbehörde politische Dinge verquickte, mit der notwendigen Auswirkung, daß die Kirche Schwierigkeiten seitens der Staatsverwaltung erwarten mußte, den Ernst und die Würde seines Amtes nicht behauptet; er hat im Gegenteil sich so verhalten, daß ihm das Vertrauen, das sein Beruf erfordert, nicht mehr zugebilligt werden kann. Der Angeklagte unterlag nach den geschehenen Feststellungen dienstlicher Bestrafung. Daß der Angeschuldigte zur Zeit der Begehung der infragestehenden Handlung sich in einem Zustand von Bewußtlosigkeit oder krankhafter Störung der Geistestätigkeit befand, durch welche seine freie Willensbestimmung ausgeschlossen war, hielt das Dienstgericht für ausgeschlossen. Die diesbezügliche Überzeugung des Gerichts gründet sich auf den persönlichen Eindruck, den der Angeschuldigte in der mündlichen Verhandlung gemacht hat: Der Angeschuldigte war offensichtlich zeitlich und örtlich orientiert; er hat alle an ihn gerichteten Fragen richtig erfaßt und im wesentlichen sachgemäß beantwortet. Er hat auch, wie sich aus den Bekundungen der gehörten Zeugen ergab, zu der in Betracht kommenden Zeit die Pfarrei in Büchenbronn im wesentlichen ordnungsgemäß verwaltet. Daß er, was um ihn herum geschah, richtig gewürdigt, ergab sich auch aus diesem: Solange das alte System in Baden, das der evangelischen Kirche wenig gewogen war, an der Macht gewesen war, ist der Angeschuldigte bei seinen öffentlichen Kundgebungen, wie oben festgestellt, in absolut rücksichtsloser, ja durchaus respektloser Weise gegen seine vorgesetzte Dienstbehörde aufgetreten. Seitdem die nationale Regierung zur Stelle ist, ist der Angeklagte in seinem Auftreten gegen seine vorgesetzte Behörde bescheidener und wenigstens dem Wort nach entgegenkommender gewesen. Er hat also den Unterschied der Zeiten wohl erfaßt, und auch deshalb kann mit Bestimmtheit angenommen werden, daß ein Strafausschließungsgrund in dem oben angedeuteten Sinne nicht gegeben ist.

Der Anklagevertreter hat unter Würdigung aller in Betracht kommenden Tatsachen die Zurruhesetzung des Angeschuldigten wider Willen gemäß Ziffer 4 des § 8, Abs.II des Dienstgesetzes beantragt. Das Gericht war der Auffassung, daß dieser Antrag gerechtfertigt war, und es hat deshalb entsprechend erkannt. Bei der Strafzumessung ging das Gericht von folgenden Erwägungen aus: Der Angeschuldigte ist ein hochbegabter und diensteifriger Pfarrer, der sicher viel Gutes in seinen Gemeinden, insbesondere in Büchenbronn, gewirkt hat. Er hat im Krieg seinen Mann gestellt; er hat eine schwere Kopfschußverletzung davon getragen, die ihn in seiner Nervenkraft stark mitgenommen hat. Infolge dieser Verletzung und sonstiger schwerer Kriegserlebnisse stehen vielleicht dem Angeschuldigten gegenüber der Versuchung, sich um jeden Preis zur Geltung zu bringen, nicht so sicher wirkende Hemmungen zur Verfügung wie einem durchaus gesunden Mann. Anderseits ergab sich aber aus der Gesamtheit der Feststellungen, daß es nicht nur der Mangel an Hemmungen infolge einer Schwächung der Nervenkraft, sondern eine gewisse Charakterschwäche war, die den Angeschuldigten zu der festgestellten Verfehlung führte. Der Angeschuldigte ist, wie oben schon angedeutet, ein Mann von ungeheurem Geltungsbedürfnis, und er hat es bei dem dementsprechenden Streben manchmal an dem fehlen lassen, was man Wahrhaftigkeit und Lauterkeit nennt. Es sei diesbezüglich lediglich auf sein oben festgestelltes Verhalten hingewiesen, das er in Erscheinung treten ließ, als der Oberkirchenrat im April 1933 den Revers wegen des künftigen Verhaltens gewisser Geistlicher unterschrieben haben wollte. Zu allem kommt als Hauptpunkt die mehr als unbedenkliche Art des Angeschuldigten, mit der er es darauf ankommen ließ, daß seine Kirche und seine Kirchenbehörde in eine schwierige Lage gegenüber der Staatsbehörde versetzt wurde.

Das Gericht hielt nach allem für angemessen, wie geschehen, zu erkennen.
gez. Dr. Müller, Einwaechter, Fitzer, Lic.Hauss, Wolfhard
Ausgefertigt Geschäftsstelle des Evang.Kirchl.Dienstgerichts: gez.Vögelin.

(19)
"Freuet euch, daß ihr mit Christus leidet!"
Predigttext über 1. Petrusbrief 4, 12-19 am 7. Januar 1934

"Geliebte, seid nicht erstaunt über die Feuerglut (der Leiden), die jetzt zu eurer Läuterung unter euch brennt. Damit widerfährt euch nichts Absonderliches. Im Gegenteil, je mehr ihr an den Leiden Christi teilnehmt, desto größer sei eure Freude! Dann könnt ihr auch bei der Offenbarung seiner Herrlichkeit jauchzen und jubeln. Schmäht man euch, weil ihr Christi Namen tragt, so seid ihr selig zu preisen. Denn der Geist, der euch die Herrlichkeit verbürgt und Kraft verleiht - Gottes Geist -, der ruht auf euch. Niemand unter euch darf leiden, weil er etwa mordet, stiehlt oder sich sonst vergeht, auch nicht, weil er sich unbefugt in fremde Angelegenheiten mischt. Muß aber jemand leiden, weil er ein Christ ist, so braucht er sich nicht zu schämen, er preise vielmehr Gott voll Dank dafür, daß er diesen Namen trägt. Denn die Zeit ist da, wo das Gericht seinen Anfang nimmt bei dem Hause Gottes. Fängt's aber an bei uns, was für ein Ende müssen dann die nehmen, die Gottes Heilsbotschaft nicht glauben wollen? Und wird der Gerechte nur mit genauer Not errettet, wo wird da der Gottlose und Sünder bleiben? So mögen denn Alle, die nach Gottes Willen leiden, dem Schutz des treuen Schöpfers ihre Seelen anbefehlen, indem sie Gutes tun."

Die Aufforderung, mit der Petrus die kleinasiatischen Gemeinden in ihrer schweren Zeit ermutigt: "Freut euch, daß ihr mit Christus leidet!", schlägt so allem natürlichen menschlichen Empfinden ins Gesicht, daß wir es zunächst keinem Außenstehenden übel nehmen dürfen, wenn er ein solches Christentum geradezu als eine krankhafte Schwärmerei ablehnt. Gegen das Leiden wehrt sich der natürliche Mensch aufs Äußerste. Und gegen ein Leiden, dessen Ursache er nicht erkennt, gegen das schuldlose Leiden der Guten und Gerechten, empört er sich geradezu. Er sucht das Geheimnis zu enträtseln, warum es dem Guten schlecht geht.

Immer hat die Menschheit mit dieser Frage gerungen. Das Hiob-Buch ist das gewaltigste Literaturdenkmal, das dieser Menschheitsfrage gesetzt worden ist. Unsägliches duldet Hiob. Er weiß sich als einen Gerechten. In einem großen Reinigungseide (cap. 31) zählt er die hauptsächlichen Sünden auf und schwört Gott, daß er sich nie mit ihnen befleckt hat. Ja: er fordert Gott zu einem Rechtsstreit heraus: "Hier, meine Unterschrift! Der Allmächtige antworte mir! O gäbe man mir seine Anklage! Und die Klageschrift, die mein Gegner schrieb! Fürwahr, ich wollte sie auf meine Schulter nehmen und wollte sie mir als Krone ums Haupt winden! Ich wollte ihm über jeden meiner Schritte Auskunft geben, und wie ein Fürst wollte ich ihm entgegentreten!"

Endlich antwortet ihm Gott. Er erscheint ihm im Gewitter und offenbart ihm die ganze gewaltige Größe der Schöpfung und die göttliche Allmacht. Da ist Hiob überwältigt. Er sinkt auf sein Angesicht und bekennt, daß er unweislich geredet hat. "Ich hatte von dir bisher mit den Ohren gehört, aber nun hat mein Auge dich gesehen! Darum entschuldige ich mich und tue Buße in Staub und Asche!"

Das ist die höchste Erkenntnis des Alten Testaments: schweigendes, gläubiges Sichbescheiden. Gott wohnt im Dunklen. Und Gottes Wege dulden kein "Warum?"

Wir alle kennen das Ringen mit dem Leid und mit dem Schicksal. Der Not und dem Tod schleudern wir immer wieder unser "Warum?" entgegen, ein verzweifeltes, trotziges, aufrührerisches "Warum?"

Da schreibt mir dieser Tage ein junger Mensch, der mit schwerer Krankheit, Arbeitslosigkeit, Zusammenbruch eines erhofften Lebensglücks, materiellen Sorgen und tiefer Enttäuschung über einen nächsten Menschen ein Übermaß menschlicher Bitternis zu tragen hat: "Warum geht es denen, die an Gott glauben, immer und immer elend und den andern meist recht gut? Warum muß man "Verfolgung leiden um Seines Namens willen?" Warum kann Gott in dieser Welt nicht die Allmacht und Liebe zugleich sein? Das sieht doch ein Blinder, daß das nicht so ist!" - Kann in solcher Not die schweigende gläubige Resignation des Hiobbuches die höchste erreichbare menschliche Haltung sein? --- Ich sehe vor mir eine Frau aus meiner früheren Gemeinde. Mehrere Jahrzehnte war sie gelähmt ans Bett gefesselt. Sie leidet dauernd schwere körperliche Schmerzen. Sie kann nur noch flüsternd sprechen. Und doch habe ich selten einen froheren Menschen gesehen, nie einen verklärteren. Von ihrem Krankenlager aus fließen Ströme des Segens in ihre Familie, in die Gemeinde. Ihre Seele arbeitete immer, betend, fürbittend. "Mit Christus" leidet sie, so daß sie immer in Zwiesprache mit ihrem gegenwärtigen Herrn und Heiland ist. Das ist das christliche Überwinden des Leidens!

Solche Kraft will Petrus in seinen Gemeinden entbinden.

Er sieht über die jetzigen schweren Zeiten hinaus in die kommenden noch schwereren, in die drohenden Christenverfolgungen. Auf diese Entscheidungszeiten muß er seine Gemeinden innerlich rüsten. Darum läßt er gar keine Klagen aufkommen. "Freut euch, daß ihr mit Christus leiden dürft!" Das ist derselbe Ton, den Paulus in seinem Philipperbrief anschlägt; ein zum Tod Verurteilter, Gefangener schreibt: "Freut euch, und abermals sage ich euch: freuet euch!"

Dem Christen muß dies Leiden zu einer Selbstverständlichkeit werden. "Ihr leidet ja nicht mit schlechtem Gewissen als Übeltäter unter dem gerechten Gericht der Obrigkeit! Sondern das, was euch widerfährt, ist doch nur das Kreuz Christi, das Er seinen Jüngern verheißen hat. Wer ihm nachfolgen will, muß ihm auch sein Kreuz nachtragen können. Schaut auf Ihn! Der Jünger ist nicht größer denn der Meister! und bedenkt, daß ihr um eines herrlichen Zieles und Lohnes willen leidet!"

In seinem II. Brief nennt Petrus das Ziel, auf das die Christen warten und um dessen willen sie leiden: "Wir warten eines neuen Himmels und einer neuen Erde nach Seiner Verheißung, in welchen Gerechtigkeit wohnt! (II. Petr. 3,13).

Das ist das Reich Gottes, das die Propheten verkündigt haben und auf dessen Anbruch Jesus mit dem ersten Wort seiner Verkündigung hingewiesen hat: "Die Zeit ist erfüllet, und das Reich Gottes ist herbeigekommen. Tut Buße und glaubt an das Evangelium!" (Marc. 1,15). Wo Jesus redet und wirkt, wächst dies Reich. Im ständigen Kampf gegen die dämonischen Mächte! So wie die Saat wächst über das Unkraut hinaus, gewaltig wie der Same des Senfkorns. Es ist das Höchste, nach dem die Menschen trachten müssen! Kostbar ist es, wie die seltene Perle, wie der Schatz im Acker. Um sein Kommen müssen die Jünger beten, damit endlich der Wille Gottes geschehe auf Erden wie im Himmel. Und sie müssen wachsen und immer bereit sein. Denn es kommt überraschend, mit Katastrophen und schrecklichen Leiden, aber auch mit überwältigenden Siegen. Der Christus Jesus wird es auf die Erde herabbringen, wenn er wiederkommt, zu richten die Lebendigen und die Toten! Dann wird Erlösung, Freude und Herrlichkeit für die Menschheit gewonnen sein, dann wird auf der Erde "Gott sein Alles in Allen!"

Auf dies Ziel schaut Petrus. Dahin weist er die Leidenden. Darum sieht er seinen Sinn in allem Leiden. Je höher die Flut der Not schwillt, umso mehr rückt die Zeit vorwärts. Umso näher kommt die Erlösung! Umso inniger und zuversichtlicher seufzt die Christenheit "Komm, Herr Jesu!" Das Leiden ist der Schmelzofen, in welchem die reine Reich-Gottes-Gemeinde geläutert wird. Darum wächst die freudige Zuversicht im Leiden. - Ähnlich schildert Paulus, nachdem er seinen Korinthern die Fülle seiner unerhörten Leiden aufgezählt hat, seine Glaubenshaltung: "Darum werden wir nicht müde! Sondern: ob unser äußerlicher Mensch verdirbt, so wird doch der innerliche von Tag zu Tag erneuert. Denn unsre Trübsal, die zeitlich und leicht ist, schafft eine ewige und über alle Maßen wichtige Herrlichkeit uns, die wir nicht sehen auf das Sichtbare, sondern auf das Unsichtbare. Denn: was sichtbar ist, das ist zeitlich, was aber unsichtbar ist, das ist ewig." (II. Kor. 4,16-18)

In solchem Leidensmut lag die Siegeskraft der urchristlichen Gemeinde. Sie wurde dadurch immer über sich selbst hinausgewiesen und war dadurch bereit für die Gaben des Heiligen Geistes.

"Der Geist, der ein Geist der Herrlichkeit und Gottes ist, ruht auf euch!" Wir brauchen nur einen Blick in die Geistesmächtigkeit der Urchristenheit zu werfen, wie sie uns im Neuen Testament dargestellt ist, und wir begreifen traurig den ganzen Abstand unsres geistarmen, weltsatten heutigen Christentums von jener urchristlichen Gemeinde. Das Leiden schuf ihr jenen Reichtum!

Und Petrus offenbart uns noch weitere Hintergründe des Leidens. Am Schluß des Briefs schreibt er: "Demütigt euch unter die gewaltige Hand Gottes, daß Er euch erhöhe zu Seiner Zeit! Alle eure Sorge werfet auf ihn, denn Er sorget für euch. Seid nüchtern und wachet, denn euer Widersacher, der Teufel, gehet umher wie ein brüllender Löwe und suchet, welchen er verschlinge. Dem widerstehet, fest im Glauben (I. Petr. 5, 6-9).

Im Hintergrund des Leidens wird der Kampf zwischen dem Satan und Christus ausgefochten! Unsre "moderne" Menschheit weiß mit dem Teufel nichts mehr anzufangen. Seit der Aufklärung macht man ihn lächerlich. Jeder einigermaßen Schlaue kann ihn übertölpeln. Man verspottet ihn in kuriosen Abbildungen. Und wer gar noch ernsthaft an seine Existenz glaubt, der gilt als rückständig und dumm. -

Ich wage den Satz: Seit die Christenheit den Teufel, die dämonischen Mächte, nicht mehr ernst nahm, nimmt sie auch Christus nicht mehr ernst in der Fülle seiner Kraft, - und ist so weithin in die Gewalt des Teufels geraten! Jedenfalls hat sie eine Gabe weithin verloren, die Geister zu unterscheiden.

Im vergangenen Herbst bin ich oft in das Freiburger Münster gekommen und war immer überwältigt von diesem Denkmal himmelstrebender Frömmigkeit. Aber dort wurde mir klar, daß diese Christensinnigkeit und Gottesfurcht zusammenhängt mit der heißen Angst vor dem Satan, dem "Fürsten dieser Welt". Sein Bildnis steht als das erste links in dem Hauptportal, ein dämonisch schöner junger König mit einer reichen Krone auf den wallenden Locken, der verführerisch eine Rose hält. Es ist die einzige Figur, deren Rücken man sehen kann: und da kriechen Kröten und andres ekles Gewürm aus den Falten des Gewandes! Ihn sah der mittelalterliche Mensch lebendig. Ihn sah er überall am Werk. Mit ihm kämpfte er. Sich selbst und seine Mitmenschen suchte er aus seiner Gewalt zu befreien durch schwere Bußübungen. Hat nicht auch Luther an diesen Fürsten der Welt real geglaubt und mit ihm gekämpft?

Und wir verstehen den vorhin geschilderten Kampf Jesu um das Reich Gottes erst recht, wenn wir ihn als einen Kampf gegen den Satan auffassen. In jedem Kranken sah Er den vom Zerstörer des Lebens Besessenen, und indem Er Glauben an Gott erweckte, löste Er die Seele und den Leib aus den teuflischen Banden. In jedem Machtgierigen, Herrschgewaltigen, Lieblosen sah Er den vom Baal Überwältigten, den Er befreien und ins Reich der Liebe versetzen mußte. Wo einer vom Gold, von den Sachwerten besessen war, sah Er den Teufel Mammon. Und Er spürte, wie die Geister der niedrigeren Sinnenwelt, der Gier und der Gemeinheit, Beelzebub und seine Genossen, den Menschengeist verderben und seinen Leib entweihen. Darum vertrieb Er sie. Selbst in der Synagoge, unter den Heiligsten und Frömmsten, sah Er den Satan in Gestalt von Fanatismus, Heuchelei und religiöser Herrschsucht regieren, den "Versucher", mit dem Er sich am Anfang seiner Wirksamkeit endgültig auseinandergesetzt hatte.

Er rang mit ihm mit den Waffen des Gebots, mit Fasten, mit dem Wort, mit der Tat der Liebe. Und ER brach gewaltig ein in das Herrschaftsgebiet Satans und errang Sieg auf Sieg. Aber: je mehr die Menschheit aufatmete und etwas verspürte von der herrlichen Freiheit der Kinder Gottes, umso wütender ballte Satan alle seine Macht zusammen. Schließlich mußte sein unwiderstehlichster Kämpfer vor: der Tod. Jesus ging ihm entgegen: Gethsemane. Jesus rang mit ihm. Golgatha. Und Jesus siegte! Ostern. "Das war ein wunderlicher Krieg, da Tod und Leben rungen, das Leben behielt den Sieg und hat den Tod bezwungen!" So ward das Kreuz zum Siegeszeichen und zum Erlösungsmal!

Wenn nun die Jüngerschar Christi betet um das Reich Gottes, so weiß sie auch, daß sie beten muß um die Erlösung von der Macht des Bösen. Sie weiß, daß sie betend kämpfen und das Kreuz überall als das Siegespanier in die Domänen Satans einpflanzen muß. Nicht das Kreuz, das man auf die Kirchtürme und Altäre setzt oder das man trägt wie einen weltlichen Orden! Sondern das Kreuz des Leidens mit Christus! Durch solches "Kreuz und Leid" geschieht immer ein neuer Einbruch in den Machtbereich des Satans. Das ist: aktiv leiden, nicht nur passiv erdulden! Denn das passive Erdulden ist noch kein "Leiden mit Christus", ist noch kein "Kreuz". Im Gegenteil! Wer sein Leiden widerwillig trägt, leistet dem Satan einen Dienst, und sein Leiden wird ja doch nicht kleiner. Denn wenn der leidende Mensch verbittert, haßerfüllt, launisch, verschlossen, rachsüchtig, "böse" wird in seinem Leiden, dann hat ja der Teufel erreicht, was er wollte. Dann braucht er am Ende nur noch den Tod zu senden und erntet eine vorher schon Gott abgestorbene Seele.

Nun verstehen wir, warum "als Christ" leiden etwas ganz andres ist, als wozu uns das Hiobbuch führen kann. Wer mit Christus leidet, der arbeitet ganz direkt mit an dem Erlösungswerk Gottes mit der Menschheit. Seinem innerlichen Ringen und Flehen öffnen sich die verborgenen Quellen des Heiligen Geistes. Die verschüttete Welt des Wunderbaren wird wieder sichtbar und spürbar. Neues bricht hervor in eine alt und müde gewordene Zeit. Die Menschen wissen wieder, was Hoffnung und Erwartung ist. In Riesensprüngen geht die Zeitgeschichte vorwärts. Die Fronten werden klar: Hie Christus - hie Antichrist. Die Bergpredigt Jesu wird Wort für Wort lebendig. Wort für Wort ein unerbittliches Entweder-Oder aufrichtend zur Scheidung der Geister. Und der ist im Leidensfeuer geläutert, der Furcht und Angst dem Satan gegenüber zu unterscheiden weiß. Fürchten müssen wir ihn. Immer müssen wir auf der Hut vor ihm sein! Aber wir brauchen keine Angst mehr vor ihm zu haben. Wir wissen uns mit dem Größeren im Bunde. Droht er mit dem Verlust der Ehre, des Ansehens, der Stellung, des Vermögens, der Gesundheit ... immerhin: Christus weiß Besseres dafür zu geben! Und droht er mit dem Tod, dann hat der Satan verloren! Denn dann nimmt der lebendige Herr Christus den Kämpfer, der sein Kreuz bis ans Ende getragen hat, auf in seine ewigen Kampfscharen. Laßt dem Tod den Leib!

Das unvergängliche Ich des Menschen, der bei Christus ist, kämpft in umfassender Weise weiter den Kampf um die Herrschaft Gottes. Wir wissen doch, daß wir immerdar umgeben sind von den helfenden Engelsmächten, die uns in den Stunden der Anfechtung Eins vorsagen: "Christus siegt! Das Reich muß uns doch bleiben!"

Liebe Christen! Solches Christentum ist schlechthin unüberwindlich! Das ist der Glaube, der die Welt überwunden hat. Das ist der Glaube, den wir haben sollten! Das ist der Kreuzesglaube, um den wir in diesen Entscheidungszeiten bitten:

"Herr, mach uns würdig der Freude Deiner Leiden.
Dir befehlen wir unsere Seelen!" Amen.

(20)
"Araber und Juden"
Memorandum an die Executive der Jewish Agency Jerusalem vom 6. August 1938.

Meine Herren!
Als einer der wenigen Menschen, die im heutigen Palästina in gleichmäßig vertraulicher Beziehung zu Engländern, Arabern und Juden stehen können, wende ich mich an Sie, die für die politische Zukunft des jüdischen Volkes in Palästina und im Orient verantwortlich sind. Ich nehme die Vollmacht dazu nicht von einer Organisation, auf die ich mich berufe; auch nicht von den englischen Quäkern, mit denen ich als deutscher Quäker in ständiger Fühlung stehe (mit den Bemühungen Mr. Daniel Olivers habe ich nichts zu tun). Ich berufe mich auf die Sache selbst. Ich habe in vielen Gesprächen, die ich in 4 Jahren mit Angehörigen der drei Völker führte, erkannt, daß es eine Lösung gibt, welche die lebensnotwendigen und berechtigten Ansprüche der drei Völker erfüllt. Es ist mir aber ebenso klar geworden, daß es nicht nur eine Leistung der Vernunft ist, sie zu finden, sondern des Ethos: der Bemühung, "inclusive" zu denken. Nur ein politisches Denken, das mit Partnern und nicht mit Gegnern rechnet, sieht ein gemeinsames Ziel und findet auch die Mittel, es ohne Gewalt zu erreichen. Daß die Gewaltpolitik, an der der Zionismus in seiner tragischen Verbindung mit dem englischen Imperialismus ebenso beteiligt ist wie die Araber in ihrer Abwehr, zu keiner Lösung führen kann, ist nach den so opfervollen 2 letzten Jahren erwiesen. Und wenn Interessierte das verheerende Feuer, wenn es in Spanien niedergebrannt ist, vom Westen nach dem Osten des Mittelmeers bringen würden, gäbe es nur noch ein furchtbareres Unglück, aber keine Lösung!

Es ist ein unaufgebbares Fundament jüdischen und christlichen Denkens, daß nur eine ethisch normierte Politik auch wahre, weitsichtige Realpolitik ist. Ich glaube, daß die nächsten 2 Monate von entscheidender Bedeutung sind, und daß das lösende Wort zunächst von jüdischer Seite gesprochen werden muß. Darum biete ich Ihnen hiermit nicht nur Ideen, sondern auch meine Dienste an zur Verwirklichung eines Friedensplans.

Die englisch-arabische Frage

Die Juden sind durch die durch die Balfourdeklaration eingeleitete Politik zum Objekt der englischen Orientpolitik geworden. Darum hängt ihr Schicksal fast ausschließlich davon ab, was für eine Gestalt die englische Politik im Vordern Orient definitiv annehmen wird. Es liegt im jüdischen Interesse, daß das Verhältnis Englands zum arabischen Orient so wird, daß Friede für eine lange Periode und aufsteigende ökonomische Entwicklung möglich ist.

Es scheint mir, daß es Englands Weg ist, das einst sehr weit gesteckte Kriegsziel nach den Rückschlägen, die später kamen, mit anderen Mitteln zu erreichen: eine arabische Staatenföderation zu begünstigen, um sie als Bundesgenossen an diesem für das britische Imperium lebenswichtigen Länderkomplex zu gebrauchen. Das Kriegsziel war: die Beherrschung Arabiens vom Nil bis zum Tigris und vom Taurus bis Aden. Die notwendigen Konzessionen an Frankreich in Syrien, die relative Freiheit des eigentlichen Arabiens, die Aufgabe des unhaltbaren Mandats im Iraq, die Veränderung des Verhältnisses zu Ägypten hatten die Rückwirkung auf Palästina-Transjordanien, daß dies strategische Dreieck Haifa-Basra-Aqaba-Port Said mit umso festerer Hand gehalten werden mußte. Die Form, in der dies geschieht, ist von sekundärer Bedeutung, ob als Mandat, als 2 in Spannung miteinander lebende Souveränstaaten oder wie immer! -England sieht aber wohl immer mehr ein, daß seine Stellung gegenüber der Gesamtheit der arabischen Staaten durch eine solche Politik in Palästina-Transjordanien immer mehr erschwert, da diese "Palästina-bewußt" geworden sind, d.h. wissen, daß aus vielen Gründen jede arabische Staatengruppe machtlos ist, wenn sie nicht gerade dies Dreieck kontrolliert. Der bisherige Kampf zwischen England und den Arabern hat nicht mit dem Sieg Englands geendet. Unter dem Druck Italiens muß England nicht nur über Palästina, sondern über seine gesamtarabische Politik eine Entscheidung treffen, die die Araber befriedigt. Die italienischen Pläne sind mit erstaunlicher Offenheit von Romolo Tritoni, einem kompetenten Orientkenner und früheren Diplomaten, Vorstandsmitglied des Orientinstituts in Rom, veröffentlicht worden. Der Zusammenschluß von Syrien und Iraq wird eifrig diskutiert. Frankreichs lebenswichtige Verbindungslinien im Westmittelmeer sind durch die italienische Einnistung in den Balearen bedroht; es ist wohl möglich, daß Frankreich England die politische Vorherrschaft im ganzen Orient überlassen muß gegen Sicherung seiner Öl-, Handels- und Kulturinteressen und gegen wirksame Hilfe im Westmittelmeer. Es mag noch zu gewissen Grenzveränderungen und Wirtschaftskonzessionen im Norden an die Türkei kommen; jedenfalls scheint es, daß England heute in einer Situation ist, daß es sein altes Ziel mit friedlichen Mitteln erreichen kann. Im Zusammenhang damit muß es - und kann es! - seine Methoden im erwähnten strategischen Dreieck, zu dem Palästina gehört, ändern. Die Araber haben sich immer bereit erklärt, alle Wünsche Englands nach Häfen für See- und Luftflotte, Garnisonen, strategischen Straßen, Öl- und andern Konzessionen zu erfüllen. Die Araber ziehen auch heute noch England als "adviser" jeder andern europäischen Macht vor. Eine solche Stellung Englands im Orient würde auch endlich der unseligen Minderheitspolitik der Westmächte ein Ende machen, die seit den Kreuzzügen manche kleinen Völker einem "armenischen Schicksal" zugeführt hat.

Daß der Gedanke einer geeinten, nach Innen unabhängigen arabischen Welt, eines Staatenbunds, der später zu einem Bundesstaat werden soll, bis zu den Fellachen und Beduinen gedrungen ist, vor allem aber leidenschaftlich von der jungen arabischen Intelligenz (der aufsteigenden, sozial interessierten bürgerlichen Schicht) vertreten wird und an Stärke von Jahr zu Jahr zunimmt, ist jedem sichtbar, der direkten Zugang zum arabischen Denken hat. Besonders stark ist dies Denken im Libanon und in Palästina unter diesen später führenden Schichten, da sie die unmittelbare Bedrohung der arabischen Zukunft hier erkennen. Diese Bewegung kann man heute noch mit überlegenen Gewaltmitteln niederhalten. Ich beobachte, um wie viel stärker sie dadurch innerlich wird. Sie ist sich ihres Sieges absolut gewiß. Heute stehen die jungen Maroniten, die Armenier und andere Minoritäten im arabischen Lager; die Assyrer sind durch ihr Schicksal gewarnt, und die von Frankreich geförderte "Unabhängigkeitsbewegung" unter den Christen in der Djesirah wird sich nicht lange halten. Die den Orient beunruhigende Frage ist: wie stellen sich die Juden zu dieser arabischen Bewegung?

Ich glaube also, deutliche Vorzeichen dafür zu sehen, daß England in seinem Interesse schnell in die skizzierte panarabische Politik umschwenken wird. - Das Dogma vom Parallelismus der jüdischen und englischen Interessen gegen die Araber wird dann mit einem Male hinfällig; ja! gerade das Umgekehrte kann der Fall sein. Wenn dann die Juden sich der englischen Politik widersetzen, werden sie - unter Wahrung der Form!! - im Orient auf den Aussterbeetat gesetzt werden. Das ist ganz "friedlich" auf ökonomischem Weg durch die Taktik des längeren Atems möglich. Haben die jüdischen Führer ihr Volk auf die Möglichkeit eines solchen Umschwungs der Dinge vorbereitet? - Sind sie bereit, das irreführende Schlagwort von der Minorität (was die Juden doch immer und überall sein werden!) verschwinden zu lassen? - Eine Garantie für ihre Sicherheit werden die Minoritäten im arabischen Raum nur dann haben, - aber dann auch bestimmt! -, wenn sie sich als integralen Bestandteil freiwillig und rechtzeitig in die arabische Welt einordnen. Dann kann die militant gewordene arabische Energie durch Zusammenarbeit in Verbindung der beiderseitigen Interessen gebunden und zu beiderseitigem Heil auf die konstruktive Betätigung auf dem ökonomischen, sozialen und kulturellen Feld umgeschaltet werden.

Die jüdische Frage
"Gibt es bei einer solchen Schau in die kommenden Dinge überhaupt noch eine Möglichkeit für den Zionismus und seine Ziele?" -
Auf diese Frage antworte ich mit einem bestimmten: "Ja!" Zwei Bedingungen scheinen mir allerdings unerläßlich zu sein: daß die geistige Luft gereinigt wird von falschen Alternativen, von denen die der Royal Commission und die der Majorität-Minorität die gefährlichsten sind; und daß der Zionismus in seiner jetzigen innern Krisis einer innern Klärung nicht aus dem Wege geht.

Ich bin tief davon überzeugt, daß Geist, Seele und Leib des jüdischen Volkes nicht zur Ruhe kommen können, wenn es nicht ein mit allen notwendigen Rechten und Sicherheiten ausgestattetes Erez Jisrael in Palästina gibt.

Und ich bin ebenso davon überzeugt, daß der Orient im Ganzen das gegebene Land ist, alle die heimatlosen Juden aus Mittel- und Osteuropa aufzunehmen, die willens und geeignet sind, am Aufbau des Orients mitzuarbeiten.

Die Verwirklichung beider Ziele sehe ich unlösbar verbunden mit der Umstellung im jüdischen Bewußtsein;
unter Wahrung der geistigen und seelischen Identität mit sich selber (d.h. ohne "Assimilation") die Verwirklichung des jüdischen Aufbaus im Einklang mit den Lebensnotwendigkeiten des arabischen Volks- und Staatskörpers zu suchen ("Amalgamation"). Die Sicherheit beruht dann nicht auf irgend einer politischen Machtkoalition, sondern auf der ethisch normierten praktischen Interessenverbindung.

Drei Wege gibt es also nicht zur Sicherung der zionistischen Ziele: den probritischen gegen die Araber, - den proarabischen gegen England - und den eigenstaatlichen unabhängig von England und den Arabern (Revisionisten).

Aber es gib den legitimen jüdischen Weg aus innerer Autonomie des sittlichen Gewissens (d.i. Theonomie).

Eine äußere Autonomie hat es für einen jüdischen Staat in Palästina nur in den seltenen Epochen der Geschichte gegeben, da die Großmächte im Norden und Süden oder im Osten und Westen anderweitig zu beschäftigt oder zu schwach waren, als daß sie sich aktiv um den Zankapfel zwischen ihnen kümmern konnten. In einer solchen Epoche leben wir heute gewiß nicht. -Darum heißt der jüdische Weg heute: England aufrichtig mit der arabischen Welt zu verbinden! Das ist, in die gegenwärtige Situation übersetzt, die politische Forderung des jüdischen Profetismus auf seinem Höhepunkt. Das bedeutet also: freiwillige Selbstausschaltung aus dem Intriguenspiel der Hohen Politik. Das bedeutet Selbstbeschränkung auf die konstruktiven Lebensgebiete! - Durch die mit der Balfourdeklaration eingeleitete anglo-jüdisch imperialistische Politik hat der Zionismus seine Handlungsfreiheit und die Möglichkeit, nach seinem jüdischen Ethos zu entscheiden, verloren. Die verhängnisvollen Konsequenzen dieses tragischen Irrtums treten immer deutlicher zutage. Die Not ist zum Lehrmeister geworden und hat vielen die Augen geöffnet. Sie warten darauf, daß ihre Führer ihnen das Wort aus dem genuinen jüdischen Bewußtsein sagen, das Licht in das Dunkel und Weg in die scheinbare Ausweglosigkeit bringt! Ihre jungen Leute sind mit einem ergreifenden Opferwillen für konstruktive Betätigung gekommen; opfern Sie diese herrlichen Kräfte nicht dem "Caesar" des politischen Götzen! In Bezug auf das Immigrationsproblem weise ich auf folgende Tatbestände hin: Die Krisis des liberalen Kapitalismus drängt die Staaten Mittel-, Ost- und Südeuropas, die nicht den Hintergrund ertragreicher Kolonien haben, dazu, alle bisher dynamischen Wirtschaftskräfte in die Statik des Staatskapitalismus umzuformen (dynamisch bleibt nur der Militarismus, der nach Ausweitung des zu engen Lebensraums drängt). Automatisch wird in diesem Prozeß der Bevölkerungsteil ausgeschaltet, der seinem Wesen nach dynamisch ist und sich nur dann einem solchen statischen Staatskapitalismus einfügen würde, wenn er ihn mitbeherrschen kann: die Juden. Die demokratische Staatsform ist in Westeuropa und Amerika heute an die Möglichkeiten eines dynamischen Kapitalismus gebunden. Dort ist auch kein nennenswerter Antisemitismus. Aber: diese Länder sind an sich übersättigt mit Dynamik und lehnen darum instinktiv einen zu großen Einstrom von Juden ab. An sich wäre deshalb heute der Orient, der aus mittelalterlicher Statik in die moderne Dynamik kommen muß, fast das einzige Gebiet in der Welt, das alle die freiwerdenden jüdischen Energien aufnehmen könnte, zu beiderseitigem Heil, allerdings nicht, um hier den Kapitalismus aufzubauen, sondern eine den Verhältnissen angepaßte Form des konstruktiven Sozialismus. Aber auch hier ist es höchste Zeit, daß von England die Erziehung zu lebendiger Demokratie, von den Juden die zu konstruktivem Sozialismus geleistet wird. Sonst drängen ökonomische Not und politische Militanz diesen Raum mit Notwendigkeit auf den andern Weg: den russisch-türkischen des Staatssozialismus oder den italienisch-deutschen des Staatskapitalismus. Wenn dieser letztere Fall eintreten würde, wäre wieder der Weg für die Juden versperrt!! Es besteht also noch - und sicher nicht mehr lange! - hier die große Gelegenheit für einen ethisch normierten, konstruktiven jüdischen Sozialismus. Dabei muß aber gerade der Grundfehler vermieden werden, der in Palästina gemacht wurde: daß die Juden die ökonomischen Kommandohöhen besetzen und meinen, ein aufstrebendes Volk gebe sich damit zufrieden, einen erhöhten Lebensstandard mit dem Verlust der ökonomischen Freiheit zu erkaufen. Eine solche Wirtschaftspolitik endet immer mit der "Expropriation der Exproprieature", die im Orient schon in wenigen Jahrzehnten mit noch schlimmeren Folgen für die Juden als in Europa eintreten könnte.

Mit innerster Anteilnahme begleiten die Freunde des jüdischen Aufbaus das epochale Bemühen des jüdischen Sozialismus, aus genuinem profetischem Ethos das jüdische Volk und den Orient zu erneuern, sich selbst und den Arabern eine bessere und lebenswertere Welt zu erbauen!

Nur durch aufrichtige gemeinsame Planung kann das Einwanderungsproblem wirklich gelöst werden. Es muß von vornherein der ganze, infrage kommende arabische Raum ins Auge gefaßt werden, damit der Überdruck von Palästina abgeleitet wird. Sonst wäre, um ein Bild zu gebrauchen, Palästina ein ventilloser, dauernd weiter geheizter Dampfkessel. Es soll aber ein elektrisches Kraftwerk sein, das seine Energien nach dem ganzen Orient hin sendet, und dessen Leitungen von den Nutznießern in ihrem eigenen Interesse geschützt werden. Der erstere Fall tritt ein, wenn man aus Palästina einen gegenüber der arabischen Welt isolierten Staat macht. Dann besteht - im Gegensatz zu allen trügerischen Schlagworten! - der höchste Grad innerer und äußerer Unsicherheit! Ist einmal aufgrund eines gemeinsam vereinbarten Plans ökonomischer und kultureller Kooperation Waffenstillstand und Friede mit den Arabern geschlossen, besteht von seiten eines jüdischen Staats als des Instruments eines britischen Imperialismus keine Gefahr mehr für den politischen arabischen Aufbau, dann sind die Grundfragen des Nationalheims in Palästina, seine staatsrechtliche Form, sein innerer und äußerer Ausbau, einfacher zu lösen. Auf technische Einzelheiten möchte ich hier nicht eingehen. Für eine Übergangszeit, bis auch die schwierigsten Fragen gelöst werden können, wird England noch entscheiden müssen. Aber seine Entscheidungen müssen so beeinflußt werden, daß sie nicht dem imperialistischen Grundsatz "divide et impera!" dienen, sondern der oben skizzierten Gesamtlösung. Sicher erscheint es mir, daß es zunächst nicht auf ein gemeinsames Parlament ankommen kann, sondern auf die Schaffung von arabischen Selbstverwaltungskörpern, die den bestehenden jüdischen entsprechen und die mit diesen eng zusammenarbeiten. Sonst wird ein Lebensprozeß notwendiger Zusammenarbeit wieder von vornherein durch die mißtrauische, machtwillige politische Arithmetik gestört. - Die Verantwortungsbewußten in allen drei Völkern müssen dauernd auf der Hut sein, daß dabei nicht herauskommt eine "Pax Britannica", sondern eine "Treuga Dei" im Heiligen Land!

Ich schreibe Ihnen unter dem beunruhigenden Gefühl, daß die Stunde drängt. Die alarmierte arabische Welt will im Oktober auf der geplanten Konferenz in Kairo ihre Entscheidung treffen. Die Entscheidungen der englischen Regierung stehen bevor. Ich habe nicht mehr das Gefühl, daß sie im Sinn der Teilung fallen werden. Das lösende Wort nach beiden Seiten hin muß von der jüdischen Seite her gesprochen werden, die ihre innere Handlungsfreiheit wiedergefunden hat. Es steht mir nicht zu, in Ihre innern Belange hineinzureden. Ich habe Ihnen nur eine konkrete Quäkerbotschaft auszurichten und deren Konsequenz in Bezug auf Dienste, die ich leisten kann, auf mich zu nehmen.

Ich möchte Sie dessen versichern, daß ich die ganze Schwere der Entscheidung mit Ihnen fühle. Die jetzige Situation kann ich nur mit einer in der Geschichte des jüdischen Staates vergleichen: als Sanherib die Existenz des von König Hizkia geführten Staates bedrohte. Damals verkörperte sich der jüdische Genius in dem unerschütterlichen Glaubensmut und der politischen Klarsicht eines Jesaja. Damals wurden die Normen verkündet, nach denen allein jüdische Politik in Palästina gemacht werden kann.

(21)
Über die Reich-Gottes-Gemeinde
Brief an Leonhard Ragaz (1938)

Vor etwa 5 Jahren riefen Sie uns auf zur "Neuen Gemeinde". Warum fanden Sie bei uns, den Deutschen, eine so verlegene und verworrene Antwort? Wir standen vor den Trümmern einer mehr als zwölfjährigen religiös-sozialistischen Arbeit in der Kirche, im politischen Sozialismus, in ethischen Organisationen. Trauer und Erschütterung hemmte unsern Blick in die Zukunft. Wir dachten noch in den Geleisen bisheriger Organisationsmethoden. - Die Stürme, die weiter über uns dahingegangen sind, haben auch diese Trümmer hinweggefegt. Da kam für manche von uns das Große, Befreiende: wir sahen wieder die Fundamente! Wir sahen die Grundsteine, die Sie damals gelegt haben, als Sie uns Ihr Buch schenkten: "Der Kampf um das Reich Gottes bei Blumhardt Vater und Sohn, und weiter ..." - Das Werk ist vergangen. Aber: Menschen sind geblieben, die an das Reich glauben! Eine Organisation ging unter. Aber eine Gemeinde blieb. Diese anonyme, schweigende, betende, ringende, glaubende Gemeinde grüßt Sie zu Ihrem 70. Geburtstag. Sie dankt Ihnen dafür, daß Sie ihr ein Licht angezündet haben, das auch in den dunkelsten Tagen nicht erloschen ist ... das heute heller brennt als je. - Heute verstehen wir, warum Sie immer, neben aller helfenden Nähe, doch auch in einer warnenden Distanz zu uns standen. Sie durften den Glauben an das Reich Gottes nicht untergehen lassen in kämpferischem Aktivismus. Sie blieben das Gewissen und der Seelsorger der Bewegung, der den Reich-Gottes-Glauben vor einem vierfachen Irrweg zu behüten hatte: vor dem Intellektualismus der dialektischen

Theologie; vor der Magie des kirchlichen Sacramentalismus; vor dem Quietismus einer Projizierung ins Jenseits; und vor dem Säkularismus der Politisierung.- Sie zeigten unbeirrt den Weg ins Reich durch Glauben und Nachfolge.

Nun schicke ich Ihnen eine Antwort auf Ihren Aufruf aus Jerusalem. Es gibt keinen Ort in der Welt, wo man den Widerstreit zwischen Reich Gottes und verweltlichter Religion deutlicher und schmerzlicher fühlt als hier: an dem Standquartier der britischen Militärmacht, dem Sitz einer säkularisierten Jewish Agency, dem Mittelpunkt eines ohnmächtigen Christentums, einem Zentrum des "heiligen Kriegs" für den Islam! - Aber: war nicht immer ein solches Jerusalem der Ort, von wo das ewige Zion geschaut, wo das Reich Gottes ausgerufen, wo der Friede auf Erden verkündet wurde? - Wurde nicht hier, wie sonst kaum an einem Ort der Welt, immer wieder die Reich-Gottes-Gemeinde sichtbar?

Die Gemeinschaft der Gemeinde ist mehr als die menschliche Verbindung der Glieder untereinander. Wahre Gemeinschaft können wir nur miteinander haben, wenn wir in der höchsten Lebensfrequenz mit unserm Geistlichen Menschen im Reich einander begegnen können. Wer aus erdhaften Sehnsüchten Gemeinschaft wünscht, ist doch nicht bereit zur Hingabe. Ihn können wir nur - mit der Eindringlichkeit des Täufers auf dem Isenheimer Altarbild - hinweisen auf seinen Führer aus der Gemeinde der Verewigten. ER wird den Aufrichtigen frei machen von sich selbst und wird ihn heiligen für den Dienst. Aus menschlicher Einsamkeit begegnet man den Genossen des Reiches. Gott kennt ihre Zahl, die in der Ewigkeit und die in der Zeit. Aber sicher sind in beiden Daseinsformen genügend viele und bevollmächtigte da, daß Gottes Ratschluß mit der Menschheit durch sie vollbracht wird! Sie beten mit uns und für uns. - Inmitten der neuen Menschheitsbarbarei verfeinern sich noch die Sinne der wahren, glaubenden Menschen für die geheimnisvollen Bande, welche die Menschheit verknüpfen.

Wir wollen danken für die Gemeinde, die da ist! Wir sind nicht die kleine Herde, von den Wölfen umheult, die verzagen müßte. Wir haben das ganze Reich Gottes hinter uns und vor uns "den neuen Himmel und die neue Erde nach Gottes Verheißung, in welchen Gerechtigkeit wohnt!" -

Als durch Sie, Leonhard Ragaz, einst der Ruf zum Reich an mich kam, gingen mir die Augen auf für die doppelte Wirklichkeit des Lebens: für die dämonische "Wirklichkeit" Mammons und Caesars und für die Reich-Gottes-Wirklichkeit Jesu. Damit fing mein bewußtes geistliches Leben an.

"In Jesus Christus sind Sie durch die Verkündigung der Heilsbotschaft mein Vater geworden" (1. Korinther 4, 15).

Ich wurde Ihr Reichsgenosse an dieser Stelle der Erde, die Ihrem Herzen so nahe ist. Mein Leben und Werk hier ist auch Dank an Sie.

Das Psalmwort sagt vom erdhaften Leben, daß 70 Jahre seine Grenze seien. Wahrlich: für das geistliche Leben in und aus dem Reich Gottes gibt es keine Grenzen! Da ist jeder Schritt über die leibliche Begrenztheit hinaus ein Schritt zu umfassenderem Leben und universalerem Wirken!

In der Gemeinschaft des Reiches wünsche ich Ihnen Frieden und Freude.

Bibliographie (unvollständig) / Quellennachweise *

1) Drei Skizzen von der Westfront, in: Erlebnisse unserer Kriegsteilnehmer, herausgegeben vom Ausschuß der Alten Herren des Heidelberger Wingolfs, Lahr 1922, S.52-57
2) **An die Freunde im Pfinzgau**, in: SAV 1925, Nr. 22, S. 43f.
3) **"Und ist doch kein Friede"** (Predigt), in: SAV 1925, Nr. 50 vom 20. Dezember 1925, S.161f.
4) **Sonnenwende - Wendezeit**, in: SAV 1926, Nr. 26 vom 27. Juni 1926, S. 137
5) Evangelischer Eigentumsbegriff - für Fürstenenteignung, Vortrag am 11. Juni 1926, abgedruckt in der sozialdemokratischen Presse, Ort und Datum unbekannt
6) Der dritte Kongreß der religiösen Sozialisten Deutschlands in Meersburg, in: Christliche Welt 40 (1926), Sp.91
7) "Selig sind, die Bettler sind um den heiligen Geist, denn sie haben Teil an Gottes Königreich", Predigt beim Schlußgottesdienst des Kongresses in Meersburg, in: SAV 1926, Nr. 37 vom 12. September 1926, S.189-191
8) **"Ich sende Euch"**, (Rede auf der Landessynode am 9. März 1927), in: SAV 1927, Nr. 12, S.58-60
9) **"Ergeht Gottes Wort an unsere Zeit - durch uns?"** Eröffnungsgottesdienst in der Trinitatis-Kirche in Mannheim, in: SAV 1928, Nr. 33, S.170f.
10) Anträge auf die Einsetzung eines Feiertages des Friedens und der Völkerverständigung und auf Aufhebung der Todesstrafe, in: SAV 1929, Nr. 14, S.108-110
11) Offener Brief an alle Pfarrer des Kirchenbezirks Karlsruhe-Land, in: SAV 1928, Nr. 51, S. 315f.
12) Sozialistische Gottesdienste, in: ZRS 1929, S.49-56
13) **"Tut Buße!"** (Predigt), in: SAV 1929, Nr. 48, vom 1. Dezember 1929, S.353
14) **Die Revolution in Permanenz erklärt**, in: SAV 1929, Nr. 50, S.371-373
15) **Wir und die sozialistische Jugend**, in: Heinz-Kappes-Archiv
16) Die internationale Führerkonferenz der religiösen Sozialisten, in: SAV 1929, Nr. 47, S. 349f., Nr. 48, S. 357f, Nr. 49, S. 365f.
17) Ihr Menschen seid Gottes! (Buchbesprechung Chr. Blumhardt), in: ZRS 1929, S. 55f.
18) **Der Kampf in der Hardt**, in: SAV 1929, Nr. 10, S. 75-77
19) Im vierten Erdteil (Buchbesprechung von. W. Mensching), in: ZRS, 1930, S. 71
20) Religiöse Feier für den Weltfrieden, in: ZRS 1930, S. 8-20
21) **"Wir sind der Sturm, wir sind der Sieg"**, Rede im Nibelungensaal Mannheim am 19. Februar 1931, in: RS 1931, Nr. 10 vom 8. März 1931, S. 41f.
22) Pfarrer, Kirche und Politik, in: Badische Pfarrvereins-Blätter, 1931, Nr. 6/7, S. 83-86
23) **Der theol. Kampf der religiösen Sozialisten gegen das nationalsozialistische Christentum**, in: G. Wünsch (Hrsg.), Reich Gottes - Marxismus - Nationalsozialismus, Ein Bekenntnis religiöser Sozialisten, Tübingen 1931, S. 90-116
24) Das Kirchengericht hat entschieden, in: RS 1931, Nr. 25 vom 21. Juni 1931, S. 108
25) **Der Fall Eckert**, in: ZRS 1931, S. 267-274
26) Ihr Kleingläubigen, warum seid Ihr so furchtsam, Ein Wort an die Kirche zum Fall Eckert, in: F.M. Balzer(Hrsg.), "Ihr Kleingläubigen, warum seid Ihr so furchtsam?", Bonn 1993
27) Wird Eckert abgesetzt, in: F.M. Balzer(Hrsg.), "Ihr Kleingläubigen, warum seid Ihr so furchtsam?", Bonn 1993

28) Eckert aus dem Dienst entlassen, in: ZRS 1932, S. 5-14
29) **Unsere Antwort an Herrn Dr. Ing. Schmechel, Mannheim auf seine Rede in der badischen Landessynode am 22. April 1932**, in: RS 1932, Nr. 20, S.78f.
30) Der "Bombenwurf" in der Badischen Landessynode, in: RS 1932, Nr. 23, vom 5. Juni 1932, S.91
31) **Jugend ohne Hoffnung** (1932), in: Heinz-Kappes-Archiv
32) Die Evangelische Kirche, Protestantisches Prinzip und protestantische Verwirklichung, Vortrag gehalten im Rotary-Klub Karlsruhe am 21. Februar 1933, in: Heinz-Kappes-Archiv
33) **"Laßt Euch versöhnen mit Gott!"** Letzte Predigt vor Religiösen Sozialisten, in: Heinz-Kappes-Archiv, abgedruckt in: Christ und Sozialist, 12. Jg., 3/1988, S. 36f.
34) **"Der Geist macht lebendig"**, Pfingstpredigt 1933, in: Heinz-Kappes-Archiv
35) **Zum rechten Verständnis des evangelischen Bischofsamtes**, Brief an den Landesbischof Kühlewein, Kopie in: Privatarchiv Erwin Eckert
36) **"Hat sich unwürdig erwiesen und schuldig gemacht"**, Urteil des Kirchlichen Dienstgerichtes vom 1. Dezember 1933, in: Heinz-Kappes-Archiv
37) **"Freuet euch, daß ihr mit Christus leidet!"** Predigttext vom 7. Januar 1934, in: Heinz-Kappes-Archiv
38) **"Araber und Juden"**, Memorandum an die Jewish Agency (1938), in: Heinz-Kappes-Archiv
39) **Über die Reich-Gottes-Gemeinde - Eine Antwort an Leonhard Ragaz zu seinem 70. Geburtstag** (1938), in: Heinz-Kappes-Archiv

SAV = Sonntagsblatt des arbeitenden Volkes
RS = Der Religiöse Sozialist
ZRS = Zeitschrift für Religion und Sozialismus
* Die fettgedruckten Titel sind in diesem Band vollständig abgedruckt.

Kurzbiographie Heinz Kappes

Kappes, Heinz (Martin Heinrich), Pfarrer; geb. am 30. November 1893 in Fahrenbach/Baden; evangelisch, Quäker; Vater: Georg Kappes (1863-1931), ev. Pfarrer und Kirchenrat; Mutter: Marie, geb. Stoll (1866-1933), ev.; verheiratet in erster Ehe ab 1922 mit Else Kern (1922-1973), 1948 geschieden, 1935 Emigration nach Palästina, 1947 in die USA; in zweiter Ehe verheiratet ab 1949 mit Dr. phil. Diederika Liesveld (geb. 1902 Rotterdam, gestorben 1977); Kinder: Elisabeth (geb. 1924), lebt in den USA; Georg Ludwig (geb. 1925), lebt in den USA; Hildegard (geb. 1926), lebt in Großbritannien; Christina (geb. 1928), lebt in den USA; Heinz Kappes wurde 1944 ausgebürgert, von 1941-1945 besaß er einen Mandatspaß in Palästina; 1949 Wiedererwerb der Staatsangehörigkeit der BRD; 1934 für neun Monate in Palästina, 1935 definitive Emigration nach Palästina, 1948 Rückkehr in die amerikanische Besatzungszone nach Karlsruhe. Studium der ev. Theologie und Orientalistik in Tübingen, Berlin und Heidelberg; 1914-1918 Kriegsfreiwilliger, Offizier (EK II und EK I, Zähringer Löwenorden mit Schwertern, Schwarzes Verwundetenabzeichen); 1. und 2. theologisches Examen; 1919 Vikar in Brötzingen/Pforzheim und 1920 in Mannheim, 1922-1933 als Pfarrer der Ev. Landeskirche Baden Leiter der kirchlich-karitativen Arbeit in Karlsruhe, Jugendpfarrer; Mitglied des Wingolf bis 1932, nach dem Krieg über christliche Studentenbewegung zum "Bund deutscher Jugendvereine", Vorsitzender der "Arbeitsgemeinschaft Karlsruher Jugendbünde"; ab 1922 Mitglied im Bund der religiösen Sozialisten Deutschlands; 1926 bis 1933 gewähltes Mitglied der Badischen Landessynode; ab 1931 Nachfolger Erwin Eckerts als Mitglied des Deutschen Evangelischen Kirchentages; 1924 Eintritt in die SPD, 1926-1930 SPD-Stadtverordneter, 1930-1933 Stadtrat der SPD in Karlsruhe. Ab 1926 Auseinandersetzungen mit der Badischen Kirchenleitung, den "Deutschen Christen" und mit nationalsozialistischen Tendenzen innerhalb der evangelischen Landeskirchen. 1933 strafversetzt nach Büchenbronn bei Pforzheim; am 21. August 1933 Verhaftung, zehn Tage Gefängnishaft, anschließend unter Polizeiaufsicht; Verbannung nach Südbaden, nach dienstgerichtlichem Verfahren vor der Kirchenbehörde am 1. Dezember 1933 Amtsenthebung und Ausweisung aus Baden; Berufsverbot; Vorbereitung auf Emigration. 1934/1935 für neun Monate als Tourist in Palästina. März 1935 mit Hilfe befreundeter Quäker legale Ausreise der ganzen Familie nach Jerusalem. Dort Deutschlehrer, in enger Verbindung mit Irhud und dem Kreis um Martin Buber. Zusammenarbeit mit englischen und amerikanischen Quäkern. Nach Kriegsausbruch 9 Monate Internierung in Jerusalem und im Lager Sarona; Weigerung gegenüber dem deutschen Konsulat in Jerusalem, Kriegsdienst in der deutschen Wehrmacht zu leisten; nach Intervention des Präsidenten der Hebräischen Universität, Dr. Magnes, entlassen. 1940-1948 Angestellter der British Food Control, zuletzt als Chief Rationing Officer. Nach Ende der britischen Mandatszeit Juli 1948 über die Niederlande Rückkehr nach Karlsruhe und Rehabilitierung durch Badische Landeskirche. 1948-1951 Religionslehrer, 1952 Leiter der Gemeindedienste Karlsruhe; Lehrtätigkeit an der Volkshochschule Karlsruhe und am Diakoniewissenschaftlichen Institut der Universität Heidelberg sowie Vortragsreisen mit den Themen "Integraler Yoga", karitative Tätigkeit u.a. bei den "Anonymen Alkoholikern". Mitbegründer der "Gesellschaft für Christlich-Jüdische Zusammenarbeit" in Karlsruhe, bis 1956 Geschäftsführer der Gesellschaft. Übersetzung der Hauptwerke Sri Aurobindos; gestorben am 1. Mai 1988 in Stuttgart.

Veröffentlichungen: "Der theologische Kampf der religiösen Sozialisten gegen das nationalsozialistische Christentum", in: Reich Gottes, Marxismus, Nationalsozialismus, Tübingen 1931, S. 90-116 sowie zahlreiche Beiträge u.a. im Bundesorgan der religiösen Sozialisten, der sozialdemokratischen Presse. Friedrich-Martin Balzer (Hrsg.), "Ihr Kleingläubigen, warum seid Ihr so furchtsam", Äußerungen von Erwin Eckert und Heinz Kappes 1931 in Karlsruhe, Bonn 1993; Die Zwölf Schritte, Ein universales Genesungsprogramm, Gedanken eines erfahrenen Seelen-Heilpraktikers, hrsg. vom "Heinz Kappes Freundeskreis e.V.", Reinsburgstr. 33, 70178 Stuttgart, 1994; seit 1964 folgende autorisierte Übersetzungen von Sri Aurobindo aus dem Englischen: Die Synthese des Yoga, 965S.; Essays über die Gita, 580S.; Das Göttliche Leben, 1213S.; Das Ideal der geeinten Menschheit, 362S; Savitri 738S.

Sekundärliteratur: Renate Breipohl, Religiöser Sozialismus und bürgerliches Geschichtsbewußtsein zur Zeit der Weimarer Republik, Zürich 1971; Friedrich-Martin Balzer, Erwin Eckert und der Bund der Religiösen Sozialisten Deutschlands, Köln [1]1973, Bonn [3]1993, Eckehart Lorenz, Kirchliche Reaktionen auf die Arbeiterbewegung in Mannheim 1890-1933, Ein Beitrag zur Sozialgeschichte der evangelischen Landeskirche in Baden, Sigmaringen 1987; Friedrich-Martin Balzer, Miszellen zur Geschichte des deutschen Protestantismus. Gegen den Strom, Marburg 1990; Friedrich-Martin Balzer/Karl Ulrich Schnell, Der Fall Erwin Eckert, Zum Verhältnis von Protestantismus und Faschismus am Ende der Weimarer Republik, Köln 1987, Bonn Köln 1987, [2]1993; Friedrich-Martin Balzer (Hrsg.), Ärgernis und Zeichen, Erwin Eckert - sozialistischer Revolutionär aus christlichem Glauben, Bonn 1993; Siegfried Heimann/Franz Walter, Religiöse Sozialisten und Freidenker in der Weimarer Republik, Bonn 1993; Auf der Suche nach dem neuen Menschen. Selbstportrait eines religiösen Sozialisten, vorgestellt von Hartmut Przybylski, in: Westdeutscher Rundfunk, III. Programm vom 13. August 1978; Daniel Dagan, Der zionistische Pfarrer, in: Ha' Aretz vom 18. 4. 1980; Heinz Kappes, in: Biographisches Handbuch der deutschsprachigen Emigration nach 1933, Bd. I, Politik, Wirtschaft, Öffentliches Leben, München/New York/London/Paris 1980, S. 347f.;

Quellen: Sammlung Pfarrer Kappes beim Landesarchiv des Evangelischen Oberkirchenrates in Karlsruhe; Personalakte Heinz Kappes beim Evangelischen Oberkirchenrat in Karlsruhe; Privatarchiv Erwin Eckert Marburg; Heinz-Kappes-Archiv Seesen.

Zu den Autoren:

Friedrich-Martin Balzer, Jg. 1940, Lehrer am Landschulheim Steinmühle seit 1968, Studienleiter seit 1977, Promotion 1972 bei Wolfgang Abendroth; Buchveröffentlichungen: "Klassengegensätze in der Kirche, Erwin Eckert und der Bund der religiösen Sozialisten Deutschlands" (1973[1], 1975[2], 1993[3]), zusammen mit Karl Ulrich Schnell: "Der Fall Erwin Eckert" (1987[1], 1993[2]), "Miszellen zur Geschichte des deutschen Protestantismus, Gegen den Strom" (1990); Herausgeber: "Ärgernis und Zeichen - Erwin Eckert - Sozialistischer Revolutionär aus christlichem Glauben", Bonn 1993; "Ihr Kleingläubigen, warum seid Ihr so furchtsam? -Äußerungen von Erwin Eckert und Heinz Kappes 1931 in Karlsruhe", Bonn 1993; zusammen mit Reinhard Hübsch (Hrsg.), "Operation Mauerdurchlöcherung - Robert Neumann und der deutsch-deutsche Dialog", Bonn 1994; Mitbegründer des Marburger Forum 1981; von 1982 bis 1994 Vorsitzender der Fördergemeinschaft Friedensarbeit - Marburger Forum e.V.

Gert Wendelborn, Jg. 1935, 1969-1977 Dozent, 1977-1989 ao Professor für Ökumenik und Neue Kirchengeschichte, 1989-1992 o. Professor für Kirchengeschichte an der Universität Rostock. Publikationen u.a.: "Martin Luther. Leben und reformatorisches Werk" (1983); "Gott und Geschichte. Joachim von Fiore und die Hoffnung der Christenheit" (1974); "Franziskus von Assisi. Eine historische Darstellung" (1977[1], 1982[2]); "Bernhard von Clairvaux. Ein großer Zisterzienser in der 1. Hälfte des 12. Jahrhunderts" (1993); "Kompendium für Neuere und Neueste Kirchengeschichte 1958-1969" (1988); "Versöhnung und Parteilichkeit. Alternative oder Einheit" (1974); "Charta der Neuorientierung. Die Rezeption des 'Darmstädter Wortes' heute" (1977); "Gottes Wort und die Gesellschaft. Zum Verhältnis von Frömmigkeit und sozialer Verantwortung bei den Evangelikalen" (1979).

Friedrich-Martin Balzer und Gert Wendelborn, 1992 (Foto Brigitte Kustosch)

Personenregister

Adenauer, Konrad 129
Althaus, Paul 27, 122
Arnold, Gottfried 56
Aurobindo, Sri 138 ff, 145, 150
Avila, Theresia von 139
Bach, Johann Sebastian 194
Balfour, Arthur James 137
Baltrusch, MdR 177
Balzer, Friedrich-Martin 36, 44, 46, 60, 62 ff, 66, 83, 99, 109, 113, 115, 132, 139, 140, 143, 145, 146
Barth, Karl 9, 43, 108 ff, 119, 192
Beethoven, Ludwig van 77, 176
Bender, Karl 89, 200, 214
Bethmann-Hollweg, Theobald von 15
Bloch, Ernst 35
Blumhardt, Christoph 27, 44, 45 ff, 51, 58, 72, 92, 116, 119, 125, 155, 197, 202, 246, 248
Bodelschwingh, Friedrich von 119, 225
Bonhoeffer, Dietrich 34, 126
Breipohl, Renate 63, 251
Breshnew, Leonid 143
Bröger, Karl 168
Brüning, Heinrich 23
Brunstädt, Friedrich 177
Buber, Martin 138, 250
Bucharin, Nikolaj 213
Chardin, Pierre Teilhard de 147
Chertok, Moshe 137
Dante, Alighieri 154
Dehn, Günther 41 ff
Dibelius, Otto 133
Dietrich, Heinrich 34, 46, 83, 108, 116 ff, 120 ff, 126
Dietz, Eduard 46, 173, 206 ff
Dirks, Walter 183
Dostojewskij, Fjodor 60
Eckert, Erwin 5, 11 ff, 38, 42, 45 ff, 55, 57 ff, 61, 63, 66 ff, 81, 83, 91 ff, 122, 142 ff, 145, 150 ff, 179, 185, 190 ff, 197 ff, 230 ff, 248 ff
Eisner, Kurt 42, 165
Engelhardt, Klaus 147, 150

Engels, Friedrich 146
Engler, Wilhelm 179
Eppelmann, Rainer 34
Erhardt, Theodor 108
Erzberger, Matthias 40
Evola, J. 195
Feder, Gottfried 188, 192
Fezer, Karl 119, 228
Fichte, Johann Gottlieb 62, 170
Figge, Emil 213
Finter, Julius 204
Frank, Ludwig 18
Frick, Wilhelm 191
Friedrich, Otto 89, 91 ff, 114, 131, 142, 229
Froese, Leonhard 33
Frowein, Abraham 177
Fuchs, Emil 7, 41, 45, 131, 145
Gauck, Joachim 34
Gebser, Jean 147
Gedat, Gustav-Adolf 133
Geibel, Immanuel 171
Goethe, Johann Wolfgang 10, 77, 176
Gogarten, Friedrich 63
Gorbatschow, Michail 143
Greiner, Hermann 122, 183, 199
Hauptmann, Hans 195
Heimann, Eduard 66, 177, 211 ff
Heine, Heinrich 36
Heinz, Günter 114
Heitmann, Steffen 34
Heller, Hermann 189
Hennhöfer, Pfarrer 180
Hitler, Adolf 14, 23, 29, 183, 186 ff, 190, 192, 194
Holz, Hans Heinz 11
Hromádka, Josef 72
Hugenberg, Alfred 17, 82, 97, 189, 202
Hus, Jan 107
Jäger, Paul 204 ff
Jüchen, Aurel von 214
Kamnitzer, Heinz 32
Kant, Immanuel 77, 176
Kappes, Georg 36, 250
Kautsky, Karl 213
Kern, Else 43, 250

253

Kläber, Kurt 167
Kleinschmidt, Karl 7, 81, 145, 185, 190, 206
Kramer, Albert 193
Krieger, Kurt 186
Kühlewein, Julius 5, 29, 85, 107 ff, 111, 119, 227, 249
Landauer, Gustav 42, 63
Lassalle, Ferdinand 203
Lehle, Else 45, 144
Lehmann, Ernst 41, 207
Lempp, Eberhard 133
Lenin, Wladimir Iljitsch 55, 151, 173, 213
Lepsius, Johannes 38, 41
Leutheuser, Julius 187
Liesveld, Riek 45, 135, 250
Lorenz, Eckehart 41 ff, 66, 251
Löw, Hanns 46, 107, 115 ff
Luther, Martin 112, 162, 165, 187, 193, 202, 214, 240, 252
Luxemburg, Rosa 15, 38
Magnes, Professor 133, 250
Marahrens, August 133
Marx, Karl 42, 60, 62, 65 ff, 68 ff, 94, 98, 146, 151, 164, 168, 173, 177, 188 ff, 201, 211 ff
Mayer, Theodor Friedrich 200
Meier, Kurt 85
Meister Eckhart 138
Mennicke, Carl 44
Mensching, Wilhelm 58, 248
Müller, Hanfried 55, 60, 62, 66
Müller, Johannes 132
Müller, Ludwig 119, 133
Müntzer, Thomas 30, 47
Mussolini, Benito 19, 189, 195
Naumann, Friedrich 36, 38, 41, 45, 97, 199, 202
Oliver, Daniel 242
Overmann, Jacob 58
Pestalozzi, Johann Heinrich 59, 77, 161, 176
Piechowski, Paul 125
Plechanow, Georgij 213
Ragaz, Leonhard 6, 44 ff, 116, 133, 151, 213, 246 ff, 249

Rathenau, Walter 40
Remmele, Adam 28 ff, 113 ff, 229, 234 ff
Rendtorff, Heinrich 191
Renner, Victor 169
Röpke, Hans 189
Rosenberg, Arthur 82, 189, 199 ff
Rosenfeld, Kurt 194
Saccho, Nicola 60
Schiller, Friedrich 62, 77, 170, 176
Schlatter, Adolf 38, 51, 165
Schmechel, Max 55, 66, 210, 249
Schneller, Hermann 132, 135
Schneller, Ernst 24
Schweitzer, Albert 75
Seydewitz, Max 22
Siegmund-Schultze, Friedrich 44, 75, 122, 172
Simon, Ludwig 9, 46, 54, 70, 117, 145
Sombart, Werner 66, 210, 212
Stählin, Wilhelm 43
Strasser, Otto 189
Tersteegen, Gerhard 139
Teutsch, Walter 190, 198
Tillich, Paul 75, 77, 141, 172, 175, 177
Unruh, Friedrich Franz von 196
Vanzetti, Bartolomo 60
Voges, Fritz 116, 118, 122
Wagner, Robert 87
Wahl, D. Pfarrer 188
Wenck, Martin 36, 38, 97, 199 ff
Wilhelm II. 98, 201
Wünsch, Georg 17, 80, 83, 92, 200, 212, 248
Wurth, Klaus 85 ff, 88, 91, 94, 97 ff, 107, 116 ff, 199, 231
Zitelmann, Rainer 17

Friedrich-Martin Balzer (Hrsg.): Ärgernis und Zeichen. Erwin Eckert - Sozialistischer Revolutionär aus christlichem Glauben.
392 Seiten, Hardcover mit Schutzumschlag. 38,00 DM. ISBN 3-89144-168-1
Die für diesen Band geschriebenen Originalbeiträge von Hans Werner Bartsch, Frank Deppe, Walter Ebert, Emil Fuchs, Georg Fülberth, Günther Giesenfeld, Hans Heinz Holz, Hanfried Müller, Helmut Ridder, Jürgen Scheele, Marie Veit, Manfred Weißbecker und Gert Wendelborn sowie das umfangreiche und erstmals veröffentlichte Dokumentenmaterial aus dem Archiv Eckert sollen dazu dienen, den Kern eines "Ärgernisses" zu erschließen, an dem seinerzeit Feinde wie Freunde, Widersacher wie Mitstreiter, "Linke" wie "Rechte", Sozialisten wie Antisozialisten, kirchliche wie profane Institutionen Anstoß genommen haben.

Friedrich-Martin Balzer: Klassengegensätze in der Kirche. Erwin Eckert und der Bund der Religiösen Sozialisten.
Vorwort Wolfgang Abendroth. 3. Auflage, 304 Seiten, Hardcover, 28,00 DM. ISBN 3-89144-166-5

Friedrich-Martin Balzer, Karl Ulrich Schnell: Der Fall Erwin Eckert. Zum Verhältnis von Protestantismus und Faschismus am Ende der Weimarer Republik. Geleitwort Hans Prolingheuer. 2. Auflage, 224 Seiten, Hardcover, 28,00 DM. ISBN 3-89144-167-3

Friedrich-Martin Balzer: Miszellen zur Geschichte des deutschen Protestantismus. "Gegen den Strom". Nachwort Gert Wendelborn. 260 Seiten, 20,00 DM. ISBN 3-89144-173-8